Coroni a phoblogrwydd Elisabeth

Roedd marwolaeth y Frenhines Mari yn rhyddhad mawr i lawer o bobl, ac yn enwedig i Brotestaniaid. Yn ystod teyrnasiad byr 'Mari Waedlyd', roedd Erledigaeth Mari wedi peri i 300 o Brotestaniaid gael eu dienyddio oherwydd eu bod yn gwrthod newid eu crefydd. Roedd y rhain yn cynnwys yr Archesgob Cranmer a'r esgobion Protestannaidd Latimer a Ridley. Nawr roedd llawer o bobl yn gobeithio byddai Elisabeth yn frenhines fwy cyfiawn a phoblogaidd.

Coroni Elisabeth

Cafodd defod goroni Elisabeth ei chynllunio'n fwriadol i fod yn ddigwyddiad gwych a lliwgar fyddai'n dangos pŵer y frenhines newydd, gyda seremonïau'n parhau am nifer o ddyddiau. Ar 12 Ionawr 1559 teithiodd Elisabeth o Balas Whitehall, neu'r Neuadd Wen, i'r Tŵr mewn cwch seremonïol ar hyd afon Tafwys. Ddau ddiwrnod yn ddiweddarach, aeth ar orymdaith goroni fuddugoliaethus drwy strydoedd canol Llundain (gweler Ffynhonnell B). Pan fyddai'r orymdaith goroni yn dod i saib, byddai pasiantau'n cael eu perfformio a chafodd offerynnau cerddorol eu chwarae.

Digwyddodd y coroni ei hun yn Abaty San Steffan ddydd Sul 15 Ionawr. Cafodd Elisabeth ei choroni a'i heneinio gan Owen Oglethorpe, Esgob Catholig Caerliwelydd (Carlisle), a daeth hi allan o'r Abaty i sŵn uchel offerynnau a bloedd y gynulleidfa. Roedd hi wedi'i gwisgo yn ei regalia gwladol llawn oedd yn cynnwys y deyrnwialen a'r gronnell (neu *orb* – gweler Ffynhonnell C), ac yna cerddodd dafliad carreg i Neuadd San Steffan ar gyfer y wledd swyddogol.

▲ Ffynhonnell C: Portread o Elisabeth wedi'i beintio yn 1559 sy'n ei dangos yn gwisgo ei dillad brenhinol, gyda phatrwm rhosynnod Tuduraidd

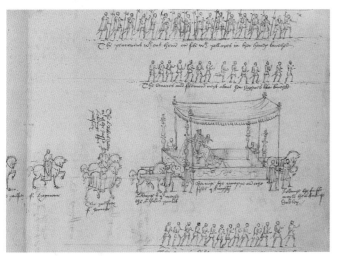

▲ Ffynhonnell B: Darlun o'r cyfnod yn dangos gorymdaith goroni Elisabeth yn 1559

GWEITHGAREDDAU ?

1 Esboniwch pam roedd Elisabeth eisiau i'w choroni fod yn ddigwyddiad 'gwych a lliwgar'.
2 Defnyddiwch Ffynhonnell B a'r hyn rydych chi'n ei wybod i ddisgrifio coroni Elisabeth.

Cwestiwn ymarfer

Beth gallwch chi ei ddysgu gan Ffynonellau B a C am goroni Elisabeth? *(I gael arweiniad, gweler tudalennau 107–108.)*

Poblogrwydd Elisabeth

Cafodd Elisabeth addysg dda ac erbyn iddi gael ei choroni roedd hi'n gallu siarad Groeg, Lladin, Ffrangeg ac Eidaleg. Roedd hi wedi darllen llawer, yn enwedig am y celfyddydau a llenyddiaeth. Roedd hi wrth ei bodd â dawnsio, marchogaeth a cherddoriaeth, ac roedd hi'n hoff o saethu â bwa a saeth, a gwnïo. Fe fuodd hi'n astudio diwinyddiaeth hefyd, ac roedd yn well ganddi gael y Beibl yn Saesneg. Roedd hi'n awyddus i osgoi'r rhaniadau crefyddol oedd wedi bod yn rhan fawr o deyrnasiad ei hanner brawd a'i hanner chwaer.

Roedd pobl yn dweud ei bod hi wedi etifeddu tymer wyllt ei thad, a'i bod hi'n amharod i wario arian, yn debyg iawn i'w thaid crintachlyd, Harri VII. Ond gan iddi ddod yn frenhines ar wlad oedd mewn dyled, unig ddewis Elisabeth oedd rheoli arian yn ddoeth. Gyda help aelodau'r Cyfrin Gyngor (gweler tudalen 11), llwyddodd i reoli cyllid y wlad.

Un peth roedd hi'n gwario llawer o arian arno oedd ei hymddangosiad. Roedd hi'n ymfalchïo'n fawr yn ei dillad, oedd wedi cael eu haddurno â gemwaith a thlysau cain.

Roedd hi'n sylweddoli ei bod hi'n bwysig cyfleu delwedd o fawredd a phŵer. Oherwydd hyn, parhaodd ei balchder yn ei hymddangosiad drwy gydol ei theyrnasiad hir.

Defnyddio portreadau

Roedd portreadau'n un ffordd i Elisabeth allu dangos delwedd ei hawdurdod brenhinol. Cafodd llawer o bortreadau swyddogol o Elisabeth eu peintio yn ystod ei theyrnasiad. Ond wrth iddi heneiddio, roedd y delweddau'n llai ac yn llai cywir o ran dangos sut roedd y frenhines yn edrych go iawn. Ar ôl dal y frech wen yn 1562, roedd creithiau gwael ar wyneb y frenhines, felly roedd hi'n peintio ei hwyneb â phowdr gwyn. Erbyn 1590, roedd ei gwallt hi'n teneuo, felly dechreuodd wisgo wig ac roedd ei dannedd wedi troi'n ddu. Ond doedd y portreadau ohoni hi ddim yn dangos hyn ac roedden nhw'n cael eu defnyddio'n ddull propaganda, gan greu delwedd o frenhines oedd yn oesol, yn gryf ac yn bwerus; pennaeth doeth a llwyddiannus. Er mwyn dangos eu teyrngarwch, roedd llawer o bendefigion yn arddangos portreadau o'r frenhines yn eu plastai.

Ffynhonnell CH: Y Portread Pelican, gafodd ei beintio gan Nicholas Hilliard yn 1574. Mae wedi'i enwi ar ôl y tlws pelican mae hi'n ei wisgo ar ei bodis. Yn ôl y chwedl, mae mam y pelican yn pigo ar ei brest ei hun ac yn bwydo ei rhai bach ar ei gwaed ei hun er mwyn iddyn nhw gael byw. Felly mae'r ddelwedd hon yn dangos Elisabeth fel mam ei phobl, yn barod i aberthu ei bywyd i'w hamddiffyn nhw

Teithiau brenhinol

Dull arall gan y frenhines o geisio dod yn boblogaidd oedd mynd ar deithiau brenhinol rheolaidd. Byddai'n crwydro'r wlad, yn aros yn nhai ei phendefigion ac yn cael llety, bwyd, diod ac adloniant am ddim. Byddai'r teithiau brenhinol blynyddol hyn yn digwydd yn ystod misoedd yr haf pan oedd hi'n haws teithio, ac roedden nhw'n cynnwys ymweliadau â thai yn ne-ddwyrain a chanolbarth Lloegr. Ni wnaeth Elisabeth erioed fentro cyn belled â gogledd Lloegr, de-orllewin Lloegr na Chymru. Am ryw 10 wythnos y flwyddyn, byddai'r Llys cyfan yn mynd ar daith. Gweithgaredd propaganda oedd hwn, a'r prif ddiben oedd sicrhau bod deiliaid Elisabeth yn ei gweld. I bendefig, roedd derbyn ei mawrhydi i'w dŷ yn anrhydedd fawr, ond roedd yn brofiad drud iawn hefyd, gan fod y frenhines yn teithio gyda llu o gynghorwyr, swyddogion, gweision a gwarchodwyr. Roedd rhaid rhoi llety, bwyd ac adloniant iddyn nhw i gyd am faint bynnag o amser roedd Elisabeth yn penderfynu aros. Roedd disgwyl hefyd i'r un oedd yn croesawu'r frenhines roi rhoddion drud iddi. Dyma un dull roedd Elisabeth yn ei ddefnyddio er mwyn i'w deiliaid ei gweld. Roedd hefyd yn ffordd o gadw llygad barcud ar y teuluoedd pendefigaidd pwerus.

Ffynhonnell DD: Un o deithiau brenhinol Elisabeth yn 1568 wedi'i disgrifio gan lygad-dyst

Cafodd ei chroesawu gyda chymeradwyaeth fawr a llawenydd amlwg … Roedd hi'n hynod o falch am hynny … Gorchmynnodd i'w cherbyd gael ei gludo i'r man lle roedd y dorf ar ei mwyaf, a safodd hi ar ei thraed gan ddiolch i'r bobl.

Cwestiynau ymarfer

1 Beth gallwch chi ei ddysgu gan Ffynonellau D a DD am deithiau brenhinol? *(I gael arweiniad, gweler tudalennau 107–108.)*

2 Esboniwch y cysylltiadau rhwng unrhyw DRI o'r canlynol:
- portreadau brenhinol
- teithiau brenhinol
- cymeriad Elisabeth I
- sut roedd Elisabeth I yn edrych

(I gael arweiniad, gweler tudalen 112.)

▲ **Ffynhonnell D:** Paentiad, gyda'r dyddiad 1601, yn dangos Elisabeth ar un o'i theithiau brenhinol blynyddol

Y Llys Brenhinol

Y Llys Brenhinol oedd canolfan yr holl rym gwleidyddol yn ystod cyfnod Elisabeth. Palas Whitehall yn Llundain oedd prif gartref y frenhines. Yno roedd ganddi foneddigesau preswyl (*ladies-in-waiting*) a gweision yn byw gyda hi, ynghyd â'i phrif gynghorwyr a swyddogion y llywodraeth. Roedd y rhain i gyd yn rhan o'r Llys Brenhinol a bydden nhw'n teithio gyda'r frenhines pan fyddai hi'n mynd ar deithiau. Wrth gadw ei gwŷr llys yn agos, roedd Elisabeth yn gallu ymgynghori â'i chynghorwyr, gofyn cyngor ganddyn nhw a'u herio, yn ogystal â chadw llygad ar yr hyn roedden nhw'n ei wneud a'r gystadleuaeth rhyngddyn nhw. Ymysg ei phrif wŷr llys roedd William Cecil, Syr Christopher Hatton, Syr Walter Raleigh, Syr Francis Walsingham a Robert Dudley, Iarll Caerlŷr. Gwasanaethodd llawer o'r rhain fel aelodau o'r Cyfrin Gyngor hefyd (gweler tudalennau 12–13).

Roedd y frenhines yn defnyddio ei grym ac yn cadw ei gweinidogion a'i swyddogion yn ffyddlon drwy roi nawdd. Byddai pendefigion uchelgeisiol yn ceisio dod i lys y frenhines yn y gobaith byddai Elisabeth yn sylwi arnyn nhw, ac efallai'n rhoi swydd bwysig iddyn nhw yn y llywodraeth ganolog neu mewn llywodraeth leol. Sylweddolodd Elisabeth yn fuan ei bod hi'n bwysig iddi ddefnyddio'r system nawdd brenhinol er ei budd ei hun. A hwythau'n gwybod bod gan y frenhines rym i greu llwyddiant neu fethiant iddyn nhw, roedd ei phendefigion yn aros yn ffyddlon ac yn gefnogol. I wŷr llys uchelgeisiol, roedd popeth yn dibynnu ar gadw cefnogaeth y frenhines.

Carfanau yn y Llys Brenhinol

Drwy weithredu system nawdd fel hon, roedd yn naturiol bod Elisabeth wedi gwneud i'w gwŷr llys gystadlu â'i gilydd. Oherwydd hyn, fe wnaeth gwahanol garfanau ddatblygu yn y llys. Hyd at yr 1590au, pan ddechreuodd Elisabeth heneiddio a cholli llawer o'i hen weinidogion, roedd hi'n llwyddiannus ar y cyfan wrth droi un garfan yn erbyn y llall. Roedd hi'n defnyddio ei phŵer eithaf i ddiswyddo pobl er mwyn rheoli a ffrwyno ei gwŷr llys ac aelodau ei Chyfrin Gyngor.

Yn gynnar yn ystod teyrnasiad Elisabeth, roedd y gystadleuaeth fwyaf rhwng dau o'i chynghorwyr pwysicaf, William Cecil a Robert Dudley. Roedd Cecil yn gweithio'n galed ac yn bwyllog wrth wneud penderfyniadau, yn enwedig wrth reoli gwariant y llywodraeth. Roedd hyn yn golygu nad oedd yn fodlon gadael i'r wlad gymryd rhan mewn rhyfeloedd drud ar y cyfandir. Dull hollol wahanol oedd hwn i ddull mwy mentrus Dudley, oedd yn ffafrio ymyrryd yn y rhyfeloedd yn Ewrop. Roedden nhw'n wahanol o ran eu safbwyntiau crefyddol hefyd. Roedd Cecil yn Brotestant cymedrol, tra oedd Dudley yn Biwritan. (I ddysgu am y gwahaniaethau rhwng Protestaniaid a Phiwritaniaid, gweler tudalen 56.) Byddai gwŷr llys eraill yn cael eu llusgo i mewn i gystadlaethau fel hyn ac weithiau roedden nhw'n cael eu gorfodi i gefnogi'r naill garfan yn erbyn y llall.

GWEITHGAREDDAU

1 Copïwch a llenwch y tabl hwn gan ddefnyddio'r wybodaeth yn yr adran a'r hyn rydych chi'n ei wybod am y pwnc.

	Sut defnyddiodd Elisabeth y nodwedd hon i gadw rheolaeth ac awdurdod dros aelodau ei Chyfrin Gyngor a'i chynghorwyr?
Y Llys Brenhinol	
Defnyddio nawdd	
Datblygu carfanau	

2 Pa wybodaeth mae Ffynhonnell E yn ei rhoi am ddull Elisabeth o lywodraethu?

3 Esboniwch pam datblygodd carfanau o amgylch William Cecil a Robert Dudley oedd yn cystadlu â'i gilydd.

Y Cyfrin Gyngor a'i gynghorwyr

Un o'r dulliau pwysicaf o reoli'r wlad yn ystod teyrnasiad Elisabeth oedd drwy'r Cyfrin Gyngor. Corff o gynghorwyr a gweinidogion oedd hwn, wedi'u penodi gan y frenhines, i'w helpu i reoli. Roedd Cyfrin Gynghorwyr yn cael eu dewis o blith aelodau o ddosbarth y pendefigion a'r bonedd, ac archesgobion weithiau. O fewn ychydig fisoedd ar ôl dod yn frenhines, roedd Elisabeth wedi penodi 19 o ddynion i'w Chyfrin Gyngor. Er mwyn creu teimlad o barhad, roedd dros eu hanner nhw wedi bod yn aelodau o Gyfrin Gyngor Mari I, fel Syr Thomas Cheney a Syr William Petre.

Byddai'r Cyngor yn cwrdd yn rheolaidd: ddwywaith neu dair gwaith yr wythnos fel arfer yn gynnar yn nheyrnasiad Elisabeth, ond yn fwy rheolaidd yn ddiweddarach yn ei theyrnasiad a phan oedd angen ymdrin â mater penodol. Digwyddodd hyn un tro yn 1562 pan oedd bywyd y frenhines mewn perygl oherwydd iddi ddal y frech wen, ac roedd rhaid i'r Cyngor drafod materion yn ymwneud ag olyniaeth. Digwyddodd argyfwng arall ar ôl i Mari, Brenhines y Sgotiaid ffoi o'r Alban i Loegr yn 1568. Cododd hyn bryderon am gynllwyn Catholig posibl i geisio rhoi ei chyfnither Gatholig ar yr orsedd yn lle Elisabeth (gweler tudalen 61).

Dim ond ar adegau prin byddai Elisabeth yn mynychu cyfarfodydd y Cyngor a doedd dim rhaid iddi dderbyn y cynghorion roedd y Cyngor yn eu cynnig iddi, er nad oedd hi'n eu hanwybyddu'n llwyr yn aml. Roedd gan y cyngor nifer o brif swyddogaethau ac aelodau unigol y Cyfrin Gyngor oedd yn cyflawni ei ddyletswyddau (gweler Ffigur 1.2).

> **Dehongliad 3:** Barn am swyddogaeth y Cyfrin Gyngor gan yr hanesydd John Warren yn ei lyfr *Elizabeth I: Meeting the Challenge: England 1541–1603*, gafodd ei gyhoeddi yn 2001
>
> *Ei brif swyddogaeth oedd cynghori'r Frenhines, gweinyddu'r deyrnas a gweithredu'r penderfyniadau oedd yn cael eu gwneud gan y Frenhines a'r Cyngor. Gan fod ei brif Gynghorwyr yn benaethiaid ar adrannau'r wladwriaeth, ac yn gyfrifol am y cyllid brenhinol, y llysoedd barn a diogelwch gwladol, doedd hi ddim yn syndod fod ganddyn nhw dipyn o ddylanwad. … Fodd bynnag, doedd y Cyngor ddim yn gorff unedig na digyfnewid. Er bod teimlad cryf o barhad ymysg y rhai oedd yn dal swyddi allweddol, efallai fod cystadleuaeth rhwng carfanau wedi lleihau ei bwysigrwydd.*

GWEITHGAREDD

Pa mor bwysig oedd y Cyfrin Gyngor i Elisabeth wrth lywodraethu'r wlad?

Cwestiwn ymarfer

Astudiwch Ddehongliad 3. I ba raddau byddech chi'n cytuno â'r dehongliad hwn, sef ei bod yn bosibl fod cystadleuaeth rhwng carfanau yn y Cyfrin Gyngor wedi lleihau ei bwysigrwydd? *(I gael arweiniad, gweler tudalennau 113–114.)*

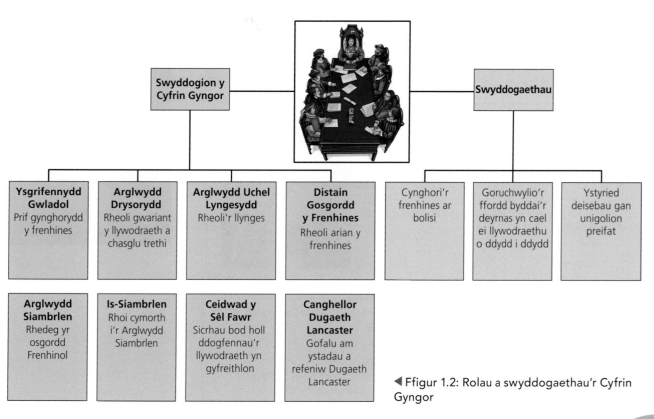

◄ Ffigur 1.2: Rolau a swyddogaethau'r Cyfrin Gyngor

Aelodau pwysig o'r Cyfrin Gyngor yn ystod teyrnasiad Elisabeth

Syr William Cecil (1520–98, cafodd ei wneud yn Arglwydd Burghley yn 1571)

Roedd Cecil yn Brotestant cymedrol, ac wedi bod yn aelod o'r Cyfrin Gyngor yn ystod teyrnasiad Edward VI. Yn ystod teyrnasiad Mari, cafodd ei benodi gan y Dywysoges Elisabeth i ofalu am ei materion hi. Ar ôl iddi ddod yn frenhines yn 1558, fe wnaeth Elisabeth benodi Cecil yn ysgrifennydd gwladol iddi. Fel ei phrif gynghorydd, Cecil oedd yn rheoli cyfarfodydd y senedd (gweler tudalen 18) ac ef oedd y cysylltiad rhwng y frenhines a'r senedd. Yn 1572 cafodd ei benodi'n arglwydd drysorydd a'i roi'n gyfrifol am gyllid y llywodraeth. Gwasanaethodd ef Elisabeth fel cynghorydd a swyddog ffyddlon am dros 40 mlynedd tan ei farwolaeth yn 1598.

Robert Dudley (1537–88, cafodd ei wneud yn Iarll Caerlŷr yn 1564)

Piwritan oedd Dudley, ac roedd wedi bod yn ffrind agos i Elisabeth pan oedd hi'n blentyn. Yn ystod teyrnasiad Mari roedd wedi ymladd yn erbyn y Ffrancwyr, ac yn 1558 daeth yn rhan o Lys Brenhinol y frenhines newydd; cafodd ei benodi i'r Cyfrin Gyngor yn 1562. Oherwydd ei fod yn gyfaill agos i Elisabeth, roedd sôn eu bod nhw'n cael perthynas. Yn 1564 fe wnaeth Elisabeth ei benodi ef yn Iarll Caerlŷr, ac yn 1585 cafodd ei wneud yn gadlywydd y fyddin a'i anfon i'r Iseldiroedd. Ar ôl methu cyd-dynnu â'i gadfridogion, daeth yn ôl i Loegr, lle bu farw'n fuan wedyn yn 1588. Doedd e ddim ar delerau da â Cecil ac roedd yn cystadlu ag ef fel cynghorydd i'r frenhines.

Syr Christopher Hatton (1540–91)

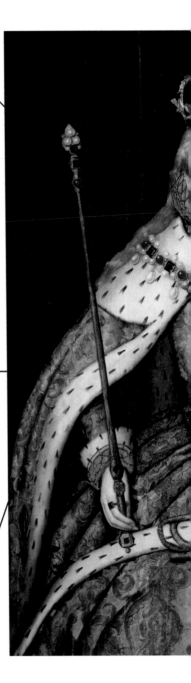

Roedd Hatton yn Brotestant cymedrol. Cafodd ei benodi'n is-siambrlen yr osgordd ac yn aelod o'r Cyfrin Gyngor yn 1557. Daeth yn rhan o lys Elisabeth yn 1561 a dod yn gyfrifol am drefnu teithiau'r frenhines. Yn 1587, cafodd swydd arglwydd ganghellor, gan ddal y swydd tan ei farwolaeth yn 1591.

Ffynhonnell F: Rhan o'r cyfarwyddiadau roddodd Elisabeth i William Cecil wrth ei benodi'n aelod o'r Cyfrin Gyngor ym mis Tachwedd 1558

Mae gennyf y farn hon ohonoch chi, na fyddwch chi'n cael eich llygru gan unrhyw rodd, y byddwch chi'n ffyddlon i'r wladwriaeth, a heb ystyried fy ewyllys preifat, y byddwch chi'n rhoi'r cyngor gorau imi; os gwyddoch chi unrhyw beth sydd i'w ddatgan wrthyf yn gyfrinachol, byddwch yn dweud wrthyf i'n unig a byddaf yn ei gadw'n gyfrinachol.

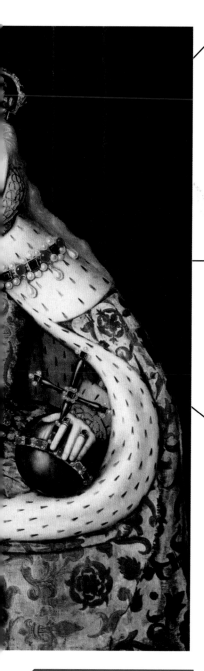

Syr Francis Walsingham (1532–90, cafodd ei urddo'n farchog yn 1577)

Roedd Walsingham yn Biwritan selog. Roedd wedi cael addysg dda ym mhrifysgolion Caergrawnt a Padua, yn yr Eidal. Yn 1568, dechreuodd weithio i'r llywodraeth ac yn 1570, oherwydd ei fod yn gallu siarad ieithoedd Ewropeaidd, cafodd ei benodi'n llysgennad ym Mharis. Yn 1573, cafodd ei wneud yn ysgrifennydd gwladol gyda chyfrifoldeb arbennig dros faterion tramor. Cafodd ei roi'n gyfrifol am wasanaeth cudd Elisabeth a threfnodd rwydwaith o ysbiwyr y llywodraeth gan eu gosod ledled Ewrop. Yn 1586, daeth o hyd i gynllwyn i lofruddio Elisabeth, ac roedd ei chyfnither, Mari, Brenhines y Sgotiaid, yn rhan ohono (gweler tudalen 73).

Robert Devereux, 2il Iarll Essex (1567–1601)

Piwritan oedd Essex. Daeth yn rhan o'r llys brenhinol am y tro cyntaf yn 1584 a chafodd ei benodi'n aelod o'r Cyfrin Gyngor yn 1593. Cafodd brofiad milwrol wrth ymladd yn Ffrainc, Sbaen a'r Iseldiroedd. Yn ddiweddarach, rhoddodd Elisabeth ef yn gyfrifol am ymosodiadau ar Sbaen ac Iwerddon. Roedd yn aml yn ffraeo ag Elisabeth, ac yn 1601 cafodd ei ddienyddio am frad oherwydd ei fod yn rhan o gynllwyn i gael gwared ar rai o gynghorwyr y frenhines.

Robert Cecil (1563–1612)

Protestant oedd Robert, ac roedd yn ail fab i William Cecil, Arglwydd Burghley. Gyda help dylanwad ei dad, cymerodd Cecil ddyletswyddau Walsingham ar ôl i hwnnw farw yn 1590. Cafodd ei benodi i'r Cyfrin Gyngor yn 1591. Ef oedd yn gyfrifol am oruchwylio'r trefniadau ar gyfer olyniaeth Iago VI o'r Alban yn frenin ar ôl marwolaeth Elisabeth yn 1603.

GWEITHGAREDDAU

1 Copïwch a llenwch y tabl isod gan ddefnyddio'r wybodaeth ar dudalennau 12–13 a'r hyn rydych chi'n ei wybod am y pwnc hwn.

	Teitl	Crefydd	Dyddiad penodi i'r Cyfrin Gyngor	Swydd(i) yn y Cyfrin Gyngor	Enghraifft o waith a wnaeth pan oedd yn aelod o'r Cyfrin Gyngor
William Cecil					
Robert Dudley					
Christopher Hatton					
Francis Walsingham					
Robert Devereux					
Robert Cecil					

2 Gan ddefnyddio eich tabl wedi'i lenwi, esboniwch pa mor bwysig oedd aelodau'r Cyfrin Gyngor wrth helpu Elisabeth i lywodraethu Cymru a Lloegr.

3 Astudiwch Ffynhonnell F. Pa nodweddion roedd Elisabeth yn disgwyl eu gweld yn aelodau ei Chyfrin Gyngor?

Cwestiwn ymarfer

Pam roedd William Cecil, Arglwydd Burghley, yn arwyddocaol yn ystod teyrnasiad Elisabeth? (I gael arweiniad, gweler tudalen 111.)

Llywodraeth leol yng Nghymru

Yn ystod yr unfed ganrif ar bymtheg, roedd teithio a chyfathrebu yn digwydd yn araf. Roedd hi'n gallu cymryd dyddiau lawer i negeseuon o Lundain gyrraedd rhannau pellaf y deyrnas. Doedd y frenhines ddim yn teithio'n rhy bell o Lundain. Roedd hi'n ymddiried mewn criw o swyddogion ac yn dibynnu arnyn nhw felly i sicrhau bod ei theyrnasiad yn cael ei barchu, a bod cyfraith a threfn yn cael eu cynnal. Heb swyddogion fel hyn, fyddai Elisabeth ddim wedi gallu rheoli'r wlad yn effeithiol.

Cyngor Cymru a'r Gororau

Roedd llywodraeth leol yng Nghymru yn cael ei gweinyddu mewn ffordd ychydig yn wahanol i'r hyn oedd yn digwydd yn Lloegr. Cyngor Cymru a'r Gororau oedd y corff oedd yn gyfrifol am weithredu pŵer brenhinol yng Nghymru. Pennaeth y Cyngor oedd yr Arglwydd Lywydd ac roedd ei bencadlys ef yn Llwydlo (gweler Ffigur 1.3). Y ddau Arglwydd Lywydd amlycaf yn ystod teyrnasiad Elisabeth oedd:

- Syr Henry Sidney (oedd yn y swydd o 1560–86)
- Henry Herbert, ail Iarll Penfro (oedd yn y swydd o 1586–1601).

Roedd Dirprwy Raglaw a chyngor o 20 aelod oedd wedi cael eu henwebu gan y goron yn cynorthwyo'r Llywydd. Roedden nhw'n cynnwys aelodau o'r osgordd frenhinol, rhai o esgobion esgobaethau Cymru a rhai barnwyr o Lys y Sesiwn Fawr.

Roedd gan y Cyngor awdurdod dros dair sir ar ddeg Cymru a'r siroedd ar y ffin, sef Henffordd, Caerloyw, Caerwrangon (Worcester), Swydd Amwythig a Swydd Gaer. Roedd yn gyfrifol am ddau faes llywodraeth leol – gweinyddu a chyfiawnder.

Roedd y Cyngor yn gwasanaethu fel cynrychiolydd lleol y Goron, yn sicrhau bod cyfarwyddiadau'r frenhines a'r Cyfrin Gyngor yn cael eu gweithredu yn yr ardaloedd lleol, bod cyfraith a threfn yn cael eu gorfodi a bod cyfiawnder yn cael ei weinyddu. Hwn oedd y llys uchaf yng Nghymru a'r Gororau. Roedd yn clywed achosion sifil a throseddol, gan gynnwys pob achos oedd yn ymwneud â llofruddiaeth, ffeloniaeth, môr-ladrad, dryllio a gweithredoedd oedd yn debygol o darfu ar yr heddwch.

> **Ffynhonnell FF:** 'Cyfarwyddiadau' Brenhinol 1574, wedi'u dyfynnu yn *A History of Wales, 1485–1660* gan Hugh Thomas
>
> Roedden nhw'n cydnabod pwysigrwydd y Cyngor ar gyfer:
>
> … parhad tawelwch a llywodraethu da dros y bobl a'r trigolion o fewn Dominiwn a Thywysogaeth Cymru ac yn ei Gororau hefyd.

Llys y Sesiwn Fawr

Canlyniad Deddfau Uno 1536 ac 1543 oedd fod Cymru wedi dod yn ffurfiol o dan reolaeth wleidyddol Lloegr. Cafodd system gyfreithiol Lloegr ei gorfodi ar Gymru, ac wrth addasu model Brawdlysoedd Lloegr, cafodd Llys Sesiwn Fawr newydd ei gyflwyno ledled y Dywysogaeth. Cafodd deuddeg o dair sir ar ddeg Cymru (pob un ond sir Fynwy) eu rhannu'n bedair cylchdaith llys:

- Cylchdaith Caer (yn cynnwys siroedd Fflint, Dinbych a Maldwyn)
- Cylchdaith Gogledd Cymru (siroedd Môn, Arfon a Meirionnydd)
- Cylchdaith Brycheiniog (siroedd Brycheiniog, Morgannwg a Maesyfed)
- Cylchdaith Caerfyrddin (siroedd Caerfyrddin, Aberteifi a Phenfro)

Byddai Barnwyr Cylchdaith yn mynd o amgylch pob cylchdaith, gan gynnal sesiynau ddwywaith y flwyddyn ym mhob sir. Roedden nhw'n ymdrin â phob trosedd ddifrifol, gan gynnwys brad, llofruddiaeth, ffeloniaeth, terfysg a chribddeiliaeth (*extortion*). Bu'r llysoedd hyn yn gweithredu bron heb newid tan iddyn nhw gael eu diddymu yn 1830.

> **Ffynhonnell G:** Fe wnaeth Rhys Meurug, y bonheddwr a'r hanesydd o Gymru, roi sylwadau am y gwelliant o ran llywodraeth a chyfiawnder ar ôl y Deddfau Uno yn ei lyfr *A Booke of Glamorganshire Antiquities*, gafodd ei orffen yn 1578
>
> *Nawr, ers i Gymru fod fel hyn, wedi'i galluogi gan y Brenin graslon Harri VIII i ddefnyddio cyfreithiau Lloegr, ac felly wedi'i huno â'r wlad honno, ac felly wedi dod yn rhan o frenhiniaeth, sef y ffurf fwyaf sicr, fwyaf sefydlog a gorau ar lywodraeth, mae hi wedi'i diogelu rhag y peryglon oedd yn bodoli o'r blaen; oherwydd nawr mae bywyd a marwolaeth, tiroedd a nwyddau yng ngofal y frenhiniaeth hon, ac nid ym mhleser y deiliad.*

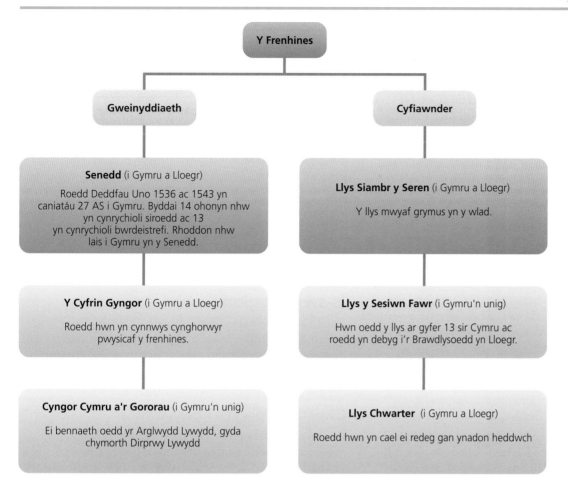

▲ Ffigur 1.3: Sut roedd Cymru'n cael ei llywodraethu yn ystod cyfnod Elisabeth

GWEITHGAREDDAU

1 Pa mor bwysig oedd Cyngor Cymru a'r Gororau o ran llywodraethu Cymru?

2 Astudiwch Ffynonellau FF a G. A wnaeth y Deddfau Uno helpu i sefydlu awdurdod brenhinol dros Gymru?

Y Dirprwy Raglaw

Roedd Llywydd y Cyngor hefyd yn gwasanaethu fel Arglwydd Raglaw pob un o siroedd Cymru ac roedd y Dirprwy Raglaw yn gweithio o dan ei awdurdod. Tirfeddiannwr cyfoethog oedd yn gwneud y swydd, a byddai o leiaf un yn cael ei benodi ym mhob un o siroedd Cymru. Roedden nhw'n gyfrifol am reoli'r milisia lleol gan sicrhau bod eu hardal wedi'i hamddiffyn yn dda, a bod gwirfoddolwyr wedi cael eu hyfforddi'n iawn. Roedden nhw hefyd yn goruchwylio gwaith ynadon heddwch ac yn rhoi gwybod i'r Arglwydd Lywydd am ddigwyddiadau yn eu hardal.

Y siryf

Roedd siryf gan bob sir. Gwaith y siryf oedd edrych ar ôl materion cyfreithiol, fel penodi rheithgorau a'u rhoi ar eu llw, dod â charcharorion i'r llys a helpu i gasglu trethi. Roedd swydd y siryf wedi dechrau yn yr Oesoedd Canol, ond erbyn yr unfed ganrif ar bymtheg roedd y swydd yn llai pwysig ac roedd llawer o gyfrifoldebau wedi cael eu trosglwyddo i swyddogion eraill, fel y Dirprwy Raglaw ac ynadon heddwch.

Ynadon heddwch

Ynadon heddwch oedd yn gwneud y gwaith go iawn o gynnal cyfraith a threfn ar lefel leol. Roedd rhwng 30 a 60 ohonyn nhw ym mhob sir ac fel arfer, gwŷr bonheddig cyfoethog o gefn gwlad oedden nhw. Doedden nhw ddim yn cael eu talu, ond roedden nhw'n gwneud eu gwaith oherwydd eu bod yn ei weld hi'n ddyletswydd arnyn nhw. Roedd hefyd yn rhoi pŵer a statws iddyn nhw yn eu cymuned. Yn ystod teyrnasiad Elisabeth cawson nhw lawer mwy o waith i'w wneud. Yn ogystal ag eistedd fel ynadon yn y llysoedd chwarter, oedd yn gweinyddu cyfiawnder am droseddau llai, cawson nhw dasgau ychwanegol, sef

gwneud yn siŵr bod priffyrdd yn cael eu cynnal a'u cadw, a gweinyddu cymorth cyfraith y tlodion i bobl ddi-waith (gweler Ffigur 1.4). Roedd is-swyddogion fel cwnstabl y plwyf a goruchwyliwr y tlodion yn eu helpu.

Is-swyddogion

Roedd gallu cynnal cyfraith a threfn yn dibynnu ar gael y gymuned i'w phlismona ei hun, o dan gyfarwyddyd yr ynad heddwch. Er mwyn helpu gyda'r dyletswyddau plismona o ddydd i ddydd, roedd yr ynad heddwch yn penodi nifer o is-swyddogion.

Cwnstabl y plwyf a'r gwyliwr nos

Byddai cwnstabl y plwyf yn cael ei benodi o blith y masnachwyr neu hwsmyn (ffermwyr) oedd yn byw yn yr ardal. Roedd disgwyl iddyn nhw wneud y swydd ddi-dâl am flwyddyn ac roedden nhw'n cael amrywiaeth o ddyletswyddau i'w gwneud o dan oruchwyliaeth fanwl yr ynad heddwch (gweler Ffigur 1.5). Yn y trefi roedd y gwyliwr nos yn eu helpu gyda'u dyletswyddau. Byddai'r gwyliwr yn patrolio'r strydoedd gyda'r nos, ac yn cadw llygad am droseddwyr.

Llenwi dogfennau cyfreithiol er mwyn trefnu prentisiaethau i fechgyn ifanc gael dechrau gweithio mewn crefft

Trefnu gwaith cwnstabl y plwyf

Eistedd fel ynadon yn y llysoedd chwarter, oedd yn cael eu cynnal bob tri mis ac yn delio â mân droseddau

Gofalu am y tlodion a rhoi trwyddedau i bobl oedd ag angen cardota.

Gosod prisiau a chyflogau; gwirio pwysau a mesurau gan fasnachwyr siopau a marchnadoedd, a gan dafarnwyr er mwyn eu hatal rhag twyllo

▲ Ffigur 1.4: Dyletswyddau ynad heddwch

Atal tresmasu a photsio

Cadw trefn mewn tafarnau

Corlannu gwartheg a defaid coll

Cadw llygad am grwydriaid

Cadw'r heddwch ac arestio'r rhai oedd yn torri'r gyfraith

Cosbi pobl trwy ddulliau fel chwipio

▲ Ffigur 1.5: Cyfrifoldebau cwnstabl y plwyf

Goruchwyliwr y tlodion

Er mwyn helpu i weinyddu cymorth i'r tlodion, byddai ynadon heddwch yn penodi goruchwyliwr y tlodion. Ei swydd oedd trefnu a chasglu treth leol (o'r enw treth y tlodion), gan bawb yn y plwyf, a dosbarthu'r arian hwn i'r rhai oedd â'r angen mwyaf am gymorth ac elusen. Daeth y swydd hon yn bwysicach yn ystod teyrnasiad Elisabeth oherwydd bod nifer y bobl ddi-waith wedi codi hefyd. Heb y corff hwn o swyddogion amatur, y rhan fwyaf ohonyn nhw yn ddi-dâl, fyddai llywodraeth leol ddim wedi gallu gweithredu'n effeithiol yn ystod oes Elisabeth.

GWEITHGAREDDAU

1 Esboniwch y gwahaniaethau rhwng swyddogaeth a chyfrifoldebau'r ynad heddwch a chwnstabl y plwyf.

2 'Heb gorff o swyddogion amatur, y rhan fwyaf ohonyn nhw yn ddi-dâl, fyddai llywodraeth leol ddim wedi gallu gweithredu'n effeithiol yn ystod oes Elisabeth.' I ba raddau rydych chi'n cytuno â'r gosodiad hwn?

3 Pa mor ddefnyddiol yw Ffynhonnell NG i hanesydd sy'n astudio gwaith ynadon heddwch yn ystod y cyfnod hwn?

Cwestiwn ymarfer

Esboniwch y cysylltiadau rhwng unrhyw DRI o'r canlynol:
● Siryf
● Ynad heddwch
● Cwnstabl y plwyf
● Goruchwyliwr y tlodion.
(I gael arweiniad, gweler tudalen 112.)

Rôl y senedd

Yn ystod teyrnasiad Elisabeth, roedd y senedd yn gorff llawer llai pwerus nag yw heddiw. Roedd yn cwrdd dim ond pan fyddai'r frenhines yn ei galw, ac roedd yn gorffen cwrdd pan fyddai hi'n dweud wrthi am gau. Yn ystod teyrnasiad hir Elisabeth, dim ond deg senedd wnaeth gyfarfod, a hynny 13 gwaith. Am 26 o flynyddoedd, nid oedd unrhyw sesiynau o'r senedd o gwbl. Fel arfer, rheswm ariannol oedd y prif reswm dros alw'r senedd. Roedd ar Elisabeth angen i'r senedd ganiatáu arian o'r trethi i dalu am redeg y wlad neu am ei hamddiffyn (gweler Tabl 1.1).

Roedd y senedd yn cynnwys dau gorff:

- Tŷ'r Arglwyddi: corff anetholedig o ryw 100 o arglwyddi, esgobion a barnwyr
- Tŷ'r Cyffredin: roedd yn cynnwys tua 450 aelod seneddol (ASau) oedd yn cael eu hethol gan dirfeddianwyr cefnog; ar y cyfan, boneddigion, bwrdeisiaid (masnachwyr) a rhai cyfreithwyr oedd yr aelodau; roedd dau AS o bob sir a dau o bob tref bwysig yn y sir.

Dim ond pan oedd angen iddi alw'r senedd byddai Elisabeth yn gwneud hynny. Dyma'r rhesymau am hyn fel arfer:

- roedd hi'n brin o arian a dim ond gan y senedd roedd y pŵer i godi arian drwy'r trethi a rhoi'r arian i'r Goron
- roedd angen iddi basio Deddfau Seneddol
- roedd hi eisiau cael cefnogaeth a chyngor yr ASau a'r arglwyddi ar faterion pwysig.

Senedd	Dyddiadau sesiynau	Rhesymau dros alw'r senedd
1559	25 Ionawr – 8 Mai	• Trafod yr Ardrefniant Crefyddol wnaeth sefydlu'r Eglwys Brotestannaidd • Caniatáu trethi
1563–67	12 Ionawr – 10 Ebrill 1563 30 Medi 1566 – 2 Ionawr 1567	• Trafod gwrthryfel yn yr Alban • Caniatáu trethi • Penderfynu a ddylid cefnogi gwrthryfel Protestannaidd yn Ffrainc • Caniatáu trethi ychwanegol
1571	2 Ebrill – 29 Mai	• Penderfynu beth i'w wneud â Mari, Brenhines y Sgotiaid, oedd wedi ffoi o'r Alban i Loegr yn 1568 • Caniatáu trethi
1572–82	8 Mai – 30 Mehefin 1572 8 Chwefror – 15 Mawrth 1576 16 Ionawr – 18 Mawrth 1581	• Pasio deddfau i ddelio â'r cynllwynion Catholig yn erbyn Elisabeth • Caniatáu trethi
1584–85	23 Tachwedd 1584 – 29 Mawrth 1585	• Pasio deddfau i ddelio â chynllwynion yn erbyn y frenhines • Caniatáu trethi
1586–87	29 Hydref 1586 – 23 Mawrth 1587	• Pasio deddfau yn erbyn Catholigion • Caniatáu trethi
1589	4 Chwefror – 29 Mawrth	• Trafod y rhyfel yn erbyn Sbaen • Caniatáu trethi dwbl
1593	19 Chwefror – 10 Ebrill	• Trafod y rhyfel yn Iwerddon • Caniatáu trethi triphlyg
1597–98	24 Hydref 1597 – 9 Chwefror 1598	• Trafod y rhyfel yn Iwerddon • Caniatáu trethi triphlyg
1601	27 Hydref – 19 Rhagfyr	• Ystyried yr olyniaeth • Caniatáu trethi triphlyg

▲ Tabl 1.1: Seneddau Oes Elisabeth, 1559–1601

Rhyddid barn

Y frenhines oedd yn penodi Llefarydd Tŷ'r Cyffredin ac yn penderfynu pa bynciau fyddai'n cael eu trafod. Er bod rhyddid barn gan yr ASau, mewn egwyddor, i drafod beth bynnag roedden nhw eisiau ei drafod, gwnaeth Elisabeth hi'n glir mai'r Cyfrin Gyngor ac nid y senedd oedd yn cael trafod rhai pynciau penodol fel polisi tramor a chrefydd. Yn 1571, pan ofynnodd yr ASau i'r frenhines ystyried priodi, dywedodd hi wrthyn nhw nad oedd ganddyn nhw hawl i drafod materion oedd yn bersonol iddi hi. Aeth hi'n wyllt gacwn pan wnaeth y senedd drafod newidiadau i Eglwys Loegr yn 1587. Mynnodd hi fod yr ASau yn rhoi'r gorau i drafod y mater, a gorchmynnodd i bump AS gael eu harestio. Mewn achosion fel hyn, roedd Elisabeth yn barod i gyfyngu ar ryddid barn yn y senedd.

Trethiant a chyllid

Yn ystod cyfnod y Tuduriaid, roedd disgwyl i'r brenin neu'r frenhines dalu am gost rhedeg y wlad o'u harian eu hunain. Roedd yr incwm hwn yn dod o renti o'r ystadau a'r eiddo brenhinol, ac o dollau ar allforion a mewnforion. Yn aml roedd brenhinoedd a breninesau Tuduraidd yn brin o arian. Pan oedd hyn yn digwydd, roedd rhaid iddyn nhw ofyn i'r senedd ganiatáu arian ychwanegol iddyn nhw o'r trethi. Dim ond y senedd oedd â'r hawl i godi arian drwy drethiant. Gwaethygodd y sefyllfa yn ystod teyrnasiad Elisabeth oherwydd chwyddiant uchel oedd yn gwneud i brisiau godi, a'r ffaith fod y wlad wedi cymryd rhan mewn rhyfeloedd tramor drud, fel y gwrthdaro â Philip II a Sbaen (gweler tudalen 82).

Pan ddaeth Elisabeth yn frenhines yn 1558, roedd y llywodraeth mewn dyled fawr yn barod. Roedd y ddyled yn uchel ers teyrnasiad y Frenhines Mari, sef £227,000. Er mwyn ceisio cydbwyso'r cyfrifon, gweithiodd Elisabeth gyda William Cecil, un o'i gweinidogion pwysicaf, i roi rhaglen o arbedion economaidd ar waith. Cafodd cyflogau'r llys eu cyfyngu a chafodd y gwariant ar yr osgordd frenhinol ei dorri. Drwy orfodi amrywiaeth o arbedion, cafodd dyled Mari ei thalu, ond roedd y Goron yn dal i fod yn brin o arian ac roedd rhaid i'r senedd gael ei galw'n ôl bob hyn a hyn er mwyn rhyddhau cyllid.

Tyfodd baich trethiant lleol yn sydyn yn ystod teyrnasiad Elisabeth. Y siryf oedd yn gyfrifol am gasglu'r trethi'n lleol. Byddai'r arian yn cael ei ddefnyddio i dalu am gymorth i'r tlodion, rhywbeth ddaeth yn broblem gynyddol yn ystod diwedd yr unfed ganrif ar bymtheg (gweler tudalen 36). Hefyd, roedd angen arian i dalu am gynnal a chadw ffyrdd a phontydd, yr holl amddiffynfeydd a'r milisia lleol.

QUEEN ELIZABETH IN PARLIAMENT
A *L.ᵗ Chancellor* B *Marquises Earles & C Barons* D *Byshopes* E *Iudges* F *Masters of Chancery* G *Clerks* H *Speaker of ỹ Comons* I *Black Rod* K *Serjeant at Armes* L *Members of the Commons house* M *Sᵗ Francis Walsingham Secretary of State*.

▲ **Ffynhonnell I:** Print o'r cyfnod yn dangos y Frenhines Elisabeth yn eistedd yn Nhŷ'r Arglwyddi, gydag ASau o Dŷ'r Cyffredin yn bresennol hefyd.

Ffynhonnell H: Ateb yr Arglwydd Geidwad i gais gan y Senedd am ryddid barn, 1593

O ran rhyddid barn, mae ei Mawrhydi'n fy ngorchymyn i ddweud na ddylai unrhyw ddyn ofni dweud ie neu na i fesurau. Ond dydy e ddim yno i siarad am bopeth sy'n dod i'w feddwl neu i awgrymu crefyddau a llywodraethau newydd. Dywedodd hi na fyddai unrhyw frenhines sy'n addas i reoli yn caniatáu rhywbeth mor ffôl.

GWEITHGAREDDAU ?

1 Defnyddiwch Ffynhonnell I a'r hyn rydych chi'n ei wybod i esbonio swyddogaeth y senedd yn ystod y cyfnod hwn.

2 'Roedd y pŵer i ryddhau cyllid o'r trethi yn rhoi pŵer i'r senedd dros y frenhines.' I ba raddau rydych chi'n cytuno â'r gosodiad hwn?

Cwestiwn ymarfer

I ba raddau mae Ffynhonnell H yn adlewyrchiad cywir o'r farn nad oedd gan ASau ryddid barn llwyr? *(I gael arweiniad, gweler tudalennau 109–110.)*

Bonedd Cymru

Yn ystod Oes Elisabeth datblygodd dosbarth y bonedd yn brif rym ym mywyd cymdeithasol a gwleidyddol Cymru. Roedd y bonedd yn dirfeddianwyr oedd yn hybu ffortiwn eu teuluoedd, ac yn cynyddu eu hystadau drwy drefnu priodasau gofalus, drwy brynu tiroedd a thrwy lenwi swyddi pwysig mewn llywodraeth leol fel swyddi'r Dirprwy Raglaw, y siryf a'r Ynad Heddwch. Wrth wneud hyn, daethon nhw'n bobl bwerus yn eu cymunedau oedd yn cael eu parchu.

Bydd y ddwy enghraifft ganlynol yn dangos pwysigrwydd bonedd Cymru yn ystod y cyfnod hwn.

Syr John Wynn o Wydir (1553–1626)

Cafodd John ei eni yn 1553, yn fab i Morus Wynn o Wydir, tŷ yn Llanrwst yn nyffryn Conwy. Roedd John yn falch o hanes cyfoethog ei deulu. Ar ôl astudio'r gyfraith yn yr Inner Temple yn Llundain, daeth yn berchen ar ystâd Gwydir ar ôl i'w dad farw yn 1580. O dan ei reolaeth ofalus, daeth teulu Wynn yn un o deuluoedd mwyaf pwerus a dylanwadol gogledd Cymru.

Fel aelod amlwg o'r bonedd, roedd John yn gallu defnyddio ei safle cymdeithasol i lenwi swyddi pwysig mewn llywodraeth leol:

- 1588 ac 1603 – ef oedd siryf sir Gaernarfon
- 1589 ac 1601 – ef oedd siryf sir Feirionnydd
- 1586–87 – buodd yn AS dros Gaernarfon
- 1587 – buodd yn Ddirprwy Raglaw dros sir Gaernarfon
- 1608 – cafodd ei urddo'n farchog a daeth yn 'Syr' John Wynn
- 1608 – cafodd ei benodi'n aelod o Gyngor Cymru a'r Gororau
- 1611 – cafodd ei wneud yn farwnig.

Hefyd, roedd John Wynn yn ysgolhaig oedd yn gallu olrhain ei linach yn ôl i Owain Gwynedd, brenin Gwynedd (m. 1170). Fe wnaeth ef ganu clodydd ei linach yn ei lyfr 'The History of the Gwydir Family', gan orffen y gwaith hwn erbyn c.1614. Roedd yn noddi beirdd lleol, casglodd lyfrgell o lawysgrifau gwerthfawr, ac roedd yn arwain chwaeth a ffasiwn yn ei ardal. Aeth ati i ail-lunio Castell Gwydir yn dŷ ffasiynol yn arddull y Dadeni, ac ar ôl ei farwolaeth yn 1626, gadawodd arian i sefydlu ysgol ac ysbyty yn Llanrwst.

Ffynhonnell J: George Owen o Henllys, bonheddwr a hanesydd o Gymru, yn ysgrifennu yn ei lyfr *A Dialogue of the Government of Wales* (1594)

Trwy hyn mae'r bobl wedi dod yn gyfoethog iawn, dynion bonheddig cefnog. Felly yn y wlad hon, pan ddaeth yn siroedd am y tro cyntaf [ar ôl Deddf Uno 1536] prin fod dau ŵr bonheddig fyddai'n gallu gwario dau gan punt yr un mewn tiroedd. Ond erbyn hyn mae rhai yn yr un sir sy'n derbyn gwerth pum can punt y flwyddyn, rhai'n cael tri chan punt, a llawer yn cael can punt mewn tir da. Felly nawr nid oes un sir yng Nghymru heb ddigon o wŷr bonheddig sy'n gallu gwario 100 punt y flwyddyn mewn tir da.

▲ **Ffynhonnell L:** Portread o Syr John Wynn o Wydir gafodd ei beintio yn 1619

▲ **Ffynhonnell LL:** Castell Gwydir yn Llanrwst, cartref y teulu Wynn

Catrin o Ferain (1534/5–1591)

Mae bywyd Catrin o Ferain yn un o'r enghreifftiau gorau o'r ffordd roedd priodasau gofalus yn cael eu defnyddio i gynyddu cyfoeth a statws cymdeithasol. Cafodd Catrin ei geni i un o deuluoedd bonedd Cymru, yn ferch i Tudur ap Robert Fychan o Ferain yn sir Ddinbych. Drwy ei mam, roedd hi'n wyres i Syr Roland Velville, un o feibion anghyfreithlon y Brenin Harri VII. Roedd hi'n ffodus ei bod hi'n dod o dras da, a defnyddiodd hi hyn yn ddiweddarach er mantais iddi ei hun. Priododd bedair gwaith gan ddod yn rhan o rai o'r teuluoedd bonedd gorau yng Ngogledd Cymru.

- Roedd ei phriodas gyntaf â Siôn Salsbri (John Salusbury) (m.1566) oedd yn berchen ar ystâd gyfoethog Lleweni, y tu allan i Ddinbych.

- Roedd ei hail briodas â Syr Richard Clough (Rhisiart Clwch) o Ddinbych (m.1570), masnachwr llwyddiannus a chefnog. Aeth ei ddiddordebau busnes ag ef i Antwerp a Hamburg lle bu'n gweithio i Syr Thomas Gresham, banciwr llewyrchus. Yn ddiweddarach fe wnaeth y ddau ddyn sefydlu Cyfnewidfa Stoc Llundain. Defnyddiodd Clough ei gyfoeth i godi Bachygraig ger Dinbych, y tŷ cyntaf i gael ei godi o frics yng Nghymru.

- Roedd ei thrydedd briodas â Morys Wynn o Wydir ger Llanrwst (m.1580), tad Syr John Wynn o Wydir. Roedd teulu Wynn ar y pryd yn dod yn un o'r teuluoedd mwyaf pwerus yng ngogledd Cymru.

- Roedd ei phedwaredd briodas ag Edward Thelwall o Blas y Ward yn Nyffryn Clwyd (m.1610).

Drwy'r priodasau hyn, cafodd Catrin chwech o blant, dau gan bob un o'r tri gŵr cyntaf. Mae llawer o'r hen deuluoedd yng Nghymru'n honni eu bod yn ei llinach hi a dyna pam mae hi weithiau'n cael ei galw'n 'Fam Cymru'.

▲ **Ffynhonnell N:** Portread o Catrin o Ferain wedi'i beintio yn 1568. Mae gwisg ddu amdani ac mae ei llaw ar benglog, sy'n awgrymu ei bod hi'n galaru am farwolaeth un o'i gwŷr.

Cwestiwn ymarfer

Beth gallwch chi ei ddysgu gan Ffynonellau J ac M am fonedd Cymru yng nghyfnod Elisabeth? *(I gael arweiniad, gweler tudalennau 107–108.)*

◄ **Ffynhonnell M:** Paentiad o'r ddeunawfed ganrif yn dangos Bachygraig, y tŷ godododd Richard Clough yn 1567, sef y flwyddyn y priododd â Catrin. Ei nod oedd dangos cyfoeth, pŵer a statws bonedd Cymru.

GWEITHGAREDDAU

1. Beth mae Ffynhonnell J yn ei ddweud wrthych chi am ddatblygiad bonedd Cymru erbyn diwedd yr unfed ganrif ar bymtheg?

2. Astudiwch yrfa Syr John Wynn o Wydir, a oedd yn nodweddiadol o lawer o fonedd Cymru yng nghyfnod y Tuduriaid. Defnyddiwch y wybodaeth am fywyd Wynn a'r hyn rydych chi'n ei wybod i greu map meddwl sy'n dangos pwysigrwydd y bonedd yng nghymdeithas Cymru.

3. Ysgrifennwch erthygl goffa i Catrin o Ferain fu farw yn 1591. Defnyddiwch y pennawd:
MARWOLAETH MAM CYMRU – BYWYD RHYFEDDOL CATRIN O FERAIN

Casgliad: Pa mor llwyddiannus oedd llywodraeth Elisabeth I?

Roedd system llywodraeth y Tuduriaid yn un bersonol ac wedi'i seilio ar y brenin neu'r frenhines. Roedd brenin cryf neu frenhines gryf yn sicrhau llywodraeth gryf. Am y rhan fwyaf o'i theyrnasiad, Elisabeth oedd y frenhines gryf honno, yn enwedig yn ystod yr 1570au a'r 1580au, pan oedd hi'n teyrnasu yn anterth ei phŵer ac yn cael ei gwasanaethu gan gorff medrus o aelodau'r Cyfrin Gyngor a chynghorwyr yn y Llys Brenhinol. Hefyd roedd ei phoblogrwydd yn helpu i sicrhau bod ei swyddogion yn aros yn ffyddlon ac ufudd.

Roedd y llywodraeth ganolog ar ei mwyaf effeithiol pan oedd Elisabeth yn defnyddio ei phŵer noddi i gadw rheolaeth dros rai o aelodau ei Chyfrin Gyngor, ei chynghorwyr a'i phendefigion oedd yn rhy uchelgeisiol. Daeth hi'n fedrus wrth ymdrin â phendefigion anodd, ac roedd ei thymer wyllt yn aml yn ddigon i sicrhau bod ei swyddogion yn gwneud beth roedd hi'n ei ddisgwyl ganddyn nhw. Cadwodd hi reolaeth gymharol gadarn ar ei seneddau a manteisiodd ar ei phŵer i alw a diddymu'r senedd.

Ar y lefel leol, roedd rheolaeth Elisabeth yn dibynnu ar gorff ffyddlon o swyddogion amatur oedd yn gweithio'n ddi-dâl, gan gynnwys yr arglwydd raglaw a'i ddirprwy, ynadon heddwch, cwnstabl y plwyf a swyddogion eraill fel goruchwylwyr y tlodion. Heb gydweithrediad y swyddogion hyn oedd yn gweithio yn enw'r frenhines yn y rhanbarthau, fyddai penderfyniadau'r senedd ddim wedi cael eu gweithredu. Cyn belled â bod y swyddogion hyn yn gwneud eu dyletswyddau'n effeithiol, roedd cyfraith a threfn yn cael eu cynnal. Ar y lefel hon gweithiodd y llywodraeth yn dda yn ystod teyrnasiad Elisabeth, er bod gan lawer o'r swyddogion hyn fwy a mwy o waith i'w wneud.

Cwestiwn crynhoi

Nawr eich bod chi wedi cwblhau'r bennod hon, defnyddiwch y wybodaeth rydych chi wedi'i dysgu i ateb y cwestiwn synoptig canlynol.

'Roedd Elisabeth yn frenhines boblogaidd oedd â rheolaeth gadarn wrth lywodraethu'r wlad.' I ba raddau rydych chi'n cytuno â'r gosodiad hwn?

Efallai yr hoffech chi ystyried y ffactorau canlynol yn eich ateb:

1 poblogrwydd y frenhines
2 Y Llys Brenhinol
3 y Cyfrin Gyngor
4 y senedd
5 ac unrhyw ffactorau perthnasol eraill gallwch chi feddwl amdanyn nhw.

Cwestiwn allweddol: Beth oedd y gwahaniaethau rhwng bywydau'r tlawd a'r cyfoethog yn oes Elisabeth?

Ffyrdd o fyw gwrthgyferbyniol y tlawd a'r cyfoethog

Roedd rhaniadau mawr yng nghymdeithas oes Elisabeth ac roedd system ddosbarth strwythuredig iawn oedd yn cadw pawb yn ei le. Roedd gwahaniaethau enfawr mewn safonau byw rhwng y rhai ar frig yr ysgol gymdeithasol – fel yr arglwyddi cyfoethog oedd yn berchen ar tua 17 y cant o'r holl dir oedd yn cael ei ffermio – a'r caledi a'r tlodi roedd y rhai ar waelod yr ysgol yn eu profi, fel y llafurwyr heb dir a heb sgiliau oedd yn aml ar fin llwgu. Tra oedd gan y cyfoethog ffordd o fyw oedd yn llawn braint a chyfoeth, y gwrthwyneb oedd yn wir am y llafurwyr tlawd. Roedden nhw'n dibynnu ar gyflogau isel ac yn aml roedden nhw'n ei chael hi'n anodd dod o hyd i arian i dalu eu rhent. Heb arian wedi'i gynilo i'w helpu nhw i oroesi drwy adegau gwael, roedd y posibilrwydd o dlodi neu fod yn ddigartref yn fygythiad parhaus.

Y frenhines –
Brenhines Elisabeth I

Pendefigion ac Arglwyddi –
tirfeddianwyr mawr
(tua 50 teulu) gydag incwm o hyd
at £6000 y flwyddyn

Y bonedd – tirfeddianwyr
llai (tua 10,000 o deuluoedd) gydag
incwm o hyd at £200 y flwyddyn

Masnachwyr cyfoethog – wedi cael llwyddiant drwy
brynu a gwerthu nwyddau (tua 30,000 o deuluoedd)
Pobl broffesiynol – y dosbarth canol oedd yn dod i'r amlwg;
e.e. cyfreithwyr, meddygon, apothecarïaid, clerigwyr, ysgolfeistri

Iwmyn – yn berchen ar eu heiddo eu hunain, ar rai
gweision, ac yn ffermio ychydig o dir
Tenantiaid fferm – yn rhentu rhwng 10 a 30 erw gan dirfeddiannwr
(tua 100,000 o deuluoedd)

Tyddynwyr – yn ffermio gerddi bach a hefyd yn cynnal rhyw ddiwydiant
bach yn y cartref megis nyddu
Crefftwyr medrus – dynion â chrefft neu fasnach; crefftwyr

Llafurwyr di-grefft heb dir – gweithwyr tymhorol; roedden nhw'n ddi-waith yn ystod adegau penodol o'r flwyddyn
Y tlawd a'r di-waith

▲ Ffigur 2.1: Y strwythur cymdeithasol yng Nghymru a Lloegr yn oes Elisabeth

Y strwythur cymdeithasol yn oes Elisabeth

Roedd y teuluoedd hynny ar lefelau isaf y strwythur cymdeithasol yn ei chael hi'n anodd goroesi ac mae wedi cael ei amcangyfrif bod rhwng 20 y cant a 30 y cant o'r boblogaeth bron â llwgu. Yn aml roedd digwyddiadau fel cynaeafau gwael, prisiau'n codi a newidiadau oherwydd cyflogaeth dymhorol yn ddigon i wneud i'r grwpiau hyn ddechrau teimlo effeithiau tlodi. Oherwydd hyn roedden nhw'n mynd yn gardotwyr, a daeth y mater hwn i greu pryder mawr yn ystod teyrnasiad Elisabeth.

Un ffynhonnell o wybodaeth i haneswyr oes Elisabeth yw cofnodion pobl oedd yn byw ar y pryd ac yn ysgrifennu am fywyd bob dydd yn ail hanner yr unfed ganrif ar bymtheg. Un o'r rhain oedd William Harrison. Roedd yn glerigwr o Essex, ac fe deithiodd o gwmpas de Lloegr yn ystod yr 1570au gan gyflwyno ei ganfyddiadau mewn llyfr o'r enw *The Description of England*. Cafodd y llyfr ei gyhoeddi yn 1577 (gweler Ffynhonnell A). Roedd Thomas Nash yn sylwebydd cymdeithasol arall. Ysgrifennodd ef am sut roedd cymdeithas wedi'i strwythuro yn Lloegr yn oes Elisabeth (gweler Ffynhonnell B).

> **Ffynhonnell A: Adroddiad ar y strwythur cymdeithasol wedi'i roi gan William Harrison yn ei lyfr *The Description of England*, 1577**
>
> *Rydyn ni yn Lloegr yn rhannu ein pobl yn bedwar math: gwŷr bonheddig, dinasyddion neu fwrdeisiaid (pobl y dref), iwmyn (ffermwyr) a llafurwyr (gweithwyr fferm).*

> **Ffynhonnell B: Yn 1593, ysgrifennodd y dychanwr Thomas Nash sylw doniol i ddangos sut roedd cymdeithas wedi'i threfnu**
>
> *Yn Llundain, mae'r cyfoethog yn edrych i lawr ar y tlawd. Mae'r gŵr llys yn edrych i lawr ar ŵr y dref. Mae gŵr y dref yn edrych i lawr ar ŵr y wlad. Mae'r masnachwr yn edrych i lawr ar yr adwerthwr. Mae'r perchennog siop yn edrych i lawr ar y crefftwr. Mae'r crefftwr gorau yn edrych i lawr ar y crefftwr gwaethaf. Mae'r crydd yn edrych i lawr ar y cobler. Mae'r cobler yn edrych i lawr ar ddyn y certi.*

GWEITHGAREDDAU

1 Esboniwch pam roedd haenau isaf cymdeithas oes Elisabeth mewn perygl o hyd o orfod byw mewn tlodi.

2 Astudiwch Ffigur 2.1 ar dudalen 23 a Ffynhonnell A. Defnyddiwch y wybodaeth hon i ddisgrifio sut roedd cymdeithas wedi'i rhannu yn ystod oes Elisabeth.

Ffordd o fyw'r cyfoethog

Yn ystod teyrnasiad hir Elisabeth, fe wnaeth llawer o dirfeddianwyr ychwanegu at eu cyfoeth. Roedd rhai wedi prynu tir yn yr 1530au ar ôl diddymu'r mynachlogydd gan Harri VIII, tir roedden nhw nawr yn ei osod ar rent. Roedd rhai wedi addasu i'r newidiadau amaethyddol newydd, ac wedi rhoi'r gorau i drin y tir er mwyn ffermio defaid gan fod hynny'n fwy proffidiol. Roedd eraill wedi dechrau ecsbloetio'r adnoddau mwynol ar eu tir drwy gloddio am lo, plwm a mwyn haearn. Yn ogystal â'r dulliau hyn, roedd y dull traddodiadol o gynyddu maint eu tiroedd yn dal yn bosibl, sef drwy briodi merch tirfeddiannwr cefnog. Byddai priodferch fel hyn yn dod â gwaddol mawr gyda hi, a gallai hynny gynnwys tir hefyd.

Cartrefi

Defnyddiodd llawer o'r tirfeddianwyr hyn eu cyfoeth ychwanegol i ail-lunio eu cartrefi neu i godi tai newydd mawr. Roedd tai fel hyn wedi'u llenwi â'r dodrefn a'r ffitiadau diweddaraf, ac roedd paentiadau cain a thapestrïau drud dros y waliau i gyd. Oherwydd bod nifer mawr o dai newydd wedi cael eu codi yn ystod y cyfnod hwn, mae rhai haneswyr wedi rhoi'r enw 'Yr Ailgodi Mawr' ar y cyfnod hwn. Roedd y datblygiadau cymdeithasol hyn wedi'u gyrru i ryw raddau gan deithiau blynyddol Elisabeth (gweler tudalen 9). Byddai ei gwŷr llys hi yn ail-lunio neu'n ailgodi eu tai er mwyn gallu croesawu'r frenhines mewn steil pan fyddai hi'n ymweld â nhw.

Roedd llawer o gartrefi'r arglwyddi mawr wedi bod yn strwythurau amddiffynnol i'w diogelu nhw rhag ymosodiad. Roedden nhw wedi goroesi ers cyfnod yr Oesoedd Canol heb lawer o newidiadau. Yn aml roedden nhw'n fawr. Roedd yr ystafelloedd wedi'u goleuo'n wael gan ffenestri bach cul, gyda chaeadau pren a dim gwydr. Roedd y grisiau troellog cul hefyd wedi cael eu dylunio er mwyn amddiffyn y tŷ. Canolbwynt y tŷ oedd y neuadd fawr gymunedol lle roedd pobl yn bwyta, yn gweithio, yn diddanu ac yn cysgu.

Cwestiwn ymarfer

I ba raddau mae Ffynhonnell B yn adlewyrchiad cywir o'r strwythur cymdeithasol yn oes Elisabeth? *(I gael arweiniad, gweler tudalennau 109–110.)*

Arddulliau adeiladu newydd

Cafodd y tai newydd eu dylunio fel bod modd rhannu'r perchennog a'r gweision yn eglur. Roedd dyluniad y tai'n gymesur, ac roedd cynllun llawr nifer ohonyn nhw ar ffurf llythyren 'E' neu 'H' (gweler Ffigur 2.2). Roedd rhai wedi'u gwneud o garreg ac roedd gan eraill fframwaith pren gyda phlethwaith a chlai, neu roedd mwy a mwy o bobl yn gosod brics rhwng y trawstiau. Roedd y ffenestri'n fawr ac wedi'u gwneud â gwydr plwm cyn cael eu gosod yn gymesur ar draws yr adeilad. Gan fod defnyddiau adeiladu newydd ar gael, fel brics, roedd hi'n bosibl codi simneiau. Roedd y rhain yn aml wedi'u gosod gyda'i gilydd yn staciau o ddwy, tair neu ragor, ac yn cael eu haddurno â phatrymau troellog o frics. Gwellodd amodau byw gyda mwy o olau, lleoedd tân mawr, nenfydau is wedi'u plastro'n gain mewn patrymau geometrig, a waliau gyda phaneli pren neu wedi'u leinio â thapestri.

Nawr roedd y neuadd fawr yn cael ei defnyddio fel ystafell fwyta'r gweision, neu fel lle i gynnal digwyddiadau ffurfiol fel gwleddoedd, neu hyd yn oed yn cael ei throi yn gyntedd mawr.

Yr oriel hir

Un nodwedd newydd ar y tai hyn oedd adeiladu oriel hir, a byddai'r oriel hon yn rhedeg ar hyd y tŷ i gyd ar y llawr uchaf. Coridor hir oedd yr oriel, gyda ffenestri ar hyd un ochr i gyd, ac un neu fwy o leoedd tân i roi gwres. Roedd y wal hir oedd yn wynebu'r ffenestri yn llawn portreadau o'r teulu, stolion, byrddau a chistiau bach, a seddau yn y ffenestri er mwyn gallu edrych ar yr ardd ffurfiol islaw. Roedd brwyn dros y llawr i gyd. Prif swyddogaeth yr oriel oedd gofod ar gyfer hamddena. Roedd yn cynnig lle i'r perchnogion wneud ymarfer corff mewn tywydd gwael, cerdded, gwrando ar gerddoriaeth a dawnsio, a rhoi lle i'r plant chwarae gemau.

Adain i'r teulu ac adain i'r gweision

Yn adain y teulu yn y tŷ, roedd cyfres o ystafelloedd, gan gynnwys y parlwr. Roedd y parlwr yn cael ei ddefnyddio fel ystafell eistedd ac roedd yr enw'n dod o'r gair Ffrangeg *parler*, sy'n golygu siarad. Roedd wedi'i addurno â thapestrïau, paneli wedi'u cerfio, nenfwd plastr wedi'i addurno a lle tân mawr. Hefyd roedd cyfres o ystafelloedd gwely, gydag un yn arwain at y llall heb goridor rhyngddyn nhw. Roedd gan y brif siambr wely 'ystafell ymneilltuo' ('*withdrawing room*') lle roedd y gweision yn cysgu er mwyn clywed eu meistr neu eu meistres yn galw. Er mwyn rhoi preifatrwydd a gwres, roedd llenni trwm o amgylch y gwelyau pedwar post. Hefyd yn yr ystafell wely, roedd cist, cadair, powlen a stand ymolchi.

Yn adain arall y tŷ roedd ystafelloedd y gweision, gan gynnwys y gegin a'r ystafelloedd gwely.

Plastai oes Elisabeth

Dyma rai o'r tai gorau gafodd eu hadeiladu yn arddull oes Elisabeth:

- **Tŷ Burghley**, Swydd Lincoln – wedi'i godi gan William Cecil, uwch weinidog Elisabeth, ac wedi'i gwblhau erbyn 1587
- **Tŷ Longleat**, Wiltshire – wedi'i godi i Syr John Thynne ac wedi'i gwblhau yn 1580
- **Tŷ Holdenby**, Swydd Northampton – wedi'i godi i Syr Christopher Hatton, Arglwydd Ganghellor Elisabeth ac wedi'i gwblhau yn 1583
- **Neuadd Hardwick**, Swydd Derby.

> **Ffynhonnell C:** Disgrifiad o'r newidiadau i adeiladau a ffordd o fyw gafodd eu nodi gan William Harrison yn ei lyfr *Description of England* (1577)
>
> *Mae hen blastai a thai ein gwŷr bonheddig wedi eu gwneud o bren cryf … Mae'r rhai sydd wedi eu codi'n ddiweddar naill ai o frics neu gerrig, neu'r ddau; mae eu hystafelloedd yn fawr ac yn gyfforddus. Mae rhai'r pendefigion … mor odidog a mawreddog fel bod gan gi heddiw yr un cysuron ag oedd gan dywysog yn yr hen amser … Mae hen ddynion yn y pentref lle rwy'n byw wedi sylwi ar dri pheth sydd wedi newid yn rhyfeddol yn Lloegr …*
>
> *Un yw'r nifer mawr o simneiau, gan nad oedd mwy na dwy neu dair pan oedden nhw'n ifanc … Yr ail yw'r gwelliant mawr i'r llety [cartrefi]. Y trydydd peth maen nhw'n sôn amdano yw'r newid o blatiau pren i rai piwter, ac o lwyau pren i rai arian a thun.*

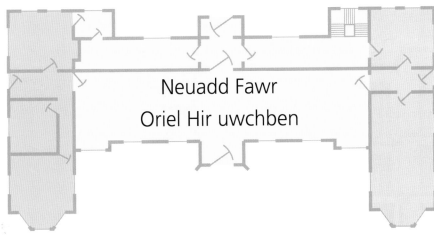

Adain y gweision – wedi'i rhannu'n gyfres o ystafelloedd, gan gynnwys y gegin

Neuadd Fawr
Oriel Hir uwchben

Adain y teulu – wedi'i rhannu'n nifer o ystafelloedd

◀ **Ffigur 2.2:** Cynllun o blasty nodweddiadol yn oes Elisabeth wedi'i adeiladu ar ffurf y llythyren E

Neuadd Hardwick

Cafodd Neuadd Hardwick ei chodi ar gyfer Elizabeth Talbot, Iarlles Amwythig (roedd pawb yn ei galw hi'n Bess o Hardwick – gweler y blwch) a chafodd ei chwblhau yn 1597. Roedd pobl yn dweud bod gan y neuadd 'fwy o wydr na waliau'.

Gerddi wedi'u tirlunio

Roedd ail-lunio'r tir o amgylch y tŷ yr un mor bwysig â'r newidiadau i'r prif adeilad ei hun. Hyd at yr unfed ganrif ar bymtheg, diben ymarferol yn unig oedd i'r gerddi, sef darparu bwyd i'r bwrdd. Ond erbyn oes Elisabeth roedd gerddi'n cael eu dylunio a'u datblygu er mwyn pleser. Cafodd gardd ffurfiol ei dylunio gan Bess er mwyn dangos yr olygfa o flaen Neuadd Hardwick. Roedd llawer o'r cynlluniau newydd hyn ar ffurf gardd gwlwm. Roedden nhw'n cynnwys cyfres o welyau blodau geometrig gyda llwybrau wedi'u gosod rhyngddyn nhw. Roedd cloddiau isel o blanhigion bocs neu lafant ar hyd ymyl pob gwely. Oherwydd ei bod hi'n anodd torri'r gwair heb beiriant, doedd dim llawer o lawntiau. Roedd gwelyau perlysiau a gwelyau i dyfu llysiau'n dal i fod yn bwysig, fel ffynhonnell fwyd werthfawr ond hefyd i gael eu gweld a'u mwynhau.

▼ **Ffynhonnell CH:** Ffotograff o Neuadd Hardwick yn Swydd Derby gafodd ei chodi yn yr 1590au gan Elisabeth, Iarlles Amwythig

▲ **Ffynhonnell D:** Golwg ar yr oriel hir yn Neuadd Hardwick yn Swydd Derby

GWEITHGAREDDAU

1 Copïwch a llenwch y tabl isod, gan ddefnyddio'r wybodaeth yn yr adran hon i gymharu a chyferbynnu arddull adeiladau canoloesol a chyfnod y Tuduriaid.

	Cartrefi'r arglwyddi a'r pendefigion cyn cyfnod y Tuduriaid	Newidiadau i gartrefi arglwyddi a phendefigion yng nghyfnod Elisabeth
Sut roedd y tŷ'n edrych o'r tu allan		
Defnyddiau adeiladu		
Swyddogaeth y Neuadd Fawr		
Yr Oriel Hir		
Newidiadau o ran arddull: • ffenestri • simneiau • grisiau		
Swyddogaeth a dyluniad yr ardd		

2 Astudiwch Ffynonellau CH a D. Esboniwch pam mae Neuadd Hardwick yn cael ei hystyried yn un o'r enghreifftiau gorau o dŷ o ddiwedd yr unfed ganrif ar bymtheg wedi'i godi yn 'arddull oes Elisabeth'.

3 'Elizabeth Hardwick oedd un o'r menywod mwyaf cyfoethog yn Lloegr yn oes Elisabeth.' Esboniwch sut daeth hi mor gyfoethog.

Cwestiwn ymarfer

Beth gallwch chi ei ddysgu gan Ffynonellau C ac CH am y tai i'r cyfoethog yn ystod oes Elisabeth? *(I gael arweiniad, gweler tudalennau 107–108.)*

Ffasiwn

Byddai pendefig ffasiynol yn oes Elisabeth yn gwisgo'r ffasiwn ddiweddaraf a dillad wedi'u gwneud o'r defnyddiau gorau, fel sidan, lliain a melfed (gweler Ffigur 2.3). Byddai'n gwisgo fest blaen ac ar ben y fest byddai dwbled neu grys llewys hir gyda ryffiau bach o gwmpas y cyffiau. O'r canol i lawr, byddai clos hosan yn cael ei wisgo (math o drywsus pen-glin) a sanau sidan neu wlân. Roedd siyrcyn neu siaced wedi'i lliwio a'i brodio yn cael ei gwisgo dros y dwbled, gyda rwff stiff am y gwddf. I gwblhau'r wisg, roedd esgidiau lledr gyda sawdl a bwcl, er bod gemwaith fel clustdlws perl hefyd yn dod yn boblogaidd. Y tu allan i'r tŷ, byddai'r pendefigion yn gwisgo clogyn o sidan, melfed a brethyn, yn ogystal â het, a chleddyf a dagr hefyd.

Ffigur 2.3: Pendefig ▶ ffasiynol yn oes Elisabeth, *c.*1580

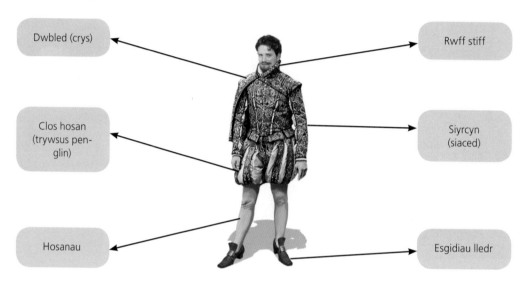

Byddai pendefiges ffasiynol yn oes Elisabeth yn gwisgo pais hir a sanau wedi'u gwau, a dros y rheini byddai cylchbais. Roedd cylchoedd pren wedi'u gwnïo yn hon er mwyn helpu i wthio'r wisg isaf allan (gweler Ffigur 2.4). Fel arfer roedd patrwm neu waith brodio ar y wisg isaf ac roedd llewys llydan arni gyda ryffiau bach ar yr ymylon. Dros yr haenau hyn roedd gŵn o sidan neu felfed ac fel arfer roedd hwn yn cael ei wisgo heb lewys. Roedd esgidiau lledr gyda byclau'n cael eu gwisgo ac roedd gemwaith fel breichledi, tlysau, llinyn o berlau, clustdlysau a modrwyon yn helpu i ddangos cyfoeth a statws. Pan fyddai'r bendefiges yn mentro allan, byddai'n gwisgo clogyn a het.

Ffigur 2.4: Pendefiges ▶ ffasiynol yn oes Elisabeth, *c.*1580

Addysg

Byddai meibion y pendefigion a'r arglwyddi cyfoethog yn cael eu haddysgu gartref. Byddai'r rhan fwyaf yn cael addysg yn y clasuron gyda gwybodaeth dda o Ffrangeg, Lladin a Groeg. Roedd pobl yn meddwl bod addysgu moesau cymdeithasol, fel moesau wrth y bwrdd, yn bwysig, a hefyd roedd rhaid gwybod am ddiddordebau ffasiynol fel hela, heboga a dawnsio. Byddai athrawes gartref yn addysgu'r merched a bydden nhw'n dysgu am waith ymarferol rhedeg tŷ mawr a'i staff.

Y tŷ

Roedd disgwyl i wraig pendefig edrych ar ôl y gwaith o redeg y tŷ o ddydd i ddydd. Roedd hyn yn cynnwys cynhyrchu eitemau bob dydd fel bara a chwrw, halltu'r cigoedd a'r pysgod, gwneud jamiau a bwyd cadw, a gwneud sebon, canhwyllau, moddion ac eli.

▲ **Ffynhonnell DD:** Golygfa o ddarlun coffa Syr Henry Unton, gafodd ei beintio yn 1596, sy'n dangos bywyd mewn tŷ yn oes Elisabeth

GWEITHGAREDDAU

?

1 Sut roedd pendefigion oes Elisabeth yn gwisgo er mwyn dangos eu cyfoeth a'u statws yn y gymdeithas?

Astudiwch Ffynhonnell DD.

2 Nodwch pa weithgaredd sy'n digwydd ym mhob un o'r ystafelloedd canlynol yng nghartref Syr Henry Unton: (a) y neuadd fawr, (b) y parlwr, (c) yr ystafelloedd preifat, (ch) y grisiau mawreddog.

3 Pa mor ddefnyddiol yw'r ffynhonnell hon i hanesydd sy'n astudio ffordd o fyw'r bobl gyfoethog yn ystod oes Elisabeth?

Cwestiwn ymarfer

Esboniwch y cysylltiadau rhwng unrhyw DRI o'r canlynol:

- arddulliau adeiladu newydd
- gerddi wedi'u tirlunio
- ffasiwn
- addysg.

(I gael arweiniad, gweler tudalen 112.)

Ffordd o fyw'r bonedd yng Nghymru

Er nad oedden nhw mor gyfoethog â'r pendefigion, roedd y bonedd a'r iwmyn yn ceisio copïo'r newidiadau i'r tai a'r ystafelloedd, i'r ffasiwn ac i'r addysg, ond heb fod mor fawreddog.

Cartrefi

Roedd y bonedd yn berchen ar fwy o dir nag roedden nhw'n gallu ei ffermio. Felly, roedden nhw'n rhentu rhan fawr o'u hystâd i denantiaid fferm er mwyn sicrhau incwm rheolaidd o gannoedd o bunnoedd y flwyddyn. Fe wnaethon nhw gopïo'r pethau roedd y pendefigion mwy cyfoethog yn eu gwneud wrth foderneiddio ac ail-lunio eu tai, o fod yn aml yn anheddau gydag amddiffynfeydd, i fod yn dai domestig mwy ffasiynol.

Roedd y tai newydd yn cael eu gwneud o gerrig, o frics neu â ffrâm o bren. Roedd ganddyn nhw o leiaf wyth ystafell, ac ystafelloedd i'r gweision ar ben hynny. Wrth ail-lunio, cafodd nenfydau eu gosod yn lle toeau agored uchel y neuadd ganoloesol. Cafodd paneli o bren neu blastr eu rhoi dros y waliau, a chawson nhw eu haddurno â thapestrïau yn hytrach na phaentiadau o aelodau'r teulu. Roedd rhai newidiadau'n golygu ei bod hi'n bosibl ychwanegu llawr uwch. Roedd y llawr hwn yn cael ei ddefnyddio ar gyfer ystafelloedd gwely a storfeydd. Cafodd yr hen neuadd fawr ei throi'n ystafell fwyta breifat i feistr y tŷ a'i deulu, ac yn ystafell fyw. Roedd rhaid i'r gweision a'r morynion aros yn y gegin a'r ystafelloedd ategol. Cafodd grisiau derw eu gosod i gysylltu'r neuadd â'r ystafelloedd uchaf. Cafodd y ffenestri eu lledu a'u gwneud yn hirach, a chafodd mwlïynau eu hychwanegu. Yn lle'r hen gaeadau pren, cafodd gwydr ei osod ynddyn nhw. Cafodd lleoedd tân mawr agored eu gosod gyda simneiau o frics.

Fel digwyddodd yn Lloegr, aeth y bonedd yng Nghymru hefyd ati'n frwd i wella eu tai. Roedd dosbarth canol yn datblygu yng Nghymru – cyfreithwyr, bancwyr, masnachwyr a swyddogion y llys – ac roedden nhw'n awyddus i ddangos eu cyfoeth a'u statws newydd drwy adeiladu tai ffasiynol newydd iddyn nhw eu hunain. Roedd y rhain yn adlewyrchu'r arddull bensaernïol ddiweddaraf, a'r chwaeth newydd mewn addurno mewnol a dylunio gerddi. Mae Sain Ffagan yng Nghaerdydd a Phlas Mawr yng Nghonwy yn ddau dŷ o oes Elisabeth sy'n dangos yr arddull a'r cyfoeth newydd hwn. Cafodd y ddau dŷ eu codi gan ddynion oedd heb etifeddu eu cyfoeth ond wedi ei greu eu hunain.

Castell Sain Ffagan, Caerdydd

Mae tŷ Sain Ffagan yng Nghaerdydd wedi cael ei ddisgrifio fel un o'r tai gorau o oes Elisabeth yng Nghymru. Cafodd ei godi dros gyfnod o ugain mlynedd rhwng 1560 ac 1580 gan Dr John Gibbon, cyfreithiwr. Roedd tri llawr i'r tŷ a chafodd ei ddylunio ar ffurf 'E', sef arddull nodweddiadol oes Elisabeth. Roedd y llawr gwaelod yn cynnwys neuadd, parlwr, bwtri a chegin. Roedd grisiau crand yn arwain i'r llawr cyntaf. Yno roedd nifer o ystafelloedd derbyn, Neuadd Fawr ac Oriel Hir oedd yn rhedeg ar hyd cefn y tŷ. Roedd yr ystafelloedd wedi'u goleuo gan ffenestri mawr gwydr gyda mwlïynau ac roedd lleoedd tân mawr yn eu gwresogi. Roedd tapestrïau a phaentiadau'n addurno'r waliau, ac roedd y nenfydau a brestiau'r simneiau o waith plastr wedi'i addurno'n gain. Roedd y waliau allanol wedi'u gwneud o garreg. Roedd cladin wedi'i wyngalchu drostyn nhw ac roedd llechi ar y to (gweler Ffynhonnell E). Pwrpas hyn oedd dangos cyfoeth a statws y perchennog.

▼ Ffynhonnell E: Sain Ffagan yng Nghaerdydd – enghraifft wych o dŷ oes Elisabeth a gafodd ei godi rhwng 1560 ac 1580 gan Dr John Gibbon, gŵr bonheddig Tuduraidd

Plasty trefol Plas Mawr, Conwy

Cafodd Plas Mawr yng Nghonwy ei godi gan Robert Wynn, swyddog llys a masnachwr llwyddiannus oedd yn ewythr i Syr John Wynn o Wydir yn Llanrwst. Dyma'r enghraifft orau yng Nghymru o blasty trefol o oes Elisabeth. Roedd Wynn wedi dod yn gyfoethog wrth wasanaethu fel swyddog llys yn Llundain i Syr Walter Stone (m.1550) a Syr Philip Hoby (m.1558). Ar ôl dychwelyd i Gymru ar ddechrau teyrnasiad Elisabeth, dechreuodd ar yrfa fel masnachwr llwyddiannus. Rhwng 1576 ac 1585 adeiladodd blasty trefol gwych Plas Mawr iddo'i hun. Roedd y tu mewn i'r tŷ wedi'i addurno'n gain â gwaith plastr addurniadol, sgriniau pren hardd a dodrefn a phlât arian wedi'u comisiynu'n arbennig. Roedd y llythrennau 'R.W.' i'w gweld yn y gwaith plastr ynghyd ag arfbeisiau'r teulu (gweler Ffynonellau F ac FF).

◀ **Ffynhonnell F:** Plas Mawr yng Nghonwy – enghraifft wych o dŷ tref o oes Elisabeth gafodd ei godi rhwng 1576 ac 1585 gan Robert Wynn, gŵr bonheddig cyfoethog Tuduraidd

◀ **Ffynhonnell FF:** Y Siambr Fawr ym Mhlas Mawr, Conwy, gyda'i gwaith plastr addurnedig cain a'i dodrefn cyfoethog. Mae'n dangos cyfoeth rhai o fonheddwyr mentrus cyfnod y Tuduriaid yng Nghymru

GWEITHGAREDD ?

Gan ddefnyddio Ffynonellau F ac FF, yn ogystal â'r hyn rydych chi'n ei wybod, esboniwch sut roedd Robert Wynn yn gallu dangos ei gyfoeth a'i statws fel un o fonedd Cymru.

Ffasiwn

O ran ffasiwn, roedd y bonedd yn dilyn steil y pendefigion a'r arglwyddi, oedd yn uwch na nhw yn gymdeithasol. Roedd eu gwisgoedd nhw'n fodern ac yn llawn steil, ond doedden nhw ddim yn gallu copïo popeth – pethau fel edau mân drud o aur ac arian neu'r gemwaith wedi'u brodio ar ddwbledi a gynau'r bobl gyfoethog iawn. Roedd ffasiwn yn cael ei chymryd o ddifrif gan ei bod yn dangos pŵer personol, statws a safle cymdeithasol.

Yn ogystal, roedd bonedd Cymru'n gwarchod arferion a thraddodiadau Cymru. Nhw oedd yn noddi'r beirdd crwydrol, sef y glêr, fyddai'n ymweld â thai'r bonedd i ganmol eu noddwr. Roedd rhai'n cyflogi eu telynor eu hunain i ddiddanu pawb gyda'r nos. Buon nhw'n casglu llyfrgelloedd o lyfrau a llawysgrifau gwerthfawr. Daethon nhw'n noddwyr i'r Eisteddfod oedd wedi cael ei hatgyfodi, gan noddi cystadlaethau cerddoriaeth, barddoniaeth a dawns. Roedd llawer ohonyn nhw'n ymfalchïo'n fawr yn eu llinach hefyd. Fe wnaeth gwŷr bonheddig fel Syr John Wynn o Wydir a Syr Edward Stradling o Sain Dunwyd yn Sir Forgannwg gasglu a llunio eu coed teulu, er mwyn mynd ati'n falch i olrhain eu hynafiaid yn ôl i oes tywysogion canoloesol Cymru.

Addysg

Roedd meibion y bonedd yn aml yn mynychu ysgolion gramadeg. Cafodd yr ysgolion yr enw hwn gan eu bod yn canolbwyntio ar addysgu gramadeg Groeg a Lladin. Tyfodd nifer yr ysgolion gramadeg yn ystod teyrnasiad Elisabeth ac erbyn diwedd y ganrif roedd tua 360 ysgol ledled Cymru a Lloegr, gydag un ym mhob tref fawr, bron. Cafodd ysgolion gramadeg enwog Rugby a Harrow eu hagor yn y cyfnod hwn.

Nod addysg Duduraidd oedd cynhyrchu'r gŵr bonheddig 'perffaith'. Roedd yr addysgu'n llym iawn, a'r disgyblion yn aml yn cael eu cosbi drwy eu curo. Roedd y diwrnod ysgol yn hir, yn para o 6 neu 7 y bore tan tua 5 y prynhawn, gydag egwyl i ginio. O ysgolion fel hyn, byddai rhai bechgyn yn mynd ymlaen pan oedden nhw'n 15 neu'n 16 oed i un o ddwy brifysgol, sef Rhydychen neu Gaergrawnt. Byddai eu gradd yn cynnwys darlithoedd gorfodol mewn mathemateg, cerddoriaeth, diwinyddiaeth, seryddiaeth a geometreg. Dewis arall oedd mynd i Ysbytai'r Brawdlys yn Llundain i astudio'r gyfraith.

Ar ôl gadael y brifysgol, byddai rhai'n dechrau ar yrfa fel cyfreithwyr, clerigwyr, neu'n cael gwaith gan y goron. Bydden nhw'n gwasanaethu naill ai yn adrannau'r llywodraeth ganolog neu lywodraeth leol. Hefyd, roedd disgwyl i wŷr bonheddig gael addysg mewn moesau cymdeithasol a dangos bod ganddyn nhw foesau da wrth y bwrdd bwyd. Yn ogystal, roedd disgwyl iddyn nhw fod yn dda mewn gweithgareddau boneddigaidd fel hela, ffensio, cerddoriaeth a dawnsio. Efallai bydden nhw hyd yn oed yn chwarae rhai o'r gemau newydd fel tennis a bowlio.

> **Ffynhonnell G:** Yn ei lyfr *Book of Nurture, or School of Good Manners* (1577), roedd y bonheddwr Tuduraidd Hugh Rhodes yn cynnig cyngor i rieni ac athrawon
>
> *Prin yw'r pethau sy'n fwy angenrheidiol nag addysgu a rheoli plant o ran dysg a moesau da, oherwydd mae hyn yn wasanaeth mawr i Dduw … [Dylai rhieni] wneud i'w plant a'u gweision ddefnyddio iaith deg a mwyn, gyda pharch a chwrteisi at y rhai sy'n hŷn neu'n well na nhw [a'u ceryddu nhw] am siarad gwag ac atal dweud, ac am ystumiau lletchwith wrth gerdded neu sefyll … Cadwch nhw rhag darllen chwedlau, ffantasïau a chaneuon serch sy'n achosi llawer o ddrygioni.*

Ffynhonnell NG: Yn ei lyfr, *The Description of England* (1577), sylwodd William Harrison sut cafodd mwy o fyfyrwyr addysg brifysgol yn ystod teyrnasiad Elisabeth

Yn fy nghyfnod i mae tair prifysgol fawreddog yn Lloegr ... Rhydychen ... Caergrawnt ... Llundain [sef Ysbytai'r Brawdlys] ... y ddwy gyntaf ohonyn nhw sydd fwyaf enwog ... Yn y rhan fwyaf o'n colegau mae niferoedd mawr o fyfyrwyr, a llawer ohonynt yn gallu bod yno oherwydd incwm y tai ac eraill oherwydd arian eu ffrindiau cyfoethog ... Cafodd y colegau eu codi gan eu sylfaenwyr yn wreiddiol ar gyfer meibion dynion tlawd, y rhai nad oedd eu rhieni'n gallu rhoi dysg iddyn nhw, ond nawr nhw sy'n manteisio arnyn nhw leiaf, oherwydd bod cynifer o rai cyfoethog yn eu meddiannu.

▲ **Ffynhonnell H:** Camera Radcliffe a Choleg yr Holl Eneidiau, Rhydychen

GWEITHGAREDD

Cymharwch a chyferbynnwch ffordd o fyw'r pendefigion a'r bonedd yn ystod oes Elisabeth. Yn eich cymhariaeth dylech chi gyfeirio at (a) cartrefi, (b) ffasiwn ac (c) addysg.

Cwestiynau ymarfer

1 I ba raddau mae Ffynhonnell G yn adlewyrchiad cywir o bwysigrwydd addysg ym mywydau teuluoedd bonedd oes Elisabeth? *(I gael arweiniad, gweler tudalennau 109–110.)*

2 Beth gallwch chi ei ddysgu gan Ffynonellau FF a NG am ffordd o fyw'r bonedd yn ystod oes Elisabeth? *(I gael arweiniad, gweler tudalennau 107–108.)*

Ffordd o fyw'r dosbarthiadau is

Roedd gan y dosbarthiadau is ffordd o fyw wahanol iawn i ffordd o fyw'r rhai oedd yn uwch na nhw'n gymdeithasol.

Cartrefi

Roedd y dosbarthiadau is yn byw mewn tai llawer llai. Fel arfer, dim ond un ystafell oedd ym mwthyn dyn tlawd, ac weithiau roedd honno'n cael ei rhannu gydag anifeiliaid. Roedd gan y tai lawr pridd a waliau o fframwaith pren gyda phlethwaith a chlai, a tho gwellt. Roedd llai o ddodrefn neu eiddo yn yr ystafell. Fel arfer, dim ond gwely, bwrdd a rhai stolion oedd ynddi. Roedd y rhai oedd wedi hel ychydig o arian, fel crefftwyr neu ffermwyr bach, yn gallu codi tŷ newydd gyda ffenestri gwydr, ystafelloedd gwely ar wahân, simneiau brics, parlwr a chegin (gweler Ffynhonnell I).

Y diwrnod gwaith

Roedd ffermwyr tenant a llafurwyr yn gweithio oriau hir, o ryw 5 y bore tan tua 5 gyda'r nos. Bydden nhw'n cael egwyl am 7 ac am 11 i gael bara, cwrw a chaws. Byddai'r prif bryd tua 6 p.m. Fel arfer, cawl llysiau fyddai hwn gan nad oedd y dosbarthiadau is yn gallu fforddio prynu cig yn aml.

Roedd disgwyliad oes yn isel a dim ond ychydig o blant fyddai'n byw'n hŷn na phum mlwydd oed. Roedd llawer ohonyn nhw'n marw o afiechydon fel y frech wen, teiffws a'r ffliw.

▼ Ffynhonnell I: Cafodd y tŷ hwn â ffrâm bren, cartref iwmon o ffermwr, ei godi'n wreiddiol yn yr 1490au a'i foderneiddio yn ystod teyrnasiad Elisabeth drwy ychwanegu simnai frics a ffenestri gwydr

> Ffynhonnell J: Yn ei lyfr, *The Description of England* (1577), mae William Harrison yn gwneud sylwadau am ddeiet y dosbarthiadau is
>
> *Mae'n rhaid i gymdogion tlawd fodloni ar fwyta rhyg neu farlys, ie, a phan fydd hi'n galed arnyn nhw, bara wedi'i wneud ... o bys, ffa neu geirch.*

Ffasiwn

Fel arfer byddai gan y ffermwr tenant neu'r llafurwr bâr o esgidiau lledr, sanau gwlân wedi'u gwau, clos pen-glin lledr, dwbled a siyrcyn (siaced a gwasgod) wedi'u gwneud o ffustian (defnydd fel brethyn twil bras neu felfaréd) neu gynfas, a het neu gap ffelt. Roedd menywod yn gwisgo pais, mantell, dwbled, hances, ryffiau, rhwyd neu gap ar y pen, ac esgidiau lledr. Roedden nhw mor dlawd nes nad oedden nhw'n gallu newid eu dillad yn aml iawn.

Addysg a hamdden

Ychydig o addysg byddai'r dosbarthiadau is yn ei chael, os oedden nhw'n cael addysg o gwbl. Bydden nhw'n treulio'r ychydig amser hamdden oedd ganddyn nhw yn y dafarn (gweler Ffynhonnell L), yn gamblo mewn talwrn ymladd ceiliogod, yn chwarae cardiau a disiau neu'n betio ar rasys (gweler tudalennau 44–45). Roedd pysgod a saethyddiaeth yn boblogaidd yn ystod cyfnod y Tuduriaid, yn ogystal â gwylio actorion crwydrol yn perfformio drama newydd. Fel arfer doedd y tlodion ddim yn gallu fforddio rhoi addysg i'w plant ond roedd rhai yn ddigon ffodus i allu mynd i ysgol leol y plwyf, ac roedden nhw'n cael eu dysgu i ddarllen ac ysgrifennu ychydig yn Gymraeg neu Saesneg. Roedd rhaid i'r rhan fwyaf adael yr ysgol ymhell cyn iddyn nhw gyrraedd eu harddegau er mwyn gweithio.

▲ **Ffynhonnell L:** Darlun o'r cyfnod yn dangos golygfa o bobl yn yfed mewn tafarn

GWEITHGAREDDAU

1 Esboniwch pam mai ychydig iawn o addysg roedd y rhan fwyaf o aelodau'r dosbarthiadau is yn ei chael.

2 Cymharwch a chyferbynnwch ffordd o fyw pendefig cyfoethog a'i wraig â ffordd o fyw ffermwr tenant a'i wraig yn oes Elisabeth. Dylai eich adroddiad gynnwys cyfeiriadau at (a) cartrefi, (b) ffasiwn, (c) addysg a (ch) adloniant.

Cwestiynau ymarfer

1 Beth gallwch chi ei ddysgu gan Ffynonellau I a J am ffordd o fyw'r dosbarthiadau is yn ystod oes Elisabeth? *(I gael arweiniad, gweler tudalennau 107–108.)*

2 I ba raddau mae Ffynhonnell L yn adlewyrchiad cywir o fywyd bob dydd y dosbarthiadau is? *(I gael arweiniad, gweler tudalennau 109–110.)*

Tlodi yn oes Elisabeth

Mae rhyw gyfran o gymdeithas wastad wedi bod yn dlawd ac angen help a chymorth gan eraill. Drwy'r Oesoedd Canol roedd yr eglwys wedi chwarae rôl allweddol yn gofalu am y tlodion a'r anghenus. Roedd yr eglwys yn cynnig lloches a chymorth mewn elusendai neu yn y mynachlogydd. Hefyd roedd y cyfoethog a'r rhai oedd â mwy o arian yn cyfrannu er mwyn helpu i roi cymorth i'r tlodion. Ond, yn ystod cyfnod y Tuduriaid, caledodd agweddau pobl tuag at y tlodion. Wrth i gymdeithas newid ac wrth i'r boblogaeth dyfu'n sydyn, dechreuodd pobl deimlo pwysau ac effeithiau caledi economaidd, ac ailfeddwl sut dylai'r gymdeithas drin pobl dlawd.

Fe wnaeth llywodraethau cyfnod y Tuduriaid ddosbarthu'r tlodion a'r anghenus i ddau gategori:

1 y 'tlodion analluog' – y rhai oedd wir yn methu gweithio oherwydd eu hoed, caledi neu ryw wendid arall; roedd pobl yn cydnabod bod angen cymorth i'r tlodion
2 y 'tlodion abl' – roedd y llywodraeth yn ystyried bod y rhain yn gallu gweithio ond eu bod nhw naill ai'n methu â dod o hyd i waith neu'n amharod i wneud hynny; roedd y llywodraeth yn credu bod angen annog neu hyd yn oed orfodi'r unigolion hyn i ddod o hyd i waith fel na fyddai rhaid iddyn nhw gardota.

Yn ystod teyrnasiad Elisabeth, oherwydd y twf sydyn mewn tlodi a'r ffaith na allai'r system cymorth elusennol ymdopi â'r holl bobl oedd angen cymorth, bu'n rhaid i lywodraethau Elisabeth basio cyfres o ddeddfau i helpu i reoleiddio, gweinyddu a rheoli cymorth y tlodion. Cafodd system o gymorth i'r tlodion ei chyflwyno, ac arhosodd honno heb ei newid, bron, am y ddau gan mlynedd nesaf.

Ffynhonnell LL: Roedd tlodi ar ▶ gynnydd yn ystod teyrnasiad Elisabeth. Mae'r torlun pren hwn o 1569 yn dangos gŵr bonheddig cyfoethog yn gwrthod cais gan gardotyn am help

Achosion tlodi

Bu twf sydyn o ran tlodi yn ystod yr unfed ganrif ar bymtheg, yn enwedig yn ystod teyrnasiad Elisabeth. Mae haneswyr wedi awgrymu nifer o resymau i geisio esbonio pam digwyddodd y twf hwn (gweler Ffigur 2.5).

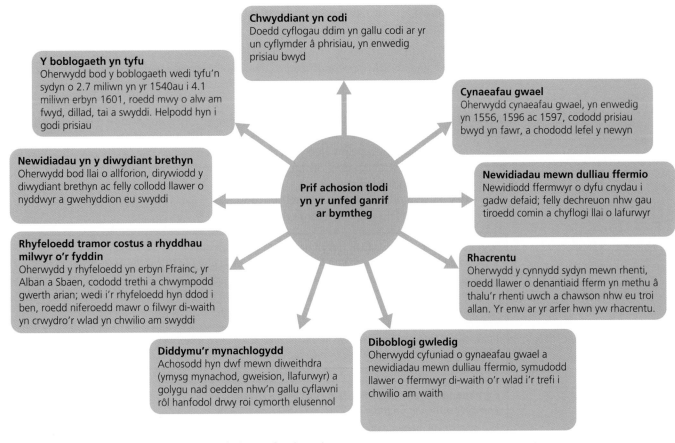

Chwyddiant yn codi
Doedd cyflogau ddim yn gallu codi ar yr un cyflymder â phrisiau, yn enwedig prisiau bwyd

Y boblogaeth yn tyfu
Oherwydd bod y boblogaeth wedi tyfu'n sydyn o 2.7 miliwn yn yr 1540au i 4.1 miliwn erbyn 1601, roedd mwy o alw am fwyd, dillad, tai a swyddi. Helpodd hyn i godi prisiau

Cynaeafau gwael
Oherwydd cynaeafau gwael, yn enwedig yn 1556, 1596 ac 1597, cododd prisiau bwyd yn fawr, a chododd lefel y newyn

Newidiadau yn y diwydiant brethyn
Oherwydd bod llai o allforion, dirywiodd y diwydiant brethyn ac felly collodd llawer o nyddwyr a gwehyddion eu swyddi

Prif achosion tlodi yn yr unfed ganrif ar bymtheg

Newidiadau mewn dulliau ffermio
Newidiodd ffermwyr o dyfu cnydau i gadw defaid; felly dechreuon nhw gau tiroedd comin a chyflogi llai o lafurwyr

Rhyfeloedd tramor costus a rhyddhau milwyr o'r fyddin
Oherwydd y rhyfeloedd yn erbyn Ffrainc, yr Alban a Sbaen, cododd trethi a chwympodd gwerth arian; wedi i'r rhyfeloedd hyn ddod i ben, roedd niferoedd mawr o filwyr di-waith yn crwydro'r wlad yn chwilio am swyddi

Rhacrentu
Oherwydd y cynnydd sydyn mewn rhenti, roedd llawer o denantiaid fferm yn methu â thalu'r rhenti uwch a chawson nhw eu troi allan. Yr enw ar yr arfer hwn yw rhacrentu.

Diddymu'r mynachlogydd
Achosodd hyn dwf mewn diweithdra (ymysg mynachod, gweision, llafurwyr) a golygu nad oedden nhw'n gallu cyflawni rôl hanfodol drwy roi cymorth elusennol

Diboblogi gwledig
Oherwydd cyfuniad o gynaeafau gwael a newidiadau mewn dulliau ffermio, symudodd llawer o ffermwyr di-waith o'r wlad i'r trefi i chwilio am waith

▲ Ffigur 2.5: Prif achosion tlodi yn yr unfed ganrif ar bymtheg

GWEITHGAREDDAU

1 Esboniwch y gwahaniaeth rhwng y 'tlodion analluog' a'r 'tlodion abl'.

2 Astudiwch Ffigur 2.5. Nodwch ac esboniwch y TRI ffactor pwysicaf, yn eich barn chi, wnaeth achosi cynnydd mewn tlodi yn ystod yr unfed ganrif ar bymtheg.

Cwestiwn ymarfer

Pam roedd newid dulliau ffermio yn rheswm arwyddocaol dros dwf tlodi yn oes Elisabeth? *(I gael arweiniad, gweler tudalen 111.)*

Mater diweithdra a chrwydraeth

Oherwydd bod mwy o ddiweithdra a chaledi economaidd, roedd yna fwy o gardotwyr digartref. Roedd y rhain yn teithio'r wlad mewn criwiau neu'n ymgasglu mewn trefi, gan achosi problemau i'r awdurdodau. Roedd pobl y cyfnod yn eu galw nhw'n 'gardotwyr abl' neu'n grwydriaid ac weithiau'n ddihirod. Roedd dihirod yn bobl oedd yn llwyddo i fyw drwy droseddu.

Wrth i'w niferoedd nhw dyfu yn ystod teyrnasiad Elisabeth, roedd y gymdeithas yn teimlo eu bygythiad, yn enwedig gan fod ffordd o fyw a gweithgareddau'r crwydriaid hyn yn cael eu beio am y twf mewn troseddu, a lladrata a bwrgleriaeth yn arbennig. Roedd yr ofn hwn yn tarddu o'r amheuon canlynol:

■ roedd pobl yn meddwl bod crwydriaid yn segur ac yn rhy ddiog i ddod o hyd i waith
■ y gred eu bod nhw'n rhy barod i droi at droseddu fel ffordd o fyw
■ y syniad eu bod nhw'n helpu i ledaenu clefydau, yn enwedig y pla, wrth grwydro o le i le
■ roedden nhw'n gwneud i bobl ofni fod gwrthryfel ar ddod, yn enwedig gan fod llawer o grwydriaid yn gyn-filwyr
■ roedd y baich o ofalu am y tlodion yn cynyddu, gan wneud i dreth y tlodion godi a gwneud pobl yn flin am orfod talu'r dreth hon.

> **Ffynhonnell M:** Oherwydd ei fod yn poeni am gynnydd mewn trosedd, ysgrifennodd Edward Hext, ynad heddwch yng Ngwlad yr Haf, at Arglwydd Burghley ar 25 Medi 1596
>
> *Ac eleni daeth 80 o ddihirod at ei gilydd … ac aethon nhw â llwyth cyfan o gaws oddi wrth un gwladwr a … rhannu'r cyfan rhwng ei gilydd … Maen nhw'n dweud bod popeth yn nwylo'r dynion cyfoethog ac y byddant yn llwgu'r tlawd … Rwyf i yn dweud mai'r nifer mawr o bobl segur, crwydron a lladron y tir yw prif achos y prinder bwyd, oherwydd nid ydynt yn gweithio ond maen nhw'n gorwedd yn segur mewn tafarndai ddydd a nos yn yfed ac yn bwyta gormod … A phan fyddant yn cael eu rhoi yng ngharchar, mae'r gwladwyr druain, ar ôl i'r dihirod ladrata oddi arnyn nhw, yn cael eu gorfodi i'w bwydo nhw.*

> **Ffynhonnell N:** Gwnaeth William Harrison sylwadau am y cynnydd mewn cardota yn ei lyfr *The Description of England* (1577)
>
> *Nid oes trigain mlynedd eto ers i'r arfer hwn o gardota ddechrau. Ond mae wedi tyfu ers hynny. Nawr mae pobl yn tybio bod 10,000 o gardotwyr i gyd, yn ddynion ac yn fenywod, yn ôl yr hyn rwyf i wedi'i glywed.*

Mathau o grwydriaid

Amcangyfrif y clerigwr Tuduraidd William Harrison oedd fod tua 10,000 o grwydriaid yn crwydro o amgylch cefn gwlad, gan achosi pryder i'r awdurdodau. Roedden nhw'n boendod i drefi a phentrefi, yn enwedig pan oedden nhw'n torri'r gyfraith er mwyn byw. Yn 1566, cyhoeddodd Thomas Harman astudiaeth o fywyd crwydriaid, o'r enw *A Caveat or Warning for Common Cursitors, vulgarly called vagabonds.* Yn y llyfr hwn, nododd yr awdur 23 categori gwahanol o grwydriaid. Roedd yn eu disgrifio yn ôl y dulliau roedden nhw'n eu defnyddio i chwilio am fywoliaeth. Dyma'r mathau mwyaf cyffredin:

■ *Clapper dudgeon* (a) – roedden nhw'n clymu arsenig ar eu croen i wneud iddo waedu, gan obeithio cael cydymdeimlad wrth gardota.
■ *Hooker* neu *angler* (b) – roedden nhw'n cario ffon bren hir ac yn curo ar ddrysau tai, gan ofyn am elusen yn ystod y dydd ac edrych i weld beth gallen nhw ei ddwyn. Ar ôl iddi nosi roedden nhw'n dychwelyd ac yn defnyddio'r ffon fachog i estyn drwy'r ffenestri gan ddwyn dillad a phethau gwerthfawr, ac yna'n ceisio eu gwerthu wedyn.
■ *Doxy* (c) – cardotes dwyllodrus fyddai'n cario bag mawr ar ei chefn, ac ar yr un pryd byddai hi'n gwau er mwyn rhoi'r argraff fod y peth roedd hi'n ei wau'n mynd i mewn i'w bag. Ond mewn gwirionedd, roedd hi'n cerdded o gwmpas ac yn codi beth bynnag allai fod o werth ariannol, yn ei roi yn ei bag ac yn rhedeg i ffwrdd gydag ef. Un o'i thriciau cyffredin oedd dwyn ieir drwy fwydo bara wedi'i glymu wrth fachyn iddyn nhw. Wedyn byddai hi'n cario'r adar i ffwrdd yn y sach fawr ar ei chefn.

- *Abraham man* (**ch**) – roedd yn esgus bod yn wallgof, gan obeithio byddai ei ymddygiad bygythiol yn gwneud i bobl roi arian gan eu bod yn teimlo trueni drosto.
- *Ruffler* (**d**) – cyn-filwyr oedd wedi mynd yn grwydriaid ac oedd yn goroesi drwy ddwyn, defnyddio bygythiadau neu drwy gardota, wrth i'r cyfle godi.
- *Dummerers* (**dd**) – roedden nhw'n esgus bod yn fud er mwyn begera am gardod gan bobl oedd yn mynd heibio.
- *Counterfeit crank* (**e**) – wedi'u gwisgo mewn dillad carpiog ac yn esgus dioddef o epilepsi. Roedden nhw'n sugno sebon er mwyn esgus bod poer neu ewyn yn dod o'u ceg. Dyma'r dull roedd y '*counterfeit crank*' Nicholas Blunt (ei enw arall oedd Nicholas Jennings) yn aml yn ei ddefnyddio. Cafodd ei gyfweld gan Harman.

Ymatebion lleol i grwydriaid

Ceisiodd rhai ardaloedd gyflwyno'u hatebion eu hunain i'r broblem. Aeth Llundain ati i ddefnyddio Ysbyty St Bartholomew ac Ysbyty St Thomas, ar ôl dod yn berchen arnyn nhw yn dilyn Diddymu'r Mynachlogydd, ar gyfer pobl oedd yn sâl. Cafodd Ysbyty Crist hefyd ei agor fel cartref i blant amddifad. Arbrofodd dinasoedd Norwich, Ipswich, Caergrawnt a Chaerwysg (Exeter) drwy drethu pobl leol gyfoethog er mwyn lleihau nifer y tlodion. Ond roedd angen cyfarwyddyd gan y llywodraeth ganolog, a daeth hyn fesul cam drwy gyflwyno Deddfau Cyfraith y Tlodion.

> **Dehongliad 1:** G. R. Elton, hanesydd blaenllaw oedd yn arbenigo yn hanes cyfnod y Tuduriaid, yn ysgrifennu yn ei lyfr *England under the Tudors*, gafodd ei gyhoeddi yn 1974
>
> *Roedd problem wirioneddol y tlodion yn broblem ddeublyg. Roedd yna rai oedd ddim yn gallu gweithio, a rhai eraill oedd ddim yn barod i weithio. Does dim llawer o dystiolaeth fod y rhai oedd eisiau gweithio, ond heb allu dod o hyd i waith, wedi bod yn rhan fawr o'r tlodion crwydrol.*

GWEITHGAREDDAU

1 Esboniwch y problemau gafodd eu hachosi gan y cynnydd yn nifer y crwydriaid yn ystod teyrnasiad Elisabeth.

2 Gan roi enghreifftiau o restr Thomas Harman, disgrifiwch y dulliau roedd crwydriaid yn eu defnyddio i gael gafael ar arian a bwyd.

Cwestiynau ymarfer

1 I ba raddau mae Ffynhonnell M yn adlewyrchiad cywir o'r problemau gafodd eu creu gan y cynnydd yn nifer y cardotwyr crwydrol? *(I gael arweiniad, gweler tudalennau 109–110.)*

2 Astudiwch Ddehongliad 1. I ba raddau rydych chi'n cytuno â'r dehongliad hwn mai rhan fach o'r tlodion crwydrol oedd yn bobl ddi-waith allai weithio, ond oedd heb allu dod o hyd i waith addas? *(I gael arweiniad, gweler tudalennau 113–114.)*

Deddfwriaeth y llywodraeth

Etifeddodd Elisabeth broblem lle roedd mwy a mwy o dlodi. Ceisiodd hi ddelio â hyn drwy basio cyfres o Ddeddfau Seneddol, ac roedd llawer o'r rhain yn adeiladu ar ddeddfau cynharach. Penllanw'r polisi hwn oedd Deddf Tlodion Elisabeth yn 1601.

Deddfwriaeth flaenorol

Roedd brenhinoedd a breninesau blaenorol y Tuduriaid wedi ceisio pasio deddfau i gosbi crwydriaid, ond heb lawer o effaith. Roedd cyfraith Harri VIII yn 1536 yn gorchymyn i grwydriaid gael eu chwipio, tra oedd deddf gafodd ei phasio gan Edward VI yn 1547 yn eu dedfrydu i gael eu brandio â'r llythyren 'V' ac i gael dwy flynedd o lafur caled. Er gwaethaf cosbau o'r fath, tyfodd nifer y cardotwyr a'r crwydriaid.

Deddfwriaeth Elisabeth

Ond, roedd teyrnasiad Elisabeth yn drobwynt. Er bod cardotwyr yn dal i gael eu cosbi, am y tro cyntaf fe wnaeth y llywodraeth dderbyn cyfrifoldeb dros ddelio â'r tlodion. Dechreuodd wahaniaethu rhwng y tlodion 'haeddiannol' ac 'anhaeddiannol' a sefydlu systemau i helpu'r rhai oedd ag angen cymorth go iawn ac i ddelio â'r rhai segur a diog drwy ddod o hyd i waith iddyn nhw.

Y pethau wnaeth achosi'r newid hwn mewn agwedd oedd effaith poblogaeth oedd yn tyfu'n gyflym, a'r pwysau roedd hyn yn ei roi ar swyddi a chyflenwadau. Roedd ar bobl ofn aflonyddwch cymdeithasol a gwrthryfel posibl hefyd, ac roedd cyfnodau hir o galedi economaidd yn ystod yr 1570au a'r 1590au wedi codi lefelau tlodi. Canlyniad hyn oedd pasio cyfres o Ddeddfau. Gyda'i gilydd daeth y rhain i gael eu galw yn Ddeddfau Tlodion Elisabeth, gan greu system orfodol o gymorth i'r tlodion ledled Cymru a Lloegr (gweler Tabl 2.1).

Ffynhonnell O: Darn o Ddeddf Crwydriaid 1572

Lle mae dihirod, crwydriaid a chardotwyr abl yn bla difrifol ar hyn o bryd dros holl rannau teyrnas Lloegr a Chymru, ac oherwydd hynny mae llofruddiaethau, lladrata a phethau ofnadwy eraill yn digwydd bob dydd, caiff ei ddeddfu y bydd pob person sydd dros 14 oed, os yw'n ddihiryn, yn grwydryn neu'n gardotyn abl … yn cael ei chwipio'n ddifrifol a'i losgi drwy'r glust dde â haearn poeth.

Ac oherwydd bod elusen yn galw am ddarpariaeth i dlodion oedrannus ac analluog ac am leoedd iddynt fyw a bod, fel na fyddan nhw'n cardota neu'n crwydro o hyn allan; caiff ei ddeddfu felly y dylai Ynadon Heddwch wneud cofrestr o enwau a chyfenwau pob person tlawd sy'n hen, yn analluog ac yn fethiannus … ac y dylent godi treth ar bob un o'r trigolion i'w thalu'n wythnosol fel bod pob un ohonyn nhw'n cyfrannu'n wythnosol at roi cymorth i'r tlodion hyn.

Ffynhonnell P: Adroddiad yn disgrifio sut roedd Deddf Crwydriaid 1572 yn gweithio, yn ôl William Harrison yn ei lyfr *A Description of England* (1577)

Ar ôl i ddihiryn gael ei restio, ei garcharu, a'i roi i sefyll ei brawf yn y brawdlys [sesiwn o'r llys] nesaf … os caiff ei farnu'n euog o fod yn grwydryn … yna caiff ei ddedfrydu'n syth i gael ei chwipio'n ddifrifol a'i losgi drwy'r glust dde gyda haearn poeth sydd tua modfedd o drwch.

Cwestiwn ymarfer

I ba raddau mae Ffynhonnell O yn adlewyrchiad cywir o'r problemau roedd mwy o grwydraeth yn eu hachosi? *(I gael arweiniad, gweler tudalennau 109–110.)*

Blwyddyn	Deddf	Manylion allweddol y ddeddf	Effaith ar grwydraeth
1563	Statud y Crefftwyr	• Gwnaeth hi'n orfodol i fechgyn ddilyn prentisiaeth saith mlynedd mewn crefft neu fasnach • Cafodd uchafswm cyflog ei osod	• Roedd yn ceisio creu cyflogaeth a lleihau crwydraeth • Cadwodd ddynion mewn un ardal
1572	Deddf Crwydriaid	• Cosbau llym i gael eu defnyddio yn erbyn crwydriaid • Ynadon Heddwch i gadw cofrestr o dlodion eu plwyf • Pobl leol yn gorfod talu treth y tlodion a rhoi lloches i'r henoed a'r sâl • Roedd rhaid penodi Goruchwylwyr y Tlodion i helpu Ynadon Heddwch i wneud y gwaith hwn	• Roedd y cosbau'n llym er mwyn atal crwydraeth – chwipio, tyllu drwy'r glust â haearn poeth, a'r gosb eithaf os oedden nhw'n troseddu dair gwaith • Roedd y llywodraeth yn derbyn bod angen cymorth ar rai pobl • Doedd y Ddeddf ddim yn gwneud unrhyw beth i gael gwared ar achosion tlodi
1576	Deddf Cymorth y Tlodion	• Roedd rhaid i Ynadon Heddwch godi dau Garchardy ym mhob sir • Roedd rhaid i Ynadon Heddwch gadw defnyddiau ym mhob tref i roi gwaith i'r rhai oedd yn methu cael swydd • Roedd rhaid anfon y rhai oedd yn gwrthod gweithio i'r Carchardy	• Cymorth yn cael ei roi er mwyn i grwydriaid abl gael gweithio • Roedd rhaid cosbi crwydriaid am beidio â dod o hyd i waith • Doedd y Ddeddf ddim yn gwneud unrhyw beth i gael gwared ar achosion tlodi
1598	Deddf Cymorth y Tlodion	• Cafodd pedwar Goruchwyliwr eu penodi ym mhob plwyf i gasglu cymorth y tlodion ac i oruchwylio'r gwaith o'i weinyddu • Roedd rhaid dod o hyd i waith i ddynion a menywod abl • Roedd rhaid i blant tlawd ddysgu crefft • Cafodd treth y tlodion orfodol ei chyflwyno. Roedd rhaid i bob un o'r trigolion ei thalu	• Llwyddodd y Ddeddf i helpu'r rhai oedd ag angen cymorth • Roedd yn ceisio darparu swyddi • Byddai'r Ddeddf mewn grym tan 1834
1598	Deddf Cosbi Dihirod	• Roedd rhaid i Ynadon Heddwch sefydlu Carchardai ar gyfer dihirod a chrwydriaid • Roedd cardota wedi'i wahardd yn llwyr. Os oedd unrhyw un yn cardota roedd rhaid ei chwipio a'i anfon yn ôl i'r fan lle cafodd ei eni; os nad oedd neb yn gwybod lle roedd hyn, roedd yn rhaid i'r person fynd i'r Carchardy	• Helpodd y Ddeddf i reoli tlodi a chrwydraeth • Lleihaodd y perygl o aflonyddwch cymdeithasol
1601	Deddf Cymorth y Tlodion	• Roedd Deddf y Tlodion 1598 wedi ei chreu yn ddeddf dros dro, ond cafodd ei gwneud yn un barhaol bellach • Deddf Tlodion Elisabeth oedd yr enw gafodd ei roi ar y ddeddf hon	• Roedd hyn yn cydnabod bod gan y llywodraeth gyfrifoldeb dros helpu'r tlodion • Sefydlodd fframwaith cyfreithiol i ddelio â thlodi

▲ Tabl 2.1: Deddfwriaeth y llywodraeth i ddelio â thlodi a chrwydraeth yn ystod teyrnasiad Elisabeth

Pa mor llwyddiannus oedd deddfau'r tlodion yn oes Elisabeth?

Wnaeth deddfau tlodion Elisabeth ddim dod â thlodi i ben, ond fe wnaethon nhw gyflwyno system drefnus o fonitro cymorth y tlodion a'i weinyddu. Mewn gwirionedd roedd eu heffaith yn gymysg:

- wnaeth deddfau'r tlodion ddim llwyddo i ddod â thlodi i ben, a daliodd tlodi i gynyddu
- fe wnaeth y deddfau helpu miloedd o bobl oedd ag angen cymorth
- cafodd y bygythiad o aflonyddwch cymdeithasol a gwrthryfel posibl ei leihau
- roedd y deddfau'n dangos bod agwedd pobl wedi newid – bellach roedd y llywodraeth yn cydnabod bod ganddi rywfaint o gyfrifoldeb i ofalu am y tlodion
- daliodd y system cymorth tlodion oedd wedi cael ei sefydlu gan lywodraeth Elisabeth i gael ei defnyddio am y 200 mlynedd nesaf.

GWEITHGAREDDAU

1 Esboniwch sut roedd Deddfau 1572, 1576 ac 1598:
   a) yn helpu'r tlodion analluog
   b) yn cosbi'r cardotwyr abl
   c) yn helpu i dalu am gymorth y tlodion.

2 Pam newidiodd agweddau'r llywodraeth tuag at helpu'r tlodion yn ystod teyrnasiad Elisabeth?

3 Copïwch a llenwch y tabl canlynol i'ch helpu i lunio barn am ba mor llwyddiannus oedd llywodraeth Elisabeth wrth ddelio â thlodi.

Meysydd lle roedd camau gweithredu'r llywodraeth yn llwyddiannus	Meysydd llai llwyddiannus

▼ Ffynhonnell PH: Torlun pren o *Chronicle* Holinshed yn 1577 sy'n dangos crwydryn yn cael ei chwipio drwy'r strydoedd. Ar y chwith mae crwydryn arall yn cael ei grogi, sef y gosb eithaf am gardota.

Cwestiwn ymarfer

Beth gallwch chi ei ddysgu gan Ffynonellau P (tudalen 40) a PH am y gosb oedd yn cael ei rhoi i grwydriaid? *(I gael arweiniad, gweler tudalennau 107–108.)*

Casgliad: Beth oedd y gwahaniaethau rhwng bywydau'r tlawd a'r cyfoethog yn oes Elisabeth?

Roedd teyrnasiad Elisabeth yn gyfnod o newid cymdeithasol sylweddol. Gwelodd y pendefigion a'r bonedd eu ffordd o fyw yn gwella. Y newid mwyaf arwyddocaol oedd codi tai ffasiynol yn lle'r adeiladau amddiffynnol canoloesol roedden nhw wedi'u hetifeddu gan eu hynafiaid. Roedd gan y tai hyn nodweddion dylunio newydd fel ffenestri gwydr mawr, ystafelloedd preifat i wahanu'r arglwydd a'r arglwyddes oddi wrth y gweision, cael gwared ar y Neuadd Fawr a chyflwyno'r Oriel Hir. Roedd yr ystafelloedd wedi'u haddurno â thapestrïau cyfoethog, paentiadau a dodrefn cain. Roedd tai mor fawreddog â hyn yn golygu bod rhaid i'w perchnogion wisgo dillad ac esgidiau hardd, wrth i'r pendefigion wisgo i geisio creu argraff. O gwmpas y tai hyn a'u golwg newydd, roedd gerddi wedi'u tirlunio.

Fe wnaeth y bonedd gopïo hyn, ond ar raddfa lai. Roedden nhw'n talu am y gwelliannau hyn drwy'r cyfoeth roedden nhw newydd ei gasglu drwy eu gyrfaoedd proffesiynol, drwy brynu tir a thrwy briodasau buddiol. Fe wnaethon nhw godi tai newydd iddyn nhw eu hunain, dechrau gwisgo dillad ffasiynol, a sicrhau bod eu plant yn cael addysg addas i'w paratoi at yrfa broffesiynol neu briodas dda.

Yn groes i hyn, fu dim llawer o newid yn ffordd o fyw'r dosbarthiadau is yn ystod y cyfnod hwn. Wnaeth eu hincwm ddim codi, ac wrth i brisiau gynyddu, daeth hi'n anodd i fwy a mwy ohonyn nhw gael dau ben llinyn ynghyd. Roedd llai o gyfleoedd gwaith oherwydd newidiadau i batrymau amaethyddol, wrth i bobl newid o ffermio cnydau i ffermio defaid – gwaith oedd angen llai o lafur dwys. Felly cafodd llawer o werinwyr eu gorfodi i adael eu tai rhent a chrwydro cefn gwlad yn chwilio am waith. Ychwanegodd hyn at faich presennol y di-waith, a rhoi straen ychwanegol ar system cymorth y tlodion.

Yn ystod teyrnasiad Elisabeth bu cynnydd sydyn yn nifer y cardotwyr crwydrol. Roedd rhai'n ddi-waith o ddifrif, ond roedd hi'n well gan eraill gardota na chwilio am waith. Er mwyn ceisio delio â'r pwysau cynyddol am gymorth elusen, cyflwynodd y llywodraeth ddeddfau i helpu'r rhai oedd mewn gwir angen ac i gosbi'r rhai oedd yn twyllo'r system. Dangosodd y datblygiadau hyn sut roedd y bwlch rhwng y cyfoethog a'r tlawd wedi lledu yn ystod teyrnasiad Elisabeth.

Cwestiwn crynhoi

Nawr eich bod chi wedi cwblhau'r bennod hon, defnyddiwch y wybodaeth rydych chi wedi'i dysgu i ateb y cwestiwn canlynol.

A ddaeth y gwahaniaethau yn ffyrdd o fyw'r cyfoethog a'r tlawd yn fwy neu'n llai amlwg yn ystod teyrnasiad Elisabeth I?

Efallai yr hoffech chi ystyried y ffactorau canlynol yn eich ateb:

1 cartrefi'r tlawd a'r cyfoethog
2 ffasiwn
3 addysg
4 tlodi
5 ac unrhyw ffactorau perthnasol eraill gallwch chi feddwl amdanyn nhw.

Cwestiwn allweddol: Beth oedd y mathau mwyaf poblogaidd o adloniant yn oes Elisabeth?

Pwysigrwydd adloniant poblogaidd

Yn ystod Oes Elisabeth, doedd gan y rhan fwyaf o bobl ddim llawer o amser yn rhydd o'r gwaith. Yr unig egwyl o'u gwaith bob dydd oedd dyddiau Sul, oedd yn ddydd i addoli, a'r ychydig o wyliau crefyddol bob hyn a hyn yn ystod y flwyddyn. Roedd diwrnodau arbennig eraill hefyd fel Calan Mai, gŵyl ddiolchgarwch, dydd Calan a dydd Mawrth Ynyd. Roedd y rhain yn achlysuron ar gyfer dathlu ac adloniant. Roedd bywyd yn galed, roedd cyfraddau marwolaethau'n uchel oherwydd pyliau rheolaidd o'r pla, ac roedd disgwyliad oes yn isel. Felly roedd adloniant yn boblogaidd pryd bynnag byddai amser a'r achlysur priodol yn caniatáu hynny.

Byddai'r cyfoethog yn mynd i wleddoedd, ymrysonau twrnamaint a digwyddiadau chwaraeon fel rasio ceffylau. Byddai rhannau mwy tlawd y boblogaeth yn cael eu diddanu wrth i ffeiriau teithiol ymweld yn achlysurol gyda sioeau pypedau, consurwyr, anifeiliaid wedi'u hyfforddi a hebogwyr. Efallai byddai criwiau o actorion crwydrol yn galw i berfformio dramâu byrion. Roedd pob rhan o gymdeithas yn mwynhau dawnsio, cerddoriaeth a chanu, a hefyd gamblo, gwylio chwaraeon creulon fel baetio eirth a rhai chwaraeon fel saethyddiaeth a bowlio. Efallai oherwydd ei bod hi'n galed arnyn nhw, roedd pobl Oes Elisabeth yn awyddus i gael eu diddanu ac i gymryd rhan mewn amrywiaeth o weithgareddau.

Chwaraeon creulon

Roedd pob rhan o'r gymdeithas yn mwynhau gwylio ymrysonau anifeiliaid. Y rhai mwyaf poblogaidd oedd baetio eirth, baetio teirw ac ymladd ceiliogod. Roedd digwyddiadau o'r fath yn denu cynulleidfaoedd mawr, ac roedd llawer o'r gynulleidfa yn betio ar ganlyniad yr ymrysonau.

Baetio eirth a theirw

Roedd gan lawer o drefi fannau ymryson lle roedd cŵn yn ymosod ar eirth neu deirw. Yn achos eirth, byddai un o'u coesau cefn yn cael ei chadwyno wrth bolyn pren neu byddai cadwyn o gwmpas eu gwddf. Byddai cŵn yn cael eu rhyddhau er mwyn gwylltio'r arth. Byddai'r cŵn yn ymosod ar yr arth, gan geisio ei lladd drwy gnoi ei gwddf, a byddai'r gwylwyr yn betio i geisio gweld pa gi fyddai'n gallu byw hiraf cyn cael ei ladd gan yr arth gynddeiriog. Fersiwn arall o'r gweithgaredd

hwn oedd rhoi mwgwd dros lygaid yr arth a byddai pump neu chwech o ddynion yn ymosod arno gyda chwipiau.

Enw un o'r mannau baetio eirth mwyaf poblogaidd oedd 'Bear Garden'. Roedd hwn wedi'i leoli yn Paris Garden yn Southwark yn Llundain. Roedd lle yno i hyd at fil o bobl. Adeilad crwn oedd hwn, gyda phydew neu bwll yn y canol, ac o gwmpas y pydew roedd seddi ar ffurf grisiau o dan do gwellt. Cafodd y cynllun hwn ei gopïo gan adeiladwyr y theatrau cyntaf i ymddangos yn Llundain yn ystod yr 1570au. Roedd y Frenhines Elisabeth yn mwynhau'r math hwn o adloniant yn fawr a phan oedd hi'n mynd ar deithiau brenhinol, byddai trefi'n cynnal sioeau baetio eirth iddi hi. Pan geisiodd ASau basio deddf yn 1585 i wahardd baetio eirth ar ddydd Sul, fe wnaeth Elisabeth eu rhwystro nhw.

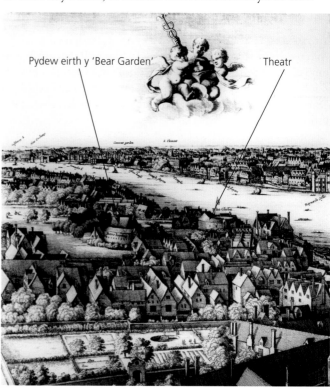

Pydew eirth y 'Bear Garden'   Theatr

▲ Ffynhonnell A: Golygfa o Lundain wedi'i thynnu yn 1647 gan Wenceslaus Hollar, arlunydd o'r Iseldiroedd. Mae'n dangos y pydew eirth neu'r Bear Garden a theatr y Globe gerllaw. Sylwch pa mor debyg yw arddull y ddau adeilad

Yn achos baetio teirw, byddai rhaff yn cael ei chlymu am fôn cyrn y tarw a byddai pen arall y rhaff yn cael ei glymu wrth bolyn yng nghanol y cylch. Mewn ymryson oedd yn para tua awr, byddai cŵn teirw wedi'u hyfforddi'n cael eu rhyddhau fesul un gan eu perchnogion er mwyn ymosod ar y tarw. Yn ystod yr ymryson, byddai'r gynulleidfa'n betio ar ganlyniad yr ymryson baetio. Oherwydd ei bod hi'n anodd cael gafael ar eirth, roedd baetio teirw'n llawer mwy cyffredin ledled Cymru a Lloegr.

> **Ffynhonnell B:** Yn 1598, dywedodd Paul Hentzner, Almaenwr oedd yn ymweld â Lloegr, ei fod wedi gweld chwe dyn yn ymosod ar arth wedi'i dallu er mwyn adloniant poblogaidd
>
> *Dydy'r arth ddim yn gallu dianc rhagddyn nhw oherwydd y gadwyn; mae'n amddiffyn ei hun â'i holl nerth a'i holl grefft, gan fwrw pob un sy'n dod yn agos ati i'r llawr ... ac yn rhwygo'r chwipiau o'u dwylo ac yn eu torri nhw.*

◄ Ffynhonnell C: Torlun pren yn dangos pobl wrthi'n baetio arth, c.1620

Ymladd ceiliogod

Roedd ymladd ceiliogod yn adloniant poblogaidd arall ac roedd gan y rhan fwyaf o drefi dalwrn ceiliogod. Fel arfer, un pâr o adar oedd yn ymladd â'i gilydd, ond weithiau byddai cynifer ag ugain ceiliog ymladd yn gallu cael eu rhoi yn y talwrn ar yr un pryd a'u gadael i ymladd nes bod un ceiliog yn unig ar ôl. Byddai'r gwylwyr yn betio ar yr aderyn roedden nhw'n meddwl fyddai'n ennill.

GWEITHGAREDDAU

1 Copïwch y tabl isod a defnyddiwch y wybodaeth ar dudalennau 44–45 a'r hyn rydych chi'n ei wybod i'w lenwi.

Poblogrwydd chwaraeon creulon yn ystod oes Elisabeth

	Disgrifiad o'r math o chwaraeon creulon	Rhesymau pam roedd yn boblogaidd
Baetio eirth		
Baetio teirw		
Ymladd ceiliogod		

2 Beth mae Ffynhonnell A yn ei awgrymu am boblogrwydd chwaraeon creulon fel math o adloniant yn ystod y cyfnod hwn?

Cwestiwn ymarfer

Beth gallwch chi ei ddysgu gan Ffynonellau B ac C am chwaraeon creulon yn ystod oes Elisabeth? *(I gael arweiniad, gweler tudalennau 107–108.)*

Adloniant i bobl gyfoethog

Gan fod gan y bobl gyfoethog fwy o amser hamdden na gweddill y gymdeithas, roedden nhw'n gallu fforddio mwynhau amrywiaeth o adloniant. Roedd hela, heboga, saethyddiaeth, dawnsio, cerddoriaeth a gemau pêl ymhlith y mathau mwyaf poblogaidd.

Hela

Roedd hela'n adloniant poblogaidd iawn gan y bobl gyfoethog drwy gydol cyfnod y Tuduriaid. Roedd y dosbarth uwch yn mwynhau hela ceirw ac roedd gan bendefigion cyfoethog oes Elisabeth eu parciau ceirw eu hunain. Roedd hyn yn golygu bod ganddyn nhw gig carw i'w fwyta yn aml. Roedd picniciau hela mawr yn aml yn cael eu trefnu. Yn ystod y rhain byddai anifeiliaid fel carw, hydd, ac weithiau ysgyfarnog, yn cael eu hela naill ai ar droed neu ar gefn ceffyl.

Heboga

Roedd heboga'n fath arall o adloniant poblogaidd. Byddai gwalch neu hebog yn cael ei hyfforddi i hedfan oddi ar fraich yr hyfforddwr ar ôl i'r cap dallu gael ei dynnu oddi ar ei ben. Byddai'n lladd anifail penodol ac yna'n dychwelyd. Roedd clychau'n cael eu rhoi'n sownd wrth goesau'r aderyn

er mwyn i'r hyfforddwr ei ddilyn. Roedd y dosbarthiadau uwch yn defnyddio hebogau tramor a nhw oedd yr unig rai oedd yn cael magu hebogau. Roedd y dosbarthiadau is yn defnyddio cudyllod a chudyllod glas.

> **Ffynhonnell CH:** Darn o lythyr ysgrifennodd Edward Vaughan o Wlad yr Haf at Syr Edward Stradling o Sain Dunwyd yn sir Forgannwg ym mis Gorffennaf 1575 yn gofyn am hebog
>
> *Anrhydeddus hybarch gyfaill, rwy'n eich cyfarch yn wylaidd. Heb anghofio eich addewid blaenorol i mi am hebog o'ch nyth, mae hyn yn fy ngwneud i'n fwy hyderus wrth ymbil arnoch chi am hebog eleni. Mae angen un arnaf, a minnau heb un ar hyn o bryd, a byddai'n dda gennyf pe gallai fy nymuniad gael ei fodloni yn hynny o beth.*

Saethyddiaeth

Roedd saethyddiaeth yn boblogaidd drwy gydol cyfnod y Tuduriaid ac roedd disgwyl i ddynion dros 24 oed ymarfer saethyddiaeth ar ddydd Sul ar ôl bod yn yr eglwys. Roedden nhw'n defnyddio dau fath o fwa – y bwa hir a'r bwa croes.

Ffynhonnell D: Torlun pren ▶ o oes Elisabeth yn dangos gŵr bonheddig o'r cyfnod yn paratoi ei hebog

Dawnsio

Roedd dawnsio'n boblogaidd iawn gan bob dosbarth. Tra oedd y dosbarthiadau is yn mwynhau dawnsfeydd gwledig traddodiadol, roedd y dosbarthiadau uwch yn gallu cyflogi cerddorion i chwarae alawon dawns tramor poblogaidd fel y *pavane* araf, y *galliard* a'r *gavotte*. Roedd rhai pobl yn ystyried bod un ddawns, o'r enw'r *volta*, yn rhy wyllt ac afiach oherwydd bod rhaid i'r fenyw neidio i'r awyr. Roedd y frenhines yn hoffi dawnsio ac mae'n debyg ei bod hi'n dda iawn am wneud.

Cerddoriaeth a chanu

Roedd canu'n adloniant pwysig yn y cartref ac roedd llawer o bobl yn gallu canu offeryn. Y prif offerynnau cerdd oedd y recorder, y feiol, y liwt a'r organ dannau. Roedd cerddoriaeth rhai o gyfansoddwyr Seisnig y cyfnod fel Tallis, Byrd a Morley yn enwog ledled Ewrop.

Gemau pêl

Roedd tennis yn gêm gafodd ei datblygu yn ystod cyfnod y Tuduriaid, a daeth yn boblogaidd ymysg y dosbarthiadau uwch. Roedd yn cael ei chwarae mewn cwrt caeedig neu agored, ac roedd dau chwaraewr yn taro pêl fach yn ôl ac ymlaen, naill ai gyda'u llaw neu gyda raced.

Roedd bowlio'n boblogaidd ac roedd pob dosbarth yn ei chwarae. Hefyd, roedd llawer o bobl yn chwarae sgitls a gêm o'r enw ceilys (math cynnar o fowlio).

Pêl-droed oedd y gêm fwyaf gwyllt o'r holl gemau pêl, o bell ffordd. Roedd yn fwy poblogaidd gan y dosbarthiadau is. Roedd yn wahanol iawn i'r gêm fodern – doedd dim cae, dim goliau iawn a doedd dim ots faint o chwaraewyr oedd ym mhob tîm. Doedd dim llawer o reolau, felly roedd hi'n gêm wyllt iawn. Roedd hynny'n golygu bod llawer o anafiadau ac ambell farwolaeth hefyd. Gan fod hyd at filltir rhwng y llinellau terfyn, roedd y ddau dîm yn aml yn ymladd â'i gilydd. Yr enillydd oedd y tîm oedd yn llwyddo i yrru'r bêl dros linell derfyn y tîm arall – dim ots sut roedden nhw'n llwyddo i wneud hynny. Roedd pobl y cyfnod yn awyddus i dynnu sylw at y trais oedd yn rhan o'r gêm.

Ffynhonnell DD: Disgrifiad o gêm bêl-droed wedi'i ysgrifennu gan yr Archddeon Philip Stubbs, clerigwr yng nghyfnod y Tuduriaid, yn ei lyfr *The Anatomy of Abuses* (1585)

Mae pêl-droed yn fwy o frwydr nag yw hi o gêm ... Weithiau mae eu gyddfau'n cael eu torri, weithiau eu cefnau, weithiau eu coesau. ... Mae pêl-droed yn annog cenfigen a chasineb ... weithiau mae ymladd, llofruddio a llawer iawn o golli gwaed.

Cnapan

Yn ne-orllewin Cymru, yn enwedig yn siroedd Penfro a Chaerfyrddin, 'cnapan' neu weithiau 'knapan' oedd yr enw cyffredin ar gêm bêl-droed. Roedd yn cael ei chwarae mewn ffordd debyg iawn i'r gêm yn Lloegr, gyda'r bonedd ar gefn ceffylau, a'r bobl gyffredin wedi'u rhannu'n ddau dîm o chwaraewyr. Doedd gan y gêm ddim cae, dim llawer o reolau, ac roedd yn cael ei chwarae dros ardal eang. Er mwyn ennill, roedd rhaid i'r timau wthio ymlaen gyda'r cnapan (y bêl), tan i un ohonyn nhw groesi'r llinell derfyn, oedd yn y pentref nesaf fel arfer. Disgrifiodd George Owen o Henllys y trais oedd yn gysylltiedig â'r gêm mewn ffordd fyw iawn (gweler Ffynhonnell E).

Ffynhonnell E: George Owen o Henllys, bonheddwr a hanesydd o Gymru, yn ysgrifennu yn ei lyfr *A Dialogue of the Government of Wales* (1603) am gêm yn 1594

Tua un neu ddau o'r gloch y prynhawn mae'r chwarae'n dechrau, ... ar ôl i alwad dynnu'r ddau dîm at ei gilydd i gytuno ar gynllun, mae pawb gyntaf yn stripio'n noeth heblaw am bâr ysgafn o glos pen-glin, heb ddim am eu pennau, eu cyrff, eu coesau na'u traed. ... Mae pelen o bren fel bocs, ywen neu gelyn a dylai honno gael ei berwi mewn gwêr fel ei bod hi'n llithrig ac yn anodd ei dal. Cnapan yw'r enw ar y belen hon ac mae hi'n cael ei thaflu'n uchel i fyny i'r awyr gan un o'r cwmni. Ar ôl iddi gwympo, mae'r dyn sy'n ei dal yn ei thaflu tuag at y wlad mae'n chwarae drosti, oherwydd does dim gôl neu le penodol i anelu ato. ... Dydy'r chwarae ddim drosodd hyd nes i'r cnapan gael ei gario mor bell fel nad oes gobaith ei ddychwelyd y noson honno ... weithiau mae pawb yn ei ddilyn am ddwy filltir neu ragor ... Golygfa ryfedd yw gweld mil neu fil a hanner o ddynion noeth yn dod at ei gilydd yn glwstwr i ddilyn y cnapan wrth iddo gael ei daflu'n ôl ac ymlaen.

GWEITHGAREDDAU

1 Astudiwch y wybodaeth ar dudalennau 46–47 cyn ei defnyddio i wneud y canlynol:
   a) Llunio map meddwl i nodi'r mathau cyffredin o adloniant roedd y pendefigion yn eu mwynhau yn ystod oes Elisabeth.
   b) Nodi pa fathau o adloniant oedd yn cael eu mwynhau gan ddynion yn bennaf, a pha rai gan ddynion a menywod.

2 Astudiwch Ffynhonnell E. Sut roedd gêm bêl-droed gafodd ei chynnal yn oes Elisabeth yn wahanol i gêm heddiw?

Cwestiwn ymarfer

I ba raddau mae Ffynhonnell DD yn adlewyrchiad cywir o agweddau tuag at chwaraeon gwyllt yn ystod y cyfnod hwn? *(I gael arweiniad, gweler tudalennau 109–110.)*

Datblygiad theatr oes Elisabeth

Ar ddechrau teyrnasiad Elisabeth yn 1558 doedd dim theatrau yn y wlad. Ond erbyn iddi farw yn 1603 roedd theatrau wedi cael eu codi ledled Llundain ac mewn nifer o drefi rhanbarthol, ac roedd ymweld â'r theatr yn un o'r mathau mwyaf poblogaidd o adloniant. Datblygodd y theatr yn gyflym ac aeth drwy nifer o gamau, gan ddechrau gydag actorion crwydrol cyn sefydlu cwmnïau theatr a chodi theatrau pwrpasol.

Criwiau o actorion crwydrol

Yn ystod dechrau cyfnod y Tuduriaid, roedd hi'n gyffredin i griwiau o actorion crwydrol deithio'r wlad. Roedden nhw'n aros mewn trefi i berfformio eu dramâu i gynulleidfaoedd o bobl y dref, ffermwyr, masnachwyr, menywod a phlant. Byddai'r actorion yn defnyddio buarth tafarn neu sgwâr marchnad lle bydden nhw'n codi llwyfan cludadwy er mwyn i'r gynulleidfa eu gweld o'r blaen a'r ochrau. Weithiau byddai tirfeddianwyr mwy cyfoethog yn cael perfformiad preifat yn eu cartrefi. Roedd dramâu fel hyn yn adloniant poblogaidd iawn. Thema gyffredin i'r perfformiadau cynnar hyn oedd anturiaethau Robin Hood, lle roedd elfennau mwy tlawd y gymdeithas yn trechu'r bobl gyfoethog. Ond, roedd yr awdurdodau'n poeni am themâu fel hyn ac roedd rhai'n galw am wahardd dramâu o'r fath.

Yng Nghymru, roedd criwiau o actorion crwydrol fel hyn yn perfformio dramâu byrion o'r enw anterliwtiau. Fel arfer roedd adroddwr yn eu cyflwyno ac roedd y rhan fwyaf o'r dramâu'n trafod themâu anghyfiawnder cymdeithasol neu anfoesoldeb. Yn aml roedd jôcs yn cael eu dweud am landlordiaid, cyfreithwyr a'r clerigwr aneffeithiol, er mawr ddifyrrwch i'r gynulleidfa. Gan mai dyma unig gyfle pobl i weld dramâu fel hyn, daeth anterliwtiau'n adloniant poblogaidd.

Ffurfio cwmnïau theatr

Wrth i adloniant fel hyn ddod yn fwy poblogaidd, dechreuodd yr awdurdodau boeni gallai pynciau llawer o ddramâu annog pobl i wrthryfela. Roedd hyn ar ben y pryder mai crwydriaid a chardotwyr oedd llawer o'r actorion crwydrol. Roedd iechyd yn fater arall gan fod pobl yn credu bod clefydau fel y pla'n cael help i ledaenu wrth i dorfeydd mawr gasglu gyda'i gilydd i wylio perfformiadau. O ganlyniad, cafodd deddf ei phasio yn 1572 yn gwahardd actorion crwydrol rhag teithio'r wlad os nad oedden nhw wedi cael trwydded i berfformio gan yr Arglwydd Siambrlen. Roedd hyn yn helpu i sicrhau bod gan y llywodraeth rywfaint o reolaeth dros beth oedd yn cael ei berfformio a ble roedd yn cael ei berfformio.

Canlyniad hyn oedd ffurfio cwmnïau theatr oedd yn cael cymorth a nawdd ariannol gan bendefig cyfoethog. Dyma rai o'r prif gwmnïau gafodd eu sefydlu yn ystod teyrnasiad Elisabeth:

- Actorion Iarll Caerlŷr (*The Earl of Leicester's Players*), gafodd eu sefydlu yn 1574
- Gwŷr y Frenhines (*The Queen's Men*), gafodd eu sefydlu yn 1583
- Cwmni'r Arglwydd Lyngesydd Howard (*The Lord Admiral Howard's Company*), gafodd ei sefydlu yn 1583
- Gwŷr yr Arglwydd Siambrlen (*The Lord Chamberlain's Men*), gafodd eu sefydlu yn 1594.

Yn ogystal â theithio'r wlad, roedd cwmnïau fel hyn yn perfformio hefyd i'r frenhines yn y Llys ac yng nghartrefi mawreddog eu noddwr. Wrth i berfformiadau gan gwmnïau fel hyn ddod yn fwy poblogaidd, aeth iardiau'r tafarndai'n rhy fach, a'r gynulleidfa'n rhy fawr, i lwyfannu digwyddiadau fel hyn. Yr ateb oedd codi theatrau parhaol, yn Llundain yn gyntaf ac yna mewn trefi rhanbarthol.

Ffynhonnell F: Yn ei lyfr, *The Laws of England* (1535), galwodd Richard Morrison, yr ysgolhaig Tuduraidd, am wahardd llawer o ddramâu

Dylai dramâu Robin Hood gael eu gwahardd a dylai rhai eraill gael eu dyfeisio i ddangos drygioni esgob Rhufain, mynachod, lleianod a rhai tebyg … Mae pethau'n mynd i mewn yn gynt drwy'r llygaid na thrwy'r clustiau: mae pobl yn cofio mwy pan fyddan nhw'n gweld yn hytrach na phan fyddan nhw'n clywed.

Codi'r theatrau cyntaf

Erbyn 1576 roedd James Burbage, yr actor-reolwr, wedi codi digon o arian i dalu am godi theatr bwrpasol gyntaf Cymru a Lloegr ers cyfnod y Rhufeiniaid. 'The Theatre' oedd yr enw arni a chafodd ei chodi ar Gaeau Finsbury yn Shoreditch, un o faestrefi Llundain ar y pryd. Bu'n llwyddiant yn syth, gan ddenu cynulleidfaoedd mawr. O ganlyniad, cafodd theatrau eraill eu codi ar hyd y ddinas. Dilynodd y Curtain y flwyddyn ganlynol yn 1577, agorodd y Rose yn 1587, y Swan yn 1596 a'r Globe yn 1599. Cafodd y rhan fwyaf o ddramâu Shakespeare eu llwyfannu am y tro cyntaf yn y Globe, theatr gafodd ei chodi gan feibion James Burbage, Cuthbert a Richard. Roedd rhaid i'r rhan fwyaf o'r theatrau hyn gael eu codi y tu allan i waliau'r ddinas oherwydd pryderon am iechyd cyhoeddus, cyfraith a threfn, a gwrthwynebiad chwyrn gan Biwritaniaid oherwydd natur bechadurus 'y theatr'.

Yn sgil adeiladu'r theatrau parhaol, tyfodd y cynulleidfaoedd ac erbyn 1595 roedd miloedd o bobl yn mynd i weld dramâu bob wythnos yn Llundain.

Theatr	Dyddiadau	Perchennog	Cwmnïau fuodd yn perfformio yno
Y Theatre	1576–98	James Burbage	Gwŷr yr Arglwydd Siambrlen
Y Curtain	1577–1622	Henry Lanman	Gwŷr yr Arglwydd Siambrlen Gwŷr y Frenhines
Y Rose	1594–1600	Philip Henslowe	Cwmni'r Arglwydd Lyngesydd Howard
Y Swan	1595–1601	Francis Langley	
Y Globe	1599–1613	Richard a Cuthbert Burbage	Gwŷr yr Arglwydd Siambrlen
Y Fortune	1600–21	Edward Alleyn a Philip Henslowe	Cwmni'r Arglwydd Lyngesydd Howard

▲ Tabl 3.1: Theatrau yn Llundain gafodd eu codi yn ystod teyrnasiad Elisabeth

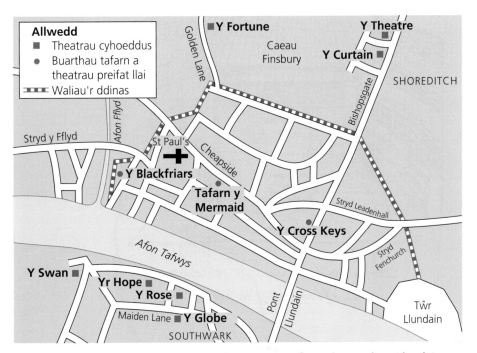

▲ Ffigur 3.1: Map yn dangos lleoliad y theatrau cyntaf i gael eu codi yn Llundain yn ystod teyrnasiad Elisabeth

Ffynhonnell FF: Rhan o ddeiseb gan drigolion Blackfriars yn Llundain i'r Cyfrin Gyngor yn 1596, lle maen nhw'n mynegi eu gwrthwynebiad i'r bwriad o godi theatr yn eu hardal nhw o Lundain

Anghyfleus yn gyffredinol i'r trigolion i gyd … oherwydd bod llawer iawn o bobl yn ymgasglu … bydd pob math o grwydriaid a phersonau anweddus … yn dod acw ac yn gwneud pob math o ddrygioni.

Ffynhonnell G: Disgrifiad o theatrau cynnar oes Elisabeth gan Johannes de Witt, arlunydd o'r Iseldiroedd wnaeth ymweld â Llundain yn 1596

Mae pedair theatr nodedig o hardd yn Llundain … Ym mhob un ohonyn nhw mae drama wahanol yn cael ei pherfformio i'r bobl bob dydd. Mae'r ddwy fwyaf godidog o'r rhain wedi'u lleoli i'r de, y tu hwnt i afon Tafwys, a'u henwau yw y Rose a'r Swan.

Ffynhonnell NG: Disgrifiodd Thomas Platter ymweliad â'r theatr pan ddaeth i Lundain o Basel yn y Swistir yn 1599

Ar 21 Medi ar ôl cinio, tua dau o'r gloch, dyma fi a'r bobl oedd gyda mi'n croesi'r dŵr, ac yno yn y tŷ gyda tho gwellt, gwelson ni berfformiad ardderchog o drasiedi Iŵl Cesar, yr Ymerawdwr cyntaf.

GWEITHGAREDDAU

1 Astudiwch Ffynonellau F ac FF. Esboniwch pam roedd rhai o bobl oes Elisabeth yn gweld y theatr yn fygythiad i gyfraith a threfn.

2 Defnyddiwch Ffynhonnell NG a'r hyn rydych chi'n ei wybod i esbonio pam daeth ymweld â'r theatr yn fath poblogaidd o adloniant.

Dyluniad y theatr

Roedd y theatrau cyntaf i gael eu codi yn Llundain yn grwn neu'n siâp octagon, gyda lle gwag yn y canol, a llwyfan yn ymestyn i'r gofod hwnnw. Y tu allan i'r theatr roedd waliau plaen wedi'u gwyngalchu a tho gwellt, ond roedd y tu mewn yn lliwgar dros ben, yn enwedig y llwyfan. Roedd to dros ran gefn y llwyfan er mwyn rhoi cysgod i'r actorion yn ystod tywydd gwlyb. Roedd colofnau derw trwchus wedi'u peintio i edrych fel marmor yn cynnal y to, ac roedd paneli wedi'u peintio'n gain ar waliau cefn y llwyfan. Heblaw am yr addurniadau hyn, doedd dim setiau i greu golygfeydd ac felly roedd rhaid i'r actorion ddweud wrth y gynulleidfa lle roedden nhw a pha adeg o'r dydd oedd hi. Roedd yr actorion yn ymddangos ar y llwyfan drwy ddrysau yn wal gefn y llwyfan neu drwy drapddor.

I'r gynulleidfa roedd y theatr yn adlewyrchu'r bydysawd. O dan y llwyfan roedd uffern, ac oddi yno roedd diafoliaid neu ysbrydion drwg yn dod drwy drapddor. Y llwyfan oedd y ddaear lle roedd yr actorion yn perfformio eu comedïau neu eu trasiedïau. Uwchben y llwyfan roedd y canopi oedd yn symbol o'r nefoedd, ac roedd golygfeydd yn dangos sêr, yr haul, y lleuad ac arwyddion y Sidydd neu'r cytserau wedi'u peintio arno. Roedd trapddor yng nghanol y nenfwd hefyd, ac o hwn gallai duw neu dduwies ddod i lawr i hongian uwchben yr actorion.

Gan nad oedd ffordd o oleuo'r theatr, roedd dramâu'n cael eu perfformio yn y prynhawn ac roedd baner yn cael ei hedfan neu ganon yn cael ei danio i roi gwybod i bobl Llundain fod drama ar fin cael ei pherfformio. Roedd y prisiau'n isel, ac roedd hynny'n helpu i sicrhau bod aelodau mwy tlawd y gymdeithas yn gallu fforddio'r tocynnau rhataf yn y pydew yn y canol. Yma roedd y gynulleidfa'n agored i'r tywydd ac roedden nhw'n sefyll o amgylch tair ochr y llwyfan. Am ychydig o geiniogau roedd hi'n bosibl prynu sedd yn un o'r orielau. Roedd gan y rhain do i'w hamddiffyn nhw rhag y glaw.

Ffynhonnell H: Darlun o theatr y ▶ Swan yn Llundain, wedi'i beintio gan Johannes de Witt, arlunydd o'r Iseldiroedd, yn 1596

Actorion

Yn y cwmnïau theatr, datblygodd grwpiau o ddynion a bechgyn yn actorion proffesiynol. Gan nad oedd menywod yn cael actio, roedd actorion gwrywaidd yn cymryd eu rhannau. Roedd disgwyl i'r actorion allu gwneud sawl peth: chwarae nifer o rannau ym mhob drama a gallu canu, dawnsio a chanu offerynnau cerdd hefyd. Mae gwybodaeth am rai o actorion mwyaf adnabyddus oes Elisabeth yn Nhabl 3.2.

Richard Burbage (1567–1619)	Mab i James Burbage, yr adeiladwr theatr a'r actor (gweler tudalen 49). Roedd ganddo enw da fel actor trasiedïau, a pherfformiodd ef y prif rannau yn nifer o ddramâu Shakespeare. Yn nes ymlaen daeth yn gydberchennog theatr y Globe.
Edward Alleyn (1566–1626)	Actor trasiedïau ddaeth yn boblogaidd yn theatr oes Elisabeth. Chwaraeodd y prif rannau yn nramâu Marlowe gan gynnwys *Dr Faustus*, *Tamburlaine* a *The Jew of Malta*. Ymddeolodd yn 1598 pan oedd ar ei fwyaf enwog, ac yn nes ymlaen daeth yn gydberchennog theatr y Fortune gyda Philip Henslowe.
Will Kempe (m. 1603)	Actor a dawnsiwr poblogaidd oedd yn arbenigo mewn rhannau doniol. Chwaraeodd nifer o'r prif rannau yng nghomedïau Shakespeare, gan gynnwys rhan Falstaff yn nramâu *Henry IV* ac yn *The Merry Wives* of *Windsor*.
Thomas Pope (m. 1603)	Roedd yn aelod o Wŷr yr Arglwydd Siambrlen ac roedd ganddo enw da fel comedïwr ac acrobat. Bu'n cydweithio gyda Shakespeare.

▲ Tabl 3.2: Actorion adnabyddus oes Elisabeth

Dramodwyr

Wrth i theatrau fel hyn gael eu codi, roedd rhaid cael dramâu newydd i fodloni'r cynulleidfaoedd oedd yn tyfu o hyd. O ganlyniad, mae cyfnod teyrnasiad Elisabeth wedi dod i gael ei ystyried yn 'Oes Aur' drama Saesneg. Yn ystod y cyfnod hwn datblygodd nifer o ddramodwyr enwog sydd â'u gweithiau'n dal i gael eu perfformio hyd heddiw mewn theatrau ledled y byd. Mae Ffigur 3.2 ar waelod y dudalen hon yn rhoi manylion am rai o'r dramodwyr a'r beirdd enwocaf yn y cyfnod hwn.

GWEITHGAREDDAU

1 Copïwch y tabl hwn a defnyddiwch y wybodaeth am ddramodwyr oes Elisabeth a'r hyn rydych chi'n ei wybod er mwyn ei lenwi.

Prif ddramodwyr oes Elisabeth

Enw'r dramodydd	Yr arddull roedd yn arbenigo ynddi (e.e. comedi)	Dramâu enwocaf	Dyddiadau pan oedd wrthi'n ysgrifennu dramâu

2 Ymchwiliwch i yrfa Ben Jonson, dramodydd yn oes Elisabeth, ac un arall o'ch dewis, gan ychwanegu'r manylion at y tabl rydych chi wedi'i lenwi yng nghwestiwn 1 uchod.

Cwestiwn ymarfer

Pam roedd dramodwyr yn arwyddocaol i ddatblygiad y theatr yn ystod oes Elisabeth? (*I gael arweiniad, gweler tudalen 111.*)

Christopher Marlowe (1564–93)
Marlowe oedd un o ddramodwyr a beirdd mwyaf ei oes, a chwaraeodd ran bwysig wrth ddatblygu'r ddrama 'drasiedi'. Ei waith enwocaf oedd *Doctor Faustus* (tua 1589), drama oedd wedi'i gosod yn yr Almaen ac yn sôn am effeithiau cytundeb a wnaeth Dr Faustus â'r diafol. Rhoddai'r cytundeb wybodaeth hudol i Faustus am y byd am 24 mlynedd, ond am bris dychrynllyd. Yn 1592 gorffennodd Marlowe *Edward II*, ei ddrama olaf. Yn 1593 cafodd ei drywanu i farwolaeth gan Ingram Frizer wrth ymladd ag ef mewn tafarn. Mae rhai'n amau mai llofruddiaeth oedd hi oherwydd bod Marlowe yn gweithio fel ysbïwr i'r llywodraeth.

William Shakespeare (1564–1616)
Caiff Shakespeare ei ystyried yn ddramodydd pwysicaf oes Elisabeth. Cafodd ei eni yn Stratford-Upon-Avon. Yn wahanol i Marlowe, Kyd a Dekker, oedd yn tueddu i ganolbwyntio ar un arddull o ysgrifennu, ysgrifennodd Shakespeare o leiaf 37 drama – a'r rheini'n gomedïau, trasiedïau a dramâu hanesyddol – gan ysgrifennu tua dwy ddrama y flwyddyn. Yn fuan daeth Shakespeare yn un o awduron mwyaf poblogaidd y theatr fasnachol ac roedd y frenhines bob amser yn rhoi croeso i'w ddramâu. Ymysg ei ddramâu mwyaf poblogaidd roedd *Richard II* (1595), *Romeo and Juliet* (1595), *The Merchant of Venice* (1597), *Hamlet* (c.1599), *King Lear* (c.1604), *Macbeth* (1606), *Anthony and Cleopatra* (1606) a *The Tempest* (1611). Yn 1610 dychwelodd Shakespeare i Stratford i ymddeol ac yno bu farw yn 1616.

Thomas Kyd (1558–94)
Mae Kyd yn ffigur pwysig yn natblygiad y ddrama Saesneg, gan ei fod wedi helpu i arloesi gyda ffurf y 'drasiedi ddial'. Roedd yn ffrind agos i Marlowe ac ar un adeg yn ystod ei yrfa roedd y ddau ddramodydd yn rhannu llety. Gwaith mwyaf enwog Kyd oedd y *Spanish Tragedy* (c. 1585–92).

Thomas Dekker (c.1572–1632)
Roedd Dekker yn ddramodydd ac yn awdur pamffledi. Ysgrifennodd nifer mawr o ddramâu, yn enwedig comedïau. Comedi stwrllyd oedd *His Shoemaker's Holiday* (1599), wedi'i seilio ar fywydau pob dydd pobl gyffredin Llundain. Roedd *Old Fortunatus* yn ddrama boblogaidd arall a ysgrifennodd yn 1599.

Dramodwyr eraill oes Elisabeth
Francis Beaumont, John Fletcher, John Ford, Thomas Heywood, Ben Jonson, Philip Massinger, Thomas Middleton a John Webster.

◀ Ffigur 3.2: Dramodwyr a beirdd amlwg oes Elisabeth

Agweddau tuag at y theatr

Roedd twf cynyrchiadau theatr yn ystod teyrnasiad Elisabeth wedi helpu i droi'r cyfnod hwn yn 'Oes Aur' y ddrama, gyda saith theatr yn Llundain erbyn 1600, a phob un ohonyn nhw'n denu cynulleidfaoedd mawr bob dydd. Ond doedd datblygiadau fel hyn ddim yn boblogaidd gan bawb ac roedd rhai rhannau o'r boblogaeth yn gwrthwynebu'n gryf. Daeth rhaniadau chwerw yn y gymdeithas rhwng y rhai oedd yn croesawu'r twf mewn cynyrchiadau theatr ac yn ei fwynhau, a'r rhai oedd yn gwrthwynebu datblygiadau fel hyn yn chwyrn.

Yng Nghymru, roedd datblygiad y theatr yn araf. Roedd hynny oherwydd nad oedd llawer o drefi mawr yng Nghymru i roi cynulleidfa reolaidd i theatrau parhaol. Roedd yr anterliwt yn llawer mwy ymarferol ac yn fwy poblogaidd. Byddai'n denu cynulleidfaoedd mawr pryd bynnag byddai criwiau o actorion crwydrol yn ymweld â thref.

Cefnogaeth i'r theatr

Yn ystod teyrnasiad Elisabeth datblygodd y theatr yn gyflym yn ffurf rhad a phoblogaidd o adloniant, gan ddenu cynulleidfaoedd mawr o bob dosbarth cymdeithasol. Roedd y frenhines ei hun wrth ei bodd gyda'r theatr a daeth hi'n noddwr pwysig. Roedd hi'n mwynhau dramâu Marlowe a Shakespeare, ac roedd hi'n bresennol ym mherfformiad cyntaf drama *Twelfth Night* gan Shakespeare yn 1601. Roedd pendefigion yn mynd i'r theatr hefyd, a daeth ymweliad i wylio perfformiad drama newydd yn rhan o'r calendr cymdeithasol, yn gyfle i wisgo'n grand a chael pobl i sylwi arnoch chi.

Un rheswm dros boblogrwydd y theatr oedd y dramâu eu hunain fyddai'n cael eu perfformio yno. Roedd dramodwyr yn cynhyrchu dramâu oedd â llinyn stori cryf a chymeriadau lliwgar, hanesion arwrol, a phlotiau lle roedd daioni'n drech na drygioni. Gallai'r awdurdodau ddefnyddio dramâu fel propaganda. Er enghraifft, roedd *A Larum for London*, drama oedd yn dangos milwyr Catholig o Sbaen yn lladd pobl Brotestannaidd ddiniwed yn Antwerp, yn aml yn cael ei pherfformio yn ystod yr 1580au er mwyn creu teimlad gwrth-Sbaenaidd pan oedd Elisabeth a Philip II yn gwrthdaro'n gyson. Roedd dramâu Shakespeare yn cyflwyno neges gryf fod ufudd-dod a ffyddlondeb i'r brenin neu'r frenhines yn hanfodol er mwyn sicrhau bod cyfraith a threfn yn cael eu cynnal. Fel mae Ffynhonnell I yn ei ddangos, roedd llawer o bobl y cyfnod yn gweld bod manteision mewn gadael i bobl fynd i'r theatrau newydd.

> **Ffynhonnell I:** Yn ei lyfr, *Pierce Penilesse* (1592), ysgrifennodd Thomas Nashe, awdur pamffledi a dramodydd Tuduraidd, ddarn i gefnogi theatrau
>
> *Mae dramâu'n gwbl angenrheidiol … [Yn] y prynhawn, gan mai dyma amser mwyaf segur y dydd, mae dynion … yn ymrannu naill ai i gamblo, yfed neu weld drama: onid yw'n well iddyn nhw weld drama? … Mae'r rhan fwyaf o ddramâu'n dangos pa mor aflwyddiannus yw brad, cwymp dringwyr sydyn, diwedd trychinebus trawsfeddianwyr [rhai sy'n cipio grym yn anghyfreithlon], trueni rhyfel cartref a sut mae Duw yn cosbi llofruddiaeth yn oes oesoedd.*

> **Ffynhonnell J:** Darn o bregeth gan John Stockwood, gweinidog Piwritanaidd, yn ymosod ar y theatr yn 1578
>
> *Oni all drama ffiaidd gyda chwyth utgorn alw mil o bobl draw ynghynt nag y mae awr o ganu cloch [eglwys] yn dod â chant i'r bregeth.*

GWEITHGAREDD ?

Pam mae gan Ffynonellau I a J safbwyntiau gwahanol am apêl y theatr? Yn eich ateb dylech chi gyfeirio at eu cynnwys ac at yr awduron.

Gwrthwynebiad i'r theatr

Er bod y theatr wedi dod yn fath poblogaidd o adloniant yn gyflym, roedd rhai yn ei beirniadu.

Gwrthwynebiad yr awdurdodau

Wrth i boblogaeth Llundain dyfu'n sydyn yn ystod cyfnod y Tuduriaid, o 50,000 yn 1500 i dros 200,000 erbyn 1603, dechreuodd yr awdurdodau boeni mwy a mwy am gynnal cyfraith a threfn. Roedden nhw eisiau osgoi cael torfeydd mawr yn ymgasglu gan fod hynny weithiau'n arwain at aflonyddwch sifil. Felly fe wnaethon nhw fynnu bod y theatrau newydd yn cael eu codi y tu allan i waliau'r ddinas. Roedd y theatr yn denu amrywiaeth o bobl, o'r rhai oedd yn dymuno'n syml am gael mwynhau drama, i gardotwyr a lladron pocedi, oedd yn manteisio ar gyfle i droseddu. Y posibilrwydd hwn o anhrefn a thorcyfraith oedd yn poeni'r awdurdodau fwyaf, ac mae'n esbonio pam roedden nhw'n gryf yn erbyn agor theatrau mor agos at ganol y ddinas.

> **Ffynhonnell L: Darn o ddogfen gafodd ei hysgrifennu gan Gyngor Dinas Llundain ym mis Rhagfyr 1574, yn mynegi pryder am gynnal cyfraith a threfn**
>
> *Mae anhrefn ac anghyfleustra mawr wedi effeithio ar y ddinas hon oherwydd y torfeydd mawr o bobl, yn enwedig pobl ifanc, sy'n mynd i ddramâu a sioeau – yn enwedig ffraeo ac ymladd; meddwdod mewn tafarnau sydd â llwyfannau agored ac orielau wrth eu hymyl; tynnu deiliaid y Frenhines o wasanaethau'r eglwys ar ddyddiau Sul a gwyliau pan fydd dramâu'n cael eu perfformio; gwastraffu arian gan dlodion; lladrata amrywiol drwy bigo a thorri pyrsiau.*

> **Ffynhonnell LL: Llythyr i'r Cyfrin Gyngor oddi wrth Arglwydd Faer Llundain yn 1597 lle mae'n cwyno am y problemau sydd wedi'u hachosi gan y cynnydd yn nifer y theatrau yn y ddinas**
>
> *Mae theatrau'n fannau i grwydriaid, dynion difeistr, lladron, lladron ceffylau, puteinwyr, twyllwyr, hocedwyr, bradwyr a phersonau segur a pheryglus eraill gwrdd â'i gilydd er mawr anfodlonrwydd i'r Goruchaf Dduw ac er niwed a phoendod i bobl ei Mawrhydi. Ni allwn ni atal hyn gan fod y theatrau y tu hwnt i ardal ein rheolaeth ni.*
>
> *Maen nhw'n cynnal segurdod mewn pobl sydd heb waith, ac yn tynnu prentisiaid a gweision o'u gwaith, a chadw pob math o bobl rhag mynychu pregethau a gwasanaethau crefyddol eraill, gan wneud niwed mawr i fasnach a chrefydd y deyrnas hon.*
>
> *Mewn cyfnod o salwch mae llawer o bobl sydd â briwiau yn diddanu eu hunain drwy fynd i wrando ar ddrama, ac felly'n heintio eraill.*

> ## Cwestiwn ymarfer
>
> I ba raddau mae Ffynhonnell L yn adlewyrchiad cywir o'r feirniadaeth ar y theatrau newydd yn ystod oes Elisabeth? *(I gael arweiniad, gweler tudalennau 109–110.)*

Gwrthwynebiad grwpiau crefyddol

Grwpiau crefyddol oedd fwyaf cryf yn erbyn twf y theatr, yn enwedig y Piwritaniaid. Tyfodd eu niferoedd nhw yn gyson yn ystod teyrnasiad Elisabeth. Roedden nhw'n meddwl mai gwaith y diafol oedd y theatr, a'i bod yn annog pobl i fod yn bechadurus gan eu denu nhw oddi wrth y bywyd syml, pur a duwiol. Eu cred nhw oedd fod y dramâu'n amharchus ac yn anfoesol a'u bod yn cynnwys ystumiau a champau anweddus, oedd yn gwneud i gynulleidfaoedd fyw mewn ffordd bechadurus a llwgr. Roedden nhw o'r farn fod dramâu'n gwrs ac yn afreolus, ac mai rhyw ddihirod direol oedd yr actorion. Yn eu golwg nhw, roedd angen i ddramâu fel hyn gael eu gwahardd.

Yng Nghymru, roedd arweinwyr crefyddol yn gwrthwynebu iaith anweddus a gweithredoedd anfoesol yr anterliwt. Roedd yr anterliwtiau'n gwneud hwyl am ben llawer o'r arweinwyr hyn.

> **Ffynhonnell M: Darn o bregeth gafodd ei phregethu gan Thomas White, gweinidog Piwritanaidd, y tu allan i Eglwys Gadeiriol St Paul's yn 1576**
>
> *Edrychwch ar y dramâu cyffredin yn Llundain, a gwelwch y lluoedd sy'n heidio iddyn nhw. Edrychwch ar y theatrau drud, sydd yn gofeb i wastraff a ffolineb Llundain. Rwy'n deall eu bod nhw wedi cael eu gwahardd nawr oherwydd y pla. Mae hyn yn dda iawn gennyf, oherwydd yr unig ffordd i iacháu clefyd yw cael gwared ar yr achos. Pechod yw achos pla a dramâu yw achos pechod – felly dramâu yw achos y pla.*

> **Ffynhonnell N: Ymosodiad ar y theatr wedi'i ysgrifennu gan Philip Stubbes yn 1583 yn ei lyfr *The Anatomy of Abuses***
>
> *Onid ydyn nhw'n cynnal ymddygiad anweddus, ffolineb, ac yn atgoffa pobl o grefyddau ffals? Onid ydyn nhw'n annog puteindra ac aflendid? Maen nhw'n amlwg yn dwyn diniweidrwydd a phurdeb morynion. I gael prawf o hyn, edrychwch ar y ffordd mae pobl yn heidio i'r theatrau bob dydd a bob awr, nos a dydd, i weld dramâu lle mae ystumiau mor awgrymog, areithiau digywilydd, chwerthin, cusanu, wincio a llygaid yn ciledrych.*

> ## GWEITHGAREDDAU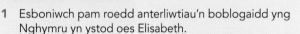
>
> 1 Esboniwch pam roedd anterliwtiau'n boblogaidd yng Nghymru yn ystod oes Elisabeth.
>
> 2 Defnyddiwch y wybodaeth o dudalennau 52–53 a'r hyn rydych chi'n ei wybod i nodi'r dadleuon mae pobl oes Elisabeth yn eu cyflwyno i gefnogi ac i feirniadu'r theatr, yna copïwch a llenwch y tabl isod.
>
> | Dadleuon gan y rhai oedd yn cefnogi theatr oes Elisabeth | Dadleuon gan y rhai oedd yn gwrthwynebu theatr oes Elisabeth |
> |---|---|
> | | |
>
> 3 Esboniwch pam mae gan Ffynonellau I ac M safbwyntiau gwahanol am y theatr fel math o adloniant poblogaidd.

Casgliad: Beth oedd y mathau mwyaf poblogaidd o adloniant yn oes Elisabeth?

Roedd gan adloniant ran bwysig ym mywydau pobl yn ystod oes Elisabeth. Roedd rhai mathau o adloniant poblogaidd o gyfnodau cynharach yn dal i fod yr un mor boblogaidd yn ystod teyrnasiad Elisabeth, yn enwedig y diddordeb mewn chwaraeon creulon. Roedd chwaraeon fyddai'n denu torfeydd fel baetio eirth a theirw, ac ymladd ceiliogod, yn ogystal â'r gamblo oedd yn cyd-fynd â hyn, yn adloniant cyffredin ledled y wlad. I aelodau mwy cyfoethog y gymdeithas, roedd gweithgareddau i unigolion yn boblogaidd – rhai fel hela, heboga, saethyddiaeth a dawnsio.

Ond yn ystod teyrnasiad Elisabeth, datblygodd mathau newydd o adloniant poblogaidd hefyd. Y theatr oedd un o'r rhai mwyaf arwyddocaol. O ran eu dyluniad, roedd y theatrau newydd yn copïo lleoliadau'r chwaraeon creulon. Cawson nhw eu codi mewn llawer o ddinasoedd a threfi mawr, fel arfer yn union y tu allan i waliau'r dref neu'r ddinas fel eu bod y tu hwnt i reolaeth y maer. Digwyddodd y twf mor gyflym fel bod gan Lundain fwy na saith theatr erbyn diwedd yr unfed ganrif ar bymtheg. Ond, yng Nghymru, yr anterliwt ddatblygodd i fod y math mwyaf poblogaidd o adloniant theatrig.

Er mwyn cael llawer o bobl i barhau i ddod i'r theatr, roedd rhaid i ddramâu newydd gael eu hysgrifennu a'u perfformio o hyd, felly roedd twf yn nifer y dramodwyr. Roedden nhw'n ysgrifennu comedïau, trasiedïau a dramâu hanesyddol, ac yn achos rhai o'r dramodwyr fel Shakespeare a Marlowe, dyna oedd eu gyrfa.

Ond doedd y datblygiad hwn ddim yn fêl i gyd ac roedd nifer yn gwrthwynebu twf y theatr. Dechreuodd yr awdurdodau boeni am anawsterau plismona'r torfeydd mawr ac am y bygythiad y byddai salwch a chlefydau'n lledaenu wrth i niferoedd mawr o bobl ymgasglu. Daeth y gwrthwynebiad mwyaf chwerw o dipyn gan grwpiau crefyddol, yn enwedig y Piwritaniaid. Iddyn nhw, roedd y theatr yn bechadurus ac yn rheswm dros ddirywiad mewn safonau ac agweddau moesol. Eto, er gwaetha'r gwrthwynebiad, daeth y theatr yn fwy poblogaidd o hyd, er bod llai o ddiddordeb mewn chwaraeon creulon erbyn diwedd teyrnasiad Elisabeth.

Cwestiwn crynhoi

Nawr eich bod chi wedi cwblhau'r bennod hon, defnyddiwch y wybodaeth rydych chi wedi'i dysgu i ateb y cwestiwn canlynol.

'Ymweliad â'r theatr oedd y math mwyaf poblogaidd o adloniant yn ystod oes Elisabeth'. I ba raddau rydych chi'n cytuno â'r gosodiad hwn?

Efallai yr hoffech chi ystyried y canlynol yn eich ateb:

1 atyniad a phoblogrwydd y theatr
2 atyniad chwaraeon creulon
3 mathau eraill o adloniant poblogaidd
4 ac unrhyw ffactorau perthnasol eraill gallwch chi feddwl amdanyn nhw.

Cwestiwn allweddol: Pa mor llwyddiannus oedd Elisabeth wrth ddelio â phroblem crefydd?

Problemau crefyddol yn 1559

Pan gafodd Elisabeth ei choroni'n frenhines ym mis Ionawr 1559, roedd hi'n wynebu nifer o broblemau. Y broblem roedd angen ei datrys gyntaf oedd y ffaith fod crefydd wedi rhannu'r wlad yn chwerw. Ar ôl dilyn y ffydd Gatholig Rufeinig am dros 1,000 o flynyddoedd, roedd tri newid wedi bod i grefydd swyddogol y wlad yn ystod yr ugain mlynedd cyn i Elisabeth ddod i'r orsedd. Roedd Elisabeth wedi etifeddu hanes o raniadau a dadlau crefyddol.

Harri VIII

- Daeth ag awdurdod y Pab i ben drwy ei wneud ef ei hun yn bennaeth yr eglwys yng Nghymru a Lloegr.
- Wnaeth ef ddim newid gwasanaethau'r eglwys ond cyflwynodd Feibl Saesneg.
- Roedd yn dal i gredu yn y ffydd Gatholig ond erbyn diwedd ei deyrnasiad, roedd llawer o'i ddeiliaid wedi troi'n Brotestaniaid.

Edward VI

- Roedd yn drwm o dan ddylanwad ei gynghorwyr sef Dug Gwlad yr Haf a Dug Northumberland, y ddau ohonyn nhw'n Brotestaniaid.
- Cyflwynodd Lyfr Gweddi newydd Protestannaidd a gwasanaeth cymun.
- Mynnodd fod gwasanaethau'r eglwys yn cael eu cynnal yn Saesneg yn lle yn Lladin.
- Mynnodd fod pob addurn a delwedd mewn eglwysi'n cael eu tynnu i lawr.
- Rhoddodd ganiatâd i offeiriaid briodi.

Mari Tudur

- Ailsefydlodd hi awdurdod y Pab fel pennaeth yr eglwys.
- Ailsefydlodd yr Offeren Ladin, a dysgeidiaeth a defodau Catholig.
- Gorfododd offeiriaid a'u gwragedd i wahanu.
- Dechreuodd erlid Protestaniaid, ac oherwydd y polisi hwn cafodd yr enw 'Mari Waedlyd'.

Safbwyntiau Catholigion o dramor ac yng Nghymru a Lloegr

I'r Pab a nifer o Gatholigion dramor, doedd gan Elisabeth ddim hawl i fod yn frenhines. Roedden nhw'n ei hystyried hi'n ferch anghyfreithlon i Harri VIII, gan nad oedd ei ysgariad ef â Catrin o Aragón wedi cael ei gydnabod gan y Pab. Felly roedd y briodas ag Anne Boleyn (mam Elisabeth) yn anghyfreithlon. Daeth cefnogaeth i'r farn hon hefyd gan Francis II, brenin Catholig Ffrainc. Cyhoeddodd ef mai Mari Stiwart, Brenhines y Sgotiaid, ddylai fod yn frenhines Lloegr, nid Elisabeth. Roedd llawer o eithafwyr Catholig oedd yn byw yng Nghymru a Lloegr eisiau cael gwared ar Elisabeth a dod â brenin neu frenhines Gatholig yn ei lle. Byddai hon yn broblem barhaus i Elisabeth. Bu'n rhaid iddi wynebu nifer o gynllwynion Catholig oedd yn ceisio ei diorseddu hi fel brenhines (gweler Pennod 5).

Safbwyntiau Protestaniaid

Ond nid eithafwyr Catholig yn unig oedd yn fygythiad i'r frenhines newydd. Erbyn 1559 roedd dros hanner poblogaeth y wlad yn Brotestaniaid. Roedd rhai ohonyn nhw'n Brotestaniaid eithafol a'r enw arnyn nhw oedd Piwritaniaid. Roedden nhw'n credu mewn ffydd syml iawn ac roedden nhw'n gwrthwynebu addurniadau cyfoethog a seremonïau cymhleth yr Eglwys Gatholig yn chwyrn. Roedden nhw eisiau dileu holl olion gorffennol Catholig y wlad, erlid Catholigion oedd yn gwrthod troi at Brotestaniaeth a chael gwared ar Gatholigiaeth yng Nghymru a Lloegr unwaith ac am byth (gweler Pennod 7).

Dod i gyfaddawd

Roedd Elisabeth felly'n wynebu tasg anodd iawn, sef ceisio bodloni dymuniadau crefyddol y grwpiau gwahanol hyn. Roedd gan bob un ohonyn nhw eu syniadau eu hunain ynglŷn â sut dylai'r Eglwys gael ei rhedeg (gweler Tabl 4.1).

Credoau Catholig	Credoau Protestannaidd	Credoau Protestannaidd eithafol (Piwritanaidd)
• Y Pab oedd yn ben ar yr Eglwys • Roedd rhaid i gardinaliaid, archesgobion ac esgobion helpu'r Pab i lywodraethu'r Eglwys • Roedd rhaid i wasanaethau'r eglwys a'r Beibl fod yn Lladin a chael eu darllen gan offeiriaid yn unig • Roedd rhaid cael llawer o addurniadau mewn eglwysi • Ddylai offeiriaid ddim priodi • Pan oedd y bara a'r gwin yn cael eu rhoi yn ystod yr Offeren, roedd gwyrth yn digwydd, ac roedd yr offeiriad yn gallu troi'r bara a'r gwin yn gorff a gwaed Iesu mewn gwirionedd	• Y brenin neu'r frenhines ddylai fod yn ben ar yr Eglwys • Dylai archesgobion ac esgobion helpu'r brenin neu'r frenhines i lywodraethu'r Eglwys • Dylai gwasanaethau'r Eglwys a'r Beibl fod mewn Saesneg neu Gymraeg roedd pawb yn gallu ei ddarllen • Ddylai dim llawer o addurniadau fod mewn eglwysi • Roedden nhw'n credu bod gwario arian ar addurniadau cain mewn eglwysi yn mynd yn erbyn yr hyn roedd Iesu wedi'i ddysgu • Dylai offeiriaid gael priodi • Roedd y bara a'r gwin oedd yn cael eu rhoi yn ystod y Cymun Bendigaid yn aros yn fara ac yn win, ond roedden nhw hefyd yn gorff a gwaed Crist	• Ni ddylai unrhyw berson fod yn ben ar yr Eglwys, ac roedd angen cael gwared ar esgobion • Dylai'r rhai oedd yn mynd i'r eglwys ethol pwyllgorau i redeg eu heglwysi • Dylai gwasanaethau'r eglwys fod yn syml • Doedd dim angen unrhyw addurniadau • Roedd y bara a'r gwin yn dal i fod yn fara ac yn win yn ystod y Cymun, gan fod Iesu'n bresennol yn ysbrydol ond nid yn gorfforol yn ystod y gwasanaeth

▲ Tabl 4.1: Safbwyntiau gwahanol am yr Eglwys

Er mwyn i Elisabeth lwyddo, byddai'n rhaid iddi geisio dod i gyfaddawd a chreu eglwys oedd yn dderbyniol i bob un o'r carfanau cystadleuol hyn. Roedd hon yn her ddifrifol. Petai hi'n methu, gallai arwain at ryfel dros grefydd, fel y rhai oedd yn digwydd ar y pryd yn yr Almaen ac yn Ffrainc. Roedd anghytuno dros faterion crefyddol wedi achosi sawl gwrthryfel o'r blaen ac roedd Elisabeth eisiau osgoi hyn yn ystod ei theyrnasiad hi.

GWEITHGAREDDAU ?

1 Sut roedd crefydd Cymru a Lloegr wedi newid rhwng dechrau teyrnasiad Harri VIII a diwedd teyrnasiad Mari I?

2 Esboniwch y prif wahaniaethau mewn credoau crefyddol rhwng Catholigion a Phrotestaniaid yn 1559.

Cwestiwn ymarfer

Pam roedd setlo'r cwestiwn crefyddol yn fygythiad o bwys i Elisabeth? *(I gael arweiniad, gweler tudalen 111.)*

▲ Ffigur 4.1: Problemau crefyddol Elisabeth

Nodau'r Ardrefniant Crefyddol

Wrth ddelio â phroblem crefydd, roedd rhaid i Elisabeth fod yn ofalus. Roedd angen iddi bwyso a mesur yr effaith byddai ei dewis yn ei chael ar wahanol grwpiau – Catholigion, Protestaniaid a grwpiau eithafol. Roedd angen ystyried ymateb pwerau tramor hefyd: petai hi'n gwneud rhywbeth annoeth, bydden nhw'n gallu penderfynu cefnogi rhywun arall i gymryd ei lle hi fel brenhines.

Eglwys Gatholig?

Eglwys Biwritanaidd sy'n Brotestannaidd iawn?

Cyfaddawd?

Ffactorau i'w hystyried

O ran y pwerau tramor, y pryder mwyaf oedd ymateb posibl cymdogion Catholig pwerus Lloegr.

- Roedd gan Ffrainc bryder penodol. Yn 1559, daeth brenin newydd, Francis II, a'i wraig 17 oed, Mari Stiwart o'r Alban, i'r orsedd fel brenin a brenhines Catholig newydd Ffrainc. Roedd llawer o Gatholigion yn credu mai Mari oedd gwir frenhines Lloegr a rhai'n meddwl byddai Francis yn ceisio hyrwyddo hyn.
- Roedd y Brenin Philip II o Sbaen wedi bod yn ŵr i Mari Tudur, chwaer Elisabeth, ac roedd yn frwd dros y ffydd Gatholig. Roedd ef yn poeni am y datblygiadau hyn a doedd ef ddim eisiau i Ffrainc a'r Alban gael unrhyw ddylanwad dros Goron Lloegr.
- Roedd yr Alban yn bryder arall. Roedd y wlad yn cael ei rheoli gan raglyw o Ffrainc, sef Mari o Guise, gweddw Gatholig Iago V, ac roedd hithau'n fam i Mari Stiwart. Er ei bod hi'n Gatholig cryf, roedd llawer o bendefigion yr Alban yn Brotestaniaid cadarn a doedden nhw ddim eisiau gweld grym y Catholigion yn tyfu.
- Roedd agwedd y Pab hefyd yn gysgod dros y pryderon hyn. Petai'r Pab yn esgymuno Elisabeth, byddai hyn yn rhyddhau ei deiliaid o'u dyletswydd i ufuddhau iddi. Gallai'r pab alw ar y pwerau Catholig eraill i fynd ar groesgad grefyddol yn erbyn Lloegr.

Roedd rhaid i Elisabeth hefyd ystyried yr effaith byddai unrhyw ardrefniant crefyddol yn ei chael ar ei llywodraeth a'i phobl yn ei gwlad ei hun.

- Er mai Protestaniaid oedd mwyafrif yr ASau yn Nhŷ'r Cyffredin, Catholigion oedd llawer o aelodau Tŷ'r Arglwyddi.
- Yn ogystal â hyn, roedd angen ystyried safbwyntiau alltudion Mari, oedd yn Brotestaniaid. Roedden nhw wedi ffoi dramor i osgoi cael eu herlid yn ystod teyrnasiad Mari Tudur, ond nawr roedden nhw eisiau dychwelyd ac yn disgwyl cael swyddi allweddol yn y llywodraeth ac yn yr eglwys. Roedd nifer wedi dod o dan ddylanwad syniadau Piwritanaidd John Calvin (gweler t. 95) gan obeithio byddai newidiadau Elisabeth yn adlewyrchu'r credoau a'r arferion hyn.
- O ran y bobl gyffredin, roedd y mwyafrif yn geidwadol o ran eu teimladau crefyddol.

Credoau crefyddol Elisabeth

Roedd Elisabeth yn deall bod gan grefydd le pwysig ym mywydau ei phobl. Roedd hi wedi byw mewn cartrefi Protestannaidd pan oedd hi'n blentyn. Roedd Anne Boleyn, ei mam, wedi rhoi addysg grefyddol Elisabeth yng ngofal Matthew Parker, ei chaplan. Roedd Parker yn glerigwr ac yn ddiweddarach cafodd ei benodi yn Archesgob Caergaint cyntaf Elisabeth. Yn ystod blynyddoedd olaf bywyd ei thad, roedd Catherine Parr, Protestant brwd, wedi gofalu am Elisabeth. Roedd hi a'i brawd, Edward, wedi cael eu haddysgu gan Roger Ascham, tiwtor Protestannaidd o Gaergrawnt.

Oherwydd ei magwraeth Brotestannaidd, roedd bywyd Elisabeth wedi bod mewn perygl yn ystod teyrnasiad Mari, ei chwaer. Roedd hi wedi gwrthod y ffydd Gatholig Rhufeinig ac roedd ei henw wedi cael ei gysylltu â chynllwynion gwrth-Gatholig, gan gael ei hanfon i Dŵr Llundain oherwydd hyn.

Er nad oedd Elisabeth yn hoff o awdurdod y Pab, roedd hi'n credu mewn rhai agweddau ar y ffydd Gatholig. Roedd hi'n credu dylai offeiriaid wisgo urddwisgoedd, ac roedd hi'n hoffi addurniadau mewn eglwysi. Roedd hi'n cadw croesau a chanhwyllau yn ei chapel preifat, ac roedd hi yn erbyn gadael i esgobion a chlerigwyr briodi.

Yn fwy na dim, roedd Elisabeth eisiau uno'r wlad a doedd hi ddim eisiau gweld ei deiliaid yn cael eu cosbi oherwydd eu credoau crefyddol. Roedd hi eisiau creu eglwys byddai'r mwyafrif yn gallu ei derbyn. Roedd yn well ganddi hi yn bersonol gael eglwys â dysgeidiaeth Brotestannaidd oedd yn cadw strwythur traddodiadol a defodau Catholig. Roedd hi'n gobeithio cael ardrefniant fyddai'n creu cyfaddawd.

Y 'ffordd ganol'

Roedd Elisabeth yn ymwybodol fod mwyafrif y boblogaeth yn geidwadol o ran eu crefydd. Roedd yn well ganddyn nhw'r seremonïau a'r dathliadau oedd yn gysylltiedig â'r Eglwys Gatholig. Roedd hi eisiau osgoi camgymeriadau teyrnasiad Edward a Mari pan oedd mabwysiadu polisi llym ac eithafol wedi codi gwrychyn a chreu dicter ymhlith rhannau mawr o'r bobl. Dim ond gwanhau safle Elisabeth fel brenhines y byddai rhaniad o'r fath yn ei wneud. Drwy orfodi pawb i ddilyn y ffydd Gatholig yn gaeth, roedd Mari ei chwaer wedi gwneud i bobl arfer eu ffydd Brotestannaidd yn y dirgel. Roedd rhai wedi cael eu dienyddio a dod yn ferthyron i'w ffydd, ac eraill wedi ffoi dramor. Roedden nhw'n aros am amser addas i ddod yn ôl a gweithredu yn erbyn polisïau eithafol Mari. Roedd Elisabeth yn gobeithio osgoi'r sefyllfa hon.

Protestant cymedrol oedd Elisabeth. Roedd hi eisiau cael gwared ar raniadau crefyddol y teyrnasiadau blaenorol drwy greu eglwys oedd yn dangos goddefgarwch; eglwys oedd yn perthyn i bawb.

Wrth lunio ei Hardrefniant Crefyddol, mabwysiadodd Elisabeth *via media* neu 'ffordd ganol', gan greu eglwys oedd yn adlewyrchu agweddau ac arferion Protestant a Chatholig:

- Penderfynodd mai Protestaniaeth fyddai'r grefydd swyddogol.
- Daeth Elisabeth â'r newidiadau oedd wedi cael eu gwneud yn ystod teyrnasiad Edward, gan gynnwys Llyfr Gweddi newydd, Beibl yn Saesneg, ac eglwysi mwy syml, yn ôl, a gadawodd i offeiriaid briodi.
- Gwrthododd ildio i syniadau Protestannaidd eithafol.
- Cadwodd rai agweddau ar yr hen eglwys Gatholig, fel archesgobion, esgobion ac eglwysi cadeiriol. Gadawodd i eglwysi barhau i ddefnyddio croesau a chanhwyllau, a gadael i offeiriaid wisgo urddwisgoedd.
- Wnaeth hi ddim erlid Catholigion, ond rhoddodd ddirwy iddyn nhw am beidio â mynd i'r eglwys.

Roedd ei pholisi o oddefgarwch i'w weld yn gweithio. Roedd y rhan fwyaf o bobl yn barod i dderbyn a dilyn ei math hi o eglwys Brotestannaidd.

Dehongliad 1: Safbwynt yr awdur Barbara Mervyn gafodd ei chomisiynu i ysgrifennu gwerslyfr hanes, *The Reign of Elizabeth: England 1558–1603*. Cafodd y llyfr ei gyhoeddi yn 2001

Doedd Elisabeth ddim eisiau cael ei chysylltu â'r hyn roedd Mari wedi ei wneud. Roedd y syniad o adfer Catholigiaeth Rufeinig ac awdurdod y Pab wedi'u cysylltu'n rhy agos ym meddyliau'r Saeson gyda'r arfer o erlid hereticiaid, brenin cydweddog (consort) amhoblogaidd o Sbaen, a cholli Calais. Roedd llawer i'w ennill drwy ddechrau polisi newydd fyddai'n dangos toriad â'r gorffennol agos ac yn gadael i Elisabeth gael ei gweld fel pensaer y drefn newydd, gan ysbrydoli'r drefn honno hefyd.

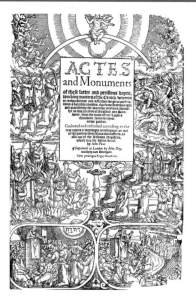

▲ **Ffynhonnell A:** Clawr blaen y *Book of Martyrs*, gan Foxe, gafodd ei gyhoeddi yn 1563. Clerigwr Protestannaidd oedd Foxe ac roedd eisiau dangos pa mor wael roedd pethau wedi bod o dan Mari I, er mwyn i bobl fod yn fwy parod i dderbyn Ardrefniant 1559. Mae un o'r blychau'n dangos offeiriaid Protestannaidd yn cael eu llosgi i farwolaeth

---

Cwestiwn ymarfer

Astudiwch Ddehongliad 1. I ba raddau rydych chi'n cytuno â'r dehongliad hwn o nodau Ardrefniant Crefyddol Elisabeth yn 1559? *(I gael arweiniad, gweler tudalennau 113–114.)*

GWEITHGAREDDAU

1 Gweithiwch mewn parau i wneud copi o'r tabl canlynol am y bygythiadau posibl i Elisabeth gan bwerau tramor.
   a) Dylai un ohonoch chi lenwi'r rhestr o lywodraethwyr y gwledydd a'u credoau crefyddol.
   b) Dylai'r llall nodi sut roedden nhw'n fygythiad i Elisabeth.

Gwlad	Credoau crefyddol y llywodraethwyr	Bygythiadau posibl i Elisabeth
Ffrainc		
Sbaen		
Yr Alban		
Y Pab		

2 I ba raddau mae Ardrefniant Crefyddol 1559 yn dangos beth oedd credoau crefyddol Elisabeth I?

3 Pa mor ddefnyddiol yw Ffynhonnell A i hanesydd sy'n astudio agweddau tuag at grefydd yn ystod teyrnasiad Mari I?

4 Esboniwch pam cymerodd Elisabeth 'ffordd ganol' yn ei Hardrefniant Crefyddol yn 1559.

Deddfau Goruchafiaeth ac Unffurfiaeth

Pan wnaeth y Senedd gwrdd ym mis Chwefror 1559, cyflwynodd Elisabeth gynlluniau i greu eglwys newydd. Roedd hi eisiau i ASau gymeradwyo ei chynlluniau'n gyflym, ond er syndod iddi, mynegodd rhai ASau bryderon ac roedd y gwrthwynebiad yn gryfach yn Nhŷ'r Arglwyddi. Roedd llawer o ASau Piwritanaidd yn meddwl nad oedd yr Ardrefniant yn mynd yn ddigon pell i ddileu holl olion y ffydd Gatholig. Felly, oherwydd y pryderon hyn, bu'n rhaid iddi wneud rhai newidiadau. Ar ôl pedwar mis o drafod, cytunodd yr ASau yn y diwedd i greu Eglwys Loegr newydd. Cafodd dwy Ddeddf Seneddol bwysig eu pasio. Gyda'i gilydd, roedden nhw'n creu Ardrefniant Eglwysig Elisabeth, a daeth Cymru a Lloegr yn Brotestannaidd unwaith eto. Roedd y Ddeddf Goruchafiaeth yn sefydlu awdurdod y brenin dros yr Eglwys, ac roedd y Ddeddf Unffurfiaeth yn nodi ffurf y gwasanaeth i'w dilyn.

Ffynhonnell B: Darn o Ddeddf Goruchafiaeth 1559

Bydd pob Archesgob, Esgob a phob clerigwr arall, … a phob barnwr, ynad, maer, a phob lleygwr neu swyddog a gweinidog a phob person arall sy'n cael tâl neu gyflog gan Eich Mawrhydi yn tyngu llw …

… Rwyf … yn tystio'n llwyr ac yn cyhoeddi yn fy nghydwybod mai Ei Mawrhydi'r Frenhines yw unig Uchaf Lywodraethwr y deyrnas hon ac … nad oes, ac na ddylai fod gan unrhyw dywysog, person, esgob tramor … unrhyw awdurdodaeth, pŵer, goruchafiaeth, neu [awdurdod dros faterion crefyddol neu wladwriaethol yn y deyrnas].

Ffynhonnell C: Darn o Ddeddf Unffurfiaeth 1559

Dylai pob person a phersonau sy'n byw yn y deyrnas hon … wneud eu gorau i fynd i eglwys neu gapel y plwyf yn ddyfal ac yn ffyddlon, os nad oes ganddynt esgus cyfreithiol neu resymol i fod yn absennol, … bob dydd Sul ac ar [ddyddiau gŵyl] eraill … a'r gosb i bob person nad yw'n gwneud hyn yw talu deuddeg ceiniog am bob trosedd o'r fath, a hynny [i'w gasglu] gan wardeiniaid eglwys y Plwyf …

GWEITHGAREDDAU ?

1 Copïwch a llenwch y tabl canlynol i ddangos sut defnyddiodd Elisabeth yr Ardrefniant Crefyddol i gymryd rheolaeth gadarn dros yr Eglwys.

	Nodweddion allweddol	Sut gwnaeth hyn gryfhau rheolaeth Elisabeth dros yr eglwys
Deddf Goruchafiaeth		
Gorfodebion Brenhinol		
Ymweliadau		
Deddf Cyfnewid		

2 Pa mor llwyddiannus oedd Elisabeth wrth sicrhau cefnogaeth ei hesgobion i'r Ardrefniant Crefyddol?

Deddf Goruchafiaeth, 1559	Deddf Unffurfiaeth, 1559
• Daeth Elisabeth yn ben ar Eglwys Loegr yn lle'r Pab • Cymerodd Elisabeth deitl 'Uchaf-Lywodraethwr Eglwys Loegr' • Roedd rhaid i bob swyddog pwysig fel barnwyr, cyfreithwyr, ynadon heddwch, ASau a'r clerigwyr gymryd llw teyrngarwch yn derbyn teitl Elisabeth • Os oedden nhw'n gwrthod cymryd y llw, gallen nhw gael eu carcharu; os oedden nhw'n gwrthod dair gwaith, gallen nhw gael eu dienyddio • Byddai esgobion yn cael eu defnyddio i lywodraethu'r eglwys newydd • Cafodd cyfreithiau heresi Mari eu diddymu • Cafodd Uchel Gomisiwn yr eglwys ei sefydlu i sicrhau bod y newidiadau'n cael eu rhoi ar waith ar lefel y plwyf	• Roedd rhaid i Lyfr Gweddi Gyffredin Protestannaidd 1552 gael ei ddefnyddio ym mhob eglwys • Roedd rhaid i'r Beibl fod yn Saesneg • Roedd rhaid i wasanaethau'r eglwys gael eu cynnal yn Saesneg • Buodd cyfaddawd ar fater y 'presenoldeb gwirioneddol' yn ystod y gwasanaeth Cymun – roedd yr addolwyr yn cymryd y bara a'r gwin, nid fel corff a gwaed Crist, ond i gofio bod Crist wedi marw drostyn nhw ar y groes • Roedd hawl i gael addurniadau mewn eglwysi • Roedd rhaid i glerigwyr wisgo urddwisgoedd • Roedd clerigwyr yn cael priodi • Roedd rhaid i bob clerigwr gymryd llw i ddefnyddio'r Llyfr Gweddi newydd • Roedd rhaid i bawb fynd i'r eglwys ar ddydd Sul ac ar ddyddiau gŵyl eraill a chymryd rhan yn y gwasanaethau newydd • Roedd rhaid i reciwsantiaid (y rhai oedd yn gwrthod mynd i'r eglwys) dalu dirwy o 1 swllt (12 hen geiniog/5 ceiniog newydd) bob tro roedden nhw'n absennol o wasanaeth yr eglwys • Byddai'r mynachlogydd gafodd eu sefydlu gan Mari I yn cael eu cau a byddai eu cyfoeth yn cael ei drosglwyddo i'r goron

▲ Tabl 4.2: Elfennau allweddol y Ddeddf Goruchafiaeth a'r Ddeddf Unffurfiaeth

Mesurau i orfodi'r Deddfau

Er mwyn gorfodi'r hyn oedd wedi cael ei benderfynu yn y Deddfau Goruchafiaeth ac Unffurfiaeth, cafodd nifer o fesurau eraill eu hychwanegu at yr Ardrefniant.

Y Gorfodebion Brenhinol, 1559

Bwriad y rhain oedd rhoi set o gyfarwyddiadau i'r clerigwyr am amrywiaeth eang o arferion. Y nod oedd cael addoliad ac ymddygiad unffurf. Roedd Gorfodebion Brenhinol (*Royal Injunctions*) 1559 yn gorchymyn i'r clerigwyr wneud y canlynol:

- Cadw ac addysgu'r oruchafiaeth frenhinol a chondemnio ofergoelion ac awdurdod y Pab.
- Condemnio arferion Catholig fel gorymdeithiau, pererindodau a chofebion, a gwahardd gwyrthiau 'ffug'.
- Dod o hyd i reciwsantiaid a rhoi gwybod amdanyn nhw i'r Cyfrin Gyngor neu i ynadon heddwch lleol.
- Rhoi dirwy o un swllt i reciwsantiaid am bob tro doedden nhw ddim yn mynd i wasanaeth eglwys ar y Sul ac ar ddyddiau gŵyl.
- Pregethu gyda chaniatâd yr esgob yn unig a chael trwydded i bregethu gan yr awdurdodau.
- Sicrhau bod copi o'r Beibl yn Saesneg gan bob eglwys blwyf.
- Sicrhau unffurfiaeth o ran arferion yn ystod gwasanaethau'r eglwys – roedd y gynulleidfa i fod i ymgrymu wrth glywed enw Iesu a phenlinio pan oedden nhw'n gweddïo.
- Roedd rhaid i glerigwyr wisgo gwisg glerigol oedd yn cynnwys gwenwisg, sef gŵn o liain gwyn.
- Bellach roedd offeiriaid yn cael priodi, ond dim ond ar ôl cael caniatâd i wneud hynny gan eu hesgob a dau ynad heddwch.

Yr Ymweliadau

Er mwyn sicrhau bod y Deddfau Goruchafiaeth ac Unffurfiaeth, a'r Gorfodebion, yn cael eu gweithredu, cafodd gweithlu o 125 comisiynydd ei benodi. Eu gwaith nhw oedd teithio'r wlad, barnu oedd y rheoliadau'n cael eu dilyn yn gywir neu beidio, a gwneud i'r clerigwyr gymryd Llw Goruchafiaeth. Rhwng 1559 ac 1564, gadawodd dros 400 o glerigwyr eu swyddi, naill ai drwy ymddiswyddo neu drwy gael eu diswyddo – dros eu hanner nhw oherwydd eu bod yn Gatholigion.

> ### Cwestiwn ymarfer
>
> Beth gallwch chi ei ddysgu gan Ffynonellau B ac C (gweler tudalen 59) am Ardrefniant Crefyddol 1559?
> *(I gael arweiniad, gweler tudalennau 107–108.)*

Deddf Cyfnewid 1559

Fel ei thad, roedd Elisabeth yn sylweddoli bod yr Eglwys yn sefydliad cyfoethog. Gallai hi fel brenhines ddefnyddio rhywfaint o'r cyfoeth i helpu i ariannu mentrau fel rhyfeloedd tramor drud, ac i wobrwyo dilynwyr ffyddlon drwy roi tir iddyn nhw. Roedd y Ddeddf Cyfnewid gafodd ei phasio yn 1559 yn rhoi'r hawl i Elisabeth gymryd tir ac adeiladau oedd yn eiddo i'r Eglwys, a hefyd i orfodi esgobion i rentu tir iddi hi. O ganlyniad, collodd yr eglwys gyfoeth sylweddol ac os nad oedd y frenhines eisiau defnyddio ei harian neu'i thir ei hun i wobrwyo ei phendefigion a'i bonedd, roedd hi'n gallu gorfodi'r esgobion i roi prydlesau ffafriol i'r dynion hyn. Roedd hon yn enghraifft arall o'r ffordd roedd y frenhines yn gallu arfer rheolaeth frenhinol dros yr Eglwys.

Yr Esgobaeth – rôl yr esgobion

Er mai'r frenhines oedd uchaf-lywodraethwr yr eglwys, cyfrifoldeb yr esgobaeth – hynny yw, yr esgobion – oedd trefnu a goruchwylio'r eglwys o ddydd i ddydd. Roedd Elisabeth yn ffafrio defnyddio esgobion i weinyddu'r eglwys. Gwrthododd fodel rheolaeth Genefa oedd wedi cael ei sefydlu gan Calvin. Roedd y model hwn yn gosod gweinidogion, oedd wedi cael eu hethol gan y gynulleidfa, yn lle'r esgobion.

Roedd Elisabeth yn gobeithio byddai'r esgobion Catholig oedd wedi gwneud eu swyddi dan Mari I yn dal ati. Ond roedd hyn yn amhosibl oherwydd eu bod nhw'n gwrthod cymryd y Llw Goruchafiaeth, ac felly roedd rhaid iddyn nhw ymddiswyddo. Rhoddodd hyn gyfle i Elisabeth benodi Protestaniaid yn eu lle, fodd bynnag. Byddai'r dynion hyn yn fwy parod i orfodi Ardrefniant Crefyddol 1559, ac felly bydden nhw'n sicrhau unffurfiaeth o ran dysgeidiaeth ac arferion.

Un broblem oedd bod gan rai o'r esgobion newydd safbwyntiau Calfinaidd ar ôl dychwelyd i Gymru a Lloegr o'u halltudiaeth ers 1558. Roedden nhw'n teimlo mai dim ond dechrau ar y gwaith o ddiwygio'r eglwys roedd y Deddfau Goruchafiaeth ac Unffurfiaeth. Ond roedd Elisabeth o'r farn mai dyma ddiwedd y broses, a byddai hyn yn arwain at densiwn rhwng y Frenhines a rhai o'i hesgobion yn nes ymlaen yn ei theyrnasiad.

Y Deugain Erthygl Namyn Un, 1563

Mewn confocasiwn eglwysig gafodd ei gynnal yng Nghaergaint yn 1563, lluniodd y cynrychiolwyr Ddeugain Erthygl Namyn Un (39 Erthygl) ar ffydd. Roedd y rhain yn gosod rhestr o gredoau Eglwys Loegr. Roedden nhw'n gwrthod nifer o arferion Catholig ac yn cadarnhau elfennau allweddol credoau Protestannaidd. Chawson nhw mo'u cymeradwyo'n derfynol gan y Frenhines tan 1571. Ar ôl hyn roedd rhaid i bob clerigwr gymryd llw i'w dilyn.

Ymateb i'r Ardrefniant

Roedd Elisabeth wedi gobeithio byddai Ardrefniant Crefyddol 1559 yn tawelu'r dyfroedd ac yn lleddfu'r anghydfod oedd wedi bod mor amlwg ym mywyd crefyddol Cymru a Lloegr ers dyddiau teyrnasiad Harri VIII, ei thad. Doedd hi ddim wedi bwriadu i'r ardrefniant fod yn un rhy lym, ac roedd hi wedi gobeithio byddai pobl o bob safbwynt crefyddol yn dod i'w dderbyn yn raddol fel cyfaddawd i weithio arno. Er i hyn ddigwydd yn ystod yr 1560au cynnar, aeth y sefyllfa'n llai sefydlog a diogel yn ystod yr 1570au a'r 1580au oherwydd gweithredoedd rhai Catholigion a Phrotestaniaid eithafol. Doedd y ddwy garfan hyn ddim yn hoffi rhai agweddau ar y Cytundeb (gweler Penodau 5 a 7).

▲ Matthew Parker, Archesgob Caergaint (1559–1575)

Ymateb gartref

Erbyn canol yr 1560au, roedd y rhan fwyaf o bobl yng Nghymru a Lloegr wedi dod i dderbyn yr eglwys newydd:

- Roedd Matthew Parker, Archesgob newydd Caergaint, yn Brotestant cymedrol ac roedd pobl yn ei barchu.
- Cymerodd y rhan fwyaf o'r clerigwyr lw ffyddlondeb i'r eglwys newydd, a dim ond 250 o'r 9,000 o offeiriaid (llai na 3 y cant) wnaeth wrthod derbyn y newidiadau a cholli eu swyddi.
- Ymddiswyddodd mwyafrif yr esgobion Catholig brwd o deyrnasiad Mari I, a daeth Protestaniaid ffyddlon yn eu lle.
- Doedd dim llawer o ymateb gan y rhan fwyaf o Gatholigion a Phrotestaniaid.
- Ni chafodd y dirwyon am reciwsantiaeth eu gorfodi'n llym.
- Yn ddiweddarach yn ystod teyrnasiad Elisabeth, datblygodd gwrthwynebiad i rannau o'r Ardrefniant dros faterion fel pa ddillad dylai offeiriaid eu gwisgo i gynnal gwasanaethau (Dadl yr Urddwisgoedd – gweler tudalen 97).

Ymateb o dramor

Doedd dim llawer o ymateb o dramor i'r Cytundeb yn ystod yr 1560au cynnar:

- Roedd hi ar fin troi'n rhyfel cartref yn Ffrainc ac felly wnaeth y wlad honno ddim dangos llawer o ddiddordeb yn yr Ardrefniant.
- I ddechrau, roedd y Brenin Phillip II o Sbaen eisiau cynnal cyfeillgarwch â Lloegr, ac roedd yn gobeithio na fyddai'r newidiadau roedd Elisabeth wedi'u cyflwyno yn rhai parhaol.
- Wnaeth y Pab ddim beirniadu'r digwyddiadau yn Lloegr yn hallt iawn, ac fel Philip, roedd yn gobeithio byddai hi'n bosibl cael gwared ar y newidiadau gydag amser.

Datblygodd agwedd lai goddefgar ar ôl i Gyngor Trent ddod i ben. Roedd cyfarfodydd fel hyn wedi bod yn digwydd ers 1545, ac ynddyn nhw roedd y prif glerigwyr Catholig yn cael eu galw at ei gilydd i drafod dyfodol yr Eglwys. Pan orffennodd y cyngor drafod o'r diwedd yn 1563, cyflwynodd gyfres o ordinhadau llym yn erbyn lledaenu syniadau Protestannaidd. Roedd rhai o'r cynrychiolwyr wedi galw am esgymuno Elisabeth, hyd yn oed. Erbyn yr 1570au a'r 1580au roedd agweddau wedi caledu, a dechreuodd Sbaen a'r babaeth gymryd rhan weithredol mewn cynllwynion i gael gwared ar Elisabeth a'r ffydd Brotestannaidd.

GWEITHGAREDDAU ?

1 Pa mor llwyddiannus oedd Elisabeth wrth gael ei phobl i dderbyn yr Ardrefniant Crefyddol?

2 Beth oedd ymateb gwledydd tramor i'r Ardrefniant Crefyddol?

> **Dehongliad 2: Safbwynt yr ysgrifenwyr Nicholas Fellows a Mary Dicken gafodd eu comisiynu i ysgrifennu gwerslyfr hanes o'r enw *England 1485–1603*. Cafodd y llyfr ei gyhoeddi yn 2015**
>
> *Mae Ardrefniant 1559 wedi cael ei ddisgrifio fel Via Media, hynny yw, ffordd ganol, rhwng Catholigiaeth a Phrotestaniaeth, ond yn amlwg roedd hynny ymhell o fynd ati i sefydlu Eglwys Gatholig. Roedd yn Ardrefniant Protestannaidd, ond nid oedd yn un eithafol. Roedd un o'r esgobion Catholig wedi rhybuddio Elisabeth am y 'bleiddiaid oedd yn dod o Genefa', ac roedd y rheini yn anfodlon â rhywfaint o'r cynnwys. Roedden nhw'n disgwyl mwy o newidiadau a hynny i gyfeiriad mwy Calfinaidd. Ond roedd Elisabeth wedi gwneud yr Ardrefniant gyda thipyn o anhawster ac aberth, a doedd ganddi ddim bwriad ailystyried ei phenderfyniadau na'u diwygio nhw. Aeth rhai blynyddoedd heibio cyn i'r Diwygwyr radical ddeall ei bod hi'n fenyw fyddai ddim yn newid ei meddwl.*

Cwestiwn ymarfer

Astudiwch Ddehongliad 2. I ba raddau rydych chi'n cytuno â'r dehongliad hwn o Ardrefniant Crefyddol 1559? (I gael arweiniad, gweler tudalennau 113–114.)

Cyfieithu'r Ysgrythurau i'r Gymraeg

I Brotestaniaid, roedd y Beibl yn ganolog i'w cred. Roedd hynny'n golygu ei bod hi'n bwysig i ddynion a menywod cyffredin allu clywed gair Duw yn eu hiaith eu hunain er mwyn iddyn nhw gael iachawdwriaeth.

Pwysigrwydd Deddf Seneddol 1563

Grŵp o ddynion Protestannaidd o Ogledd Cymru cynhyrchodd fersiwn Cymraeg o'r Ysgrythurau. William Salesbury a William Morgan oedd y ddau berson pwysicaf o ran hyn. Cafodd Salesbury help ac anogaeth gan Dr Richard Davies, oedd wedi cael ei orfodi i fynd yn alltud oherwydd ei gredoau Protestannaidd yn ystod teyrnasiad Mari. Ar ôl i Elisabeth ddod i'r orsedd, dychwelodd ef i Gymru a chafodd ei benodi'n Esgob Llanelwy yn 1559, cyn symud ymlaen i fod yn Esgob Tyddewi yn 1561.

Richard Davies oedd yn bennaf cyfrifol am berswadio'r Senedd i basio Deddf yn 1563 oedd yn gorchymyn pum esgob Cymru (cafodd Esgob Henffordd ei gynnwys ar eu rhestr) i sicrhau bod y Beibl a'r Llyfr Gweddi'n cael eu cyfieithu i'r Gymraeg erbyn Dydd Gŵyl Dewi 1567, a'i roi wrth ochr y fersiwn Saesneg ym mhob eglwys yng Nghymru. Y Ddeddf hon oedd y rheswm dros ddechrau'r gwaith cyfieithu, ond roedd hi'n broses fyddai'n cymryd 25 mlynedd i'w chwblhau.

William Salesbury a chyfieithu'r Testament Newydd a'r Llyfr Gweddi Gyffredin

Cafodd y gwaith o gyfieithu'r Testament Newydd i'r Gymraeg ei wneud yn bennaf gan William Salesbury. Cafodd Salesbury ei eni tua 1520 yn Llansannan yn sir Ddinbych, a chafodd ei addysg yn Rhydychen lle daeth yn drwm o dan ddylanwad credoau Protestannaidd. Rhwng 1547 ac 1552, cyhoeddodd nifer o weithiau crefyddol. Ond pan ddaeth Mari'n frenhines, bu'n rhaid iddo guddio yng Nghae Du, cartref y teulu. Ar ôl marwolaeth Mari, daeth Salesbury yn ffrindiau â Richard Davies, Esgob newydd Llanelwy, fuodd yn ei annog i ddechrau ar y gwaith cyfieithu.

Wrth gyfieithu'r Testament Newydd o'r iaith Roeg i'r Gymraeg, cafodd Salesbury help Richard Davies (oedd yn Esgob Tyddewi erbyn hynny), a Thomas Huet, Deon Tyddewi. Yn 1565, symudodd i Dyddewi i ymuno â nhw a buon nhw'n gweithio ar y cyfieithiad am bron i ddwy flynedd. Yn ogystal â'r Testament Newydd, cyfieithodd Salesbury y Llyfr Gweddi Gyffredin hefyd. Cafodd y ddau lyfr eu cyhoeddi yn Llundain yn 1567. Roedd hyn yn golygu bod llyfrau crefyddol pwysig bellach ar gael yn Gymraeg am y tro cyntaf. Ond, roedd dull cyfieithu anarferol Salesbury a'i frawddegau rhyfedd yn gwneud y testunau yn anodd eu deall. Oherwydd hyn doedden nhw ddim yn effeithiol nac yn ddefnyddiol iawn.

Ffynhonnell CH: Yr Esgob Richard Davies, cyfieithydd y Testament Newydd i'r Gymraeg, yn ysgrifennu yn y Rhagarweiniad i'r *Testament Newydd* (1567)

Deffro dithau bellach, Gymro glân. Dwyn i gof a wnaf un rhinwedd ragorol a fyddai'n dy harddu gynt, sef crefydd heb ei llygru a Christnogaeth bur. Eto – a gwae fi am hyn – nid wyt ti'r Cymro yn gallu cael rhan o gwbl, bron, o'r goleuni mawr hwn sydd dros wyneb y byd. Mae hyn oherwydd nad ysgrifennodd ac na phrintiodd neb unrhyw beth yn dy iaith di. Fe ddylet ti fod yn llawen, ac yn fawr dy ddiolch i Dduw, ac i ras y Frenhines, oherwydd trwy eu hawdurdod a'u gorchymyn nhw, mae dy Esgobion, gyda chymorth William Salesbury, yn dod â'r Ysgrythur Lân i ti yn Gymraeg ac mewn print.

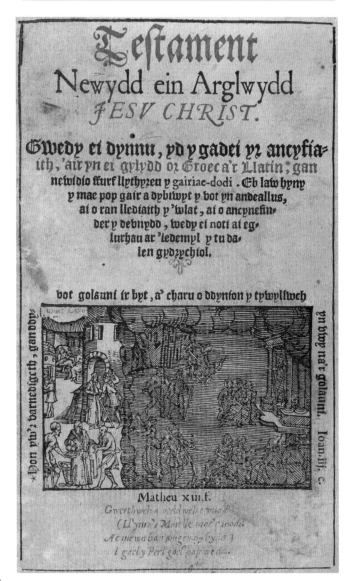

▲ **Ffynhonnell D:** Wynebddalen y Testament Newydd Cymraeg gafodd ei gyhoeddi yn 1567

William Morgan a chyfieithu'r Hen Destament

William Morgan aeth ati i gyfieithu'r Hen Destament o'r Hebraeg i'r Gymraeg. Mab i ffermwr tenant o Wybrnant yn nyffryn Conwy oedd Morgan. Cafodd ei addysg yng Ngholeg Sant Ioan, Caergrawnt, lle daeth yn ysgolhaig Hebraeg gwych. Dechreuodd ei gyfieithiad pan oedd yng Nghaergrawnt ond gwnaeth y rhan fwyaf ohono pan oedd yn ficer yn Llanrhaeadr-ym-Mochnant, lle buodd yn gweithio rhwng 1578 ac 1595. Cafodd Morgan ychydig o help gan yr Archddiacon Edmwnd Prys, oedd wedi bod yn fyfyriwr gydag ef yng Nghaergrawnt.

Roedd y cyfieithu'n broses araf, wrth i Morgan ysgrifennu yng ngolau cannwyll gan ddefnyddio pen cwilsen o blu gŵydd. Erbyn diwedd 1587, roedd wedi gorffen, ac fe symudodd i Lundain. Doedd y Saeson oedd yn argraffu'r llyfr ddim yn deall Cymraeg, felly roedd angen i Morgan fod ar gael i wirio ac i gywiro eu gwaith. Cafodd y Beibl Cymraeg newydd ei gyflwyno i'r Frenhines Elisabeth, a gorchmynnodd hi: 'Dylai un Beibl gael ei roi ym mhob eglwys drwy Gymru fel bod pawb sy'n siarad Cymraeg yn gallu ei ddarllen a'i ddeall.' Hefyd fe wnaeth Morgan ddiwygio ac addasu cyfieithiad Salesbury o'r Testament Newydd. O ganlyniad i'w ysgolheictod, cafodd ei benodi'n Esgob Llandaf yn 1595 ac yn 1601 symudodd yn ôl i'r gogledd i ddod yn Esgob Llanelwy. Bu farw yn 1604.

Yn wahanol i Salesbury, roedd Morgan yn ysgrifennu mewn arddull rugl oedd yn hawdd ei ddeall. Defnyddiodd ryddiaith wedi'i seilio ar Gymraeg llafar cyffredin. Cafodd ei gyfieithiad o'r Hen Destament groeso mawr. Mae dyddiad cyhoeddi'r llyfr yn 1588 yn cael ei ystyried yr un mor bwysig yn hanes Cymru ag oedd trechu'r Armada y flwyddyn honno yn hanes Lloegr. Ymddangosodd argraffiad newydd o'i waith yn 1620, wedi cael ei olygu gan Richard Parry, olynydd Morgan i swydd Esgob Llanelwy, a John Davies o Fallwyd.

▲ Ffynhonnell DD: Wynebddalen cyfieithiad William Morgan o'r Beibl, 1588

◀ Ffynhonnell E: Darlun o'r Esgob William Morgan gan Keith Bowen

Effaith y cyfieithiad ar y Gymraeg

Yn y tymor hir, cafodd cyfieithiad 1588 effaith syfrdanol ar ddiogelu'r Gymraeg, diwylliant Cymreig a thraddodiadau Cymreig. Roedd yn golygu ei bod hi bellach yn bosibl cynnal gwasanaethau yn Gymraeg, a bod cynulleidfaoedd yn gallu clywed y Beibl yn cael ei ddarllen iddyn nhw mewn iaith roedden nhw'n ei deall. Daeth y Beibl yn gyfrwng poblogaidd wrth gadw'r Gymraeg yn fyw. Mewn gwirionedd, fodd bynnag, ychydig iawn o bobl oedd yn gallu mynd i eglwys y plwyf i ddarllen yr ysgrythurau eu hunain.

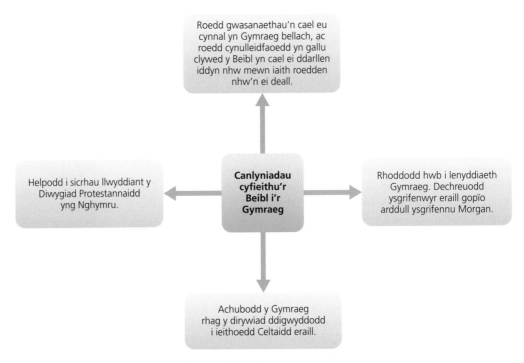

▲ Ffigur 4.2: Canlyniadau cyfieithu'r Beibl i'r Gymraeg

Ffynhonnell F: Yn ei lyfr *A Dialogue of the Government of Wales* (1594), roedd yr hanesydd George Owen o Henllys yn barod iawn i gydnabod pwysigrwydd y cyfieithiad

Mae gennym oleuni'r Efengyl, yn wir, y Beibl cyfan yn ein hiaith frodorol … lle roedd y gwasanaeth a'r sacramentau yn Saesneg mor ddieithr i lawer neu i'r rhan fwyaf o'r bobl symlaf ag roedd yr offeren yng nghyfnod y dallineb i weddill Lloegr.

GWEITHGAREDDAU

1 Astudiwch y cyfraniadau wnaeth Richard Davies, William Salesbury a William Morgan o ran sicrhau bod yr Ysgrythurau ar gael yn Gymraeg i'r Cymry. Pa unigolyn chwaraeodd y rhan bwysicaf yn y broses hon, yn eich barn chi? Rhowch resymau i esbonio eich ateb.

2 Astudiwch Ffynhonnell CH. Beth yw prif neges awdur y ffynhonnell hon?

Cwestiynau ymarfer

1 Beth gallwch chi ei ddysgu gan Ffynonellau DD ac F am gyfieithu'r Ysgrythurau i'r Gymraeg? *(I gael arweiniad, gweler tudalennau 107–108.)*

2 Pam roedd cyfieithu'r Ysgrythurau i'r Gymraeg yn arwyddocaol o ran gwneud yn siŵr bod Ardrefniant Crefyddol Elisabeth yn cael ei dderbyn yng Nghymru? *(I gael arweiniad, gweler tudalen 111.)*

Casgliad: Pa mor llwyddiannus oedd Elisabeth wrth ddelio â phroblem crefydd?

Roedd Elisabeth wedi dod i'r orsedd ar adeg ansicr o ran crefydd. Roedd Mari I, ei chwaer, wedi mynd ati'n frwd â'i pholisi o erlid y rhai oedd yn gwrthod cydnabod y ffydd Gatholig. Roedd hyn wedi achosi rhaniad mawr rhwng Catholigion a'r rhai oedd wedi mabwysiadu Protestaniaeth yn ffydd. Roedd perygl i safbwyntiau crefyddol gwrthgyferbyniol rannu'r wlad.

Tasg anodd Elisabeth oedd ceisio dod i gyfaddawd fyddai'n dderbyniol i Brotestaniaid a Chatholigion fel ei gilydd, un fyddai'n osgoi erlid pobl oedd ddim yn dymuno dilyn ei 'ffordd ganol' newydd hi yn gaeth. I raddau helaeth roedd Ardrefniant Crefyddol 1559 yn llwyddiannus gan ei fod yn gyfaddawd oedd yn dderbyniol i'r mwyafrif helaeth. Roedd yn sefydlu pwy fyddai'n rheoli'r eglwys a sut roedd hi'n mynd i gael ei llywodraethu a'i gweinyddu. Ceisiodd ddelio â meysydd crefyddol dadleuol fel ystyr y bara a'r gwin yn y gwasanaeth cymun. Er nad oedd yr Ardrefniant yn ddelfrydol, daeth ag erlid a gwahaniaethu crefyddol mawr i ben, ar ôl i'r rhain fod mor amlwg yn ystod teyrnasiad Edward a Mari.

Ond, fel sy'n wir am bob cyfaddawd, roedd rhai pobl ar ddau begwn y rhaniad crefyddol oedd eisiau herio'r Ardrefniant. Roedd y Catholigion eisiau gweld y Pab yn cael ei adfer yn bennaeth yr Eglwys. Roedd rhai Piwritaniaid eisiau gweld diwedd ar rym yr archesgobion a'r esgobion, a chael eglwys oedd wedi'i rheoli'n fwy lleol yn eu lle. Byddai'r materion hyn yn chwarae rhan fwy blaenllaw yn nheyrnasiad Elisabeth yn ystod yr 1580au a'r 1590au.

Cwestiwn crynhoi

Nawr eich bod chi wedi cwblhau'r bennod hon, defnyddiwch y wybodaeth rydych chi wedi'i dysgu i ateb y cwestiwn canlynol.

'Roedd Ardrefniant Crefyddol 1559 yn datrys mwy o broblemau nag roedd yn eu hachosi.' I ba raddau rydych chi'n cytuno â'r gosodiad hwn?

Efallai yr hoffech chi ystyried y ffactorau canlynol yn eich ateb:

1 dymuniad Elisabeth i ddod i gyfaddawd
2 nodweddion allweddol y 'ffordd ganol'
3 ymateb y Catholigion a'r Piwritaniaid i'r Ardrefniant
4 ymateb pwerau tramor
5 ac unrhyw ffactorau perthnasol eraill gallwch chi feddwl amdanyn nhw.

Goddefiant cynnar

Mae haneswyr wedi dadlau tipyn gan drafod i ba raddau roedd mwyafrif poblogaeth Cymru a Lloegr naill ai'n Gatholigion neu'n Brotestaniaid yn 1558. Yn draddodiadol, mae haneswyr wedi tybio bod mwyafrif deiliaid Elisabeth yn barod i dderbyn crefydd Brotestannaidd eu brenhines newydd ac mai dim ond lleiafrif o Gatholigion ffyddlon – cefnogwyr teyrngar y Pab – oedd yn gwrthod addasu a derbyn Ardrefniant Crefyddol 1559. Ond, yn ystod y degawdau diwethaf, mae haneswyr wedi ailystyried y farn hon ac wedi penderfynu bod y safbwynt traddodiadol yn rhy syml. Yn hytrach maen nhw'n dadlau mai Catholigion, nid Protestaniaid, oedd mwyafrif y boblogaeth yn 1559, yn enwedig y tu allan i Lundain. Am y rheswm hwn yn union y penderfynodd Elisabeth fwrw ymlaen yn ofalus gyda'r Ardrefniant Crefyddol, gan fodloni ar 'ffordd ganol' oedd yn dewis agweddau ar y ddwy ffydd, yn Gatholig ac yn Brotestannaidd. Fel hyn byddai llai o'i deiliaid hi yn cael eu dieithrio, beth bynnag oedd eu ffydd.

Yn sicr yn ystod degawd cyntaf ei theyrnasiad, buodd Elisabeth yn oddefgar tuag at Gatholigion, heb orfodi ei syniadau Protestannaidd arnyn nhw mewn ffordd rhy gryf. Mae nifer o resymau dros y goddefgarwch cynnar hwn:

- wrth geisio cael Ardrefniant Crefyddol 1559 wedi'i basio drwy'r Senedd, cafodd Elisabeth ei dychryn gan gryfder y gwrthwynebiad gafodd hi yn Nhŷ'r Arglwyddi gan bendefigion Catholig pwerus
- roedd arni ofn ymyrraeth bosibl o dramor petai hi'n gwasgu'n rhy drwm ar y Catholigion
- roedd arni ofn gwrthryfel gan bendefigion Catholig pwerus yng Nghymru a Lloegr
- roedd hi'n sylweddoli mai Catholigion oedd mwyafrif y boblogaeth o hyd yn y bôn.

Felly, yn ddoeth, dewisodd Elisabeth fwrw ymlaen yn ofalus a mynd ati'n raddol i weithredu'r Ardrefniant Crefyddol, gan obeithio gwneud hynny drwy berswadio ei deiliaid yn hytrach na'u dieithrio. Ond, oherwydd digwyddiadau ar ddiwedd yr 1560au a dechrau'r 1570au, rhoddodd y gorau i'r polisi hwn o oddefgarwch ac yn lle hynny trodd ei pholisi at orfodi pobl i gydymffurfio. Dechreuodd Elisabeth weithredu'n fwy llym yn erbyn y Catholigion oedd yn dangos nad oedden nhw'n barod i ddilyn ei hardrefniant crefyddol o ganlyniad i'r canlynol:

- **1568**: Mari, Brenhines y Sgotiaid yn cyrraedd Lloegr
- **1569**: Gwrthryfel Ieirll y Gogledd
- **1570**: Cyhoeddi Bwla'r Pab yn esgymuno Elisabeth
- **1571**: Cynllwyn Ridolfi
- **1574**: Yr offeiriaid coleg Catholig cyntaf yn cyrraedd Cymru a Lloegr o Douai yn Fflandrys
- **1580**: Yr offeiriaid Jeswit cyntaf yn cyrraedd Cymru a Lloegr
- **1583**: Cynllwyn Throckmorton
- **1586**: Cynllwyn Babington
- **1588**: Armada Sbaen.

Reciwsantiaeth

Roedd y term reciwsant yn cael ei ddefnyddio i ddisgrifio'r unigolion oedd yn gwrthryfela yn erbyn Ardrefniant Crefyddol Elisabeth drwy wrthod mynychu gwasanaethau'r eglwys. Roedden nhw'n credu yn nysgeidiaeth yr Eglwys Gatholig Rufeinig, yn enwedig yr Offeren Ladin, a doedden nhw ddim yn barod i gyfaddawdu ar hynny. Roedd hyn yn her uniongyrchol ac ymatebodd Elisabeth yn 1581 drwy godi'r dirwyon am reciwsantiaeth i £20, a'i gwneud hi'n drosedd fradwrus os oedd pobl yn ceisio cael eraill i droi at y ffydd Gatholig. Roedd y ddeddf hon wedi'i hanelu'n benodol at yr offeiriaid o golegau Catholig ddechreuodd gael eu smyglo i mewn i Gymru a Lloegr o ogledd Ffrainc ar ôl 1574.

Yn 1568, sefydlodd William Allen goleg yn Douai yn Fflandrys er mwyn hyfforddi Catholigion o Gymru a Lloegr at yr offeiriadaeth (gweler Ffynhonnell A). Cafodd yr offeiriaid hyn eu dysgu mai eu dyletswydd nhw oedd dychwelyd i Loegr i ailsefydlu'r ffydd Gatholig ac, os oedd angen, ceisio bod yn ferthyron dros eu hachos. Pan gyrhaeddon nhw, a hynny ar yr un pryd ag y cafodd sawl cynllwyn gan Gatholigion amlwg ei ddatgelu yn erbyn Elisabeth, tyfodd yr amheuaeth ei bod hi'n amhosibl ymddiried mewn Catholigion i fod yn deyrngar i'r Goron. At ei gilydd, cafodd 438 o offeiriaid o golegau Catholig eu hanfon i Gymru a Lloegr, gan beri i'r llywodraeth basio Deddf Seneddol yn 1585 oedd yn gorchymyn i bob un ohonyn nhw adael y wlad neu gael eu dienyddio. Hefyd roedd y ddeddf yn dweud bod unrhyw un fyddai'n helpu neu'n cuddio offeiriad yn gallu cael ei ddienyddio. Cafodd cyfanswm o 98 o offeiriaid eu dienyddio.

> **Ffynhonnell A:** Adroddiad ym mhapurau gwladol Sbaen, gyda'r dyddiad 28 Rhagfyr 1579, yn disgrifio sut roedd y coleg hyfforddi Catholig gafodd ei sefydlu yn Douai yn 1568 wedi tyfu
>
> *Mae nifer y Catholigion, diolch byth, yn tyfu bob dydd yma, oherwydd y Coleg a'r coleg offeiriadol i Saeson y gorchmynnodd eich Mawrhydi [Philip II] iddyn nhw gael eu cefnogi yn Douai. O'r fan hon (ac o'r Coleg yn Rhufain) mae cant o Saeson sydd wedi'u hordeinio wedi dod yn y flwyddyn ddiwethaf, felly mae nifer mawr o bobl yn cael tröedigaeth, pobl sydd fel arfer heb glywed y gwirionedd yn cael ei bregethu erioed o'r blaen. Mae'r offeiriaid hyn yn mynd o gwmpas wedi'u gwisgo fel lleygwyr, ac er mai dynion ifanc ydyn nhw, mae lle i edmygu eu bywyd da, eu brwdfrydedd a'u sêl yn eu gwaith.*

Jeswitiaid

Jeswitiaid oedd llawer o'r offeiriaid hyn o'r colegau Catholig, aelodau o urdd genhadu Gatholig Rufeinig o'r enw 'Cymdeithas Iesu' oedd wedi cael ei sefydlu yn 1534. Ei phrif nod oedd dinistrio heresi (Protestaniaeth). Roedden nhw'n cymryd llw teyrngarwch i'r Pab ac roedden nhw'n barod i farw dros eu hachos. Dechreuon nhw gyrraedd Cymru a Lloegr mewn cuddwisgoedd yn 1580, gan ledaenu'r neges na ddylai gwir Gatholigion dderbyn eglwys Elisabeth. Roedden nhw'n honni mai dim ond dod i gynnal gwasanaethau i deuluoedd Catholig ym mhreifatrwydd eu cartrefi eu hunain roedden nhw. Honnodd y llywodraeth fel arall, gan gredu eu bod yn genhadon oedd eisiau cael pobl i droi at yr Eglwys Gatholig Rufeinig ac i fod yn deyrngar i'r Pab.

Ymateb y llywodraeth i reciwsantiaeth

Er mwyn delio â reciwsantiaeth, pasiodd y llywodraeth gyfres o ddeddfau:

- **1581:** cafodd dwy Ddeddf Seneddol eu pasio i godi'r dirwyon yn erbyn reciwsantiaid a gwneud unrhyw ymgais i droi pobl at y ffydd Gatholig yn drosedd fradwrus.
- **1585:** roedd Deddf Seneddol yn gorchymyn i bob offeiriad Jeswitaidd ac offeiriaid o golegau Catholig adael y wlad neu gael eu lladd; yn ogystal, gallai unrhyw un oedd yn cuddio neu'n helpu offeiriad mewn unrhyw ffordd gael y gosb eithaf hefyd.
- **1593:** roedd Deddf yn gwahardd nifer mawr o Gatholigion rhag ymgasglu ac yn cyfyngu Catholigion hysbys i radiws o 5 milltir (8 km) o'u cartrefi.

GWEITHGAREDDAU ?

1. Beth gallwch chi ei ddysgu gan Ffynhonnell A am bwrpas y coleg Catholig gafodd ei sefydlu yn Douai yn 1568?

2. Pam roedd yr offeiriaid Jeswitaidd ddaeth i Gymru a Lloegr yn cael eu gweld yn fygythiad i'r Ardrefniant Crefyddol?

Astudiaeth achos: Edmund Campion

Edmund Campion oedd un o'r offeiriaid Jeswitaidd a'r reciwsantiaid mwyaf enwog. Campion oedd un o'r offeiriaid cyntaf i gael ei anfon i Loegr. Ar ôl iddo gael ei ddal, cafodd ei arteithio, ei gael yn euog o frad a'i ddienyddio yn 1581.

Edmund Campion (1540–81)

- 1540 cafodd ei eni'n fab i werthwr llyfrau yn Llundain
- 1557–64 astudiodd ym Mhrifysgol Rhydychen
- 1571–73 hyfforddodd yng Ngholeg Douai
- 1572 aeth i Rufain
- 1573 ymunodd â'r Jeswitiaid
- 1578 cafodd ei ordeinio'n offeiriaid Jeswitaidd
- 1580 cafodd ei ddewis, gyda Robert Parsons, i ddychwelyd i Loegr ar genhadaeth grefyddol i ledaenu'r ffydd Gatholig. Cyrhaeddodd yn y dirgel a theithio i sir Gaerhirfryn, ardal oedd â llawer o deuluoedd Catholig yn byw yno. Yna symudodd i'r de i bregethu yng nghartrefi teuluoedd Catholig cyfoethog yn Llundain. Roedd rhaid iddo osgoi'r awdurdodau drwy'r amser.
- 1581 cafodd ei arestio yn Lyford yn Berkshire. Cafodd ei anfon i'r Tŵr a'i arteithio. Cafodd Campion ei ddyfarnu yn euog o frad a chafodd ei ddienyddio drwy ei grogi ar 1 Rhagfyr 1581.

▲ Edmund Campion, 1540–81

Ffynhonnell B: Llythyr wedi'i ysgrifennu gan Edmund Campion, offeiriad Jeswitaidd, yn fuan ar ôl iddo gyrraedd Lloegr yn 1580

Allaf i ddim dianc rhag yr hereticiaid [yr awdurdodau Protestannaidd] yn hir; mae gan y gelyn gynifer o lygaid … rwy'n gwisgo dillad hurt … rwy'n newid fy enw'n aml … rwy'n darllen llythyrau [papurau newydd] sy'n adrodd y newyddion fod Campion wedi cael ei ddal, sydd i'w glywed ym mhob man … rwyf wedi cyhoeddi'r rhesymau pam fy mod wedi dod yma. Rwyf wedi gofyn am gael trafod â'r Frenhines ond maen nhw'n dweud wrthyf na fydd y Frenhines yn caniatáu i faterion [crefyddol] gael eu herio, gan eu bod wedi'u penderfynu'n barod … Mae llawer iawn yn cael eu hadfer i'r Eglwys.

Ffynhonnell C: Adroddiad am achos llys Edmund Campion gafodd ei argraffu mewn llyfr gan Raphael Holinshed *Chronicles of England, Scotland and Ireland* (1577)

Ddydd Llun, a hithau'n ugeinfed o Dachwedd, cafodd Edmund Campion … [a saith arall] ei gymryd i'r bar uchel yn San Steffan lle cawson nhw, yn unigol ac ar wahân, eu cyhuddo o uchel frad. Pan gawson nhw eu dedfrydu ar y materion hyn (rhai roedden nhw'n dal i'w gwrthod yn styfnig), daethon nhw at eu bwriad wrth ddod i'r wlad hon yn gyfrinachol, sef marwolaeth ei Mawrhydi a dymchwel y deyrnas. 'Yn wir,' meddai Campion, 'fyddwch chi byth yn profi hyn, i ni ddod draw naill ai ar gyfer y diben neu'r pwrpas hwn, ond yn hytrach dod yma er mwyn achub eneidiau wnaethon ni, a chariad a chydwybod yn ein gorfodi i'w wneud, oherwydd ein bod ni'n tosturio wrth gyflwr truenus ein gwlad.'

▲ **Ffynhonnell CH:** Darlun o'r cyfnod wedi'i dynnu yn Rhufain yn 1584 yn dangos Campion yn cael ei arteithio ar yr arteithglwyd, neu rac, yn ystod ei garchariad yn Nhŵr Llundain

Cwestiwn ymarfer

Beth gallwch chi ei ddysgu gan Ffynonellau C ac CH am achos llys a chroesholi Edward Campion yn 1581? *(I gael arweiniad, gweler tudalennau 107–108.)*

Mari, Brenhines y Sgotiaid yn cyrraedd Lloegr, 1568

Ym mis Mai 1558, cafodd Mari, Brenhines y Sgotiaid, ei gorfodi i ffoi o'r Alban ac i chwilio am loches dros y ffin yn Lloegr. Byddai hyn yn achosi problemau i Elisabeth.

Mari yn cael ei hanfon i Ffrainc

Roedd llawer wedi digwydd i Mari yn y gorffennol. Roedd hi wedi cael ei geni yn 1542, yn ferch i Iago V o'r Alban a'i wraig o Ffrainc, Mari o Guise oedd yn glynu'n dynn wrth y ffydd Gatholig. Bu farw ei thad pan oedd hi ychydig ddyddiau oed a chafodd ei choroni'n Frenhines yr Alban, gyda'i mam yn rhaglyw i'r frenhines ifanc. Yn 1548, pan oedd hi'n chwech oed, cafodd ei hanfon i gael ei magu a'i haddysgu yn Ffrainc, gwlad Gatholig. Pan oedd hi'n bymtheg oed, cafodd ei phriodi â'r Tywysog Francis, mab hynaf Harri II, Brenin Ffrainc. Yn 1559 daeth ei gŵr yn Frenin Francis II ond bu farw y flwyddyn ganlynol.

Mari'n dychwelyd i'r Alban

Yn 1561 dychwelodd Mari i'r Alban, ond roedd hi'n wlad wahanol iawn i'r Alban roedd hi wedi'i gadael yn 1548. Tra oedd hi i ffwrdd, roedd y rhan fwyaf o'r wlad wedi dod yn Brotestannaidd. Yn 1559 roedd arglwyddi Protestannaidd yr Alban wedi gwrthryfela yn erbyn llywodraeth Mari o Guise ac roedd hi wedi gorfod ffoi o Gaeredin yn 1559. Pan ddechreuodd Ffrainc baratoi i anfon milwyr i drechu'r gwrthryfelwyr Albanaidd, roedd Elisabeth wedi cael ei gorfodi i lunio Cytundeb Berwick gyda'r Albanwyr yn 1560, gan addo anfon byddin i'r gogledd i helpu i drechu'r Ffrancod. Ar ôl marwolaeth Mari o Guise, tynnodd milwyr Ffrainc yn ôl a daeth yr Alban o dan reolaeth yr arglwyddi

Protestannaidd eto. Roedden nhw'n gyfeillgar â Lloegr. I'r amgylchedd Protestannaidd hwn daeth Mari, Brenhines y Sgotiaid, yn 1561.

Mari a Darnley

Yn 1565, priododd Mari â Henry Stuart, yr Arglwydd Darnley, ac ym mis Mehefin y flwyddyn ganlynol rhoddodd enedigaeth i fab, fyddai maes o law yn dod yn Frenin Iago VI yr Alban. Ond, doedd y briodas ddim yn un hapus ac aeth Darnley'n genfigennus fod Mari'n dod yn gyfeillgar iawn â David Rizzio, ei hysgrifennydd o'r Eidal. Ar 9 Mawrth 1566 cafodd Rizzio ei lofruddio gan Darnley a'i ffrindiau ym Mhalas Holyrood. Cafodd ei drywanu i farwolaeth.

Mari a Bothwell

Wedyn daeth Mari'n gyfeillgar â James Hepburn, Iarll Bothwell. Pan ddaliodd Darnley y frech wen, aeth Mari ag ef i Kirk O'Field, tŷ mawr yng Nghaeredin lle buodd hi'n gofalu amdano bob dydd. Ar noson 9 Chwefror 1567, gadawodd hi'r tŷ er mwyn mynd i briodas. Y noson honno, cafodd y tŷ ei ddinistrio gan ffrwydrad. Y bore canlynol daeth corff Darnley i'r golwg yn yr ardd. Roedd wedi cael ei dagu i farwolaeth (gweler Ffynhonnell DD). Cafodd Bothwell ei gyhuddo o lofruddio Darnley a chafodd ei roi ar brawf. Cafodd ei ddyfarnu'n 'ddieuog' o lofruddio.

Dri mis ar ôl marwolaeth Darnley, priododd Mary â Bothwell. Roedd hyn yn mynd gam yn rhy bell yng ngolwg rhai o arglwyddi Protestannaidd Mari, felly dechreuon nhw wrthryfela yn ei herbyn. Cafodd hi ei charcharu yng nghastell Loch Leven ac ym mis Gorffennaf 1567 cafodd ei gorfodi i ildio'r goron i'w mab ifanc oedd wedi cael ei fagu'n Brotestant.

▲ Ffynhonnell D: Portread o Mari, Brenhines y Sgotiaid, gafodd ei beintio yn 1578 pan oedd hi'n 36 mlwydd oed. Mae'r pennawd yn y gornel uchaf yn ei disgrifio hi fel Brenhines y Sgotiaid, gweddw Brenin Ffrainc a charcharor yn Lloegr

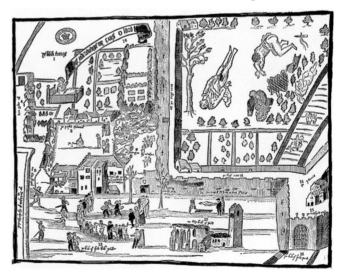

▲ Ffynhonnell DD: Darlun gafodd ei anfon at brif gynghorydd Elisabeth yn dangos beth ddigwyddodd yn Kirk O'Field. Mae'n dangos cyrff Darnley a'i was a'u dillad wedi'u tynnu oddi arnyn nhw yn gorwedd yn farw yng ngardd y tŷ

Mari'n cyrraedd Lloegr

Ym mis Mai 1568 llwyddodd Mari i ddianc o'i charchar yn Loch Leven a ffoi dros y ffin i Loegr. Roedd y ffaith ei bod hi wedi cyrraedd Lloegr Brotestannaidd yn creu problem ddifrifol i Elisabeth. Roedd sawl dewis yn bosibl iddi ond roedd anfanteision i bob un (gweler Ffigur 5.1).

Ar ôl ystyried y gwahanol ddewisiadau, penderfynodd Elisabeth garcharu Mari. I Gatholigion anfodlon oedd yn gweld Mari fel brenhines arall bosibl ar Loegr, roedd canlyniadau tymor hir i'r penderfyniad hwn. Dros y ddau ddegawd canlynol daliodd Mari i fod yn broblem fawr ac arwyddocaol, a hithau yn rhan ganolog o nifer o gynllwynion i ddiorseddu Elisabeth.

Ffynhonnell E: Llythyr oddi wrth Syr William Cecil at Elisabeth ar 16 Hydref 1569

Mae Brenhines y Sgotiaid yn berson peryglus i'ch ystâd, a bydd yn parhau i fod felly bob amser. Eto mae gwahanol lefelau o beryglon. Os caiff hi ei chadw'n garcharor … bydd y perygl yn llai. Os bydd hi'n rhydd, bydd y perygl yn fwy.

Dehongliad 1: Barn yr awdur Barbara Mervyn gafodd ei chomisiynu i ysgrifennu gwerslyfr hanes *The Reign of Elizabeth: England 1558-1603*, gafodd ei gyhoeddi yn 2001

Roedd Mari Stiwart yn broblem i Elisabeth oherwydd ei bod hi'n hawlio gorsedd Lloegr ac oherwydd y ffaith, a hithau'n hanner Ffrances ac yn Gatholig, y byddai annibyniaeth wleidyddol Lloegr a'i chrefydd Brotestannaidd swyddogol yn y dyfodol yn gallu cael eu peryglu, o gydnabod ei hawl hithau. Wrth i'w theyrnasiad fynd yn ei flaen, roedd y ffaith fod Elisabeth heb briodi nac wedi enwi olynydd yn anogaeth i Mari geisio cael y gydnabyddiaeth roedd hi'n ei ystyried yn ddyledus iddi.

GWEITHGAREDDAU

1. Esboniwch pam roedd y blynyddoedd 1548, 1561, 1565 ac 1567 yn drobwyntiau ym mywyd Mari, Brenhines y Sgotiaid.
2. Pam, yn 1568, gwnaeth Elisabeth benderfynu:
   a) peidio ag anfon Mari'n ôl i'r Alban
   b) ei harestio a'i chadw'n gaeth mewn tŷ?
3. Beth mae Ffynhonnell DD yn ei awgrymu am farwolaeth yr Arglwydd Darnley yn 1567?

Cwestiynau ymarfer

1. I ba raddau mae Ffynhonnell E yn adlewyrchiad cywir o ba mor ddifrifol oedd bygythiad Mari, Brenhines y Sgotiaid, i Elisabeth yn 1568? *(I gael arweiniad, gweler tudalennau 109–110.)*
2. I ba raddau rydych chi'n cytuno â Dehongliad 1 fod Mari, Brenhines y Sgotiaid, yn fygythiad mawr i Gymru a Lloegr Brotestannaidd? *(I gael arweiniad, gweler tudalennau 113–114.)*

Cadw Mari yn Lloegr
Pe bai Elisabeth yn cadw Mari yng ngharchar, gallai Catholigion Lloegr neu Sbaen neu Ffrainc geisio ei rhyddhau hi.

Anfon Mari'n ôl i'r Alban
Roedd yr Albanwyr eisiau Mari'n ôl er mwyn ei rhoi ar brawf. Gallen nhw ei dienyddio hi a byddai Elisabeth yn teimlo'n gyfrifol am drosglwyddo cyd-frenhines oedd yn perthyn iddi i'w dwylo nhw.

Dienyddio Mari
Pe bai Elisabeth yn gorchymyn i Mari gael ei dienyddio, gallai Catholigion Lloegr wrthryfela, a gallai Ffrainc a Sbaen, oedd yn wledydd Catholig, ymosod arni.

Beth dylai Elisabeth ei wneud â Mari, Brenhines y Sgotiaid?

Gadael i Mari fynd i Ffrainc
Pe bai Elisabeth yn gadael iddi fynd dramor i Ffrainc neu Sbaen, gallai Mari berswadio'r gwledydd hynny i ymosod ar Loegr.

Cydnabod Mari yn etifedd gorsedd Lloegr
Gallai Elisabeth enwi Mari yn etifedd iddi, ond gan mai Catholig oedd Mari, byddai Protestaniaid Lloegr a'r Alban yn casáu hyn.

Helpu Mari i adennill ei gorsedd
Pe bai Elisabeth yn helpu Mari i adennill gorsedd yr Alban, byddai hi'n codi gwrychyn Protestaniaid yr Alban.

◄ Ffigur 5.1: Y dewisiadau roedd Elisabeth yn eu hystyried ar ôl i Mari gyrraedd Lloegr

Gwrthryfel Ieirll y Gogledd, 1569

Gwrthryfel Ieirll y Gogledd yn 1569 oedd y cyntaf o gyfres o gynllwynion Catholig oedd yn ceisio disodli'r Frenhines Elisabeth er mwyn rhoi ei chyfnither, Mari, Brenhines y Sgotiaid yn ei lle.

Y rhesymau

Os oedd Elisabeth wedi gobeithio hyd hynny fod Catholigiaeth yn gwanhau, yna ar ôl i Mari gyrraedd yn 1568 roedd y gobaith hwnnw bellach wedi cael ei ddryllio. Gwaethygodd y sefyllfa oherwydd roedd aelodau ei Chyfrin Gyngor wedi gofyn i Elisabeth briodi er mwyn cynhyrchu etifedd i'r orsedd, a thrwy hynny sicrhau y byddai'r Ardrefniant Crefyddol yn parhau – ond roedd Elisabeth wedi gwrthod. I lawer o Gatholigion Cymru a Lloegr, nawr roedd Mari'n cynnig gobaith nad oedd popeth wedi'i golli.

Cafodd y gwrthryfel ei arwain gan ddau arglwydd Catholig pwerus, sef Charles Neville, Iarll Westmoreland, a Thomas Percy, Iarll Northumberland. Eu cynllun nhw oedd diorseddu Elisabeth a rhoi Mari yn ei lle. Wedyn byddai Mari'n priodi â Thomas Howard, Dug Norfolk, sef brawd-yng-nghyfraith Northumberland. Ond, roedd Elisabeth wedi dod i wybod am y cynllun am y briodas ymlaen llaw, ac wedi ei gwahardd rhag digwydd yn syth. Ar hynny roedd Norfolk wedi ymbil am faddeuant ac wedi cael ei anfon i'r Tŵr. Pan fynnodd Elisabeth fod y ddau iarll yn ymddangos o'i blaen i ateb cyhuddiadau, fe wnaethon nhw wrthod, a dechrau eu gwrthryfel.

Y digwyddiadau

Ym mis Tachwedd 1569, gyda llu o ryw 4,600 o ddynion, gorymdeithiodd y gwrthryfelwyr i Durham, cyn cynnal Offeren Gatholig yn yr eglwys gadeiriol yno a rhwygo'r Llyfr Gweddi a'r Beibl Saesneg, i ddangos eu bod yn gwrthod yr Ardrefniant Crefyddol. O Durham, gorymdeithiodd y llu o wrthryfelwyr i'r de, i Gors Bramham. Ond ar ôl clywed bod y Frenhines wedi anfon lluoedd i'r gogledd o dan arweinyddiaeth Iarll Sussex, Llywydd Cyngor y Gogledd, newidiodd yr ieirll gwrthryfelgar eu cynlluniau. Yn lle amgylchynu dinas Efrog, fe wnaethon nhw gilio tua'r gogledd. Roedd y gwrthryfelwyr yn methu atal lluoedd Elisabeth rhag symud ymlaen, felly dalion nhw ati i gilio nes i'r ddau arweinydd, Westmoreland a Northumberland, ffoi dros y ffin i'r Alban ym mis Ionawr 1570. Mae'r rhesymau dros fethiant y gwrthryfel yn cael eu nodi yn Ffigur 5.2.

Y canlyniad

Yn y pen draw cafodd Northumberland ei ddal gan James Douglas, Iarll Morton, a'i drosglwyddo i Elisabeth yn 1572. Cafodd Northumberland ei groesholi (gweler Ffynhonnell F) ac ar ôl cael ei roi ar brawf am fradwriaeth, cafodd ei ben ei dorri i ffwrdd yn Efrog. Llwyddodd Westmoreland i osgoi cael ei ddal a dihangodd dros y Sianel i Fflandrys, lle bu farw'n ddiweddarach yn ddyn tlawd. O'r lleill oedd wedi chwarae rhan llai pwysig yn y gwrthryfel, cafodd Dug Norfolk ei ryddhau o'r carchar yn ddiweddarach a chafodd bardwn yn 1570. Ond, mewn ymgais fwriadol i ailsefydlu awdurdod brenhinol yng ngogledd Lloegr, cafodd dros 800 o wrthryfelwyr, pobl gyffredin yn bennaf, eu dienyddio. Hefyd cafodd tiroedd llawer o deuluoedd blaenllaw eu cymryd oddi arnyn nhw gan eu bod wedi dangos cydymdeimlad â'r Catholigion.

> **Ffynhonnell F: Gwybodaeth roddodd Iarll Northumberland pan gafodd ei groesholi yn 1572**
>
> *Ein prif fwriad wrth ddod at ein gilydd oedd diwygio crefydd a diogelu Brenhines y Sgotiaid, fel etifedd nesaf ei Mawrhydi gan nad oes ganddi blant. Roeddwn i'n credu bod y rhan fwyaf o bendefigion y deyrnas yn ffafrio'r achosion hyn.*

> **GWEITHGAREDDAU** ?
>
> 1 Beth mae Ffynhonnell F yn ei awgrymu oedd prif achosion y gwrthryfel?
>
> 2 Pa mor ddifrifol oedd bygythiad Gwrthryfel y Gogledd i Elisabeth a'i llywodraeth?

Cynllunio gwael ac arweinwyr gwael
- Ymgiliodd byddin y gwrthryfelwyr ar ôl clywed bod byddin frenhinol fawr yn dod tuag atyn nhw.
- Doedd gan arweinwyr y gwrthryfelwyr ddim cynllun gweithredu clir a threfnus.

Pam methodd Gwrthryfel 1569?

Diffyg cefnogaeth o dramor
- Roedd y gwrthryfel wedi methu cyn i'r Pab gyhoeddi'r Bwla i esgymuno Elisabeth.
- Er bod De Spes, llysgennad Sbaen, wedi addo cymorth o dramor, wnaeth hyn ddim digwydd.
- Roedd Philip II o Sbaen yn gyndyn o helpu Mari gan ei fod yn meddwl byddai hi'n fwy tebygol o gefnogi Ffrainc ar ôl cael ei gwneud yn Frenhines Lloegr.

Poblogrwydd Elisabeth
- Doedd pobl ddim yn awyddus i gael Mari, oedd yn Gatholig, yn lle Elisabeth, nac i adfer y Pab yn ben ar yr eglwys.

Ffigur 5.2: Rhesymau dros ► fethiant gwrthryfel Ieirll Gogledd Lloegr, 1569

Esgymuno Elisabeth, 1570

Ym mis Chwefror 1570, fe wnaeth y Pab Pius V cyhoeddi Bwla, *Regnans in Excelsis*, i ddatgan bod Elisabeth wedi cael ei hesgymuno. Roedd yn galw'r Frenhines yn 'was drygioni' ac yn dweud nad hi oedd gwir frenhines Cymru a Lloegr. Galwodd ar yr holl Gatholigion ffyddlon i'w thynnu hi o'r orsedd. Hefyd roedd yn rhyddhau Catholigion o'u llw teyrngarwch i'r frenhines. Roedd y Bwla yn fygythiad go ddifrifol i Elisabeth gan ei fod yn rhoi caniatâd i Gatholigion ddechrau cynllwynio yn erbyn y Frenhines a chynllunio i'w thynnu o'r orsedd i wneud lle i Mari. Roedd yn cyfiawnhau gwrthryfel ac ymyrraeth o dramor er mwyn helpu Mari, Brenhines y Sgotiaid.

Yr ymateb i gyhoeddi Bwla'r Pab

Ymatebodd y Senedd i gyhoeddi Bwla'r Pab drwy gyflwyno Deddf Brad newydd yn 1571 oedd yn datgan y canlynol:

- os oedd rhywun yn datgan nad Elisabeth oedd y wir frenhines, roedd hynny bellach yn weithred fradwrus
- os oedd rhywun yn cyflwyno neu'n cyhoeddi Bwla o unrhyw fath gan y Pab, roedd hynny bellach yn weithred fradwrus
- os oedd unrhyw Gatholigion wedi ffoi dramor, a heb ddychwelyd cyn pen deuddeg mis ar ôl gadael, byddai eu heiddo yn cael eu cymryd oddi arnyn nhw.

O'i rhan ei hun, manteisiodd Elisabeth ar y cyfle i gynyddu rheolaeth frenhinol dros ogledd Lloegr. Cafodd Cyngor y Gogledd ei sefydlu o'r newydd, a'r Piwritan, Iarll Huntingdon, yn ben arno. Aeth ef ati'n syth i leihau grym yr ieirll drwy dynnu eu rheolaeth a'u gafael dros y gwerinwyr oedd yn byw ar eu hystadau oddi arnyn nhw.

Ffynhonnell FF: Darn o gyhoeddiad Bwla'r Pab gafodd ei lunio gan y Pab Pius V ym mis Chwefror 1570, gan esgymuno Elisabeth

Mae Elisabeth … yr un sy'n esgus bod yn frenhines Lloegr, … ar ôl cipio'r deyrnas, a disodli mewn ffordd wrthun le Pennaeth Goruchaf yr Eglwys yn Lloegr i gyd, a phrif awdurdod ac awdurdodaeth y wlad, eto wedi troi'r deyrnas hon i gyflwr truenus a dinistriol, a hithau wedi cael ei hadfer mor ddiweddar i'r ffydd Gatholig ac i gyflwr llewyrchus [yn ystod teyrnasiad Mari I] … Rwy'n datgan fod yr Elisabeth uchod, gan ei bod hi'n heretic ac yn ffafrio hereticiaid … yn cael ei dedfrydu i gael ei hesgymuno a'i thorri oddi wrth undeb corff Crist. Ac at hynny rydym yn datgan bod ei theitl honedig dros y deyrnas uchod yn cael ei dynnu oddi arni … ac rydym yn gorchymyn ac yn siarsio pob pendefig, deiliad, person ac eraill uchod, i beidio ag ufuddhau iddi hi, nac i'w gorchmynion, i'w mandadau na'i deddfau.

GWEITHGAREDD ?

Esboniwch pam roedd y bwla i esgymuno Elisabeth yn bygwth ei safle hi fel brenhines.

Cwestiwn ymarfer

Beth gallwch chi ei ddysgu gan Ffynonellau FF a G am y weithred o esgymuno'r Frenhines Elisabeth? *(I gael arweiniad, gweler tudalennau 107–108.)*

Ffynhonnell G: Darlun o'r ▶ cyfnod yn dangos y Pab Pius V yn cyhoeddi bwla i esgymuno'r Frenhines Elisabeth

Cynllwynion Catholig

Yn ystod yr 1570au a'r 1580au aeth rhai Catholigion yn fwy radical yn eu gwrthwynebiad i Elisabeth a chymryd rhan mewn cynllwynion i'w dymchwel hi.

Cynllwyn Ridolfi, 1571

Yn 1571 llwyddodd William Cecil (Arglwydd Burghley erbyn hyn) a'i brif ysbïwr, Syr Francis Walsingham, i ddarganfod cynllwyn Catholig i ddymchwel y Frenhines a gosod Mari, Brenhines y Sgotiaid, ar yr orsedd yn ei lle. Roedd y cynllwyn wedi cael ei drefnu gan Roberto Ridolfi, masnachwr a banciwr o Firenze, oedd wedi symud i fyw yn Lloegr. Roedd yn cynnwys Mari, Dug Norfolk, Philip II o Sbaen, De Spes sef llysgennad Sbaen, a'r Pab. Byddai byddin o Sbaen yn glanio ac yn helpu Catholigion Cymru a Lloegr i ddymchwel Elisabeth a gwneud Mari'n frenhines. Wedyn byddai hi'n priodi â Dug Norfolk ac yn troi Cymru a Lloegr yn Gatholig Rufeinig eto. Ond llwyddodd Cecil a Walsingham i rwystro'r cynllun gyda chymorth eu rhwydwaith o hysbyswyr. Wrth arteithio rhai o'r cynllwynwyr, cafodd enwau aelodau eraill o'r cynllwyn eu datgelu a chawson nhw eu harestio.

Cafodd Norfolk ei ganfod yn euog o frad a'i ddedfrydu i farwolaeth. Ond, yn achos Mari, er bod y Senedd yn pwyso'n drwm arni, safodd Elisabeth yn gadarn a gwrthod gorchymyn iddi gael ei dienyddio. Felly cafodd Mari ei chadw yn y carchar. Cafodd Ridolfi a De Spes, llysgennad Sbaen, eu halltudio o'r wlad.

> **Ffynhonnell NG:** Darn o gyhuddiadau'r Senedd yn erbyn Mari, Brenhines y Sgotiaid, gafodd eu gwneud ym mis Mai 1572
>
> *Mae hi wedi herio Coron Lloegr mewn ffordd ddrygionus.*
>
> *Mae hi wedi ceisio gwneud Dug Norfolk yn anufudd, yn groes i'w arfer, a hynny yn erbyn gorchymyn pendant y Frenhines.*
>
> *Mae hi wedi annog Iarll Northumberland a Iarll Westmoreland i wrthryfela.*
>
> *Mae hi wedi ceisio codi gwrthryfel newydd i ddechrau yn y deyrnas hon.*
>
> *Rydym ni, eich deiliaid ffyddlon ac ufudd, yn crefu ar eich Mawrhydi i gosbi ac i gywiro holl frad ac ymdrechion drwg y Fari hon.*

Roedd llawer o ASau a'r rhan fwyaf o aelodau'r Cyfrin Gyngor eisiau i Elisabeth gymryd camau yn erbyn Mari yn 1572 drwy orchymyn iddi gael ei dienyddio. Ond gwrthododd Elisabeth y galwadau hyn i Mari gael ei rhoi i farwolaeth.

Pam?

- Roedd Elisabeth yn gyndyn iawn o orchymyn i rywun oedd yn gyfnither ac etifedd iddi gael ei dienyddio.
- Roedd hi'n credu bod dienyddio brenhines â gwaed brenhinol yn groes i ewyllys Duw.
- Doedd dim prawf pendant fod Mari wedi bod â rhan uniongyrchol yn y cynllwyn.
- Gallai dienyddio Mari wneud i Sbaen, Ffrainc neu'r Pab gymryd camau yn erbyn Lloegr.
- Byddai dienyddio Mari yn gwylltio llawer o Gatholigion yng Nghymru a Lloegr. Gallai wneud iddyn nhw ymuno ag unrhyw wrthryfeloedd neu gynllwynion yn y dyfodol.

> **GWEITHGAREDD** ?
>
> Esboniwch pam gwnaeth Elisabeth wrthod cymryd camau yn erbyn Mari, Brenhines y Sgotiaid, ar ôl i gynllwyn Ridolfi fethu.

> ## Cwestiwn ymarfer
>
> I ba raddau mae Ffynhonnell NG yn adlewyrchiad cywir o ba mor ddifrifol oedd bygythiad Mari, Brenhines y Sgotiaid, i Elisabeth yn 1572? *(I gael arweiniad, gweler tudalennau 109–110.)*

Cynllwyn Throckmorton, 1583–84

Er i Gynllwyn Ridolfi fethu, roedd Mari'n dal i fod yng nghanol cynlluniau i ddymchwel Elisabeth. Wrth i offeiriaid Jeswitaidd gyrraedd Cymru a Lloegr o 1580 ymlaen (gweler tudalen 67), cafodd gweinidogion Elisabeth ragor o ofn. Roedden nhw'n amau bod gan yr offeiriaid hyn ran allweddol wrth drefnu cynllwynion yn erbyn y frenhines. Cafodd yr amheuon hyn eu cadarnhau yn 1583 pan wnaeth Francis Throckmorton, dyn ifanc Catholig o Loegr, ddechrau arwain y gwaith o drefnu cynllwyn arall. Byddai'n cynnwys lluoedd Catholig Ffrainc, gyda chefnogaeth arian Sbaen a'r Pab, er mwyn goresgyn Lloegr a rhyddhau Mari o garchar. Throckmorton oedd y negesydd rhwng Mari, Brenhines y Sgotiaid, a de Mendoza, llysgennad Sbaen (gweler Ffynhonnell I).

Ond, llwyddodd gwasanaeth cudd Elisabeth i ddarganfod y cynllwyn ac arestio Throckmorton. Wrth gael ei arteithio, datgelodd yntau fod Dug Guise yn bwriadu goresgyn Lloegr o'r Iseldiroedd oedd dan reolaeth Sbaen, ond roedd yn bendant nad oedd Mari'n gwybod unrhyw beth am y cynllun. Cafodd ei gondemnio i farwolaeth am frad a'i ddienyddio. Cafodd Mendoza ei alltudio o Loegr a chafodd Mari ei symud i gastell Tutbury yn swydd Stafford. Cafodd hi ei gwahardd rhag cael ymwelwyr ac roedd asiantau Walsingham yn edrych drwy ei phost.

> **Ffynhonnell H:** Darn o lythyr oddi wrth y Pab Gregori XIII at ei lysgennad yn Sbaen yn 1580
>
> *Gan fod y fenyw euog honno [Elisabeth] … yn achos cymaint o niwed i'r ffydd Gatholig … does dim dwywaith y bydd pwy bynnag fydd yn ei hanfon o'r byd … nid yn unig heb bechu, ond bydd yn ennill teilyngdod … Ac os felly, os bydd y gwŷr bonheddig Seisnig hynny'n penderfynu gwneud gwaith mor wych â hyn, gall eich Arglwyddiaeth eu sicrhau nhw nad ydyn nhw'n cyflawni unrhyw bechod.*

GWEITHGAREDDAU

1 Pam rhoddodd y Pab ei fendith i'r ymdrechion i ddiorseddu Elisabeth, yn ôl Ffynhonnell H?

2 Esboniwch pam buodd Cynllwyn Throckmorton yn fethiant.

Cwestiwn ymarfer

Esboniwch y cysylltiadau rhwng unrhyw DRI o'r canlynol:
- Mari, Brenhines y Sgotiaid
- Cynllwyn Ridolfi
- Cynllwyn Throckmorton
- y Bwla Esgymuno.

(I gael arweiniad, gweler tudalen 112.)

▲ Ffynhonnell I: Francisco de Mendoza, llysgennad Sbaen

Y bygythiad Catholig cynyddol, 1584–85

Wrth i fygythiad cynllwyn Throckmorton leihau, clywodd Elisabeth y newyddion ym mis Gorffennaf 1584 fod Gwilym (neu William) o Orange, arweinydd Protestaniaid yr Iseldiroedd, wedi cael ei saethu'n farw gan lofrudd Catholig. Y mis Hydref blaenorol roedd bywyd Elisabeth wedi cael ei fygwth pan geisiodd John Somerville, dyn Catholig o Loegr, ei llofruddio â phistol. Oherwydd hyn cafodd ei ddedfrydu i farwolaeth am frad, er iddo ddianc rhag y crocbren drwy gyflawni hunanladdiad yn ei gell.

Nawr roedd y Senedd yn poeni fwy a mwy am ddiogelwch y frenhines. Yn ddiweddarach y flwyddyn honno, cyhoeddodd y Senedd y 'Cwlwm Cydweithred', oedd yn datgan, petai Elisabeth yn cael ei llofruddio, y byddai'r Senedd yn sicrhau bod y llofruddion yn cael eu cosbi. I lawer, roedd hi'n ymddangos bod y bygythiad Catholig yn mynd yn fwy difrifol, yn enwedig ar ôl i ryfel gael ei gyhoeddi rhwng Lloegr a Sbaen yn 1585. Aeth rhwydwaith asiantau Syr Francis Walsingham ati'n frwd i hela bradwyr (gweler Ffynhonnell J). Rhoddodd y Brenin Philip II o Sbaen orchymyn i lynges fawr gael ei hadeiladu i ymosod ar Loegr. Er mwyn ymateb i hyn, ychwanegodd y Senedd at y ddeddfwriaeth yn erbyn Catholigion drwy orchymyn i bob offeiriad Jeswitaidd ac offeiriad coleg Catholig adael y wlad cyn pen 40 diwrnod (gweler Ffynhonnell L).

> **Ffynhonnell J:** Adroddiad gafodd ei anfon at Syr Francis Walsingham ym mis Chwefror 1585 gan un o'i asiantau cudd
>
> *Rwyf wedi datgelu bwriad truenus a bradwrus gelynion y wladwriaeth, sy'n dymuno dim ond ei dinistrio'n llwyr, a chodi pobl Lloegr a'u troi yn erbyn eu tywysoges drwy ryfel cartref. Maen nhw'n gwneud hyn drwy sïon drygionus a llyfrau difrïol – rhai Pabyddol a chroes i grefydd – gaiff eu cludo i Loegr o Ffrainc ar gais y rhai sydd wedi ffoi o'u gwlad, a hefyd ar gais llysgennad Sbaen ac eraill sy'n eu ffafrio nhw: fel llyfrau Offeren, llyfrau difrïol eraill wedi'u hysgrifennu gan Jeswitiaid, llyfr oriau a llyfrau eraill ar gyfer eu hanghenion.*

> **Ffynhonnell L:** Darnau o'r Ddeddf yn erbyn offeiriaid Jeswitaidd ac offeiriaid colegau gafodd ei phasio gan y Senedd yn 1585
>
> *Lle mae pobl wahanol, sy'n cael eu galw'n Jeswitiaid neu sy'n arddel eu bod felly, offeiriaid colegau ac offeiriaid eraill … wedi dod ac wedi cael eu hanfon yn y blynyddoedd diweddar … i deyrnas Lloegr ac i ddominiynau eraill ei Mawrhydi'r Frenhines … nid yn unig i dynnu deiliaid ei Mawrhydi oddi wrth eu hufudd-dod dyledus i'w Mawrhydi ond hefyd i ysgogi a chodi cynnwrf a brad, gwrthryfel a gelyniaeth agored yn nheyrnasoedd a dominiynau ei Mawrhydi …*
>
> *A boed iddo gael ei ddeddfu ymhellach … na fydd yn gyfreithlon i unrhyw Jeswit, offeiriad coleg neu unrhyw offeiriad, deon neu unrhyw berson crefyddol neu eglwysig o'r fath … drwy unrhyw awdurdod … o esgobaeth Rhufain … gael mynediad i unrhyw ran o'r deyrnas hon neu i unrhyw ran arall o ddominiynau ei Mawrhydi, na chwaith fod yno neu aros yno ar ôl … deugain niwrnod … bydd pob un sy'n troseddu fel hyn yn cael ei ddyfarnu'n fradwr am ei drosedd … a bydd pob person a fydd … yn derbyn, cynorthwyo, cysuro, helpu neu gynnal unrhyw Jeswit neu offeiriad coleg fel hyn yn fwriadol ac yn barod … yn cael ei ddyfarnu'n ffelon am drosedd fel hon heb fantais clerigwr ac yn cael ei roi i farwolaeth.*

GWEITHGAREDDAU

1 A oedd gweithredoedd John Somerville yn fygythiad i Elisabeth mewn gwirionedd?
2 Defnyddiwch Ffynhonnell L a'r hyn rydych chi'n ei wybod i esbonio pam gwnaeth y llywodraeth weithredu yn erbyn offeiriaid Jeswit a rhai o'r colegau offeiriaid.

Cwestiwn ymarfer

I ba raddau mae Ffynhonnell J yn adlewyrchiad cywir o'r bygythiad gan offeiriaid Catholig yn ystod yr 1580au? *(I gael arweiniad, gweler tudalennau 109–110.)*

Cynllwyn Babington, 1586

Yn 1586 fe wnaeth Walsingham ddarganfod cynllwyn Catholig arall. Y tro hwn, honnodd fod ganddo brawf fod Mari wedi chwarae rhan uniongyrchol yn y cynllwyn. Roedd Anthony Babington, pendefig Catholig ifanc, wedi bod â rhan ganolog mewn cynllwyn i ddymchwel Elisabeth a rhoi Mari, Brenhines y Sgotiaid, ar yr orsedd yn ei lle. Cafodd llythyrau wedi'u hysgrifennu mewn cod seiffr eu hanfon rhwng Babington a Mari, yn rhoi gwybod iddi sut roedd y cynllwyn yn mynd yn ei flaen (gweler Ffynhonnell LL). Heb yn wybod i'r ddau lythyrwr, roedd asiantau ysbïo Walsingham yn cael gafael ar y llythyrau i gyd, ar ôl iddyn nhw gael eu cuddio mewn casgen gwrw, ac yn eu darllen. Gorchmynnodd Walsingham i'r cod gael ei ddehongli. Yna, arhosodd nes bod ganddo ddigon o dystiolaeth i ddangos bod gan Mari ran uniongyrchol yn y cynllwyn yn erbyn Elisabeth.

Ym mis Mehefin 1585 ysgrifennodd Babington at Mari, gan roi gwybod iddi am gynllwyn i lofruddio Elisabeth, i ryddhau Mari o'i charchar, a gyda help llu o Sbaen i oresgyn, ei gosod hi ar orsedd Lloegr.

Cafodd atebion Mari i lythyrau Babington eu codi a'u hanfon at Walsingham. Nawr roedd ganddo'r prawf angenrheidiol i gadarnhau bod gan Mari ran mewn cynllwyn i ddymchwel Elisabeth.

Ym mis Awst 1586, dyma Walsingham yn taro. Cafodd Babington ei arestio, a chyffesodd. Ym mis Medi, cafodd ef a chwe chynllwyniwr arall eu dienyddio.

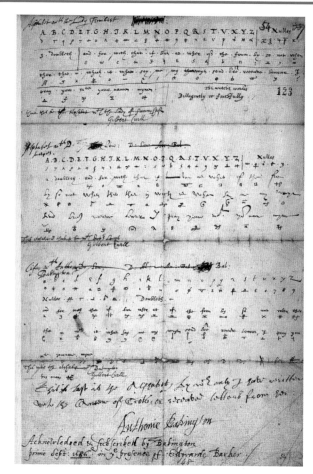

▲ Ffynhonnell N: Y cod seiffr gafodd ei ddefnyddio gan Mari, Brenhines y Sgotiaid, yn ei llythyrau at Babington

> **Ffynhonnell LL: Darn o lythyr oddi wrth Babington at Mari, Brenhines y Sgotiaid, ar 28 Mehefin 1585**
>
> *Byddaf i a deg gŵr bonheddig a chant o'n dilynwyr yn rhyddhau eich Mawrhydi o ddwylo eich gelynion.*
>
> *Er mwyn cael gwared ar y trawsfeddiannwr – a ninnau heb orfod ufuddhau iddi oherwydd ei bod wedi cael ei hesgymuno – bydd chwe gŵr bonheddig, pob un yn ffrindiau preifat i mi, yn ymgymryd â'r dienyddiad trist hwnnw oherwydd y sêl sydd ganddyn nhw at yr achos Catholig a gwasanaeth eich Mawrhydi.*

> **Ffynhonnell M: Darn o lythyr oddi wrth Mari, Brenhines y Sgotiaid, at Babington ar 17 Gorffennaf 1586**
>
> *Pan fydd popeth wedi'i baratoi, a'r lluoedd oddi mewn a'r tu allan ... yna rhaid i chi roi'r chwe gŵr bonheddig ar waith a rhoi gorchymyn fel y byddaf, ar ôl iddyn nhw gyflawni eu bwriad, rywsut wedi gallu dod oddi yno ac y bydd eich lluoedd i gyd yn y maes ar yr un pryd i'm derbyn i tra byddwn ni'n aros am gymorth o dramor ...*
>
> *Nawr gan nad yw hi'n bosibl pennu dyddiad penodol ar gyfer menter y dynion hyn, rwy'n dymuno bod ganddyn nhw yn agos atynt bob amser ... bedwar dyn dewr ar geffylau da i roi gwybod yn gyflym fod eu cynllun wedi llwyddo, cyn gynted ag y bydd wedi'i wneud, i'r rhai sydd wedi'u penodi i'm cael i ffwrdd oddi yma ...*

Cwestiwn ymarfer

Beth gallwch chi ei ddysgu gan Ffynonellau N ac LL am Gynllwyn Babington? *(I gael arweiniad, gweler tudalennau 107–108.)*

GWEITHGAREDDAU

1 Ysgrifennwch adroddiad at Walsingham yn esbonio rhan Mari yng Nghynllwyn Babington.

2 Copïwch a llenwch y tabl canlynol sy'n edrych ar gyfres o gynllwynion Catholig a'u bygythiad i Elisabeth.

Enw'r cynllwyn	Amlinelliad o'r cynllwyn	Rhesymau pam buodd y cynllwyn yn fethiant	Beth ddigwyddodd i'r cynllwynwyr?	Pa mor ddifrifol oedd bygythiad y cynllwyn hwn i Elisabeth?
Ridolfi				
Throckmorton				
Babington				

Achos llys Mari, Brenhines y Sgotiaid, mis Hydref 1586

Gan eu bod yn honni bod ganddyn nhw brawf uniongyrchol fod Mari wedi bod â rhan yng Nghynllwyn Babington, mynnodd Walsingham ac aelodau eraill y Cyfrin Gyngor ei bod hi'n cael ei thrin fel y cynllwynwyr eraill, ac yn cael ei dienyddio. Doedd Elisabeth ddim eisiau hyn, ond gadawodd i Mari gael ei rhoi ar brawf am frad. Cafodd Mari ei symud i Gastell Fotheringhay yn swydd Northampton lle digwyddodd yr achos llys ym mis Hydref 1586. Cafodd y llys hi'n euog o 'ddychmygu a chynllwynio marwolaeth ei Mawrhydi' a'i dedfrydu i farwolaeth. Ond, dro ar ôl tro, gwrthododd Elisabeth gais aelodau ei Chyfrin Gyngor iddi lofnodi'r warant dienyddio. Dim ond ar 1 Chwefror 1587 gwnaeth hi gytuno yn y diwedd.

Dienyddio Mari, Brenhines y Sgotiaid, ym mis Chwefror 1587

Er ei bod hi wedi llofnodi'r warant dienyddio, roedd Elisabeth yn dal i wrthod rhyddhau'r ddogfen. Cafodd aelodau'r Cyfrin Gyngor eu gorfodi i fynd y tu ôl i'w chefn a pherswadio ei hysgrifennydd, William Davison, i fynd â'r warant i Fotheringhay lle cafodd Mari ei dienyddio ar 8 Chwefror 1587 yn neuadd fawr y castell. Bu'n rhaid taro'r fwyell dair gwaith er mwyn torri ei phen o'i chorff (gweler Ffynhonnell P).

Pan glywodd hi'r newyddion am y dienyddiad, roedd Elisabeth yn gynddeiriog. Gorchmynnodd hi i Davison gael ei garcharu yn y Tŵr a chafodd ei wahardd o'r llys. Rhoddodd hi'r bai ar Arglwydd Burghley, a gwrthod siarad ag ef am fis. Ysgrifennodd lythyr i ymddiheuro at fab Mari, y Brenin ifanc Iago VI o'r Alban.

◄ Ffynhonnell O: Syr Francis Walsingham, oedd yn allweddol wrth sicrhau dienyddiad Mari, Brenhines y Sgotiaid

Ffynhonnell P: Adroddiad o'r cyfnod am ddienyddio Mari gafodd ei anfon at Arglwydd Burghley ym mis Chwefror 1587

Ymbalfalodd am y bloc, cyn gosod ei phen i lawr, gan roi ei gên dros y bloc gyda'i dwylo. Byddai'r rhain, oedd yn dal yn yr un lle, wedi cael eu torri i ffwrdd petaen nhw heb gael eu gweld. Yna, gorweddodd yn llonydd iawn ar y bloc, ac un o'r dienyddwyr yn cydio'n ysgafn ynddi ag un llaw, cyn dioddef dwy ergyd gan y dienyddiwr arall â bwyell. Gwnaeth sŵn bach iawn os gwnaeth hi sŵn o gwbl, heb symud unrhyw ran ohoni o'r man lle roedd hi'n gorwedd. Ac felly torrodd y dienyddiwr ei phen i ffwrdd, heblaw am un darn bach o'i gwythi. Ar ôl i'w phen gael ei dorri'n rhydd, cododd ef i bawb oedd wedi ymgasglu gael ei weld a dweud, 'Duw Gadwo'r Frenhines'. Crynai ei gwefusau i fyny ac i lawr am chwarter awr ar ôl i'w phen gael ei dorri. Yna dyma un o'r dienyddwyr, wrth dynnu ei gardys oddi arni, yn sylwi ar ei chi bach oedd wedi cropian o dan ei dillad. Roedd hi'n amhosibl ei gael oddi wrthi heb ei dynnu drwy rym, ond wedyn daeth yn ôl i orwedd rhwng ei phen a'i hysgwyddau, nes iddo gael ei gario i ffwrdd a'i olchi.

Canlyniadau marwolaeth Mari: diwedd y bygythiad Catholig?

Ar ôl i Mari gael ei dienyddio, roedd llawer o ASau ac aelodau Cyfrin Gyngor Elisabeth yn gobeithio byddai'r digwyddiad yn golygu bod cynllwynion Catholig i wanhau safle'r Frenhines yn dod i ben. Roedd rhai, fel Syr Christopher Hatton, yn credu bod y bygythiad yno o hyd, er ei fod wedi cael ei leihau (gweler Ffynhonnell PH). Mewn gwirionedd, chafodd y dienyddio ddim llawer o effaith.

- Catholigion Cymru a Lloegr – doedd dim llawer o ymateb gan Gatholigion Cymru a Lloegr, na rhagor o gynllwynion Catholig am weddill teyrnasiad Elisabeth chwaith.
- Yr Alban – er bod y Brenin Iago VI wedi protestio am farwolaeth ei fam, chymerodd e ddim camau yn erbyn y frenhines, a rhoddodd y bai ar aelodau'r Cyfrin Gyngor yn hytrach nag ar Elisabeth ei hun.
- Ffrainc – wnaeth y Brenin Harri III ddim byd, gan fod arno eisiau cadw'n gyfeillgar ag Elisabeth i'w ddiogelu yn erbyn pŵer cynyddol Sbaen.
- Sbaen – roedd y Brenin Philip II yn cynllunio i oresgyn Lloegr yn barod, a'r cyfan wnaeth y dienyddio oedd cadarnhau ei fod eisiau cael gwared ar Brotestaniaeth o Loegr.

> **Ffynhonnell PH: Rhan o araith roddodd Syr Christopher Hatton i'r Senedd yn 1589, lle roedd yn rhybuddio bod y bygythiad Catholig yno o hyd**
>
> *Cnafon ffiaidd, offeiriaid gwaedlyd a bradwyr ffals, yma yn ein plith ac yn llechu tu hwnt i'r moroedd. Rydym wedi torri rhai o ganghennau'r gelyn i ffwrdd, ond byddan nhw'n tyfu eto.*

GWEITHGAREDDAU

1 Esboniwch pam doedd Elisabeth ddim eisiau llofnodi'r warant i ddienyddio Mari.
2 I ba raddau daeth y bygythiad Catholig i ben ar ôl i Mari, Brenhines y Sgotiaid, gael ei dienyddio?

Cwestiwn ymarfer

Beth gallwch chi ei ddysgu gan Ffynonellau P ac R am ddienyddio Mari, Brenhines y Sgotiaid? *(I gael arweiniad, gweler tudalennau 107–108.)*

▲ **Ffynhonnell R:** Darlun dienw o ddienyddiad Mari, Brenhines y Sgotiaid, ym mis Chwefror 1587, wedi'i dynnu gan lygad-dyst

Reciwsantiaeth Gatholig yng Nghymru

Er i fwyafrif y Catholigion yng Nghymru dderbyn Ardrefniant Crefyddol Elisabeth a chydymffurfio ag ef, dewisodd nifer bach beidio â gwneud hynny. Aethon nhw ati i herio'r drefn mewn sawl ffordd. Tyfodd eu gwrthwynebiad wrth i deyrnasiad Elisabeth fynd yn ei flaen.

Reciwsantiaeth
Gwrthododd rhai pobl fynd i wasanaethau'r eglwys ac fe gawson nhw ddirwy am hynny. Talodd Edward Morgan o Lantarnam £7,760 mewn dirwyon yn ystod teyrnasiad Elisabeth, a chafodd William Griffith o Lancarfan ei orfodi i roi dwy ran o dair o'i diroedd i dalu dirwyon.

Merthyron Catholig
Roedd nifer o Gymry yn gwrthod diarddel eu ffydd Gatholig, a chafodd rhai eu dienyddio oherwydd eu credoau crefyddol. Y rhain oedd unig ferthyron Catholig Cymru, a'u henwau oedd William Davies, John Jones a Richard Gwyn.

Alltudiaeth
Dewisodd rhai pobl adael y wlad, ac yn eu mysg roedd nifer o uwch glerigwyr. Aeth Thomas Goldwell, Esgob Llanelwy, Morys Clynnog, darpar Esgob Bangor a Gruffydd Robert, Archddiacon Ynys Môn, o Gymru i'r Eidal yn ystod blynyddoedd cyntaf teyrnasiad Elisabeth.

Cynllwynion yn erbyn Elisabeth
Roedd rhai o Gatholigion Cymru'n cefnogi hawl Mari, Brenhines y Sgotiaid. Cymeron nhw ran mewn cynllwynion yn erbyn Elisabeth. Roedd Hugh Davies o Blas Du yn rhan o Gynllwyn Ridolfi yn 1571 a chafodd ei orfodi i ffoi dramor ar ôl i'r cynllwyn fethu. Roedd Thomas Salusbury, etifedd stad Lleweni ger Dinbych, ac Edward Jones o Blas Cadwgan yn Wrecsam yn rhan o Gynllwyn Babington. Cafodd y ddau eu dedfrydu'n euog o gynllunio gwrthryfel yn sir Ddinbych i gefnogi Mari. Roedd hwn i fod i ddigwydd yn syth ar ôl i'r cynllwyn lwyddo. Cawson nhw eu harestio ym mis Awst, eu canfod yn euog o gymryd rhan, a chafodd y ddau eu dienyddio ar y Gwynfryn (Tower Hill) yn Llundain ym mis Medi 1586.

Sut ymatebodd Catholigion Cymru i Ardrefniant Crefyddol Elisabeth?

Coleg hyfforddi Catholig
Aeth dau Gymro, Owen Lewis a Morgan Phillips, dros y Sianel i'r coleg hyfforddi Catholig yn Douai yn Fflandrys lle buon nhw'n helpu i hyfforddi'r genhedlaeth newydd o offeiriaid Catholig.

Cyhoeddi llenyddiaeth Gatholig
Bu rhai yn helpu i gadw'r ffydd Gatholig yn fyw drwy argraffu a dosbarthu gweithiau crefyddol yn Gymraeg. Gan fod Catholigion wedi cael eu gwahardd rhag cyhoeddi llyfrau, cawson nhw eu gorfodi i sefydlu gweisg argraffu cyfrinachol. Roedd un o'r rhai mwyaf llwyddiannus wedi'i chuddio mewn ogof yn Rhiwledyn ar Drwyn y Fuwch (Little Orme), Llandudno.

▲ Ffigur 5.3: Sut ymatebodd Catholigion Cymru i Ardrefniant Crefyddol Elisabeth?

Astudiaeth achos: Merthyron Catholig Cymru

Talodd tri Chymro y pris eithaf am wrthod diarddel eu safbwyntiau Catholig. O ganlyniad i hyn, cawson nhw eu dienyddio. Daethon nhw'n ferthyron Catholig; hynny yw, dynion fuodd farw oherwydd eu ffydd.

Richard Gwyn

Cafodd ei eni yn Llanidloes yn sir Drefaldwyn i deulu Protestannaidd. Ar ôl gorffen yng Ngholeg Sant Ioan yng Nghaergrawnt, daeth yn ysgolfeistr yn yr ardal o amgylch Wrecsam. Yno, o dan ddylanwad y Tad John Bennett, cafodd dröedigaeth i'r ffydd Gatholig Rufeinig. Yna bu'n asiant oedd yn cyfryngu rhwng offeiriaid y colegau Catholig a theuluoedd Catholig gogledd-ddwyrain Cymru. Cafodd ei arestio a'i garcharu sawl gwaith am wrthod derbyn Elisabeth yn Ben ar yr Eglwys. Y tro olaf, cafodd ei gadw yng ngharchar a'i arteithio am bedair blynedd cyn ei roi ar brawf. Ar ôl ei gael yn euog, cafodd ei ddienyddio drwy ei grogi, ei ddiberfeddu a'i chwarteru ar 15 Hydref 1584. Ef oedd y Catholig cyntaf o Gymru i farw'n ferthyr (gweler Ffynhonnell T).

William Davies

Roedd Davies yn dod o Groes-yn-Eirias yn sir Gaernarfon yn wreiddiol. Daeth yn offeiriad Catholig yn 1585 ac yn ystod y flwyddyn ganlynol bu'n byw yn yr ogof gudd yn Rhiwledyn ar Drwyn y Fuwch yn Llandudno. Yma, helpodd i argraffu llenyddiaeth Gatholig, gan gynnwys *Y Drych Cristianogawl*, sef y llyfr cyntaf i gael ei argraffu yng Nghymru (gweler Ffynonellau RH ac S). Yn 1592 cafodd ei arestio a'i anfon i garchar ym Miwmares. Oherwydd iddo wrthod diarddel ei ffydd Gatholig, cafodd ei ddienyddio ar 27 Gorffennaf 1593.

John Jones

Cafodd ei eni yng Nghlynnog yn sir Gaernarfon. Roedd rhaid iddo ffoi dramor i Rufain yn ystod rhan ganol teyrnasiad Elisabeth. Yno, yn 1591, daeth yn Frawd Ffransisgaidd, gan gymryd yr enw Y Brawd Godfrey Maurice. Yn fuan wedyn, dychwelodd i Loegr mewn cuddwisg. Ond cafodd ei arestio yn 1594 gan Richard Topcliffe, yr heliwr offeiriaid. Cafodd ei grogi yn Southwark yn Llundain ar 12 Gorffennaf 1598.

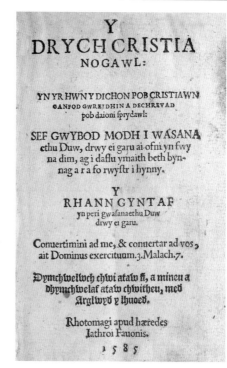

◀ Ffynhonnell S: Wynebddalen *Y Drych Cristianogawl*, gafodd ei argraffu ar yr argraffwasg Gatholig gudd yn ogof Rhiwledyn ar Drwyn y Fuwch, Llandudno

> **Ffynhonnell RH:** Rhan o lythyr oddi wrth J. P. William Griffith at yr Archesgob Whitgift ar 19 Ebrill 1587, yn rhoi gwybod iddo fod argraffwasg gudd wedi cael ei darganfod yn Rhiwledyn
>
> *Mae ogof ar lan y môr tua thri gwryd o ddyfnder … ac ar xiii y mis Ebrill hwn roedd yn yr ogof ddeuddeg neu ragor o Jeswitiaid, offeiriaid colegau Catholig a reciwsantiaid. Cawson nhw eu darganfod gan gymydog oedd wedi gweld un neu ddau ohonyn nhw gyda phistolau yng ngheg yr ogof. … Aeth at yr Ynad Syr Thomas Mostyn ac fe gasglodd yntau 40 o bobl a dod i geg yr ogof. Roedd yn ofni mentro mynd i mewn i'r ogof ond gadawodd iddi gael ei gwylio dros nos. … Wn i ddim sut, ond erbyn y bore wedyn roedd pawb wedi dianc. … Y diwrnod wedyn daethon nhw o hyd i arfau a bwyd yn yr ogof, ac roedd yr ogof wedi cael ei chau a'u hallor nhw wedi cael ei chario i ffwrdd.*

> **Ffynhonnell T:** Adroddiad am ddienyddio Richard Gwyn, y merthyr Catholig yn Wrecsam ar 15 Hydref 1584. Cafodd ei ysgrifennu gan offeiriad Catholig a ffrind i Gwyn, y Tad John Bennett o Dreffynnon
>
> *… Gofynnodd [y crogwr] i'r carcharor am faddeuant … ar hynny cydiodd y merthyr yn ei law a'i chusanu gan ddweud, rwy'n maddau i ti â'm holl galon … Yn olaf, wrth i'r dienyddiwr gynnig rhoi'r rhaff am ei wddf, gwenodd, gan ei gynghori i adael y dasg honno, oherwydd ei bod mor syml … Felly daeth y dienyddiwr i lawr a gorchmynnodd y Siryf i geidwad y carchar droi'r ysgol … Yn y diwedd, wrth iddo [Gwyn] adrodd y weddi, dyma'r dienyddiwr yn troi'r ysgol, ac felly cafodd ei grogi.*

GWEITHGAREDDAU

1 Pa mor ddifrifol oedd bygythiad reciwsantiaid Catholig yng Nghymru i Ardrefniant Crefyddol Elisabeth?

2 Astudiwch Ffynhonnell RH. Pa dystiolaeth sydd yn y ffynhonnell nad oedd yr awdurdodau ar frys i arestio'r Catholigion oedd yn cuddio yn yr ogof?

Cwestiynau ymarfer

1 Beth gallwch chi ei ddysgu gan Ffynonellau RH ac S am y gefnogaeth i'r ffydd Gatholig yng Nghymru? *(I gael arweiniad, gweler tudalennau 107–108.)*

2 I ba raddau mae Ffynhonnell T yn ddisgrifiad cywir o bwysigrwydd y bygythiad Catholig i Elisabeth yng Nghymru? *(I gael arweiniad, gweler tudalennau 109–110.)*

Casgliad: Pam roedd y Catholigion yn fygythiad mor ddifrifol i Elisabeth?

Er bod mwyafrif deiliaid Elisabeth wedi derbyn yr Ardrefniant Crefyddol, doedd Catholigion pybyr ddim yn ei groesawu. Roedden nhw'n gwrthod mynd i wasanaethau Eglwys Loegr a chawson nhw ddirwy o ganlyniad. Yn benodol, roedden nhw'n gwrthwynebu cyfaddawd yr Ardrefniant dros fater y 'gwir bresenoldeb'. Roedden nhw'n credu mewn gwirionedd mai corff a gwaed Crist oedd y bara a'r gwin fyddai'n cael eu rhoi yn ystod yr Offeren. Doedden nhw ddim eisiau rhoi'r gorau i'r gred hon, felly roedden nhw'n dathlu'r Offeren Gatholig yn y dirgel. Offeiriaid o golegau Catholig oedd yn gweinyddu'r Offeren; dechreuon nhw gyrraedd Cymru a Lloegr ar ôl 1574 o'u colegau hyfforddi yng ngogledd Ffrainc. Cyn hir roedd offeiriaid Jeswitaidd yn dod draw hefyd. Ar ôl i'r Pab esgymuno Elisabeth yn 1570, chwaraeon nhw ran yn y Cynllwynion Catholig i dynnu Elisabeth o'r orsedd.

Yn ystod yr 1570au a'r 1580au, roedd y cynllwynion hyn yn fygythiad arwyddocaol i Elisabeth gan eu bod i gyd yn bwriadu rhoi Mari, Brenhines y Sgotiaid, ar yr orsedd yn ei lle. Wedyn roedden nhw'n bwriadu adfer y ffydd Gatholig fel prif grefydd y wlad. Cyhyd â bod Mari'n fyw, roedd hi'n fygythiad i Elisabeth. Roedd y ffaith iddi gael ei chadw'n gaeth am ugain mlynedd yn golygu ei bod hi'n ganolbwynt pob cynllwyn Catholig. Er nad oedd aelodau Cyfrin Gyngor Elisabeth yn gallu dod o hyd i dystiolaeth uniongyrchol i gysylltu Mari â chynllwynion Ridolfi a Throckmorton, roedd pethau'n wahanol yn achos Cynllwyn Babington. Ar ôl cael gafael ar lythyrau oedd yn profi bwriad bradwrus Mari i ddiorseddu Brenhines Lloegr, cafodd Elisabeth ei gorfodi gan aelodau ei Chyfrin Gyngor i lofnodi gwarant dienyddio ei chyfnither. Roedd ofn o hyd y gallai'r Catholigion fod wedi cael cefnogaeth o dramor, ac roedd hi'n ffodus i Elisabeth na ddigwyddodd hyn erioed. Ond, doedd marwolaeth Mari ddim yn ddiwedd ar y bygythiad Catholig. Ymddangosodd hwnnw eto'r flwyddyn ganlynol gydag Armada Sbaen.

Er bod rhai o Gatholigion Cymru a Lloegr wedi bod yn anffyddlon i Elisabeth ac wedi cefnogi'r cynllwynion, rhaid cofio mai cymharol brin oedden nhw a bod mwyafrif helaeth y Catholigion wedi aros yn deyrngar. Oherwydd ymgyrch bropaganda gan Cecil a Walsingham, roedd y bygythiad gan gynllwynwyr, Jeswitiaid ac offeiriaid colegau Catholig yn ymddangos yn waeth nag oedd mewn gwirionedd.

Cwestiwn crynhoi

Nawr eich bod chi wedi cwblhau'r bennod hon, defnyddiwch y wybodaeth rydych chi wedi'i chael i ateb y cwestiwn canlynol.

'Gwrthryfel y Gogledd oedd y Cynllwyn Catholig mwyaf difrifol yn erbyn Elisabeth.' I ba raddau rydych chi'n cytuno â'r gosodiad hwn?

Efallai yr hoffech chi ystyried y ffactorau canlynol yn eich ateb:

1 pa mor ddifrifol oedd Gwrthryfel y Gogledd
2 Cynllwyn Ridolfi
3 Cynllwyn Throckmorton
4 Cynllwyn Babington
5 ac unrhyw ffactorau perthnasol eraill gallwch chi feddwl amdanyn nhw.

Cwestiwn allweddol: Faint o fygythiad oedd Armada Sbaen?

Rhesymau dros Armada Sbaen

> **Ffynhonnell A:** Darn o'r gorchmynion roddodd Dug Medina Sidonia i'w ddynion cyn i'r Armada hwylio ym mis Mai 1588
>
> *Rhaid i chi i gyd wybod, o'r uchaf i'r isaf, mai'r prif reswm sydd wedi ysgogi Ei Fawrhydi i ymgymryd â'r fenter hon yw ei ddymuniad i wasanaethu Duw, a throi i'w Eglwys lawer o bobl ac eneidiau sydd wedi'u gormesu gan elynion hereticaidd ein ffydd Gatholig, ac sy'n wynebu camsyniadau.*

Ar ôl dienyddio Mari, Brenhines y Sgotiaid, ym mis Chwefror 1587, sylweddolodd y Brenin Philip II o Sbaen nad oedd gobaith rhoi brenin neu frenhines Gatholig ar orsedd Lloegr bellach. Mor gynnar ag 1586, roedd wedi dechau creu cynllun i oresgyn Lloegr er mwyn dymchwel Elisabeth ac adfer Catholigiaeth Rufeinig fel crefydd swyddogol y wlad. Oherwydd i Mari gael ei dienyddio, a ffactorau eraill, roedd Philip hyd yn oed yn fwy penderfynol o fwrw ymlaen i lansio armada.

Uchelgais y Brenin Philip II o Sbaen

Yn 1554, priododd Philip â Mari Tudur, oedd fel yntau yn glynu'n dynn wrth y ffydd Gatholig. Ym mis Hydref 1555, ar ôl i'w dad, yr Ymerawdwr Charles V, ildio'r goron, daeth Philip yn Frenin ar Sbaen, yr Iseldiroedd a holl ddominiynau Sbaen yn yr Eidal ac America. Bellach roedd yn rheoli un o ymerodraethau mwyaf pwerus a chyfoethog y byd. Roedd gan Sbaen ei hun lynges fawr ac un o fyddinoedd cryfaf Ewrop. Gan ei fod yn benderfynol o warchod y ffydd Gatholig, defnyddiodd Philip ei bŵer newydd i gyfarwyddo Chwilys Sbaen i ymosod ar dwf Protestaniaeth ar draws gogledd Ewrop.

Ym mis Gorffennaf 1556, ar ôl i Edward VI farw, daeth Philip i gyd-lywodraethu Cymru a Lloegr gyda Mari Tudur, ei wraig. Roedd yn cefnogi Mari wrth iddi geisio ailsefydlu Catholigiaeth yn grefydd swyddogol a chosbi Protestaniaid yn llym. Doedd dim plant ganddyn nhw, ac ar ôl i Mari farw ym mis Tachwedd 1558 daeth hawl Philip ar orsedd Lloegr i ben. Doedd Philip ddim eisiau torri ei gysylltiad â Lloegr, a cheisiodd drefnu priodas ag Elisabeth, y frenhines newydd. Ond gwrthododd Elisabeth ei gynnig, ac yn 1559 priododd Philip ag Isabella, merch y Brenin Harri II o Ffrainc. Cafodd Philip ei ddychryn gan Ardrefniant Crefyddol Elisabeth y flwyddyn honno, wrth iddi greu Eglwys Brotestannaidd newydd. Dechreuodd wylio'r datblygiadau yn Lloegr gyda phryder, gan chwilio am gyfle i droi'r wlad yn ôl at y ffydd Gatholig. Yn y pen draw, ei ateb oedd cynllunio ar gyfer armada.

Roedd Philip yn credu'n gryf fod Duw o'i blaid ac roedd yn ystyried mai 'croesgad sanctaidd' oedd ei gynlluniau i waredu Lloegr o'i brenhines hereticaidd a'i ffydd Brotestannaidd. Ei nod yn y pen draw oedd gweld Catholigiaeth Rufeinig yn cael ei hadfer yn brif grefydd Cymru a Lloegr. Roedd hwn yn safbwynt oedd yn cael ei gefnogi gan Ddug Medina Sidonia, sef comander yr armada (gweler Ffynhonnell A).

▲ **Ffynhonnell B:** Portread o'r Brenin Philip II o Sbaen (1555–98). Cafodd ei beintio yn 1571 gan Alonso Sánchez Coello, yr arlunydd Sbaenaidd

> ### GWEITHGAREDDAU
>
> 1 Pa mor arwyddocaol oedd dienyddio Mari, Brenhines y Sgotiaid, wrth i Philip benderfynu goresgyn Lloegr er mwyn adfer y ffydd Gatholig?
>
> 2 Pa resymau gafodd eu rhoi yn Ffynhonnell A dros benderfyniad Philip i lansio Armada?

Y rhyfel yn yr Iseldiroedd

Ar ddechrau teyrnasiad Elisabeth roedd Lloegr a Sbaen yn gymharol gyfeillgar. Roedd yr Iseldiroedd yn bwysig iawn i Sbaen yn economaidd, ac roedd y llwybrau masnach mwyaf cyfleus yn golygu bod llongau'n hwylio drwy'r Sianel. Doedd Philip ddim eisiau dod â'r cysylltiad economaidd gwerthfawr hwn i ben drwy chwerwi'r berthynas â Lloegr. Felly, ar y dechrau, doedd Philip ddim yn awyddus i weld Mari, Brenhines y Sgotiaid, yn dod yn frenhines, oherwydd roedd yn credu y byddai hi'n fwy tebygol o ochri â Ffrainc, sef gelyn mwyaf Sbaen.

Ond, yn sgil gwrthryfel gan Brotestaniaid yr Iseldiroedd, dechreuodd hyn niweidio'r berthynas rhwng Lloegr a Sbaen yn fawr. Ym mis Awst 1566, cododd Protestaniaid yn Ghent, Antwerp a dinasoedd eraill yn yr Iseldiroedd mewn gwrthryfel yn erbyn rheolaeth Gatholig Sbaen. Dechreuon nhw godi terfysg gan ddryllio'r eiconau Catholig a'r delweddau crefyddol oedd yn addurno'u heglwysi. Yn 1567 ymatebodd Philip drwy anfon byddin o 10,000 o filwyr i'r Iseldiroedd o dan orchymyn Dug Alba. Roedd yn benderfynol o sathru ar wrthryfelwyr yr Iseldiroedd (gweler Ffynhonnell C). Aeth ati i sathru ar y gwrthryfel yn ddidostur, gan arestio dros 18,000 o Brotestaniaid Iseldiraidd, a rhoi gorchymyn i dros fil ohonyn nhw gael eu llosgi i farwolaeth.

> **Ffynhonnell C:** Yn 1566, mewn llythyr at y Pab, mynegodd Philip ei ddymuniad i sathru ar y gwrthryfel yn yr Iseldiroedd
>
> *Cyn dioddef y niwed lleiaf i grefydd ac i wasanaeth Duw, byddai'n well gennyf golli fy ngwladwriaethau i gyd, a chant o fywydau pe baen nhw gennyf, oherwydd nid wyf yn bwriadu rheoli dros hereticiaid.*

Cwestiwn ymarfer

Beth gallwch chi ei ddysgu gan Ffynonellau C ac CH am agwedd Philip tuag at Brotestaniaid yr Iseldiroedd? (I gael arweiniad, gweler tudalennau 107–108.)

▲ **Ffynhonnell CH:** Paentiad o'r cyfnod, *Lladdfa'r Rhai Diniwed*, gan Pieter Bruegel, yr arlunydd o'r Iseldiroedd, *c*.1567. Mae'n dangos y polisi llym roedd lluoedd Alba yn ei ddilyn wrth atal y gwrthryfel Protestannaidd

Ymateb Elisabeth i'r digwyddiadau yn yr Iseldiroedd

Dychrynodd Elisabeth wrth weld y datblygiadau ar draws y Sianel. Roedd hi'n poeni oherwydd bod cynifer o filwyr Sbaen mor agos at arfordir Lloegr. Cafodd gyngor amrywiol gan aelodau gwahanol ei Chyfrin Gyngor. Roedd un garfan o dan arweiniad Cecil eisiau osgoi rhyfel â Sbaen ar bob cyfrif, ond roedd carfan arall o dan arweiniad Iarll Caerlŷr a Francis Walsingham o blaid gweithredu milwrol uniongyrchol er mwyn amddiffyn a chefnogi'r Protestaniaid. Ond, roedd Elisabeth yn ansicr. Dewisodd roi cefnogaeth answyddogol i'r gwrthryfelwyr yn yr Iseldiroedd drwy roi arian ac arfau iddyn nhw, gadael i longau'r gwrthryfelwyr aros ym mhorthladdoedd Lloegr, a gadael i fôr-ladron ymosod ar y llongau cludo oedd yn cyflenwi byddin Alba.

Yn 1575 cododd gwrthryfel eto yn yr Iseldiroedd ac erbyn 1579 roedd y wlad wedi rhannu'n ddwy. Ffurfiodd taleithiau'r de Undeb Arras a chymodi â Sbaen. O dan arweiniad Gwilym Dawedog (enw arall arno oedd Gwilym o Orange), ffurfiodd taleithiau'r gogledd Undeb Utrecht a gwrthod rheolaeth Sbaen. Penododd Philip gadlywydd newydd, Alexander Farnese, Dug Parma, a dechreuodd ef adennill tir oedd wedi'i golli cyn hynny i'r gwrthryfelwyr. Wrth weld y gallai'r Iseldiroedd golli, dechreuodd Elisabeth ariannu gwrthryfel yn erbyn Parma. Ar ôl i Gwilym Dawedog gael ei ladd yn 1584, roedd y gwrthryfel wedi colli ei arweinydd allweddol, felly plygodd y Frenhines o'r diwedd i bwysau carfan Iarll Caerlŷr a llofnodi Cytundeb Nonsuch gyda'r gwrthryfelwyr Iseldiraidd yn 1585.

Gyda'r Cytundeb hwn, cytunodd Elisabeth i fod yn amddiffynnydd Protestaniaid yr Iseldiroedd ac i anfon llu o 5,000 o filwyr a 1,000 o wŷr meirch, o dan orchymyn Iarll Caerlŷr, i helpu i gynnal y gwrthryfel. Wnaeth hyn ddim arwain at lwyddiant pendant ac fe gwerylodd Iarll Caerlŷr ag arweinwyr y gwrthryfel, felly dychwelodd adref yn 1587. Erbyn hyn roedd Lloegr a Sbaen mewn cyflwr o ryfel heb ei ddatgan. Ar yr un pryd anfonodd Elisabeth lynges allan o dan arweiniad Francis Drake i ysbeilio llongau Sbaen yn y Caribî.

GWEITHGAREDDAU ?

1 Defnyddiwch Ffynhonnell D a'r hyn rydych chi'n ei wybod i esbonio pam dechreuodd gwrthryfel yn yr Iseldiroedd.

2 Esboniwch pam penderfynodd Elisabeth helpu'r gwrthryfelwyr Protestannaidd yn yr Iseldiroedd.

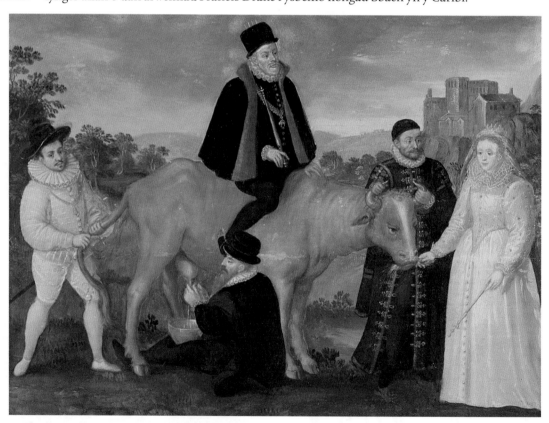

▲ **Ffynhonnell D:** Paentiad o'r cyfnod yn dangos problemau'r Iseldiroedd yn yr 1580au. Mae Parma, cadlywydd Sbaen, yn godro adnoddau'r fuwch sy'n cynrychioli'r Iseldiroedd, a hithau'n gorfod cario baich brenin tramor, Philip II o Sbaen. Mae'r Frenhines Elisabeth yn cynnig maeth i'r fuwch, ac yma mae'r bwyd yn symbol o'r cymorth roddodd hi ar ffurf milwyr ac arian

Rôl preifatiriaid Lloegr a'r Môr Sbaenaidd

Wrth i'r berthynas â Sbaen ddirywio, cododd mwy o wrthdaro yn y Môr Sbaenaidd, sef y taleithiau roedd Sbaen yn eu rheoli yng nghanolbarth a de America. Yn ystod yr 1570au a'r 1580au, roedd Elisabeth wedi annog preifatiriaid o Loegr i ymosod ar longau trysor Sbaenaidd oedd yn dod ag aur ac arian yn ôl o'r Môr Sbaenaidd i Sbaen, a'u hannog hefyd i ymosod ar aneddiadau (*settlements*) Sbaenaidd yn Ne America. Yn 1572, ymosododd Francis Drake ar Nombre de Dios, cadarnle Sbaenaidd yn y Caribî, a llwyddodd i ymosod yn ddirybudd ar longau oedd yn mynd ag arian yn ôl i Sbaen.

Yn 1577, fe wnaeth Elisabeth anfon Drake ar daith fyddai'n para 3 blynedd. Yn sgil y daith hon, Drake oedd y Sais cyntaf i hwylio o gwmpas y byd. Yn ei long, y *Golden Hind*, hwyliodd o gwmpas De America i'r Cefnfor Tawel. Oddi yno lansiodd ymosodiadau sydyn ar longau trysor Sbaen, a chipio trysorau enfawr (gweler Ffynhonnell DD). Mae un amcangyfrif yn honni iddo ddod yn ôl ag aur, arian a gemwaith gwerth dros £140,000 (tua £200 miliwn heddiw). Roedd Philip II yn gynddeiriog gyda Drake a mynnodd ei fod yn cael ei ddienyddio. Ond roedd Elisabeth wrth ei bodd ac yn 1581, daeth ar fwrdd y *Golden Hind*, estyn cleddyf allan ac urddo Drake yn farchog.

Pan ddechreuodd y rhyfel â Sbaen yn 1585, cafodd Drake ei anfon i India'r Gorllewin i ymosod ar aneddiadau Sbaenaidd ac i darfu ar lwybrau masnach. Cipiodd nifer o drefi a dychwelodd i Loegr gyda thrysor gwerth dros £30,000, yn ogystal â 250 canon Sbaenaidd. Erbyn yr 1580au roedd yr holl ysbeilio niweidiol ar longau bwliwn Sbaen gan Drake a phreifatiriaid eraill o Loegr yn dechrau cael effaith ddifrifol ar economi Sbaen.

Syr Francis Drake (c.1540–96)

- Cafodd brofiad o hwylio drwy gymryd rhan ym mordeithiau John Hawkins i fasnachu caethweision.
- Bu'n rheoli llong am y tro cyntaf yn 22 oed.
- Arweiniodd ymosodiadau môr-ladron ar longau trysor Sbaen yn ystod yr 1570au.
- Roedd y Sbaenwyr yn ei ofni, ac yn ei alw'n 'El Draque' (y ddraig).
- Hwyliodd o gwmpas y byd yn y *Golden Hind* rhwng 1577 ac 1580.
- Cafodd ei urddo'n farchog gan Elisabeth yn 1581.
- Ymosododd ar lynges Sbaen ym mhorthladd Cádiz yn 1587, gan ohirio'r Armada am flwyddyn.
- Cafodd ei wneud yn is-lyngesydd y llynges i ymladd â'r Armada.
- Anfonodd Elisabeth ef ar daith i India'r Gorllewin a chanolbarth America yn 1595.
- Bu farw o'r dwymyn felen ym mis Ionawr 1596, yn 53 oed, a chafodd ei gladdu yn y môr oddi ar arfordir México.

GWEITHGAREDD

Pa mor arwyddocaol oedd gweithredoedd preifatiriaid Lloegr wrth achosi rhyfel rhwng Lloegr a Sbaen?

▲ Ffynhonnell DD: Darlun o'r cyfnod yn dangos y *Golden Hind* wrthi'n ymosod yn y Môr Sbaenaidd ar y llong o Sbaen, y *Cacafuego*

▲ Syr Francis Drake, 1540–96

Philip yn paratoi'r Armada

Gan mai ynys yw Prydain, lansio ymosodiad o'r môr oedd yr unig ffordd i Philip geisio goresgyn teyrnas Elisabeth. Roedd ganddo fyddin bwerus yn yr Iseldiroedd, ond y broblem roedd yn ei wynebu oedd sut gallai symud y fyddin honno dros y Sianel. Armada oedd ei ateb.

Cynllun Philip

Roedd Philip wedi llunio cynllun yn 1586 yn wreiddiol, a'i syniad oedd casglu armada o longau arfog fyddai'n cael ei defnyddio i wneud y canlynol:

- hwylio i'r gogledd o Lisboa ar hyd arfordiroedd Sbaen a Ffrainc i mewn i'r Sianel, gan ddinistrio llynges Lloegr yn y Sianel
- symud ymlaen drwy'r Sianel a bwrw angor gerllaw Calais
- byddai llu o 17,000 o filwyr Sbaenaidd profiadol o'r Iseldiroedd yn ymgasglu yn Dunkirk, yn barod i oresgyn Lloegr; bydden nhw'n cael eu harwain gan Ddug Parma, oedd yn cael ei ystyried yn un o gadfridogion gorau Ewrop
- wedyn byddai'r Armada yn amddiffyn milwyr Parma wrth iddyn nhw groesi'r Sianel mewn badau enfawr gyda gwaelod gwastad
- byddai byddin Parma yn glanio yn Margate yn swydd Caint, yn dilyn cwrs afon Tafwys i Lundain, yn cipio'r ddinas ac yn tynnu Elisabeth, yr heretic Protestannaidd, o'r orsedd gan droi Cymru a Lloegr yn Gatholig unwaith eto
- cyn gynted ag y byddai byddin Sbaen yn glanio ar arfordir de Lloegr, byddai Catholigion y wlad yn codi mewn gwrthryfel yn erbyn y frenhines a'r llywodraeth Brotestannaidd.

Ymosodiad Drake ar Cádiz

Pan oedd llongau'r Armada ar fin gorffen ymgasglu ym mhorthladd Cádiz yng ngwanwyn 1587, cafodd Philip II newyddion ofnadwy. Ar 20 Ebrill roedd Drake wedi hwylio nifer o longau rhyfel Lloegr i'r porthladd yn Cádiz ac wedi ymosod ar lynges Sbaen. Honnai Drake ei fod wedi dinistrio 37 llong, ond roedd yr adroddiad gafodd ei anfon at Philip yn nodi 24 llong. Roedd hyn yn rhwystr mawr i'r Armada. Yr un mor arwyddocaol oedd y ffaith fod Drake wedi llosgi cyflenwadau pwysig o bren, yn enwedig pren wedi'i sychu oedd yn aros i gael ei ddefnyddio i wneud casgenni storio. O ganlyniad, pan hwyliodd yr Armada y flwyddyn ganlynol, roedd llawer o'r casgenni'n gollwng neu wedi hollti oherwydd iddyn nhw gael eu gwneud o bren heb ei sychu. Ar y pryd roedd pobl yn sôn bod ymosodiad Drake wedi 'llosgi barf brenin Sbaen' a chafodd yr Armada ei gohirio am flwyddyn. Rhoddodd hyn fwy o amser i Loegr baratoi ei hamddiffynfeydd yn erbyn goresgyniad posibl gan Sbaen.

Cwestiwn ymarfer

Pam roedd yr ymosodiad ar Cádiz yn ddigwyddiad arwyddocaol o ran niweidio cynlluniau Philip i oresgyn Lloegr? *(I gael arweiniad, gweler tudalen 111.)*

Newidiadau i'r cynllun

Roedd gwendidau difrifol i gynllun Philip. Doedd dim porthladdoedd yn yr Iseldiroedd oedd yn ddigon dwfn i longau Sbaen ddocio, felly byddai hi'n anodd casglu byddin Parma. Hefyd roedd problem ddifrifol o ran sut i symud byddin Parma ar draws y Sianel. Byddai angen nifer mawr o fadau, a byddai'n rhaid eu hadeiladu nhw yn y fan a'r lle. Pe bai'r tywydd yn arw, gallai'r badau suddo.

Yn ogystal ag ymosodiad Drake ar Cádiz, fe wnaeth nifer o ddigwyddiadau eraill hefyd rwystro'r Armada rhag hwylio.

- Anwybyddodd Philip gyngor ei weinidogion a'i gadlywyddion milwrol i ohirio'r lansiad (gweler Ffynhonnell E).
- Ym mis Chwefror 1588, bu farw'r llyngesydd oedd yn gyfrifol am yr Armada, a dewisodd Philip Ddug Medina Sidonia i gymryd ei le. Doedd y dug ddim yn teimlo ei fod yn gymwys i'r swydd, gan ei fod yn casáu hwylio a'i fod yn mynd yn sâl môr yn hawdd (gweler Ffynhonnell F). Gwrthododd Philip ei gais am roi rhywun arall yn ei le.
- Yn fuan ar ôl i'r Armada hwylio o Lisboa ym mis Ebrill 1588, aeth i ganol storm ofnadwy a chael ei chwythu oddi ar ei chwrs. Bu'n rhaid iddi gael lloches yn La Coruña er mwyn i'r llongau gael eu trwsio a'u hailgyflenwi.

Ffynhonnell E: Darn o lythyr oddi wrth Ddug Parma yn yr Iseldiroedd at Philip II yn 1588, yn cynghori y dylen nhw oedi oherwydd nad oedd ganddo ddigon o filwyr

Hyd yn oed os yw'r Armada'n dod â 6000 o Sbaenwyr i ni, yn ôl yr addewid, fydd gen i ddim digon o filwyr o hyd. Fydd hi ddim yn hir cyn bydd fy myddin mor fach fel na fydd yn gallu ymdopi â niferoedd mwy y gelyn.

Ffynhonnell F: Darn o lythyr oddi wrth Ddug Medina Sidonia at Philip II ym mis Chwefror 1588

Fe hoffwn pe bai gennyf i'r doniau a'r cryfder sydd eu hangen ar gyfer hyn. Ond Syr, does gennyf mo'r iechyd ar gyfer y môr. Rwy'n dioddef o salwch môr mewn dim o dro. Fyddai hi ddim yn iawn i berson fel fi, sydd heb brofiad o fordwyo nac o ryfel, i gymryd rheolaeth drosti.

GWEITHGAREDDAU

1 Disgrifiwch nodweddion allweddol cynllun Philip i oresgyn Lloegr.
2 Pa dystiolaeth sydd yn Ffynonellau E ac F i awgrymu gallai Philip gael problemau â'i gynlluniau ar gyfer ei Armada?

Bygythiad yr Armada

Roedd yr Armada yn fygythiad difrifol i Elisabeth ac i Loegr a Chymru. Roedd llywodraeth Sbaen yn hyderus byddai'n llwyddo, ac er mwyn ceisio codi ofn ar y Saeson, cyhoeddodd beth oedd maint a chynnwys yr Armada cyn iddi adael:

- 130 o galiynau a llongau cyflenwi (64 llong ryfel oedd yn cynnwys 22 galiwn enfawr)
- 30,000 o ddynion (8,000 o forwyr profiadol, 19,000 o filwyr wedi'u hyfforddi'n dda, 3,000 o weision, gan gynnwys 180 o frodyr crefyddol ac offeiriaid)
- 1,900 o ganonau a gynnau bach; 123,790 o beli canon; a hefyd powdr gwn, bwledi, picellau, arfwisgoedd a chleddyfau
- cyflenwadau helaeth o fwyd a diod gan gynnwys bisgedi, bacwn, pysgod, caws, reis, ffa, gwin, finegr a dŵr
- byddai 17,000 o filwyr wedi'u hyfforddi'n dda o dan arweiniad Dug Parma yn aros i ymuno â'r Armada yn yr Iseldiroedd.

Lloegr yn paratoi at y goresgyniad

Roedd llu ymosod mor fawr yn fygythiad sylweddol a bu'n rhaid i Loegr fynd ati'n gyflym i baratoi. Cafodd rhes o goelcerthi rhybuddio (*beacons*) ei gosod ar hyd yr arfordir. Byddai rhywun yn goleuo'r goelcerth ar ôl gweld yr Armada yn y Sianel a byddai clychau'r eglwys yn cael eu canu i rybuddio pobl.

Roedd amddiffynfeydd tir Cymru a Lloegr yn wan a gan nad oedd neb yn gwybod lle gallai'r Armada lanio, roedd hi'n anodd gosod lluoedd y tir mewn lle priodol. Roedd y rhan fwyaf o filwyr Lloegr heb eu hyfforddi a heb offer da, yn hollol wahanol i fyddin Parma oedd yn cael ei hystyried yn un o'r rhai gorau yn Ewrop. Pe bai hi'n glanio ar dir Lloegr neu Gymru, byddai'n anodd ei threchu. Ond roedd Elisabeth wedi llwyddo i godi llu o ryw 20,000 o ddynion. Cafodd y rhain eu trefnu'n dair byddin, un yng ngogledd Lloegr, un yn swydd Caint ac un yn Tilbury yn Essex er mwyn gwarchod arfordir de Lloegr.

Er bod y fyddin yn gymharol wan o'i chymharu â byddin Sbaen, llynges Lloegr fyddai prif amddiffyniad y wlad. Roedd yn cael ei harwain gan yr Arglwydd Charles Howard, Dug Effingham (gweler Ffynhonnell FF). Penododd ef ddau gapten llong profiadol, Francis Drake a John Hawkins, yn is-lyngeswyr iddo. Roedd gan eu 54 llong ryfel fantais oherwydd eu bod yn ysgafn ac yn symud yn gyflym o'u cymharu â galiynau mawr a thrwsgl Sbaen, ac roedd ganddyn nhw ganonau allai saethu ymhell iawn. Yn ogystal â hynny, roedd dros 140 o longau masnach wedi cael eu troi'n llongau rhyfel, felly roedd cyfanswm o tua 200 llong yn y llu i gyd.

▲ **Ffynhonnell FF:** Yr Arglwydd Charles Howard, Dug Effingham, comander llynges Lloegr

---

GWEITHGAREDDAU ❓

1 Gweithiwch mewn parau i wneud copi o'r tabl canlynol am fygythiad yr Armada, ac yna llenwch y tabl.
   a) Dylai un ohonoch chi lenwi'r rhestr o gryfderau.
   b) Dylai'r llall lenwi'r rhestr o wendidau.

Cryfderau'r Armada	Gwendidau'r Armada

2 'Roedd Armada Sbaen yn fygythiad difrifol i Elisabeth.' I ba raddau rydych chi'n cytuno â'r gosodiad hwn?

Cwrs yr Armada

Roedd bygythiad yr Armada dros Loegr drwy gydol haf a hydref 1588.

Hwyliodd yr Armada o Lisboa ar 28 Mai. Ar ôl cael ei tharo gan stormydd, bu'n rhaid iddi fynd i borthladd La Coruña ar 19 Mehefin i gael gwaith trwsio arni a chael cyflenwadau ffres o fwyd a diod. Ar 21 Gorffennaf, gadawodd yr Armada La Coruña a hwylio i'r gogledd tuag at y Sianel. Ar 29 Gorffennaf, cafodd yr Armada ei gweld oddi ar Bwynt Lizard yng Nghernyw a chafodd coelcerthi rhybuddio eu goleuo ar hyd arfordir de Lloegr i fynd â'r newyddion drwy'r wlad.

Digwyddiadau yn y Sianel

Roedd yr Armada'n ymestyn dros 11km o fôr, ac yn hwylio drwy'r Sianel mewn trefniant cilgant neu siâp lleuad, fel ei bod hi'n anodd i'r Saeson ymosod (gweler Ffynhonnell FF). Roedd y llongau storio araf, a'r rheini heb arfau, yn y canol, ac yn amddiffyn y rhain roedd galiynau wedi'u harfogi'n drwm ar yr ymylon allanol a'r cyrn. Pe bai ymosodiad yn digwydd o'r tu ôl, byddai'r cyrn yn cau i mewn er mwyn amddiffyn y llongau cyflenwi mwy yn y canol.

Hwyliodd llynges Lloegr o dan arweiniad yr Arglwydd Howard, Drake a Hawkins allan o Plymouth, a dilyn yr Armada am wythnos, gan ymladd yn rheolaidd. Ond methon nhw dorri'r siâp cilgant. Erbyn i'r Armada angori oddi ar Calais, dim ond dwy long roedd hi wedi'u colli.

GWEITHGAREDD ?

Esboniwch pam roedd hi'n anodd i'r Saeson ymosod ar yr Armada wrth iddi hwylio drwy'r Sianel.

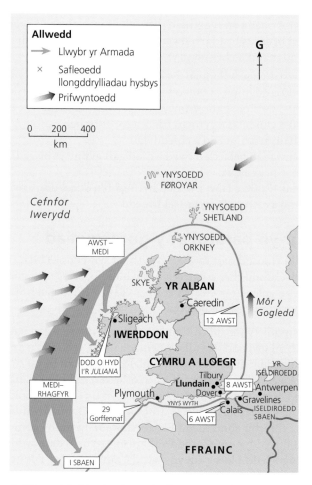

▲ Ffigur 6.1: Llwybr Armada Sbaen yn 1588

▲ Ffynhonnell G: Darlun o Armada Sbaen yn y Sianel. Mae llynges Sbaen, mewn siâp cilgant, ar y dde. Mae llongau Lloegr ar y chwith. Yn y blaendir mae rhai o longau Lloegr yn ymosod ar un o longau Sbaen

Calais ac ymosodiad y llongau tân

Ar 6 Awst fe wnaeth yr Armada fwrw angor oddi ar Calais. Nawr roedd rhaid i Ddug Medina Sidonia oedi am ychydig; cafodd newyddion na fyddai lluoedd dug Parma yn cyrraedd am wythnos arall gan fod ymosodiadau gan luoedd o'r Iseldiroedd wedi'u rhwystro nhw. Penderfynodd yr Arglwydd Howard fanteisio ar y cyfle hwn i ymosod. Ar 7 Awst cafodd wyth llong heb ddynion arnyn nhw eu llenwi â thar, powdr gwn a chanonau wedi'u llwytho. Cawson nhw eu cynnau a'u gadael i ddrifftio gyda'r gwynt tuag at longau'r gelyn oedd wedi cael eu hangori ym mhorthladd Calais. Wrth weld y llongau tân hyn yn hwylio tuag atyn nhw, torrodd llongau Sbaen raffau'r angorau mewn panig er mwyn dianc rhag cael eu dinistrio. Hwylion nhw allan i'r môr i bob cyfeiriad, a thorri eu trefniant cilgant amddiffynnol wrth wneud hynny.

> **Ffynhonnell NG:** Adroddiad yn disgrifio tactegau Lloegr gan gynnwys defnyddio llongau tân, gan Petruccio Ubaldini, Eidalwr oedd yn byw yn Lloegr yn 1588
>
> *Wnaeth y Saeson gyda'u llongau rhagorol ddim ymladd yn ôl y disgwyl. Yn hytrach, cadwon nhw bellter a thanio at gyrff a hwyliau llongau'r gelyn. Rhoddodd y Saeson wyth llong ar dân ymysg llynges Sbaen. Cafodd eu gelyn eu deffro ac roedd rhaid iddyn nhw dorri eu rhaffau er mwyn dianc oddi wrth eu hangorau.*

> **Ffynhonnell H:** Darn o adroddiad Dug Medina Sidonia i Philip II, 7 Awst 1588
>
> *Ganol nos cafodd dau dân eu gweld ynghanol llynges Lloegr ac yn raddol, tyfodd y rhain yn wyth. Roedd wyth llong gyda'u hwyliau wedi'u cynnau, a'r rheini'n drifftio gyda'r llif yn syth at long ein llyngesydd a gweddill yr Armada, a phob un ohonyn nhw'n llosgi'n danbaid. Pan welais i nhw'n dod yn nes, gan fy mod yn ofni y gallai peiriannau tân neu ffrwydrynnau fod arnyn nhw, gorchmynnais i long y llyngesydd ollwng y rhaffau. Cafodd gweddill yr Armada orchmynion tebyg, ac arwydd yn dweud wrthyn nhw ddychwelyd i'r un safleoedd eto ar ôl i'r tanau gael eu diffodd. Roedd y llif mor gryf nes cafodd y rhan fwyaf o longau'r Armada eu cario tuag at Dunkerque.*

GWEITHGAREDD ❓

Pa mor ddefnyddiol yw Ffynhonnell H i hanesydd sy'n astudio ymosodiad Lloegr ar yr Armada yn Calais?

Cwestiwn ymarfer

Beth gallwch chi ei ddysgu gan Ffynonellau NG ac I am yr ymosodiad ar yr Armada yn Calais? *(I gael arweiniad, gweler tudalennau 107–108.)*

▲ **Ffynhonnell I:** Llongau tân yn ymosod ar yr Armada yn Calais

Brwydr Gravelines, 8 Awst

Ar 8 Awst ymosododd llongau rhyfel Lloegr ar yr Armada wasgaredig ym Mrwydr Gravelines ger Dunkerque. Ar ôl 8 awr o ymladd mewn môr garw, dechreuodd ffrwydron rhyfel llongau Lloegr ddod i ben. Erbyn 4 p.m., roedden nhw wedi tanio'r rhai olaf ac roedd rhaid iddyn nhw dynnu'n ôl. Roedd o leiaf dair o longau Sbaen wedi cael eu colli, ond dim un o longau Lloegr. Roedd tua 1,000 o Sbaenwyr wedi cael eu lladd a dros 800 wedi cael eu hanafu. 50 morwr o luoedd Lloegr oedd wedi cael eu lladd. Roedd cynllun Sbaen i ymuno â byddin Parma wedi cael ei drechu ac roedd y Saeson wedi cael ychydig o amser i gael eu gwynt atyn nhw. Felly roedd Brwydr Gravelines yn drobwynt arwyddocaol. Ond, roedd presenoldeb yr Armada yn y môr o gwmpas y gogledd yn dal i fod yn fygythiad i Loegr.

> **Ffynhonnell J: Adroddiad am yr ymladd ym Mrwydr Gravelines ar 8 Awst 1588, gan un o gapteiniaid Sbaen**
>
> *Dechreuodd y gelyn danio canonau at long ein llyngesydd am saith y bore, a dal ati am naw awr. Roedd y tanio mor drwm nes i 200 a mwy o beli canon daro hwyliau a chorff llong y llyngesydd ar yr ochr starbord, gan ladd ac anafu llawer o ddynion, gan rwystro'r gynnau rhag tanio a'u codi o'u lle, a dinistrio llawer o rigin. Achosodd y tyllau yng nghorff y llong … i gymaint o ddŵr ollwng fel bod dau ddeifiwr wrthi'n ddiddiwedd, drwy'r dydd, yn llenwi'r tyllau â thar a phlwm. Cafodd galiwn San Felipe o Bortiwgal ei amgylchynu ag 17 o longau'r gelyn. Buon nhw'n tanio'n drwm ar bob ochr ac at ei starn. Daeth y gelyn mor agos nes i ni ddechrau tanio mysgedau a phistolau ar y galiwn, gan ladd llawer o ddynion y gelyn ar longau'r gelyn. Fodd bynnag, roedd y gelyn yn ofni mentro dod yn agos iawn, ac yn lle hynny daliodd i danio canonau'n boeth o bellter, gan ddryllio'r llyw, torri'r hwylbren blaen a lladd dros ddau gant o ddynion yn y galiwn.*

Cwestiwn ymarfer

Beth gallwch chi ei ddysgu gan Ffynonellau J ac L am frwydr Gravelines ym mis Awst 1588? *(I gael arweiniad, gweler tudalennau 107–108.)*

▲ **Ffynhonnell L:** Golygfa'n dangos Brwydr Gravelines, wedi'i thynnu gan Philippe-Jacques de Loutherbourg yn 1796

Araith Elisabeth i uno pawb yn Tilbury

Er gwaethaf y fuddugoliaeth yn Gravelines, roedd Lloegr yn dal i wynebu goresgyniad posibl gan luoedd Sbaen ar unrhyw bryd. Ar 9 Awst ymwelodd Elisabeth â'i milwyr yn Tilbury a rhoi araith danbaid (gweler Ffynhonnell LL).

> **Ffynhonnell LL:** Rhan o araith Elisabeth i'w milwyr yn Tilbury, 9 Awst 1588
>
> *Rwyf i … yn benderfynol, yng nghanol gwres y frwydr, o fyw a marw yn eich plith chi i gyd … rwy'n gwybod mai corff menyw wan a bregus sydd gennyf, ond mae gennyf galon a stumog Brenin, a Brenin Lloegr hefyd, ac mae'n sarhad mawr gen i fod Parma, neu Sbaen, neu unrhyw un o dywysogion Ewrop yn meiddio ceisio goresgyn ffiniau fy nheyrnas.*

Ymlid yr Armada tua'r gogledd

Ar 9 Awst newidiodd cyfeiriad y gwynt a hwyliodd yr Armada i Fôr y Gogledd. Fyddai hi ddim yn gallu dychwelyd i Sbaen drwy'r Sianel a nawr byddai'n rhaid iddi fynd yn ei blaen o gwmpas arfordir yr Alban ac Iwerddon. Daliodd llynges Lloegr i ymlid yr Armada nes iddi hwylio heibio i'r ffin â'r Alban ar 12 Awst. Yna trodd llynges Lloegr yn ôl; roedd hi'n brin o ffrwydron rhyfel a bwyd, ac roedd llawer o forwyr yn sâl.

Dychwelyd i Sbaen o gwmpas yr Alban ac Iwerddon

Doedd gan y Sbaenwyr ddim mapiau digon cywir i allu dilyn llwybr diogel o gwmpas arfordiroedd yr Alban ac Iwerddon. Collodd y Sbaenwyr fwy o'u llynges drwy longddrylliadau mewn stormydd difrifol wrth hwylio o gwmpas yr Alban ac Iwerddon nag a wnaethon nhw wrth ymladd. Cafodd dwy long eu dryllio oddi ar arfordir yr Alban a 25 oddi ar arfordir Iwerddon. Boddodd miloedd o forwyr, ac os oedd unrhyw rai o forwyr Sbaen yn llwyddo i gyrraedd tir sych, roedden nhw'n cael eu curo a'u lladd. Dim ond 67 llong ddychwelodd i Sbaen yn y pen draw. Cyrhaeddon nhw'n ôl yn Santander yn ystod Medi a Hydref, yn llawn o ddynion wedi'u hanafu, yn llwgu ac yn sâl (gweler Tabl 6.1).

	Lloegr	Sbaen
Llongau	0	51 (5 wedi'u boddi neu wedi'u dal gan y Saeson)
Dynion	cafodd tua 100 o forwyr Lloegr eu lladd yn y frwydr, ond bu farw miloedd o afiechyd	20,000

▲ Tabl 6.1: Colledion Lloegr a Sbaen

GWEITHGAREDDAU **?**

1 Astudiwch Ffynhonnell LL. Beth oedd diben araith Elisabeth yn Tilbury ym mis Awst 1588?

2 Esboniwch pam na ddychwelodd rhan fawr o'r Armada i Sbaen.

▲ **Ffynhonnell M:** Cerdyn chwarae o Loegr yn yr ail ganrif ar bymtheg yn dangos llongau Sbaen wedi'u dryllio ar lannau'r Alban

Rhesymau dros fethiant yr Armada

Mae cyfuniad o ffactorau'n helpu i esbonio pam methodd yr Armada â chyflawni ei hamcanion.

Cryfderau lluoedd Lloegr

Roedd llongau Lloegr yn llai, yn gyflymach ac yn haws eu symud na galïynau mawr, mwy swmpus Sbaen. Roedd eu grym tanio nhw'n drymach ac yn well, gan fod y canonau yn gallu tanio ymhell ac felly'n gallu cael eu gosod bellter diogel i ffwrdd.

Gwendidau Sbaen

Doedd canonau'r Sbaenwyr ddim yn effeithiol ar y cyfan; roedd y peli wedi'u gwneud â haearn o ansawdd gwael ac roedd llawer o'r canonau eu hunain yn ffrwydro wrth iddyn nhw gael eu tanio. Doedd Dug Medina Sidonia, comander Sbaen, ddim mor brofiadol fel pennaeth llynges â Drake a Hawkins, comanderiaid llynges Lloegr. Roedd y ffaith iddyn nhw orfod oedi wrth aros i Ddug Parma gyrraedd wedi costio'n ddrud, gan fod hyn wedi rhoi cyfle i'r Saeson ymosod ar lynges Sbaen pan oedd wedi'i hangori yn Calais.

Tactegau

Roedd hi'n anodd i Loegr ymosod ar lynges Sbaen pan oedd mewn siâp cilgant tyn wrth hwylio i fyny'r Sianel, a thorri'r ffurfiant. Ond ar ôl i'r siâp dorri wedi ymosodiad Calais, roedd gynnau gwell gan longau mwy profiadol Lloegr ac roedd llongau Sbaen yn dargedau haws iddyn nhw. Y trobwynt oedd defnyddio 'llongau tân' i dorri a gwasgaru'r Armada. Wedyn roedd hi'n amhosibl i Medina Sidonia gadw rheolaeth ar ei luoedd.

Y tywydd

Roedd y tywydd yn ffactor pwysig, yn enwedig ar ôl Brwydr Gravelines, gan i lynges wasgaredig Sbaen gael ei chwythu tua'r gogledd. Doedd gan y Sbaenwyr ddim mapiau i siartio eu llwybr o gwmpas yr Alban ac Iwerddon a bu farw llawer ohonyn nhw ar y creigiau, yn enwedig oddi ar arfordir Iwerddon. Doedd gan longau Sbaen ddim digon o fwyd a dŵr ar gyfer y daith hir hon ac roedd hyn yn ffactor arwyddocaol hefyd. Aeth y morwyr yn rhy sâl i hwylio eu llongau'n iawn oherwydd bod y bwyd a'r dŵr wedi'u halogi. Roedd ysbryd pawb yn isel, yn enwedig ar ôl Gravelines (gweler Ffynhonnell P).

▲ **Ffynhonnell N:** Cafodd y fedal hon ei rhoi ar orchymyn Elisabeth yn 1588 i goffáu'r fuddugoliaeth yn erbyn yr Armada. Mae'r arysgrif yn dweud 'Chwythodd Duw gyda'i wynt, ac fe gawson nhw eu gwasgaru.'

> **Ffynhonnell O: Sylw wnaeth Philip II wrth siarad â rhai oedd wedi goroesi'r Armada yn 1588**
>
> *Anfonais fy llongau i ymladd â dynion, nid â gwyntoedd ac â thonnau Duw.*

> **Ffynhonnell P: Darn o adroddiad yn sôn am drechu'r Armada, wedi'i ysgrifennu ym mis Medi 1588 gan Francisco de Bobadilla, y cadfridog oedd yn arwain milwyr yr Armada**
>
> *Gwelson ni fod gan lawer o longau'r gelyn fanteision mawr droson ninnau wrth ymladd, o ran eu dyluniad a'u gynnau. Gallai'r saethwyr a'r criwiau wneud beth bynnag roedden nhw'n ddymuno â ni. Ond er gwaethaf hyn llwyddodd Dug Medina Sidonia i angori ei lynges yn Calais, ddim mwy nag ychydig filltiroedd o Dunkirk. Petai Parma wedi dod allan gyda'i filwyr ar y diwrnod y cyrhaeddon ni yno, bydden ni wedi gallu bwrw ymlaen â'r goresgyniad.*

GWEITHGAREDDAU

1 Nodwch DRI gwendid allweddol yn lluoedd Sbaen sy'n helpu i esbonio pam methodd yr Armada â chyflawni ei hamcanion.

2 'Roedd llongau Lloegr yn llai ac yn gynt, ac roedd ganddyn nhw rym tanio gwell.' Pa mor arwyddocaol oedd y ffactorau hyn wrth esbonio pam llwyddodd y Saeson i drechu'r Armada?

3 Pa mor ddefnyddiol yw Ffynhonnell P i hanesydd sy'n astudio'r ffordd yr arweiniodd Dug Medina Sidonia yr Armada?

Cwestiynau ymarfer

1 Pam roedd y tywydd yn ffactor arwyddocaol wrth ddod i ddeall y rhesymau dros drechu'r Armada? *(I gael arweiniad, gweler tudalen 111.)*

2 Beth gallwch chi ei ddysgu gan Ffynonellau N ac O am y rhesymau dros fethiant yr Armada? *(I gael arweiniad, gweler tudalennau 107–108.)*

Canlyniadau'r Armada

Bu dathlu mawr ledled Cymru a Lloegr ar ôl i bobl glywed bod yr Armada wedi cael ei threchu. Canodd clychau eglwysi a rhoddodd pobl ddiolch am gael eu hachub rhag goresgyniad posibl gan Sbaen. Roedd milwyr Philip wedi cael eu hatal rhag croesi'r Sianel a glanio ar dir Lloegr. Daliodd y wlad i fod yn un Brotestannaidd ac arhosodd y Frenhines Elisabeth ar yr orsedd. Doedd Catholigion Cymru a Lloegr ddim wedi codi i gefnogi Sbaen yn 1588 ac ar ôl hynny doedd dim rhagor o gynllwynion na gwrthryfeloedd Catholig am weddill teyrnasiad Elisabeth.

Ond, rhaid gwylio rhag gorbwysleisio arwyddocâd trechu'r Armada gan mai cyfyng oedd ei effaith:

- Parhaodd y rhyfel yn erbyn Sbaen a dal i fynd am ddegawd arall.
- Roedd byddin lwyddiannus iawn gan Sbaen yn yr Iseldiroedd o hyd, a hynny o dan orchymyn Dug Parma, arweinydd abl iawn.
- Roedd goresgyniad gan y Sbaenwyr yn berygl o hyd ac mewn dim o dro roedd Philip wedi adeiladu armada newydd o dros 100 o longau; cafodd honno ei hanfon ddwywaith i oresgyn Lloegr ond cafodd ei gwthio'n ôl gan stormydd y ddau dro.
- Roedd Lloegr yn parhau i gefnogi Protestaniaid yr Iseldiroedd yn eu gwrthryfel yn erbyn Sbaen Gatholig.
- Daliodd morwyr Lloegr ati i ymosod ar longau trysor a phorthladdoedd Sbaenaidd ledled y Môr Sbaenaidd.
- Roedd mwy a mwy o deimlad gwrth-Gatholig yng Nghymru a Lloegr (gweler Ffynhonnell PH) ond wnaeth hyn ddim arwain at arestio llawer iawn o bobl.

> **Ffynhonnell PH:** Yn ei lyfr, *Annales* (1615), soniodd y croniclydd William Camden am yr adwaith yn erbyn Catholigion Lloegr ar ôl 1588
>
> *Yn ystod y cyfnod anodd hwn, dywedodd rhai dro ar ôl tro wrth y Frenhines nad oedd angen ofni'r Sbaenwyr yn gymaint â'r Catholigion yn Lloegr. Er mwyn diogelwch, eu cyngor nhw oedd y dylai pennau'r prif Gatholigion gael eu torri i ffwrdd ar ryw gyhuddiad ffug. Roedd y Frenhines yn meddwl bod hyn yn gyngor creulon a'r unig beth wnaeth hi oedd carcharu rhai ohonyn nhw.*

◀ **Ffynhonnell R:** 'Portread Armada' y Frenhines Elisabeth I, wedi'i beintio gan George Gower yn 1588. Mae'r olygfa yn y rhan uchaf ar y dde yn dangos y frwydr ar ei hanterth ar fôr tymhestlog, a'r rhan uchaf ar y chwith yn dangos llynges fuddugoliaethus Lloegr yn hwylio ar fôr heulog a thawel. Mae'r frenhines wedi'i gwisgo yn fawreddog a brenhinol, ac mae ei llaw dde ar ben glôb, gyda'i bysedd yn pwyntio at ymerodraeth Sbaen yn America

---

GWEITHGAREDDAU ?

1 Astudiwch Ffynhonnell R.
   a) Esboniwch sut mae'r arlunydd wedi portreadu goruchafiaeth Lloegr dros Sbaen.
   b) Beth oedd prif ddiben y portread hwn, yn eich barn chi?

2 Ar ôl trechu'r Armada, a ddaeth bygythiad Sbaen i Elisabeth a Lloegr i ben o'r diwedd?

Cwestiwn ymarfer

I ba raddau mae Ffynhonnell PH yn adlewyrchu'n gywir pa mor ddifrifol oedd bygythiad Sbaen i Loegr yn 1588? (I gael arweiniad, gweler tudalennau 109–110.)

Casgliad: Faint o fygythiad oedd Armada Sbaen?

Yn 1588 roedd pwerau mawr Ewrop – Sbaen, Ffrainc, Awstria a'u hymerodraethau – yn gryf eu ffydd Gatholig Rufeinig. Fel pŵer Protestannaidd, roedd Lloegr wedi'i hynysu braidd. Pan geisiodd Lloegr helpu ei chyd-Brotestaniaid yn yr Iseldiroedd i wrthryfela yn erbyn rheolaeth Sbaen Gatholig, penderfynodd Philip II oresgyn Lloegr, dymchwel Elisabeth ac ailsefydlu'r ffydd Gatholig.

Roedd yr Armada gafodd ei chreu a'i chasglu i geisio goresgyn Lloegr yn fygythiad difrifol. Oherwydd ei maint, roedd hi'n anodd ymosod arni yn y Sianel. Petai hi wedi llwyddo i godi byddin Parma a'i chludo i dir Lloegr, gallai'r canlyniadau fod wedi bod yn ddifrifol i Elisabeth. Doedd gan Loegr ddim byddin gryf ac roedd y wlad yn dibynnu ar lynges lawer llai nag un Sbaen i'w hamddiffyn.

Ond, aeth llawer o bethau o blaid Elisabeth. Roedd yr Armada yn cael ei harwain gan gomander llyngesol dibrofiad, Dug Medina Sidonia. Roedd y llongau o dan ei orchymyn yn rhai mawr, yn symud yn araf a heb fod cystal â llongau llai, mwy chwim Lloegr oedd hefyd ag arfau gwell. Cafodd ymosodiad Drake ar yr Armada yn Cádiz ganlyniadau mwy tymor hir gan ei rhwystro rhag gallu anfon cyflenwadau. Canlyniad hyn oedd bod clefydau wedi lledaenu ymysg y criwiau Sbaenaidd yn ddiweddarach. Helpodd hyn i leihau'r bygythiad.

Helpodd trobwyntiau allweddol i leihau bygythiad Sbaen ymhellach. Y rhai pwysicaf oedd defnyddio llongau tân yn Calais, brwydr Gravelines, a'r tywydd yn gwaethygu, gan orfodi'r Armada i fynd i'r gogledd ac o amgylch yr Alban. Ar ôl Gravelines, roedd bygythiad gwirioneddol yr Armada wedi mynd heibio a doedd gan fyddin Philip ddim modd o groesi'r Sianel a hithau'n aros yn yr Iseldiroedd. O ganlyniad, penderfynodd Philip II roi'r gorau i'r goresgyniad.

Cwestiwn crynhoi

Nawr eich bod chi wedi cwblhau'r bennod hon, defnyddiwch y wybodaeth rydych chi wedi'i dysgu i ateb y cwestiwn canlynol.

'Roedd Armada Sbaen yn fygythiad difrifol i Elisabeth.' I ba raddau rydych chi'n cytuno â'r gosodiad hwn?

Efallai yr hoffech chi ystyried y ffactorau canlynol yn eich ateb:

1 maint llynges a byddin Sbaen
2 yr anhawster gafodd y Saeson wrth ymosod ar siâp cilgant y llynges
3 gwendid lluoedd Lloegr ar y tir
4 gallu comanderiaid llynges Lloegr
5 ac unrhyw ffactorau perthnasol eraill gallwch chi feddwl amdanyn nhw.

7 Y bygythiad Piwritanaidd

> **Cwestiwn allweddol: Pam daeth y Piwritaniaid yn fygythiad cynyddol yn ystod teyrnasiad Elisabeth?**

Piwritaniaeth

Fel rhai o'r Catholigion, roedd rhai Protestaniaid eithafol o'r enw Piwritaniaid yn feirniadol iawn o Ardrefniant Crefyddol 1559 ac yn ei wrthwynebu. Cynyddodd eu nifer nhw yn ystod teyrnasiad Elisabeth, ac aethon nhw'n fwy radical eu barn wrth i'r teyrnasiad fynd yn ei flaen.

Pwy oedd y Piwritaniaid?

Cafodd y Piwritaniaid eu henw oherwydd eu bod nhw eisiau cael gwared ar bob cysylltiad Catholig o'r eglwys ac oherwydd eu bod nhw eisiau dilyn dull o addoli mwy syml neu 'fwy pur'. Weithiau roedd pobl yn cyfeirio atyn nhw fel y 'math mwy poeth o Brotestaniaid'. Roedd syniadau Piwritanaidd wedi dechrau lledaenu yn ystod teyrnasiad Edward VI (1547–53). Pan ddaeth Mari Tudur i'r orsedd ar ôl marwolaeth Edward ac adfer y ffydd Gatholig yn grefydd y wlad, cafodd llawer o Biwritaniaid eu gorfodi i ffoi dramor er mwyn osgoi cael eu herlid. Aeth llawer ohonyn nhw i ddinasoedd Protestannaidd Ewrop fel Genefa, Zürich, Frankfurt a Strasbourg, lle cafodd rhai ohonyn nhw eu radicaleiddio, gan dderbyn credoau ac arferion Protestannaidd eithafol John Calvin, y gweinidog a'r diwinydd o'r Swistir.

Ar ôl i Elisabeth ddod i'r orsedd, aeth llawer o Biwritaniaid yn ôl i Gymru a Lloegr, gan fynd â'u delfrydau Calfinaidd gyda nhw. Cyn hir dechreuon nhw feirniadu Ardrefniant Crefyddol 1559 (gweler tudalen 97). Roedden nhw'n credu nad oedd yn mynd yn ddigon pell gan fod elfennau o Gatholigiaeth yn rhan ohono o hyd. Roedden nhw eisiau i'r eglwys newydd fod yn fwy Protestannaidd, yn eglwys fyddai wedi'i glanhau o bob arfer a defod Gatholig ac yn canolbwyntio ar bregethu ac astudio'r Ysgrythurau.

Rôl esgobion

Roedd y Piwritaniaid yn gwrthwynebu rôl esgobion yn yr eglwys yn arbennig. Roedden nhw'n dadlau mai dyfais gan y Pab oedd hyn er mwyn cadw ei afael ar yr eglwys, ac roedden nhw'n honni nad oedd sôn am esgobion yn y Beibl. Roedd llawer o esgobion Eglwys newydd Elisabeth, a'r frenhines ei hun, yn amau syniadau Piwritanaidd.

Dechreuon nhw eu gweld yn fygythiad uniongyrchol i bŵer y Goron ac i undod y wlad. Roedd llawer yn gweld delfrydau Piwritanaidd yn her uniongyrchol i awdurdod Elisabeth fel uchaf-lywodraethwr Eglwys Loegr. Ond roedd nifer bach o esgobion yn cydymdeimlo â chredoau Piwritanaidd, a derbynion nhw swyddi yn yr eglwys newydd gan obeithio bydden nhw'n gallu gweithio i ddiwygio'r Eglwys o'r tu mewn. Roedden nhw'n cynnwys:

- John Jewel, Esgob Caersallog (Salisbury)
- Edwin Sandys, Esgob Caerwrangon (Worcester)
- Edmund Grindal, Esgob Llundain
- Richard Cox, Esgob Ely.

John Calvin (1509–64)

Cafodd ei eni yn Ffrainc, yn fab i gyfreithiwr:

- Roedd yn cael ei weld yn olynydd i Martin Luther o ran datblygiad y ffydd Brotestannaidd.
- Astudiodd ddiwinyddiaeth ym Mhrifysgol Paris.
- Rhwng 1528 ac 1533 cafodd 'dröedigaeth sydyn' i Brotestaniaeth.
- Symudodd i Genefa yn 1536 a daeth y ddinas yn ganolfan i'w waith crefyddol.
- Roedd ei reolaeth yng Ngenefa yn llym iawn.
- Roedd yn credu mewn gwasanaethau plaen a syml. Roedd y bregeth ac addysgu'r Ysgrythurau yn bwysig iawn iddo.
- Roedd yn gwrthwynebu defnyddio esgobion yn nhrefniadaeth yr eglwys, ac o blaid defnyddio blaenoriaid a diaconiaid yn eu lle.
- Cafodd Protestaniaid o Gymru a Lloegr loches yng Ngenefa yn ystod teyrnasiad Mari Tudur. Daethon nhw o dan ddylanwad Calvin, a dychwelyd i Loegr ar ôl 1558 gyda'r credoau hynny.

Credoau ac arferion Piwritanaidd

Roedd Piwritaniaid yn credu dylai pobl fyw eu bywydau yn ôl yr Ysgrythurau ac roedden nhw yn erbyn arferion nad oedd y Beibl yn cyfeirio atyn nhw.

Yn arbennig roedd Piwritaniaid yn gwrthwynebu:

- ymgrymu wrth glywed enw Iesu
- penlinio er mwyn derbyn cymun
- rhoi modrwy yn ystod seremoni priodas
- nodi arwydd y groes yn ystod bedydd
- dathlu dyddiau'r saint
- canu cerddoriaeth organ yn ystod gwasanaethau'r eglwys
- arddangos addurniadau, llieiniau allor lliwgar, paentiadau a ffenestri lliw mewn eglwysi (gweler Ffigur 7.1).

Roedd Piwritaniaid yn credu'n gryf mai diwrnod yr Arglwydd oedd dydd Sul ac y dylai gael ei neilltuo'n llwyr i astudiaeth grefyddol. Ar ôl mynd i wasanaeth eglwys gyda phregeth hir ar fore Sul, roedd pobl i fod i dreulio gweddill y dydd yn astudio'r Ysgrythurau ac yn darllen llyfrau defosiynol (gweler Ffynhonnell A). Roedd eu dillad yn syml ac wedi'u gwneud o ddefnyddiau plaen. Gwisgoedd du a gwyn oedden nhw fel arfer (gweler Ffynhonnell B).

Roedd bywyd bob dydd i fod i adlewyrchu cod moesol, gan fyw bywyd syml wedi'i seilio ar yr Ysgrythurau. Roedd y pethau i'w hosgoi yn cynnwys y canlynol:

- chwarae gemau neu gymryd rhan mewn unrhyw fath o adloniant ar y Sul
- pob math o gamblo

- ymweld â'r theatr
- mynd i'r dafarn
- meddwi
- rhegi
- dawnsio ar sgwâr y pentref.

Roedd y Piwritaniaid yn meddwl bod pob un o'r gweithredoedd hyn yn bechadurus gan eu bod nhw'n eu gweld fel gwaith y diafol.

Gwahanol fathau o Biwritaniaid

Roedd amrywiaeth o grwpiau gwahanol o Biwritaniaid ac yn ystod teyrnasiad Elisabeth daeth tri phrif fath i'r amlwg.

- **Piwritaniaid Cymedrol** – roedd y rhain yn derbyn Ardrefniant Crefyddol 1559 yn anfodlon, ond roedden nhw'n dal i alw am ddiwygiadau pellach i lanhau'r eglwys.
- **Presbyteriaid** – roedd y rhain eisiau diwygio'r eglwys ymhellach. Galwon nhw am wasanaethau mwy syml, am gael gwared ar esgobion a gofyn i bob eglwys gael ei rhedeg gan bwyllgor o Bresbyteriaid (blaenoriaid neu athrawon) wedi'u hethol gan y rhai oedd yn mynd i wasanaethau'r eglwys. Roedd Presbyteriaeth wedi bwrw gwreiddiau cryf yn yr Alban.
- **yr Ymwahanwyr** oedd y grŵp mwyaf radical. Roedden nhw eisiau torri i ffwrdd o'r eglwys wladol a gwneud pob eglwys yn annibynnol, fel ei bod yn rhedeg ei materion ei hun fesul plwyf drwy bwyllgorau lleol wedi'u dewis o'r gynulleidfa. Weithiau roedden nhw'n cael eu galw'n 'Brownyddion' (gweler tudalen 103).

GWEITHGAREDDAU ?

1 Pa newidiadau roedd y Piwritaniaid eisiau eu gwneud i Ardrefniant Crefyddol 1559?

2 Defnyddiwch Ffigur 7.1 a'r hyn rydych chi'n ei wybod i esbonio'r gwahaniaethau rhwng mannau addoli Protestannaidd a Phiwritanaidd.

Ffynhonnell A: William Western, awdur o'r cyfnod, yn cyfeirio at arfer y Piwritaniaid o astudio'r Ysgrythurau yn ei lyfr *The Autobiography of an Elizabethan* (c.1580)

O'r dechrau'n deg roedd llawer iawn o Biwritaniaid yn byw yma ... Roedd gan bob un ohonyn nhw ei Feibl ei hun, a bydden nhw'n troi'r tudalennau ac yn trafod y darnau ymysg ei gilydd ... bydden nhw'n dechrau dadlau am ystyr darnau o'r Ysgrythurau – dynion, menywod, bechgyn, merched, gwerinwyr, llafurwyr a phobl ynfyd – ac yn amlach na pheidio, yn ôl y sôn, byddai hyn yn arwain at drais yn y pen draw.

Cwestiwn ymarfer

Beth gallwch chi ei ddysgu gan Ffynonellau A a B am ffordd o fyw'r Piwritaniaid? *(I gael arweiniad, gweler tudalennau 107–108.)*

▲ **Ffynhonnell B:** Torlun pren o'r cyfnod yn dangos teulu Piwritanaidd yn eu cartref. Maen nhw'n gwisgo dillad plaen du a gwyn

▲ **Ffigur 7.1:** Y tu mewn i eglwys Brotestannaidd (ar y chwith) a chapel Piwritanaidd (ar y dde) yn ystod oes Elisabeth

Her y Piwritaniaid i'r Ardrefniant Crefyddol

Ar ôl i Elisabeth gyflwyno'r Ardrefniant Crefyddol yn 1559, daliodd llawer o Biwritaniaid ati i wthio am ddiwygio'r Eglwys ymhellach. Eu nod oedd cael gwared ar yr elfennau hynny o Eglwys Elisabeth oedd yn rhy Gatholig, yn eu barn nhw. Doedd Elisabeth ddim yn barod i wneud unrhyw newidiadau pellach (gweler Ffigur 7.2).

Dadl yr Urddwisgoedd, 1566

Yn 1566 cyhoeddodd Matthew Parker, Archesgob Caergaint, 'Lyfr yr Hysbysebion' oedd yn gosod rheolau ar gyfer cynnal gwasanaethau a gwisgo urddwisgoedd. Roedd yn nodi dillad penodol i gael eu gwisgo gan offeiriaid yn ystod gwasanaethau'r eglwys. Gwrthododd llawer o offeiriaid Piwritanaidd ddilyn y cyfarwyddiadau hyn. Roedden nhw'n dadlau bod yr urddwisgoedd roedd Parker yn eu hawgrymu yn debyg iawn i'r dillad roedd offeiriaid Catholig yn arfer eu gwisgo.

O ganlyniad, cafodd rhai offeiriaid eu cosbi:

- cafodd Thomas Sampson, Deon Eglwys Crist, Rhydychen, ei ddiswyddo oherwydd iddo wrthod gwisgo urddwisgoedd
- yn Llundain, cafodd 37 offeiriad Piwritanaidd eu diswyddo o'u swyddi oherwydd iddyn nhw hefyd wrthod gwisgo urddwisgoedd.

Roedd protestiadau fel hyn yn cael eu gweld yn her i awdurdod Elisabeth fel uchaf-lywodraethwr yr Eglwys. Wrth ymateb i hyn, mynnodd Elisabeth fod y wisg gywir yn cael ei gwisgo a bod pob offeiriad yn cydymffurfio. Yn yr achos hwn, ni chafodd y Piwritaniaid y diwygiadau roedden nhw'n dymuno'u cael.

Cynigion gan Thomas Cartwright, 1570

Yng ngwanwyn 1570, rhoddodd Thomas Cartwright, athro diwinyddiaeth ym Mhrifysgol Caergrawnt, gyfres o ddarlithoedd lle galwodd am gyflwyno system Bresbyteraidd o reoli'r eglwys. Awgrymodd y canlynol:

- dileu swydd yr archesgob
- dileu pob esgob
- dylai pob eglwys gael ei rheoli'n lleol gan ei gweinidog ei hun a blaenoriaid o'r gymuned
- dylai gweinidogion gael eu hethol gan gynulleidfa eu heglwys eu hunain.

Roedd eisiau gweld system Bresbyteraidd ond byddai honno wedi gwanhau pŵer y Frenhines i weithredu fel uchaf-lywodraethwr. O ganlyniad, cafodd cynigion Cartwright eu gwrthod yn chwyrn gan Elisabeth a'i Chyfrin Gyngor hefyd. Collodd ei swydd oherwydd ei safbwyntiau a bu'n rhaid iddo adael Lloegr a mynd i Genefa.

Ffigur 7.2: Barn Elisabeth am ▶ y Piwritaniaid

Pamffled John Stubbs ar y 'briodas Ffrengig', 1579

Piwritan a sylwebydd gwleidyddol oedd John Stubbs, ac yn 1579 ysgrifennodd bamffled oedd yn beirniadu'r frenhines am drafod priodi â Dug Anjou, Catholig Rhufeinig o Ffrainc oedd yn frawd i frenin Ffrainc. Doedd Elisabeth ddim yn hapus â'r pamffled. Cafodd Stubbs ei arestio, ei roi ar brawf a'i gyhuddo o 'ysgrifennu bradwrus'. Cafodd ei ddedfrydu i gael ei law dde wedi'i thorri i ffwrdd (gweler Ffynhonnell C) ac yna cafodd ei garcharu am 18 mis.

Pamffledi Marprelate, 1588–89

Yn ystod 1588–89 cafodd cyfres o bamffledi dienw eu cyhoeddi o'r enw Pamffledi Marprelate. Roedden nhw'n ymosod yn chwyrn ar yr eglwys a'i hesgobion ac roedd llawer o bobl wedi cael eu sarhau gan y cynnwys. Er na ddaeth neb i wybod pwy oedd yr awduron, collodd y Piwritaniaid gefnogaeth a pharch gan fod testun y pamffledi'n cynnwys iaith dreisgar, wawdlyd a sarhaus yn aml, yn gwbl groes i agweddau Piwritanaidd ar y ffordd dylai pobl ymddwyn.

Er mwyn herio'r feirniadaeth hon, ysgrifennodd rhai Protestaniaid bamffledi yn gwrthwynebu'r safbwyntiau Piwritanaidd. Yn 1593 cyhoeddodd Richard Hooker ei *Laws of Ecclesiastical Policy* i amddiffyn yr Eglwys Anglicanaidd. Yn

yr un flwyddyn ymosododd Richard Bancroft yn chwerw ar Biwritaniaeth drwy bamffledi o'r enw *Survey of the Pretended Holy Discipline* a *Dangerous Positions and Proceedings*.

PUNISHMENT OF STUBBS AND PAGE.

◀ Ffynhonnell C: Print o 1579 yn dangos John Stubbs, Piwritan, yn cael ei law dde wedi'i thorri i ffwrdd yn gosb am feirniadu trafodaethau priodas Elisabeth

Gwrthwynebiad Piwritanaidd yn y Senedd a'r Cyfrin Gyngor

Roedd hi'n anodd i Elisabeth anwybyddu'r Piwritaniaid gan eu bod nhw'n cael eu cynrychioli ar bob lefel o'r llywodraeth. Yn y Cyfrin Gyngor, roedd rhai o aelodau mwyaf pwerus Elisabeth yn Biwritaniaid, a'r mwyaf nodedig o'r rhain oedd Iarll Caerlŷr a Syr Francis Walsingham. Roedd y Piwritaniaid cymedrol hyn yn gobeithio defnyddio eu dylanwad i berswadio'r frenhines i barhau â'r diwygiadau crefyddol.

Yn y Senedd roedd llawer o ASau Piwritanaidd yn defnyddio'u swyddi i gyflwyno mesurau oedd yn cynnig diwygiadau fyddai'n ffafriol i'w credoau crefyddol. Ar lefel leol roedd llawer o ynadon heddwch yn Biwritaniaid, yn ogystal â llawer o weinidogion eglwysi a thiwtoriaid mewn prifysgolion. Roedd llawer o'r unigolion hyn yn cefnogi galwadau am ddiwygio crefyddol.

Unigolion geisiodd ddiwygio yn y Senedd

Walter Strickland, 1571

Roedd Walter Strickland yn AS Piwritanaidd dros swydd Efrog. Ym mis Ebrill 1571, mentrodd gynnig mesur yn y Senedd yn galw am gyflwyno Llyfr Gweddi Gyffredin newydd ac am wahardd urddwisgoedd, gwahardd defnyddio modrwy mewn priodas a gwahardd penlinio wrth dderbyn cymun. Cafodd Strickland ei wahardd rhag mynychu Tŷ'r Cyffredin gan y Cyfrin Gyngor a chaeodd Elisabeth y Senedd cyn i'w syniadau gael eu trafod. Fuodd dim sôn wedyn am y mesur ac er mwyn gorfodi pobl i gydymffurfio, cymeradwyodd y Senedd y Deugain Erthygl Namyn Un (gweler tudalen 60) yn ffurfiol. Roedd y rhain yn ei gwneud hi'n ofynnol i bob clerigwr dderbyn y rheolau hyn er mwyn cadw'i swydd.

John Field a Thomas Wilcox, 1572

Yn 1572, cyhoeddodd dau glerigwr o Lundain, John Field a Thomas Wilcox, lyfrau o'r enw *Admonitions to the Parliament* ac *A View of Popish Abuses yet remaining in the English Church* (gweler Ffynhonnell CH) . Yn y rhain roedden nhw'n dadlau mai strwythur Presbyteraidd yr eglwys oedd yr un gafodd ei roi yn y Beibl. Roedden nhw'n dweud bod y Beibl yn cynnwys cyfeiriadau at dermau fel gweinidogion, blaenoriaid a diaconiaid, ond nid at esgobion. Roedden nhw'n feirniadol o'r Llyfr Gweddi Gyffredin hefyd. Roedd yn ymosodiad chwerw ar Eglwys Elisabeth ac o ganlyniad cafodd y ddau ddyn eu harestio a'u carcharu am flwyddyn. Roedd hyn ar ôl iddyn nhw gael eu cyhuddo o dorri'r Ddeddf Unffurfiaeth oedd wedi ei gwneud hi'n ofynnol iddyn nhw dyngu ar lw y bydden nhw'n dilyn y drefn swyddogol ar gyfer gwasanaethau. Cafodd gorchymyn ei roi i bob gwasg argraffu Biwritanaidd gael ei dinistrio a chafodd esgobion gyfarwyddiadau i sicrhau unffurfiaeth.

> **Ffynhonnell CH:** Yn 1572, cyhoeddodd John Field lyfr, *A View of Popish Abuses yet remaining in the English Church* oedd yn beirniadu Eglwys Elisabeth
>
> *Mae'r llyfr [Y Llyfr Gweddi Gyffredin] yn un amherffaith, wedi'i ddethol a'i godi o'r domen dail Babyddol [Gatholig Rufeinig] honno, sef y llyfr Offeren, sy'n llawn o ffieidd-dra [arferion anghywir]. ... Yn y llyfr hwn rydym yn cael ein gorchymyn i benlinio wrth dderbyn y Cymun, sy'n arwydd o eilunaddoliaeth [addoli eilunod] Babyddol ... Mae'r bedydd cyhoeddus ... hefyd yn llawn o deganau plentynnaidd ac ofergoelus ... wrth roi croes ar dalcen y plentyn.*

Peter Wentworth, 1576

Yn Nhŷ'r Cyffredin yn 1576, cwynodd Peter Wentworth, yr AS Piwritanaidd dros Barnstable, nad oedd ASau (Aelodau Seneddol) yn cael trafod beth roedden nhw eisiau ei drafod yn y Senedd (gweler Ffynhonnell D). Ymateb Elisabeth oedd ei garcharu yn Nhŵr Llundain am fis a chau'r Senedd. Rhoddodd hi orchymyn hefyd na fyddai'r Senedd yn cael trafod materion crefyddol heb ei chaniatâd hi.

> **Ffynhonnell D: Darn o araith gan Peter Wentworth yn Nhŷ'r Cyffredin ar 8 Chwefror 1576**
>
> *Dim ond yn y Senedd ddiwethaf y gwelais i gymaint o achosion o rwystro rhyddid barn, gyda chymaint o gamddefnydd o'r Tŷ anrhydeddus hwn. Dywedodd y Frenhines na ddylem ymwneud ag unrhyw fater crefyddol, heblaw am yr hyn rydym yn ei gael oddi wrth yr esgobion. Neges ddigalon yn wir oedd hon, oherwydd ei hystyr oedd, 'Foneddigion, ddylech chi ddim ymwneud ag achosion Duw, na ddylech, ddylech chi ddim hyrwyddo Ei ogoniant mewn unrhyw ffordd.' Mae'n beth peryglus i dywysoges gamddefnyddio ei phendefigion a'i phobl yn angharedig, ac mae'n beth peryglus iddi wrthwynebu ei phendefigion a'i phobl neu ei phlygu'i hun yn eu herbyn, ie'n wir, yn erbyn pendefigion a phobl deyrngar a chariadus.*

Peter Turner, 1584

Yn 1584, fe wnaeth Peter Turner, yr AS Piwritanaidd dros Bridport, gynnig mesur i newid rheolaeth yr Eglwys er mwyn copïo system Calvin yng Ngenefa. Methodd y mesur â chael llawer o gefnogaeth. Roedd Syr Christopher Hatton yn un o aelodau ffyddlon Cyfrin Gyngor Elisabeth ac fe ymosododd ef ar y mesur yn chwyrn yn ystod araith yn Nhŷ'r Cyffredin. Protestant cymedrol oedd Hatton ac roedd yn casáu Piwritaniaid a'u credoau.

Anthony Cope, 1586–87

Roedd Anthony Cope, yr AS Piwritanaidd dros Banbury, yn cefnogi syniadau'r Presbyteriaid. Yn 1586 aeth ati i gyflwyno mesur yn y Senedd oedd yn galw am ddileu pob esgob ac am gyflwyno Llyfr Gweddi Genefa gan John Calvin yn lle'r Llyfr Gweddi Gyffredin. Cefnogodd Peter Wentworth ei hawl i siarad, gan ddadlau y dylai fod gan ASau hawl i drafod materion crefyddol yn y Senedd. Ymosododd Hatton yn chwerw ar y mesur yn Nhŷ'r Cyffredin. Cafodd Cope a Wentworth, a phedwar o'u cefnogwyr, eu carcharu yn Nhŵr Llundain am sawl mis yn ystod 1587 a chafodd y Senedd ei chau.

Oherwydd y rhwystrau hyn, dechreuodd Piwritaniaid gredu na fydden nhw'n gallu cyflawni llawer drwy'r Senedd ac felly dechreuon nhw chwilio am ffyrdd eraill o alw am ddiwygio. Un dull oedd atgyfnerthu delfrydau Piwritanaidd drwy gyfarfodydd gweddi.

GWEITHGAREDDAU

1 Sut mae John Field yn beirniadu Eglwys Elisabeth yn Ffynhonnell CH?
2 Astudiwch Ffynhonnell D. Pam roedd Peter Wentworth yn credu ei bod hi'n bwysig i ASau gael rhyddid barn yn y Senedd?

Cwestiwn ymarfer

Esboniwch y cysylltiadau rhwng unrhyw DRI o'r canlynol:
- Walter Strickland
- Peter Wentworth
- Anthony Cope
- Syr Christopher Hatton.

(I gael arweiniad, gweler tudalen 112.)

Mesurau gafodd eu cymryd i ddelio â her y Piwritaniaid

Ar ôl llwyddo i rwystro galwadau am ddiwygio yn y Senedd, defnyddiodd Elizabeth yr un dulliau pwerus i atal Piwritaniaeth eithafol rhag lledaenu ar y lefel leol. Roedd hi'n poeni'n arbennig am dwf dau ddatblygiad yn y mudiad Piwritanaidd o 1570 ymlaen – cyfarfodydd 'proffwydo' ac Ymwahanwyr.

Archesgob Grindal a'r cyfarfodydd 'proffwydo'

Yn ystod yr 1570au dechreuodd y llywodraeth boeni am dwf cyfarfodydd wedi'u cynnal gan y Piwritaniaid o'r enw cyfarfodydd 'proffwydo', lle roedd gweddïo a phregethu'n digwydd. Eu bwriad oedd gwella safonau'r clerigwyr, ond dechreuodd y Frenhines a'r Cyfrin Gyngor ystyried y gallen nhw fod yn beryglus. Roedden nhw'n meddwl eu bod yn annog aflonyddwch a gwrthryfel. Yn 1576 rhoddodd y frenhines orchymyn i Edmund Grindal, Archesgob newydd Caergaint, wahardd cyfarfodydd o'r fath.

Ond, roedd gan Grindal gydymdeimlad â syniadau Piwritanaidd a phenderfynodd nad oedd y cyfarfodydd 'proffwydo' yn beryglus (gweler Ffynhonnell DD). Felly gwrthododd ddilyn cyfarwyddiadau'r frenhines. Ymateb Elisabeth oedd ei gyfyngu i'w dŷ ym Mhalas Lambeth, ei atal rhag gweithio a'i rwystro rhag gweithredu fel arweinydd yr Eglwys.

Gan nad oedd Grindal yn fodlon gweithredu, rhoddodd Elisabeth ei gorchymyn ei hun i'w hesgobion gan wahardd cyfarfodydd 'proffwydo' (gweler Ffynhonnell E).

Ffynhonnell DD: Darn o lythyr oddi wrth Archesgob Grindal at y Frenhines Elisabeth yn 1576

Rwyf i a rhai eraill o'ch Esgobion wedi gweld o brofiad fod manteision posibl i'r ymarferion hyn [y cyfarfodydd 'Proffwydo']:
1. *Mae gweinidogion yr Eglwys yn fwy medrus a pharod yn yr Ysgrythurau, ac yn fwy abl i addysgu eu cynulleidfaoedd*
2. *Maen nhw'n tynnu eu cynulleidfaoedd i ffwrdd oddi wrth segura, crwydro, gamblo ac ati*
3. *Mae rhai sy'n cael eu hamau o ddysgeidiaeth wallus yn cael eu dwyn i gyffesu'r gwirionedd yn gyhoeddus*
4. *Mae gweinidogion anwybodus yn cael eu gyrru i astudio, os nad oherwydd cydwybod yna oherwydd cywilydd ac ofn cael eu disgyblu*
5. *Mae barn lleygwyr am ddiogi clerigwyr yn cael ei newid*
6. *Does dim yn well i guro Pabyddiaeth [Catholigiaeth Rufeinig] na bod gweinidogion yn tyfu i wybod cymaint drwy'r ymarferion hyn.*

Edmund Grindal (1519–83)

- c.1519 cafodd ei eni'n fab i ffermwr tenant yn St Bees yn Cumbria
- yn yr 1530au, cafodd ei addysgu ym Mhriordy St Bees, wedyn aeth i Brifysgol Caergrawnt
- c.1549 cafodd ei benodi'n gaplan i Edward VI
- 1553 bu'n rhaid iddo fynd yn alltud yn ystod teyrnasiad Mari, a threulio amser yn Strasbourg a Frankfurt
- 1558 cafodd ei benodi'n Esgob Llundain
- 1570 cafodd ei benodi'n Archesgob Efrog
- 1576 cafodd ei benodi'n Archesgob Caergaint
- 1577 gwrthododd ufuddhau i orchymyn Elisabeth i rwystro 'Cyfarfodydd Proffwydo', a chafodd ei atal rhag gweithio
- 1577–83 cafodd ei garcharu ym Mhalas Lambeth
- 1583 bu farw.

Ffynhonnell E: Cyfarwyddiadau Elisabeth i'w hesgobion, yn gwahardd 'cyfarfodydd proffwydo', 1577

Mewn amryw rannau o'n teyrnas mae nifer sylweddol o bobl sydd, yn groes i'n deddfau a sefydlwyd er gwasanaethu'r Hollalluog Dduw yn dduwiol ac yn gyhoeddus … yn mynd ati i … gasglu ein pobl yn anghyfreithlon allan o'u plwyfi arferol … maen nhw'n galw cyfarfodydd fel hyn yn 'gyfarfodydd proffwydo' mewn rhai mannau ac yn 'ymarferion' mewn rhai mannau eraill. … Rydym yn rhoi'r cyfrifoldeb arnoch chi i atal y rhain yn syth. Ond os bydd unrhyw rai'n ceisio, neu'n parhau, neu'n adnewyddu'r rhain, rydym eisiau i chi eu rhoi yng ngharchar gan eu bod yn cynnal anhrefn.

▲ Portread o Edmund Grindal, c.1580

Ymosodiad John Whitgift ar Bresbyteriaeth

Pan fu farw Grindal yn 1583, penododd Elisabeth John Whitgift yn archesgob yn ei le. Roedd ef yn Anglican pybyr ac yn aelod o'r Cyfrin Gyngor. Doedd ganddo ddim llawer o gydymdeimlad â chredoau Piwritanaidd. Er mwyn gwaredu'r eglwys o'r holl elfennau Presbyteraidd, cyhoeddodd y *Tair Erthygl* yn 1583 (gweler Ffynhonnell F). Roedd y rhain yn gosod rheoliadau er mwyn mynnu unffurfiaeth gan y clerigwyr drwy eu gorfodi i addo eu bod yn gwneud y canlynol:

- derbyn esgobion
- derbyn popeth oedd wedi'i gynnwys yn y Llyfr Gweddi Gyffredin
- derbyn y Deugain Erthygl Namyn Un.

Gwrthododd rhwng 300 a 400 o glerigwyr addo derbyn y telerau hyn, a chawson nhw eu diswyddo. Am weddill ei gyfnod yn archesgob, daliodd Whitgift ati i orfodi rheolau llym ar ei glerigwyr er mwyn dod â'r holl gyfarfodydd 'proffwydo' i ben a rhoi stop ar unrhyw arferion Presbyteraidd eraill oedd yn datblygu.

Ffynhonnell F: Yr Ail Erthygl o *Dair Erthygl* Whitgift yn 1583

Ni ddylai'r Llyfr Gweddi Gyffredin, na gorchymyn esgobion, offeiriaid a diaconiaid gynnwys dim sy'n groes i air Duw. A rhaid i'r rhain gael eu defnyddio'n gyfreithlon; a dylai llyfr gael ei ddefnyddio yn y ffurf sydd wedi'i rhagnodi, wrth weddïo'n gyhoeddus a gweinyddu'r sacramentau a dim byd arall.

▲ Portread o John Whitgift

John Whitgift (1530–1604)

- 1530 cafodd ei eni'n fab i fasnachwr cyfoethog
- cafodd ei addysgu yn Ysgol St Anthony, Llundain, wedyn aeth i Brifysgol Caergrawnt
- 1563 cafodd ei benodi'n Gaplan i'r Frenhines Elisabeth
- 1571 cafodd ei benodi'n Athro Diwinyddiaeth ym Mhrifysgol Caergrawnt
- 1571 cafodd ei benodi'n Ddeon Lincoln
- 1577 cafodd ei benodi'n Esgob Caerwrangon (Worcester)
- 1583 cafodd ei benodi'n Archesgob Caergaint a chael y dasg o sicrhau bod pawb yn cydymffurfio â'r Ardrefniant Crefyddol
- 1583 cyhoeddodd ei *Dair Erthygl* i sicrhau unffurfiaeth grefyddol
- 1586 cafodd le yn y Cyfrin Gyngor – ef oedd yr unig glerigwr i eistedd ar y Cyngor
- 1603 coronodd Iago Stiwart yn Frenin Iago VI
- 1604 bu farw.

GWEITHGAREDDAU

1 Beth oedd cyfarfodydd 'proffwydo'?

2 Astudiwch Ffynhonnell DD. Pa resymau mae'r Archesgob Grindal yn eu cyflwyno i amddiffyn cyfarfodydd 'proffwydo'?

3 Disgrifiwch y mesurau gymerodd yr Archesgob Whitgift i gael gwared ar elfennau Presbyteraidd o'r eglwys.

Cwestiwn ymarfer

I ba raddau mae Ffynhonnell E yn adlewyrchiad cywir o ba mor ddifrifol oedd y bygythiad Piwritanaidd? *(I gael arweiniad, gweler tudalennau 109–110.)*

Datblygiad y mudiad ymwahanu yn yr 1580au

Er i ymdrechion Whitgift i orfodi unffurfiaeth lwyddo ar y cyfan, roedden nhw hefyd yn gorfodi Piwritaniaid caeth i ddal ati yn y dirgel. Cafodd gweisg argraffu eu dinistrio a chafodd rhai eithafwyr Piwritanaidd eu carcharu. Yn sgil hyn, penderfynodd nifer bach o Biwritaniaid adael yr eglwys sefydledig a sefydlu eu heglwys eu hunain, ac felly cawson nhw eu galw'n 'Ymwahanwyr'. Robert Browne oedd un o brif arweinwyr y mudiad hwn oedd wedi torri'n rhydd. Weithiau roedd pobl yn galw ei ddilynwyr yn Brownyddion.

Yn 1580 sefydlodd Browne gynulleidfa o Ymwahanwyr yn Norwich. Roedd yn credu bod Eglwys Loegr yn dal i gynnwys elfennau o'r ffydd Gatholig ac nad oedd hi'n dangos digon o ddisgyblaeth foesol. Roedd eisiau i wir Gristnogion dorri'n rhydd a gadael yr eglwys er mwyn sefydlu cyfarfodydd gwirfoddol, ar wahân, gan y byddai hyn yn sicrhau disgyblaeth iawn. Cafodd ei garcharu am ei gredoau am gyfnod byr ac ar ôl cael ei ryddhau ymfudodd i fyw yn yr Iseldiroedd yn 1582.

Ar ôl i Browne adael y wlad, daeth arweinwyr newydd yn ei le fel Henry Barrow a John Greenwood. Roedd Whitgift yn poeni am syniadau Browne ac ym mis Mehefin 1583 daeth gorchymyn i grogi dau o'r Brownyddion, sef John Copping ac Elias Thacker, am ddosbarthu pamffledi'r Brownyddion.

Y Ddeddf yn erbyn Sectyddion Bradwrus, 1593

Roedd Pamffledi Marprelate yn 1588-89 (gweler tudalen 98) yn rhan o fudiad yr Ymwahanwyr. Pamffledi wedi'u cyhoeddi'n ddienw oedd y rhain ac roedden nhw'n ymosod yn chwyrn ar drefniadaeth yr Eglwys a'i hesgobion. Roedd pamffledi fel hyn yn dangos nad oedd yr Ymwahanwyr yn barod i gyfaddawdu ac roedden nhw'n cynnig esgus i weinidogion Elisabeth allu ymosod ar Biwritaniaeth.

Roedd propaganda'r llywodraeth yn cysylltu Piwritaniaeth ag ymwahaniaeth, ac yn cysylltu ymwahaniaeth â brad. Ymateb llywodraeth Elisabeth oedd pasio'r Ddeddf yn erbyn Sectyddion Bradwrus yn 1593 oedd yn rhoi pŵer i'r awdurdodau ddienyddio'r rhai oedd yn cael eu hamau o fod yn Ymwahanwyr. Roedd yn gosod cosbau llym, sef carcharu, alltudio a hyd yn oed farwolaeth, ar y rhai oedd yn cynnal cyfarfodydd heb eu hawdurdodi neu'n gwrthod mynd i wasanaethau'r Eglwys Anglicanaidd. O ganlyniad i'r Ddeddf hon, cafodd arweinwyr yr Ymwahanwyr, Henry Barrow a John Greenwood, a John Penry, Piwritan o Gymro, eu harestio a'u dienyddio ym mis Mai 1593. Ar ôl yr arestio a'r dienyddio, daeth mudiad yr Ymwahanwyr i ben.

Ffynhonnell FF: Darn o'r Ddeddf yn erbyn Sectyddion Bradwrus, 1593

Os bydd unrhyw berson neu bersonau dros un ar bymtheg oed yn bod yn ystyfnig ac yn gwrthod mynd i ryw eglwys ... i glywed gwasanaeth dwyfol, wedi'i sefydlu gan ddeddfau ei Mawrhydi ... drwy argraffu, ysgrifennu neu fynegi geiriau neu areithiau sydd yn arfer neu'n mynd ati'n fwriadol i symud neu berswadio unrhyw un o ddeiliaid ei Mawrhydi ... i wadu ... pŵer ac awdurdod ei Mawrhydi mewn achosion eglwysig ... neu at y diben hwnnw, yn mynd ati'n fwriadol ac yn faleisus i ysgogi neu i berswadio unrhyw berson arall ... i ymatal rhag dod i'r eglwys i glywed gwasanaeth dwyfol ... yna bydd unrhyw un sy'n troseddu fel hyn ... yn cael ei garcharu, gan aros yno nes y bydd yn cydymffurfio. ... Ac os bydd unrhyw droseddwr felly yn gwrthod tyngu llw fel sy'n ddywededig ... bydd y person sy'n troseddu fel hyn yn cael ei ddyfarnu'n ffelon [y gosb eithaf oedd y gosb am hyn].

Dehongliad 1: Barn am fygythiad yr Ymwahanwyr gan yr hanesydd John Warren yn ei lyfr *Elizabeth I: Meeting the Challenge, England 1541-1603*, gafodd ei gyhoeddi yn 2008

Yn ymarferol doedd yr Ymwahanwyr ddim yn fygythiad. Doedd dim digon ohonyn nhw, roedden nhw'n rhy barod i ffraeo â'i gilydd a doedd ganddyn nhw ddim cefnogaeth o gwbl gan yr elît. Yn ogystal, gallai'r Frenhines ddefnyddio cosbau ffyrnig yn eu herbyn, ac roedd hi'n barod i wneud hynny.

GWEITHGAREDDAU ?

1 Beth oedd nodau mudiad yr Ymwahanwyr?

2 Esboniwch sut aeth llywodraeth Elisabeth ati i ymdrin â mudiad yr Ymwahanwyr.

Cwestiwn ymarfer

Astudiwch Ddehongliad 1. I ba raddau rydych chi'n cytuno â'r dehongliad am fygythiad mudiad yr Ymwahanwyr? (I gael arweiniad, gweler tudalennau 113–114.)

Her y Piwritaniaid yng Nghymru

Doedd dim llawer iawn o sôn am weithgaredd y Piwritaniaid yng Nghymru cyn degawdau olaf teyrnasiad Elisabeth. Roedd tuedd i'r mudiad gael ei gyflwyno i Gymru o Loegr ar hyd llwybrau masnach. Cafodd Piwritaniaeth y cefnogaeth fwyaf mewn porthladdoedd fel Abertawe a threfi'r gororau. Yn Wrecsam yn y gogledd-ddwyrain, dechreuodd y Piwritaniaid ddangos eu dylanwad. Yn ystod yr 1580au roedden nhw'n ymosod ar ffordd o fyw y rhai oedd yn torri'r Sul ac yn dawnsio o gwmpas bedwen Fai. Roedd rhai fel Walter Stephens, Esgob Bishop's Castle, a Stanley Gower, Ficer Brampton Bryan, yn Biwritaniaid adnabyddus, ac yn weithgar ar y gororau. Yn yr ardaloedd hyn doedd yr awdurdodau ddim yn ystyried Piwritaniaeth yn fygythiad difrifol, ac ychydig iawn o gamau gafodd eu cymryd yn eu herbyn.

Yn ardaloedd eraill Cymru, cafodd Piwritaniaeth ddim llawer o ddylanwad. Roedd natur geidwadol y Cymry a'r ffaith eu bod nhw wedi'u hynysu yn ddaearyddol yn ei gwneud hi'n anodd lledaenu syniadau Piwritanaidd, yn enwedig gan mai Saesneg oedd prif iaith Piwritaniaeth. Cafodd un Cymro effaith ar y mudiad Piwritanaidd, a John Penry oedd hwnnw. Ond y tu allan i Gymru y buodd ef hyd yn oed yn gweithredu.

John Penry, merthyr Piwritanaidd o Gymru

Cafodd John Penry ei eni yn 1563 yng Nghefn Brith, ger Llangamarch yn sir Frycheiniog. Tra oedd yn fyfyriwr ym Mhrifysgol Caergrawnt ac yna yn Rhydychen, daeth yn drwm o dan ddylanwad syniadau'r Piwritaniaid. Daeth i gasáu Ardrefniant Crefyddol Elisabeth a dechreuodd ysgrifennu pamffledi yn galw am ddiwygio'r Eglwys. Roedd yn dymuno cael Eglwys oedd ddim yn cael ei rhedeg gan esgobion ond gan gynulliad democrataidd o bresbyteriaid neu flaenoriaid. Roedd yn credu mai'r unig ffordd at iachawdriaeth oedd drwy ddeall yr Ysgrythurau a'u hesbonio nhw drwy bregethu.

Yn 1587, cyhoeddodd Penry bamffled o'r enw *An Exhortation to the governors and people of Wales* oedd yn ymosod ar gyflwr crefydd yng Nghymru. Cwynodd am wasanaethau gwael yn yr eglwys a chlerigwyr anaddas oedd yn methu siarad Cymraeg. Dywedodd y dylai gwasanaethau fod yn Gymraeg ac y dylai'r Beibl gael ei gyfieithu i'r Gymraeg. Ymosododd ar yr esgobion, gan eu galw'n 'llofruddion eneidiau'. Ar orchymyn yr Archesgob Whitgift, cafodd ei arestio a'i roi yng ngharchar am fis.

Ar ôl iddo gael ei ryddhau, dechreuodd Penry wneud gwaith ar gyfer gwasg argraffu gudd. Yn ystod 1588–89, argraffodd y wasg nifer o bamffledi oedd yn ymosod ar ffordd o fyw a gwaith esgobion Eglwys Loegr. Pamffledi Marprelate oedd y rhain. Dechreuodd yr awdurdodau chwilio am y wasg gudd a chafodd Penry ei orfodi i ffoi i'r Alban rhag cael ei ddal. Tra oedd yn yr Alban, ysgrifennodd *A Briefe Discovery* gan amddiffyn Eglwys yr Alban.

Yn 1592, dychwelodd i ymgartrefu yn Llundain lle'r ymunodd â chymuned o Ymwahanwyr neu Biwritaniaid eithafol. Oherwydd y cysylltiadau hyn, cafodd ei arestio yn 1593. Cafodd ei roi ar brawf, a'i gyhuddo o fod wedi 'dyfeisio ac ysgrifennu geiriau penodol yn droseddol gan fwriadu ysgogi gwrthryfel yn Lloegr.'

Cafodd ei ddyfarnu'n euog a thra oedd yn aros am ei gosb, apeliodd at Syr William Cecil am drugaredd ond cafodd ei apêl ei hanwybyddu (gweler Ffynhonnell G). Cafodd ei ddienyddio yn Llundain ar 29 Mai 1593. Dim ond 30 oed oedd ef. Ef oedd merthyr Piwritanaidd cyntaf hanes Cymru.

GWEITHGAREDD ?

Esboniwch pam roedd John Penry yn broblem i Elisabeth I.

> **Ffynhonnell G: Darn o lythyr oddi wrth John Penry at Syr William Cecil, wythnos cyn iddo gael ei ddienyddio ar 29 Mai 1593**
>
> *Dyn ifanc tlawd ydw i gafodd ei eni a'i fagu ym mynyddoedd Cymru. Fi yw'r cyntaf, ers i'r Efengyl godi ddiwethaf yn yr oes ddiweddar hon, i lafurio'n gyhoeddus i hau had cysegredig yr Efengyl hon yn y mynyddoedd diffrwyth hyn … Rwy'n gadael llwyddiant fy llafur i'r rhai hynny o blith fy Nghydwladwyr, fydd yn cael eu codi ar fy ôl gan yr Arglwydd, i gwblhau'r gwaith hwnnw a ddechreuais er mwyn galw fy ngwlad i adnabyddiaeth o Efengyl fendigedig Crist.*

Casgliad: Pam daeth y Piwritaniaid yn fygythiad cynyddol yn ystod teyrnasiad Elisabeth?

Daeth y Piwritaniaid yn fygythiad cynyddol yn ystod teyrnasiad Elisabeth o ganlyniad i ddatblygiad y mudiad Piwritanaidd ei hun a hefyd oherwydd bod y Frenhines wedi gwrthod unrhyw ddiwygiadau pellach i Ardrefniant Crefyddol 1559. Ar y dechrau, ychydig iawn o wahaniaeth oedd rhwng Piwritaniaid cymedrol a Phrotestaniaid, a doedden nhw ddim yn fygythiad difrifol i'r Ardrefniant. Roedd nifer o Biwritaniaid yn gobeithio byddai Elisabeth, dros amser, yn caniatáu newidiadau pellach er mwyn dileu olion olaf y ffydd Gatholig.

Roedd cangen Bresbyteraidd y mudiad Piwritanaidd yn fwy o fygythiad wrth iddi fynnu bod strwythur yr eglwys yn cael ei addasu i ddilyn model y system Galfinaidd. Roedd honno'n tynnu rheolaeth oddi ar archesgobion ac esgobion. Ond roedd newid fel hyn yn annerbyniol i Elisabeth. Roedd hi'n mynnu bod pobl yn cydymffurfio'n llwyr â'r Ardrefniant. Yn gynyddol dechreuodd hi weld bod y Presbyteriaid yn fygythiad. Aeth ati i roi taw ar bob galwad am ddiwygio, yn y Senedd a thu hwnt.

Oherwydd bod Elisabeth yn gwrthod ystyried ildio ar fân faterion hyd yn oed, cafodd rhai Piwritaniaid eu gyrru i wneud pethau mwy eithafol, fel argraffu pamffledi radical a gweithiau crefyddol oedd yn galw am newid strwythur arweinyddiaeth yr eglwys. Roedd sefydlu cyfarfodydd 'proffwydo' er mwyn puro'r eglwys oddi mewn yn cael ei weld yn fygythiad mawr, gan fod cyfarfodydd o'r fath yn cynnig cyfleoedd i gynllwynio brad. I raddau helaeth, oherwydd i Archesgob Whitgift rwystro cyfarfodydd fel hyn, datblygodd cangen fwy radical ar ffurf mudiad yr Ymwahanwyr.

Mudiad yr Ymwahanwyr oedd y bygythiad mwyaf i'r Ardrefniant. Roedd ei awgrymiadau am strwythur eglwysig heb reolaethau yn golygu dwyn pŵer Elisabeth fel uchaf-lywodraethwr. Bu'n rhaid cael deddfwriaeth gan y llywodraeth i gael gwared ar y bygythiad hwn. Ond er bod Elisabeth wedi cael gwared ar y gangen radical, doedd hi ddim wedi dinistrio'r mudiad Piwritanaidd ei hun.

Cwestiwn crynhoi

Nawr eich bod chi wedi cwblhau'r bennod hon, defnyddiwch y wybodaeth rydych chi wedi'i dysgu i ateb y cwestiwn canlynol.

'Y bygythiad mwyaf gan y mudiad Piwritanaidd oedd y ffordd roedd cyfarfodydd "Proffwydo" yn lledaenu.' I ba raddau rydych chi'n cytuno â'r gosodiad hwn?

Efallai yr hoffech chi ystyried y ffactorau canlynol yn eich ateb:

1 y diwygiadau roedd ASau Piwritanaidd yn mynnu eu cael
2 y gweithiau gafodd eu hysgrifennu gan awduron Piwritanaidd
3 y mudiad Presbyteraidd
4 mudiad yr Ymwahanwyr
5 ac unrhyw ffactorau perthnasol eraill gallwch chi feddwl amdanyn nhw.

Arweiniad ar Arholiadau CBAC

Bydd yr adran hon yn rhoi arweiniad cam wrth gam i chi, gan ddangos y ffordd orau o fynd ati i ateb y mathau o gwestiynau fydd yn yr arholiad. Isod mae papur arholiad enghreifftiol gyda set o gwestiynau arddull arholiad (heb y ffynonellau).

Uned un: astudiaethau manwl

Yng Nghwestiwn 1 mae'n rhaid i chi ddadansoddi a dewis manylion allweddol o ddwy ffynhonnell sy'n gysylltiedig â thema'r cwestiwn	**Cymru a'r persbectif ehangach** **1A Oes Elisabeth, 1558–1603** Amser a ganiateir: 1 awr **1** Beth gallwn ni ei ddysgu o Ffynonellau A a B am y Cyfrin Gyngor yng nghyfnod Elisabeth? **[4 marc]**

Cymru a'r persbectif ehangach
1A Oes Elisabeth, 1558–1603
Amser a ganiateir: 1 awr

1 Beth gallwn ni ei ddysgu o Ffynonellau A a B am y Cyfrin Gyngor yng nghyfnod Elisabeth?
[4 marc]

> Yng Nghwestiwn 1 mae'n rhaid i chi ddadansoddi a dewis manylion allweddol o ddwy ffynhonnell sy'n gysylltiedig â thema'r cwestiwn

> Yng Nghwestiwn 2 mae'n rhaid i chi ddadansoddi a gwerthuso pa mor gywir yw ffynhonnell, gan ddefnyddio'r hyn rydych chi'n ei wybod i nodi cryfderau a gwendidau

2 I ba raddau mae Ffynhonnell C yn rhoi esboniad cywir o bwysigrwydd y bygythiad Catholig?

[Yn eich ateb dylech gyfeirio at gryfderau a gwendidau'r ffynhonnell a defnyddio'r hyn rydych yn ei wybod a'i ddeall am y cyd-destun hanesyddol]
[6 marc]

> Yng Nghwestiwn 3 mae'n rhaid i chi ddangos gwybodaeth a dealltwriaeth er mwyn helpu i lunio barn gytbwys am arwyddocâd mater gaiff ei nodi

3 Pam roedd crwydraeth yn cael ei gweld yn fygythiad arwyddocaol i gyfraith a threfn yn ystod teyrnasiad Elisabeth I?
[12 marc]

4 Esboniwch y cysylltiadau rhwng unrhyw DRI o'r canlynol:

> Yng Nghwestiwn 4 mae'n rhaid i chi ddangos gwybodaeth a dealltwriaeth er mwyn esbonio'r cysylltiadau perthnasol rhwng tair nodwedd sydd wedi'u dewis

- Philip II
- Dug Medina Sidonia
- Yr Iseldiroedd
- Calais
[12 marc]

5 'Daeth y theatr yn fyw yn ystod teyrnasiad Elisabeth. Ysgrifennodd Shakespeare o leiaf 37 drama yn ystod ei theyrnasiad, ac yn eu plith roedd y dramâu enwocaf i gael eu hysgrifennu erioed. Bu poblogrwydd dramâu fel hyn yn help i wneud teyrnasiad Elisabeth yn "Oes Aur" drama Saesneg.'

(Andy Harmsworth yn ysgrifennu mewn gwerslyfr hanes TGAU, *Elizabethan England*, gafodd ei gyhoeddi yn 1999.)

> Yng Nghwestiwn 5 mae angen i chi ddangos gwybodaeth a dealltwriaeth am fater allweddol, gan ddadansoddi a gwerthuso pam a sut mae dehongliadau o fater yn wahanol i'w gilydd, cyn llunio barn am ba mor gywir yw'r dystiolaeth, yn seiliedig ar yr hyn rydych chi'n ei wybod am yr awdur

I ba raddau rydych chi'n cytuno â'r dehongliad hwn am boblogrwydd y theatr yn ystod oes Elisabeth?
[16 marc]

[Yn eich ateb dylech gyfeirio at sut a pham mae dehongliadau o'r mater hwn yn amrywio. Defnyddiwch yr hyn rydych chi'n ei wybod a'i ddeall am y drafodaeth hanesyddol ehangach ar y mater hwn i lunio barn ac iddi sail gadarn.]

Mae marciau am sillafu, atalnodi a defnyddio gramadeg ac iaith arbenigol yn gywir yn cael eu rhoi am y cwestiwn hwn.
[3 marc]

Cyfanswm y marciau am y papur: 53

Arweiniad ar arholiadau

Arweiniad ar Arholiadau ar gyfer Cwestiwn 1

Mae'r adran hon yn rhoi arweiniad ar sut i ateb y cwestiwn sy'n gofyn beth gallwch chi ei ddysgu gan ddwy ffynhonnell. Astudiwch y cwestiwn canlynol.

> Beth gallwn ni ei ddysgu o Ffynonellau A a B am ymosodiad Lloegr ar yr Armada yn Calais?

> **Ffynhonnell A:** Adroddiad yn disgrifio tactegau Lloegr gan gynnwys defnyddio llongau tân, gan Petruccio Ubaldini, Eidalwr oedd yn byw yn Lloegr yn 1588
>
> *Wnaeth y Saeson gyda'u llongau rhagorol ddim ymladd yn ôl y disgwyl. Yn hytrach, cadwon nhw bellter a thanio at gyrff a hwyliau llongau'r gelyn. Rhoddodd y Saeson wyth llong ar dân ymysg llynges Sbaen. Cafodd eu gelyn eu deffro ac roedd rhaid iddyn nhw dorri eu rhaffau er mwyn dianc oddi wrth eu hangorau.*

▲ **Ffynhonnell B:** Paentiad gan arlunydd o'r Iseldiroedd yn yr unfed ganrif ar bymtheg, yn dangos y llongau tân yn ymosod ar yr Armada ym mhorthladd Calais

Sut i ateb

- Lluniwch frawddeg agoriadol i ddweud bod y ddwy ffynhonnell yn rhoi gwybodaeth ddefnyddiol am y pwnc.
- Nodwch nifer o ffeithiau/pwyntiau allweddol ar gyfer Ffynhonnell A, gan eu cysylltu nhw â'r cwestiwn.
- Nodwch nifer o ffeithiau/pwyntiau allweddol o Ffynhonnell B, gan eu cysylltu nhw â'r cwestiwn.
- Gwnewch yn siŵr fod eich ateb yn dangos defnydd cytbwys o'r ddwy ffynhonnell. Os bydd eich ateb yn anghytbwys ac yn canolbwyntio gormod ar un ffynhonnell, ni fyddwch yn ennill y marciau uchaf.

Ateb enghreifftiol

Cam 1: *Gosodiad agoriadol sy'n cysylltu â'r cwestiwn*

> Mae'r ddwy ffynhonnell yn cynnig gwybodaeth ddefnyddiol am ymosodiad Lloegr ar yr Armada pan oedd hi wedi'i hangori ger Calais.

Cam 2: Nodwch ddwy neu ragor o ffeithiau o Ffynhonnell A

> Mae Ffynhonnell A yn dweud bod y Saeson wedi cadw draw pan oedd yr Armada yn hwylio drwy'r Sianel, gan danio eu canonau at lynges Sbaen o bellter ac osgoi ymladd uniongyrchol. Pan oedd yr Armada wedi'i hangori ger Calais, anfonodd y Saeson longau tân, gan wneud i'r Sbaenwyr dorri rhaffau eu hangorau er mwyn ceisio dianc.

Cam 3: Nodwch ddwy neu ragor o ffeithiau o Ffynhonnell B

> Mae Ffynhonnell B yn dangos ymosodiad y llongau tân gyda mwy o fanylion. Mae'r arlunydd wedi peintio'r llongau tân yn wenfflam ac yn drifftio tuag at yr Armada. Mae llongau Sbaen wedi cael eu hangori'n agos at ei gilydd er diogelwch, ond nawr mae hyn wedi achosi problem ddifrifol iddyn nhw. Mae'r paentiad yn dangos llongau Lloegr yn hwylio tuag at yr Armada, a hynny yn union y tu ôl i'r llongau tân, yn barod i ymosod ar longau Sbaen wrth iddyn nhw geisio dianc.

Nawr rhowch gynnig ar ateb y cwestiwn canlynol:

Beth gallwch chi ei ddysgu gan Ffynonellau C ac CH am ddienyddio Mari, Brenhines y Sgotiaid, ym mis Chwefror 1587?

Ffynhonnell C: Adroddiad o'r cyfnod am ddienyddio Mari a gafodd ei anfon at Arglwydd Burghley ym mis Chwefror 1587

Ymbalfalodd am y bloc, cyn gosod ei phen i lawr, gan roi ei gên dros y bloc gyda'i dwylo. Byddai'r rhain, oedd yn dal yn yr un lle, wedi cael eu torri i ffwrdd petaen nhw heb gael eu gweld. Yna, gorweddodd yn llonydd iawn ar y bloc, ac un o'r dienyddwyr yn cydio'n ysgafn ynddi ag un llaw, cyn dioddef dwy ergyd gan y dienyddiwr arall â bwyell. Gwnaeth sŵn bach iawn os gwnaeth hi sŵn o gwbl, heb symud unrhyw ran ohoni o'r man lle roedd hi'n gorwedd. Ac felly torrodd y dienyddiwr ei phen i ffwrdd, heblaw am un darn bach o'i gwythi.

▲ **Ffynhonnell CH:** Paentiad dienw o ddienyddiad Mary, Brenhines y Sgotiaid, ym mis Chwefror 1587, wedi'i dynnu gan lygad-dyst

Arweiniad ar arholiadau ar gyfer Cwestiwn 2

Mae'r adran hon yn rhoi arweiniad ar sut i ateb y cwestiwn sy'n gofyn pa mor gywir yw ffynhonnell. Edrychwch ar y cwestiwn canlynol.

I ba raddau mae'r ffynhonnell hon yn rhoi adlewyrchiad cywir o fygythiad y theatrau newydd i gyfraith a threfn yn ystod oes Elisabeth?

[Yn eich ateb dylech chi gyfeirio at gryfderau a gwendidau'r ffynhonnell, a defnyddio'r hyn rydych yn ei wybod a'i ddeall am y cyd-destun hanesyddol.]

Ffynhonnell D: Llythyr i'r Cyfrin Gyngor oddi wrth Arglwydd Faer Llundain yn 1597 lle mae'n cwyno am y problemau yn sgil y twf yn nifer y theatrau yn y ddinas

Mae theatrau'n fannau i grwydriaid, dynion difeistr, lladron, lladron ceffylau, puteinwyr, twyllwyr, hocedwyr, bradwyr a phersonau segur a pheryglus eraill gwrdd â'i gilydd er mawr anfodlonrwydd i'r Goruchaf Dduw ac er niwed a phoendod i bobl ei Mawrhydi. Ni allwn ni atal hyn gan fod y theatrau y tu hwnt i ardal ein rheolaeth ni.

Maen nhw'n cynnal segurdod mewn pobl sydd heb waith, ac yn tynnu prentisiaid a gweision o'u gwaith, a chadw pob math o bobl rhag mynychu pregethau a gwasanaethau crefyddol eraill, gan wneud niwed mawr i fasnach a chrefydd y deyrnas hon.

Mewn cyfnod o salwch mae llawer o bobl sydd â briwiau yn diddanu eu hunain drwy fynd i wrando ar ddrama, ac felly'n heintio eraill.

Sut i ateb

- Nodwch y pwyntiau/materion allweddol sydd wedi'u codi yn y ffynhonnell – gallwch chi wneud hyn drwy danlinellu neu uwcholeuo'r pwyntiau mwyaf pwysig.
- Defnyddiwch eich gwybodaeth am y maes testun hwn i roi'r ffynhonnell yn ei chyd-destun hanesyddol – mae angen i chi ystyried pa mor gywir yw'r hyn mae'r ffynhonnell yn ei ddweud drwy gymharu hynny â'r hyn rydych chi'n ei wybod am y maes testun.
- Ystyriwch briodoliad y ffynhonnell er mwyn nodi cryfderau a chyfyngiadau:
  - pwy ysgrifennodd y ffynhonnell?
  - pryd roedd hyn?
  - pam cafodd y ffynhonnell ei hysgrifennu?
  - beth oedd ei phwrpas?
- Sut mae hyn yn effeithio ar ba mor ddibynadwy a chywir yw'r wybodaeth?
- Lluniwch farn gytbwys am ba mor gywir yw'r ffynhonnell, gan wneud cysylltiadau eglur â'r cwestiwn.

Ateb enghreifftiol

Cam 1: Nodi a thrafod y pwyntiau allweddol sy'n cael eu codi yn y ffynhonnell

Mae'r ffynhonnell yn dangos sut roedd y theatrau newydd yn cael eu gweld yn fygythiad sylweddol i gyfraith a threfn yn ystod yr 1590au. Mae'r Arglwydd Faer yn nodi nifer o broblemau penodol. Mae'n dweud bod y theatr yn denu pobl o'r dosbarthiadau tlotaf, yn enwedig y rhai oedd ddim yn parchu cyfraith a threfn. Mae'n trafod enghreifftiau o grwydriaid, lladron a thwyllwyr, ac mae'n credu eu bod nhw i gyd yn gallu achosi anhrefn, yn enwedig pan fyddan nhw'n cymysgu â'r tyrfaoedd mawr sy'n cael eu denu i'r theatr. Hefyd mae'r Arglwydd Faer yn tynnu sylw at y ffaith fod y theatr fel magnet, yn denu pobl oddi wrth eu gwaith a'u haddoli ar y Sul. Mae'n credu bod tyrfaoedd mor fawr yn gallu gwneud i glefydau a salwch ledaenu.

Cam 2: Defnyddio yr hyn rydych chi'n ei wybod i roi cyd-destun hanesyddol er mwyn profi pa mor gywir yw'r ffynhonnell

Mae'r ffynhonnell yn amlygu prif bryderon yr Arglwydd Faer. Mae sail i rai o'r rhain gan ei bod yn bosibl eu cadarnhau wrth edrych ar y cyd-destun hanesyddol. Roedd torfeydd mawr yn denu elfen o dorcyfraith, a phobl oedd yn bwriadu defnyddio'r digwyddiad i gyflawni troseddau fel pigo pocedi, dwyn ceffylau a thwyllo'r gynulleidfa i roi arian iddyn nhw. Hefyd mae'n cadarnhau'r gred ar y pryd fod casglu torfeydd mor fawr o bobl ynghyd o ardal eang o ddinas Llundain yn helpu i ledaenu clefydau.

Cam 3: Llunio barn wedi'i chyfiawnhau am ba mor gywir yw'r gosodiad yn y cwestiwn

Ond, mae'r Arglwydd Faer yn ysgrifennu o safbwynt penodol, a gan mai ef yw'r dyn sy'n gyfrifol am gynnal cyfraith a threfn yn ninas Llundain, mae'n siŵr o fod yn poeni am y problemau posibl fyddai'n gallu codi wrth i dorfeydd mor fawr ymgasglu yn y theatrau newydd, gan achosi anhrefn sifil. Gan fod y theatrau wedi'u codi y tu allan i waliau'r ddinas, doedd ganddo ddim rheolaeth drostyn nhw. Mae'n amlwg na fydd ei farn yn ddiduedd, ac y bydd yn creu darlun negyddol, gan orliwio i ba raddau roedd torri'r gyfraith yn broblem o bosibl. Ei nod yw cael cefnogaeth y Cyfrin Gyngor i gau theatrau fel hyn ac felly efallai ei fod wedi gorliwio'r bygythiad. Roedd yr Arglwydd Faer eisiau osgoi torfeydd mawr o'r fath a rhwystro'r dosbarthiadau cymdeithasol rhag cymysgu. Er bod rhai pobl o'r cyfnod yn sôn am dwf trosedd mewn lleoliadau o'r fath, mae'n ymddangos bod yr Arglwydd Faer yn gorliwio pa mor ddifrifol oedd y broblem.

Nawr rhowch gynnig ar ateb y cwestiwn canlynol.

I ba raddau mae'r ffynhonnell yn rhoi adlewyrchiad cywir o ba mor ddifrifol oedd bygythiad Mari, Brenhines y Sgotiaid, i Elisabeth ar ôl 1572? *[Yn eich ateb dylech gyfeirio at gryfderau a gwendidau'r ffynhonnell a defnyddio'r hyn rydych chi'n ei wybod a'i ddeall am y cyd-destun hanesyddol.]*

Ffynhonnell DD: Darn allan o gyhuddiadau'r Senedd yn erbyn Mari, Brenhines y Sgotiaid, gafodd eu gwneud ym mis Mai 1572

Mae hi wedi herio Coron Lloegr mewn ffordd ddrygionus.

Mae hi wedi ceisio gwneud Dug Norfolk yn anufudd, yn groes i'w arfer, a hynny yn erbyn gorchymyn pendant y Frenhines.

Mae hi wedi annog Iarll Northumberland a Iarll Westmoreland i wrthryfela.

Mae hi wedi ceisio codi gwrthryfel newydd i ddechrau yn y deyrnas hon.

Rydym ni, eich deiliaid ffyddlon ac ufudd, yn crefu ar eich Mawrhydi i gosbi ac i gywiro holl frad ac ymdrechion drwg y Fari hon.

Arweiniad ar arholiadau ar gyfer Cwestiwn 3

Mae'r adran hon yn rhoi arweiniad ar sut i ateb y cwestiwn am arwyddocâd. Edrychwch ar y cwestiwn canlynol.

> Pam roedd y mudiad Piwritanaidd yn cael ei weld yn fygythiad arwyddocaol i Ardrefniant Crefyddol 1559?

Sut i ateb

- Defnyddiwch yr hyn rydych chi'n ei wybod i roi'r mater allweddol yn ei gyd-destun.
- Esboniwch beth oedd yn digwydd yn y cyfnod hwnnw.
- Cynhwyswch fanylion ffeithiol penodol i'ch helpu i lunio dadl.
- Gwnewch gysylltiadau â'r mater allweddol yn gyson, gan fynegi rhywfaint o farn.
- I gloi, lluniwch farn gytbwys sydd wedi'i chefnogi'n dda.

Ateb enghreifftiol

Tyfodd bygythiad y Piwritaniaid wrth i deyrnasiad Elisabeth fynd yn ei flaen. Roedd hyn yn bennaf oherwydd y ffordd y datblygodd y mudiad Piwritanaidd ei hun. Ar y dechrau roedd llawer o Biwritaniaid yn gobeithio byddai Ardrefniant Crefyddol 1559 yn fan cychwyn ar gyfer cyfres o ddiwygiadau fyddai'n cael gwared ar olion olaf y ffydd Gatholig o Eglwys newydd Elisabeth yn y pen draw. Ond roedd Elisabeth yn ystyried yr Ardrefniant yn ateb terfynol, a gwrthododd ganiatáu rhagor o newidiadau. Oherwydd hyn, ceisiodd rhai ASau Piwritanaidd ddiwygio yn y Senedd ond doedd eu hymdrechion ddim yn llwyddiannus ar y cyfan.

> **Cam 1:** Dechreuwch drwy roi'r mater allweddol yn ei gyd-destun, gan roi ychydig o fanylion cefndir

Er nad oedd y rhan fwyaf o'r Piwritaniaid yn fygythiad i'r Ardrefniant Crefyddol, datblygodd canghennau mwy radical yn y mudiad Piwritanaidd a daeth y rhain yn fygythiad mwy arwyddocaol. Cafodd mudiad y Presbyteriaid help i ddatblygu oherwydd bod y galwadau am ddiwygio wedi methu â gwneud cynnydd. Rhan allweddol o'u cred nhw oedd cael gwared ar strwythur eglwysig oedd wedi'i seilio ar archesgobion ac esgobion. Er nad oedd hyn yn fygythiad gwirioneddol, roedd datblygiad cyfarfodydd 'Proffwydo' yn yr 1570au yn fwy difrifol. Codai hyn ofn ar y llywodraeth. Er mwyn delio â hyn, cyflwynodd yr Archesgob Whitgift fesurau i sicrhau bod y clerigwyr yn cydymffurfio. Daeth her fwy difrifol i'r Ardrefniant Crefyddol gyda datblygiadau o fewn Piwritaniaeth yn ystod yr 1580au wrth i fudiad yr Ymwahanwyr ymddangos. Cafodd y mudiad ei sefydlu'n wreiddiol yn Norwich yn 1580 gan Robert Browne. Roedd y mudiad yn galw ar ei aelodau i dorri'n rhydd a gadael yr Eglwys er mwyn sefydlu cyfarfodydd gwirfoddol, ar wahân, fyddai'n gorfodi disgyblaeth lem.

> **Cam 2:** Daliwch ati i ddatblygu'r cyd-destun, rhowch fanylion penodol a gwnewch gysylltiadau â'r mater allweddol, gan geisio llunio rhyw fath o farn

Roedd credoau'r Ymwahanwyr yn fygythiad arwyddocaol i Elisabeth gan eu bod yn tanseilio ei safle hi fel uchaf-lywodraethwr. Cafodd y mudiad ei gefnogi drwy gyhoeddi Pamffledi Marprelate, oedd yn ymosod yn chwerw ar drefniadaeth yr Eglwys a'i hesgobion. Roedd Elisabeth yn gweld hyn yn her ddifrifol i'r Ardrefniant Crefyddol, ac ymateb y llywodraeth oedd pasio'r Ddeddf yn erbyn Sectyddion Bradwrus yn 1593. Bu'r ddeddf, a'r ffaith i rai o'r arweinwyr gael eu harestio, yn ddigon i gael gwared ar fudiad yr Ymwahanwyr. O holl ganghennau'r ffydd Biwritanaidd, hon oedd y fwyaf radical o bell ffordd, a'r un oedd yn cynnig y bygythiad mwyaf i'r drefn oedd wedi'i sefydlu. Ond, er bod prif gangen y Mudiad Piwritanaidd ei hun yn dal i bwyso i ddiwygio crefydd, doedden nhw ddim yn llawer o fygythiad mewn gwirionedd, gan i'r aelodau aros yn deyrngar ac yn ffyddlon i Ardrefniant Crefyddol 1559.

> **Cam 3:** Gorffennwch gyda barn gytbwys ac iddi sail gadarn am y mater allweddol

> **Nawr rhowch gynnig ar y cwestiwn canlynol.**
>
> Pam roedd tlodi'n cael ei weld yn fygythiad arwyddocaol i gyfraith a threfn yn ystod teyrnasiad Elisabeth I?

Arweiniad ar arholiadau ar gyfer Cwestiwn 4

Mae'r adran hon yn rhoi arweiniad ar sut i ateb y cwestiwn am y cysylltiadau rhwng tair nodwedd. Edrychwch ar y cwestiwn canlynol.

> Esboniwch y cysylltiadau rhwng unrhyw DRI o'r canlynol:
>
> ■ Cyfieithu'r Ysgrythurau i'r Gymraeg ■ William Salesbury ■ Richard Davies ■ William Morgan.

Sut i ateb

■ Dewiswch dri ffactor sy'n dangos cysylltiadau eglur â'i gilydd yn eich barn chi.
■ Defnyddiwch yr hyn rydych chi'n ei wybod i esbonio'r tri ffactor hyn, gan wneud cysylltiadau rhyngddyn nhw.
■ Ceisiwch gynnwys nifer o bwyntiau i esbonio sut mae'r ffactorau wedi'u cysylltu.
■ I gloi, ysgrifennwch frawddeg olaf sy'n dangos y cysylltiadau perthnasol.

Ateb enghreifftiol

Materion sydd wedi'u dewis: cyfieithu'r Ysgrythurau i'r Gymraeg, William Salesbury a William Morgan

Cam 1: Dewiswch dri ffactor a chyflwynwch nhw, gan nodi beth yw'r cysylltiad.

> Un o'r digwyddiadau crefyddol a diwylliannol pwysicaf yn hanes Cymru yn ystod teyrnasiad Elisabeth oedd cyfieithu'r Ysgrythurau i'r Gymraeg. Cafodd Deddf Seneddol ei phasio yn 1563 oedd yn gorchymyn i'r Beibl a'r Llyfr Gweddi gael eu cyfieithu i'r Gymraeg erbyn Dydd Gŵyl Dewi 1567. Roedd copïau i gael eu rhoi wrth ochr y fersiynau Saesneg yn mhob eglwys yng Nghymru. Tîm bach o glerigwyr ac ysgolheigion Protestannaidd fu'n gwneud y gwaith cyfieithu, a'r pwysicaf o'r rhain oedd William Salesbury a William Morgan.

Cam 2: Defnyddiwch yr hyn rydych chi'n ei wybod i esbonio ac i ddatblygu'r cysylltiadau ymhellach.

> Drwy help ac anogaeth yr Athro Richard Davies, dechreuodd William Salesbury, yr ysgolhaig o Gymro, ar y gwaith o gyfieithu'r Testament Newydd a'r Llyfr Gweddi yn fuan ar ôl 1563 ac erbyn 1567, y dyddiad cau, roedd wedi cwblhau'r dasg. Gan nad oedd gweisg argraffu yng Nghymru, cafodd y gwaith argraffu ei wneud yn Llundain. Roedd y cyhoeddi yn garreg filltir bwysig yn hanes crefyddol Cymru ond roedd rhai anfanteision. Roedd cyfieithiad Salesbury yn anodd ei ddarllen ac felly cyfyng oedd ei effaith.

Cam 3: Ceisiwch gynnwys nifer o bwyntiau er mwyn dangos sut mae un ffactor yn gysylltiedig â'r ffactorau eraill.

> Doedd hi ddim yn bosibl perswadio Salesbury i barhau â'r gwaith o gyfieithu'r Hen Destament i'r Gymraeg, a'r person wnaeth hynny oedd William Morgan, ficer Llanrhaeadr-ym-Mochnant. Yn wahanol i Salesbury, defnyddiodd Morgan arddull Gymraeg ysgrifenedig oedd yn haws ei ddarllen yn ei gyfieithiad yntau. Cymerodd hi nifer o flynyddoedd iddo gwblhau'r cyfieithiad ac yn ystod y broses argraffu, symudodd i Lundain er mwyn gallu cywiro proflenni'r argraffydd. Pan gafodd cyfieithiad yr Hen Destament ei gyhoeddi o'r diwedd yn 1587, roedd yn llwyddiant yn syth. Aeth Morgan ymlaen ar ôl hynny i addasu fersiynau o gyfieithiadau Salesbury o'r Testament Newydd a'r Llyfr Gweddi.

Cam 4: Gorffennwch gyda rhai brawddegau i gloi sy'n dangos cysylltiadau eglur rhyngddyn nhw.

> Erbyn i Morgan farw yn 1604 roedd y gwaith o gyfieithu'r Ysgrythurau i'r Gymraeg wedi'i gwblhau, a chopïau o'r Hen Destament a'r Testament Newydd a'r Llyfr Gweddi i'w gweld ym mhob Eglwys yng Nghymru. Roedd y broses wedi cymryd dros 25 mlynedd i'w chwblhau, a dau ddyn yn bennaf wnaeth y gwaith, sef William Salesbury a William Morgan. Heb Ddeddf 1563, mae'n amheus a fyddai'r Ysgrythurau wedi cael eu cyfieithu.

> **Nawr rhowch gynnig ar y cwestiwn canlynol:**
>
> Esboniwch y cysylltiadau rhwng unrhyw DRI o'r canlynol:
>
> ■ Portreadau o Elisabeth ■ Nawdd brenhinol ■ Teithiau brenhinol ■ Cymeriad y Frenhines.

Arweiniad ar arholiadau ar gyfer Cwestiwn 5

Mae'r adran hon yn rhoi arweiniad ar sut i ateb y cwestiwn dehongli. Edrychwch ar y cwestiwn canlynol.

> I ba raddau rydych chi'n cytuno â'r dehongliad hwn am y bygythiad Catholig i Elisabeth? [Yn eich ateb dylech gyfeirio at sut a pham mae dehongliadau am y mater hwn yn amrywio. Defnyddiwch yr hyn rydych chi'n ei wybod a'i ddeall am y drafodaeth hanesyddol ehangach ar y mater hwn i lunio barn â sail gadarn.]
>
> Mae marciau am sillafu, atalnodi a defnyddio gramadeg ac iaith arbenigol yn gywir yn cael eu rhoi am y cwestiwn hwn.

> **Dehongliad:** Susan Doran, darlithydd prifysgol ac arbenigwr yn hanes y Tuduriaid, yn ysgrifennu yn ei llyfr, *Elizabeth I and Religion*, gafodd ei gyhoeddi yn 1994
>
> *Mewn gwirionedd, cafodd y perygl gan Gatholigion Cymru a Lloegr ei orliwio. Roedd y mwyafrif helaeth yn deyrngar i'w Brenhines ac i'w gwlad. Ond roedden nhw'n gobeithio am gyfnod gwell pan fyddai Mari, Brenhines y Sgotiaid yn dod i'r orsedd gan ei bod hi'n Gatholig. Yn aml, gan fod Protestaniaeth o'u cwmpas drwy'r amser, trodd llawer o Gatholigion eu cefn ar eu ffydd. Dim ond y Catholigion mwyaf ymroddedig ddaeth yn reciwsantiaid, gan wrthod derbyn yr Ardrefniant Crefyddol.*

Sut i ateb

- Amlinellwch y dehongliad sy'n cael ei roi yn y darn.
- Rhowch gyd-destun:
  - ☐ trafodwch gynnwys y darn drwy ei gysylltu â'r hyn rydych chi'n ei wybod
  - ☐ pa dystiolaeth gallwch chi ei chynnig er mwyn cefnogi prif neges y darn?
- Ystyriwch yr awdur:
  - ☐ sut mae'r hyn sy'n cael ei ddweud wrthoch chi am yr awdur yn effeithio ar ba mor ddibynadwy a chywir yw'r wybodaeth yn y darn?
  - ☐ pam cafodd y darn ei gynhyrchu?
  - ☐ pwy oedd y gynulleidfa i fod?
  - ☐ sut mae hyn yn effeithio ar y dehongliad?
- Nodwch ddehongliadau eraill:
  - ☐ awgrymwch y gallai haneswyr eraill fod â safbwyntiau gwahanol
  - ☐ nodwch ddadleuon dehongliadau eraill, a nodi sut maen nhw'n wahanol
  - ☐ esboniwch pam mae'r dehongliadau hyn yn wahanol i'w gilydd
- I gloi:
  - ☐ rhowch farn wedi'i chyfiawnhau sy'n rhoi sylw i sut a pham mae'r dehongliadau ar y mater hwn yn wahanol i'w gilydd.

Ateb enghreifftiol

> Mae'r dehongliad yn nodi'n eglur fod bygythiad Catholigion Cymru a Lloegr i'r wlad a hefyd i safle Elisabeth fel brenhines wedi cael ei orliwio. Mae'r awdur, Susan Doran, yn amlygu'r pwynt fod mwyafrif y boblogaeth yn deyrngar i'w brenhines ac i'w gwlad ac nad oedden nhw'n ymwneud â gweithgareddau allai gael eu disgrifio fel rhai bradwrus. Roedd y rhan fwyaf o bobl yn derbyn Ardrefniant Crefyddol 1559 ac yn ei weld fel cyfaddawd defnyddiol, ffordd ganol gydag elfennau o'r ffydd Gatholig yn cael parhau o hyd, fel gwisgo urddwisgoedd a nodi arwydd y groes yn ystod bedydd. Ychydig iawn o bobl gafodd eu dirwyo am reciwsantiaeth ac roedd y mwyafrif helaeth yn derbyn Eglwys Elisabeth heb brotest.

Cam 1: Amlinellwch y dehongliad sy'n cael ei roi yn y darn

> Mae'n wir fod Elisabeth yn wynebu nifer o gynllwynion Catholig i'w dymchwel a rhoi brenhines Gatholig, Mari, Brenhines y Sgotiaid, yn ei lle. Ar ôl hynny byddai'r ffydd Gatholig yn cael ei hadfer fel y grefydd swyddogol. Mewn gwirionedd, nifer bach o unigolion yn unig oedd yn cefnogi'r cynllwynion hyn ac roedd hi'n hawdd i Walsingham ddelio â nhw. Mewn sawl ystyr, roedd y bygythiad Catholig wedi'i orliwio, yn enwedig gan bobl fel Walsingham oedd eisiau tystiolaeth er mwyn gallu cymryd camau yn erbyn y Catholigion.

Cam 2: Gosodwch y cyd-destun – defnyddiwch eich gwybodaeth i ymhelaethu ar gynnwys y ffynhonnell ac i'w ddatblygu

113

Cam 3: Awduraeth – datblygwch yr hyn rydych chi'n ei wybod am yr awdur i lunio barn am ba mor ddibynadwy a chywir yw'r dehongliad, yn seiliedig ar hynny

Mae Susan Doran, awdur y dehongliad, yn hanesydd proffesiynol sy'n ddarlithydd hanes mewn prifysgol. Mae hi'n arbenigo yn hanes y Tuduriaid a byddai ganddi hi wybodaeth fanwl am y cyfnod wedi'i seilio ar flynyddoedd lawer o ymchwil academaidd. Mae hi'n ysgrifennu gyda'r fantais o allu edrych yn ôl ar ddigwyddiadau o bell, a byddai hi wedi llunio'i barn gan ei seilio ar dystiolaeth helaeth.

Cam 4: Dehongliadau eraill – awgrymwch ddehongliadau eraill, gan gynnig sylwadau yn nodi sut a pham maen nhw'n wahanol i'r dehongliad sydd wedi'i roi

Mae dehongliadau eraill i'w cael am y mater hwn, fodd bynnag. Roedd Protestaniaid eithafol o'r enw Piwritaniaid yn credu nad oedd yr Ardrefniant Crefyddol wedi mynd yn ddigon pell i ddileu arferion Catholig ac felly roedden nhw'n gweld unrhyw her gan y Catholigion fel bygythiad difrifol. Mae haneswyr sydd â thuedd Brotestannaidd wedi mabwysiadu barn y bobl hyn, ac mae rhai ohonyn nhw wedi derbyn propaganda'r llywodraeth oedd yn dweud bod y bygythiad gan nifer o gynllwynion Catholig fel Cynllwynion Ridolfi a Babington yn bygwth Elisabeth a'r wlad mewn ffordd wirioneddol a difrifol. Roedden nhw hefyd yn pwysleisio pa mor ddifrifol oedd Gwrthryfel y Gogledd. Efallai byddai haneswyr Catholig hefyd yn cynnig dehongliad sy'n wahanol i'r un mae Susan Doran yn ei gyflwyno. Efallai bydden nhw'n dadlau bod canran fawr o'r boblogaeth yn Gatholigion yn y bôn ac mai'r unig reswm pam derbynion nhw Ardrefniant 1559 oedd eu bod yn ofni'r canlyniadau pe baen nhw'n peidio â gwneud hynny. Roedden nhw'n gobeithio na fyddai Elisabeth yn teyrnasu'n hir.

Cam 5: Casgliad – rhowch farn gytbwys am ba mor ddilys yw'r dehongliad sydd wedi'i roi, gan ei bwyso a'i fesur yn erbyn dehongliadau eraill

Gan Susan Doran cawn safbwynt hanesydd arbenigol sydd wedi ysgrifennu astudiaeth fanwl iawn o'r enw *Elizabeth I and Religion* gan ganolbwyntio ar un agwedd ar deyrnasiad y frenhines. Ond mae'r dyfyniad braidd yn fyr ac mae ei gynnwys yn gyffredinol iawn, heb roi'r cyd-destun llawn. Byddai safbwynt fel hyn yn cael ei herio gan haneswyr sy'n ysgrifennu o safbwynt gwahanol. Gallai safbwynt Protestannaidd eithafol ganolbwyntio mwy ar faterion penodol fel bygythiad Mari, Brenhines y Sgotiaid, neu gynllwyn penodol, yn hytrach nag edrych ar agweddau'r boblogaeth yn ei chyfanrwydd. Neu, gallai haneswyr Catholig ddadlau nad oedden nhw'n fygythiad o gwbl a bod Walsingham a'i wasanaeth cudd yn gorbwysleisio dylanwad Mari, Brenhines y Sgotiaid yn fwriadol, er mwyn cymryd camau yn eu herbyn nhw. Felly dylai dehongliad Susan Doran gael ei weld yn rhan o'r drafodaeth hanesyddol ehangach sy'n cynnwys amrywiaeth o safbwyntiau gwahanol.

Nawr rhowch gynnig ar y cwestiwn canlynol.

I ba raddau rydych chi'n cytuno â'r dehongliad hwn am safle William Cecil yn llywodraeth Elisabeth? [*Yn eich ateb dylech chi gyfeirio at sut a pham mae dehongliadau am y mater hwn yn amrywio. Defnyddiwch yr hyn rydych chi'n ei wybod a'i ddeall am y drafodaeth hanesyddol ehangach ar y mater hwn i lunio barn â sail gadarn.*]

Dehongliad: Stephen Alford, darlithydd prifysgol ac arbenigwr ar hanes y Tuduriaid, yn ysgrifennu yn ei fywgraffiad o Cecil o'r enw: *Burghley William Cecil at the Court of Elizabeth I*, gafodd ei gyhoeddi yn 2008

Roedd ef [William Cecil] ym mhobman ac ym mhopeth yn llywodraeth Elisabeth. Ef oedd yn rheoli peirianwaith grym. Roedd yn rhedeg yr ysgrifenyddiaeth frenhinol ac yn cadeirio cyfarfodydd y Cyfrin Gyngor. Roedd yn cynghori'r frenhines bob dydd ac yn darllen pob darn o bapur fyddai'n cael ei anfon ati. Gan ei bod yn hawdd iddo ymweld ag Elisabeth yn ei hystafelloedd preifat, a'i fod yn feistr ar beiriant y llywodraeth, roedd yn gweld ac yn clywed popeth oedd yn digwydd yn y llys.

Dirwasgiad, Rhyfel
ac Adferiad,
1930–1951

1 Dechreuad y Dirwasgiad

Ar 29 Hydref 1929, cwympodd Wall Street, cyfnewidfa stoc UDA. Collodd cannoedd ar filoedd o bobl eu cynilion oes. Cwympodd banciau oherwydd bod benthyciadau heb eu had-dalu. Aeth busnesau i'r wal wrth i bobl stopio prynu nwyddau a dechreuodd y Dirwasgiad Mawr, gan achosi diweithdra uchel. Doedd UDA ddim yn gallu rhoi benthyg arian i wledydd Ewrop mwyach a gofynnon nhw am rai o'u benthyciadau yn ôl. Fuodd hi ddim yn hir cyn i'r dirwasgiad economaidd daro'r Deyrnas Unedig a gweddill Ewrop oherwydd eu bod nhw'n dibynnu gormod ar UDA.

Mae'n hawdd rhoi'r bai am y dirwasgiad economaidd ym Mhrydain yn nechrau'r 1930au ar effaith Cwymp Wall Street yn 1929. Chwaraeodd y Cwymp ran bwysig o ran amseru'r dirwasgiad ym Mhrydain, ond cyfrannodd ffactorau sylfaenol eraill at y Dirwasgiad.

Yn yr 1920au, roedd Prydain yn wlad llawn cyferbyniad. Er bod De a Chanolbarth Lloegr yn ffynnu, roedd anobaith a siom yn llawer o ardaloedd Prydain. Roedd llai o bobl yn byw yng nghefn gwlad wrth i ffermio fynd yn fwy mecanyddol. Wrth i brisiau nwyddau fferm gwympo, syrthiodd incwm gwledig hefyd. Mewn rhannau o Brydain lle roedd cymunedau diwydiannol hŷn i'w cael – yng Ngogledd a Gogledd Ddwyrain Lloegr ac yn Ne Cymru – roedd amodau byw gwael, salwch, clefydau a disgwyliad oes is yn rhan o fywyd llawer o bobl.

Yn erbyn y cefndir hwn y dylen ni edrych ar ganlyniadau Cwymp Wall Street, i ddeall pam digwyddodd Dirwasgiad ym Mhrydain ar ddechrau'r 1930au. Pan ddaeth y Cwymp, ychwanegodd at broblemau economaidd gwlad oedd yn ansefydlog yn economaidd yn barod.

Rhesymau dros ddirywiad diwydiant traddodiadol ym Mhrydain

Prydain oedd y wlad ddiwydiannol gyntaf. Manteisiodd ei diwydiannau tecstilau, glo, haearn a dur yn fawr ar y diffyg cystadleuaeth o wledydd eraill. Gwnaeth elw drwy allu gwerthu dros y byd i gyd. Ond, wrth i'r bedwaredd ganrif ar bymtheg dynnu yn ei blaen, dechreuodd gwledydd eraill gopïo datblygiad diwydiannol Prydain, ac achub y blaen arni gan ddatblygu dulliau cynhyrchu newydd a chystadlu â Phrydain am farchnadoedd. Erbyn yr 1920au, roedd UDA, Japan, a hyd yn oed yr Almaen, er canlyniadau'r Rhyfel Byd Cyntaf, yn cystadlu'n economaidd â Phrydain. Golygai hyn fod gan Brydain broblemau economaidd cyn i Gwymp Wall Street ddigwydd.

Cystadleuaeth o dramor

Roedd llawer o ddiwydiant Prydain ar ddechrau'r ugeinfed ganrif wedi datblygu o amgylch meysydd glo Gogledd Lloegr gan ei fod yn dibynnu ar bŵer stêm, oedd yn cael ei danwydd gan y meysydd glo. Roedd yr hen ddiwydiannau'n cynhyrchu defnyddiau crai neu nwyddau trwm yn bennaf, fel llongau, tecstilau (cotwm a gwlân), glo, haearn a dur.

Y brif broblem i'r hen ddiwydiannau ar y pryd oedd eu bod nhw'n dibynnu ar allforion. Dim ond os oedden nhw'n gallu gwerthu i farchnadoedd byd-eang roedd y diwydiannau glo, haearn a dur, adeiladu llongau a thecstilau yn gwneud elw. O ddechrau'r 1920au ymlaen, dechreuodd diwydiant Prydain wynebu mwy o gystadleuaeth o dramor. Yn aml roedd y cystadleuwyr yn llawer mwy na'r diwydiannau Prydeinig, felly roedden nhw'n gallu cynhyrchu nwyddau am bris nad oedd y cwmnïau Prydeinig bach, fel iard longau Palmers yn Jarrow, yn gallu cystadlu ag ef.

Marchnadoedd newydd

Roedd hi'n anodd dod o hyd i farchnadoedd newydd i brynu nwyddau Prydain, ac roedd polisïau sawl llywodraeth Brydeinig ar ôl ei gilydd yn gwaethygu'r sefyllfa. Dilynon nhw bolisi masnach rydd yn yr 1920au. Roedd y polisi hwn yn gadael i nwyddau tramor ddod i mewn i Brydain heb rwystrau. Ar y llaw arall, yn aml roedd rhaid i gwmnïau Prydeinig oedd yn allforio nwyddau dalu tollau mewnforio i lywodraethau tramor.

Y diwydiant adeiladu llongau gafodd ei daro waethaf. Os nad oedd neb yn prynu neu'n gwerthu unrhyw beth, yna doedd dim angen llongau newydd i gario nwyddau ledled y byd. Yn 1930, adeiladodd diwydiant llongau Prydain 1,400,000 tunnell o longau. Erbyn 1933 roedd y ffigur wedi gostwng i 133,000 tunnell. Lledodd diweithdra o'r diwydiant adeiladu llongau i'r diwydiannau dur a glo.

Hen ddulliau

Yn ystod yr 1920au yn UDA, roedd dulliau cynhyrchu newydd i'w gweld mewn nifer o ddiwydiannau. Cafodd masgynhyrchu ei ddatblygu am y tro cyntaf wrth gynhyrchu'r car. Roedd nifer o ddiwydiannau nwyddau traul yn datblygu yn UDA ac fe gopïon nhw y dull hwn. Nid dyna fel roedd hi yn achos nifer o brif ddiwydiannau Prydain. Roedden nhw'n araf yn newid i ddulliau cynhyrchu newydd, cyflymach a mwy effeithiol. Ar yr un pryd, ni chafodd adnoddau cenedlaethol eu symud yn ddigon cyflym i gyfeiriad diwydiannau newydd oedd yn datblygu, fel cemegau, *rayon* a cheir modur.

Mae effaith y tri ffactor uchod ar brif ddiwydiannau Prydain erbyn yr 1920au i'w gweld yn Nhabl 1.1. Dim ond ychwanegu at ddirywiad diwydiant wnaeth effaith Cwymp Wall Street (gweler tudalen 118).

Glo	Haearn a dur
Roedd glo'n gallu cael ei gynhyrchu yn llawer rhatach dramor. Yng nghanol yr 1920au roedd glo'n gallu cael ei gynhyrchu yn UDA am 65c y dunnell o'i gymharu â £1.56 y dunnell ym Mhrydain. Roedd glo Prydain yn ddrutach gan ei fod yn fwy anodd ei fwyngloddio. Doedd pyllau ddim wedi buddsoddi yn y peiriannau diweddaraf ac roedd y diwydiant yn cael ei redeg gan berchnogion pyllau glo oedd ddim yn dymuno buddsoddi mewn moderneiddio gan amlaf. Roedd hyn yn arbennig o wir am y diwydiant glo yn Ne Cymru. Hwn unwaith oedd cartref defnyddiau crai Chwyldro Diwydiannol Prydain, ond erbyn yr 1920au a dechrau'r 1930au roedd y diwydiant mewn cyflwr gwael. Roedd wedi colli marchnadoedd Ewropeaidd oherwydd bod yr Almaen yn rhoi glo i wledydd fel rhan o'r taliadau iawndal (cost y Rhyfel Byd Cyntaf). Roedd hi'n well gan y Ffrancwyr brynu glo o UDA yn hytrach nag o Brydain, ac felly roedd y galw am lo o feysydd glo Cymru wedi gostwng yn sylweddol. Hefyd, doedd neb yn buddsoddi yn y diwydiant glo, ac felly doedd dulliau mwyngloddio newydd ddim wedi cael eu cyflwyno fel oedd yn digwydd yn y gwledydd oedd yn cystadlu â Phrydain. O ganlyniad cyrhaeddodd diweithdra yn Abertawe a Merthyr Tudful 25 y cant, ac mor uchel ag 80 y cant yn Nowlais.	Dioddefodd y diwydiant haearn a dur am nifer o resymau. Roedd llawer llai o alw am longau ac arfau yn y blynyddoedd ar ôl y Rhyfel Byd Cyntaf. Roedd cystadleuwyr fel UDA a Japan yn codi prisiau is na phrisiau Prydain yn gyson, ac roedd eu gweithfeydd dur ar y cyfan yn fwy o faint, yn fwy effeithlon ac yn fwy modern na'r rhai ym Mhrydain. Roedd y diwydiant dur yn Ne Cymru yn enwedig yn methu ymdopi â phwysau'r newid yn y marchnadoedd a'r cystadleuwyr newydd. Roedd yn wynebu cystadleuaeth chwyrn o UDA a'r Almaen. Roedd eu gweithfeydd dur nhw'n fwy modern yn dechnolegol ac yn fwy effeithlon. Yn 1929, rhoddwyd y gorau i wneud dur yn llwyr yng Nglyn Ebwy, ac yn 1930 caeodd rhan fawr o'r gwaith dur yn Nowlais gan adael 3,000 o weithwyr dur yn ddi-waith.
Adeiladu llongau	**Tecstilau**
Dirywiodd y diwydiant adeiladu llongau yn gyflymach na diwydiannau eraill. Arafodd masnachu ledled y byd yn y blynyddoedd ar ôl y Rhyfel Byd Cyntaf. Felly roedd llai o angen am longau. Roedd diarfogi rhyngwladol yn golygu bod llai o alw am longau rhyfel hefyd. At hynny, roedd gwledydd tramor fel Japan ac UDA yn gallu cynhyrchu llongau yn llawer rhatach na Phrydain.	Dirywiodd y farchnad am decstilau, fel gwlân a chotwm, wrth i ffibrau gwneud ddod yn boblogaidd yn gyflym ar ôl cael eu dyfeisio yn yr 1920au. Pan oedd ffibrau gwneud yn cael eu cymysgu â chotwm a gwlân, roedden nhw'n cynhyrchu dillad oedd yn gwisgo'n well ac yn haws eu golchi. Roedd diwydiannau tecstilau Prydain hefyd yn wynebu mwy o gystadleuaeth o Japan ac UDA yn ystod yr 1920au. Roedd y ddwy wlad hyn wedi datblygu eu diwydiannau eu hunain yn ystod y Rhyfel Byd Cyntaf. Aeth marchnadoedd cartref, oedd wedi cael eu galw'n rhai 'diogel', yn agored i gystadleuaeth dramor. Roedd hyn yn enwedig o wir am swydd Gaerhirfryn gan nad oedd yn gallu cystadlu â'r cotwm rhatach oedd yn cael ei gynhyrchu yn India.

▲ Tabl 1.1: Effaith cystadleuaeth, marchnadoedd newydd a hen ddulliau ar ddiwydiant Prydain

Effeithiau Cwymp Wall Street ar ddiwydiant ym Mhrydain

Yn ôl dywediad oedd yn enwog yng nghyfnod Cwymp Wall Street, 'pan fydd America'n tisian, mae gweddill y byd yn dal annwyd'. Yr awgrym oedd y byddai beth bynnag ddigwyddai i economi America yn digwydd mewn mannau eraill hefyd (gweler Ffynhonnell A). Yn wir, 'dal annwyd' wnaeth nifer o wledydd o gwmpas y byd, a doedd Prydain ddim yn eithriad.

Cafodd yr effeithiau economaidd canlynol eu teimlo ym Mhrydain:

- Cwympodd hyder byd busnes yn syfrdanol a dirywiodd masnach ryngwladol.
- Rhwng 1929 ac 1931, hanerodd nifer yr allforion o Brydain.
- Cafodd y cyfan effaith wael ar fantol fasnach Prydain (y berthynas rhwng allforion a mewnforion), ac erbyn 1931, roedd ganddi ddiffyg masnach o £114 miliwn, o'i gymharu â gwarged (*surplus*) masnach o £104 miliwn yn 1928.
- Effeithiodd y cwymp mewn allforion ar y diwydiannau oedd yn cyflenwi'r farchnad ddomestig gartref hefyd.
- Cododd diweithdra'n gyflym ac erbyn canol 1930, roedd wedi cyrraedd 2 filiwn o bobl ddi-waith, gan ddal i gynyddu nes cyrraedd dros 3 miliwn erbyn 1932.

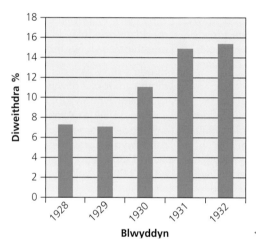

◄ Ffigur 1.1 Diweithdra ym Mhrydain 1928–32

GWEITHGAREDD ?

Beth gallwch chi ei ddysgu gan Ffigur 1.1. am ddiweithdra yn ystod y blynyddoedd 1928 i 1932?

Ffynhonnell B: O *The Road to Wigan Pier* gan George Orwell, gafodd ei gyhoeddi yn 1937. Nofelydd ac awdur gwleidyddol asgell chwith oedd Orwell.

Pan welwch chi fod y ffigurau diweithdra'n ddwy filiwn, mae'n enbyd o hawdd cymryd bod hyn yn golygu bod dwy filiwn o bobl heb waith a bod gweddill y boblogaeth yn gymharol gyfforddus. Rwy'n cyfaddef mai dyna roeddwn innau'n arfer ei gredu tan yn ddiweddar. Fel hyn roeddwn i'n arfer cyfrifo: petaech chi'n dweud bod y rhai sydd wedi'u cofrestru'n ddi-waith yn rhyw ddwy filiwn ac yn ychwanegu'r tlawd a'r rhai oedd heb eu cofrestru am ryw reswm neu'i gilydd, gallech chi gymryd bod nifer y bobl yn Lloegr sy'n mynd heb fwyd yn bum miliwn, ar y mwyaf. Mae hwn yn amcangyfrif rhy isel o lawer. Rwy'n credu ei fod yn nes at chwe miliwn.

Ffynhonnell C: O *Brynmawr: A study of a distressed area* gan Hilda Jennings, yn seiliedig ar ganlyniadau arolwg cymdeithasol. Cafodd ei gyhoeddi yn 1934.

Er bod rhai o effeithiau diweithdra yn rhai cyffredinol, mae dynion unigol a'u teuluoedd yn ymateb mewn ffyrdd gwahanol, wrth gwrs. Allan o ryw chwe chant o deuluoedd sydd fel arfer yn dibynnu ar fudd-dal diweithdra, mae'n debyg mai prin yw'r rhai sydd â'r un agwedd â'i gilydd yn union at fywyd ac amgylchiadau. Bydd un dyn yn dod at y Swyddfa Gyflogi gyda diffyg amynedd a chwerwedd oherwydd ei fod yn ddibynnol ac yn methu helpu ei hun; bydd un yn teimlo mwy a mwy o apathi; a bydd un yn teimlo fwyfwy fod angen newid y system economaidd a chymdeithasol.

Cwestiwn ymarfer

Beth gallwch chi ei ddysgu gan Ffynonellau B a C am effaith y Dirwasgiad ar Brydain? *(I gael arweiniad, gweler tudalennau 190–191.)*

GWEITHGAREDD

?

Mewn grwpiau, defnyddiwch y wybodaeth a'r ffynonellau ar dudalennau 118–119 i benderfynu beth oedd y rheswm pwysicaf pam daeth y Dirwasgiad Mawr i Brydain ar ddechrau'r 1930au:

- cystadleuaeth o dramor
- hen ddulliau diwydiannol
- Cwymp Wall Street.

Cyflwynwch eich syniadau a'ch barn i weddill y dosbarth.

Casgliad: Beth oedd prif achosion y Dirwasgiad?

Nid un achos neu un digwyddiad yn unig achosodd y Dirwasgiad. Roedd nifer o achosion gwahanol, a chafodd ei ysgogi gan ddigwyddiadau ym Mhrydain a thramor. Roedd bod yn un o'r gwledydd diwydiannol cyntaf yn fantais fawr ond roedd hefyd yn golygu bod cystadleuaeth o wledydd eraill wedi tyfu. Erbyn yr 1920au, roedd y gwledydd hynny wedi dechrau gwneud yn well na Phrydain yn economaidd ac yn ddiwydiannol. Doedd diwydiannau Prydain ddim yn arwain y byd bellach ac roedd y gystadleuaeth yn anodd iddyn nhw. Roedd y Rhyfel Byd Cyntaf wedi bod yn ddrud ac wedi ychwanegu baich arall at broblemau economaidd Prydain. Wedyn cyfunodd y materion hyn â digwyddiad yn UDA – Cwymp Wall Street – gan gael effaith economaidd ledled y byd. O ganlyniad, aeth Prydain drwy ddirwasgiad economaidd mawr yn yr 1930au.

2 Bywyd yn ystod blynyddoedd y Dirwasgiad

Cwestiwn allweddol: Sut roedd pobl yn gallu ymdopi â sialensiau blynyddoedd y Dirwasgiad?

Creodd effaith y Dirwasgiad argraff benodol o Brydain yn yr 1930au, nid yn unig ar y pryd, ond hefyd yn y degawdau wedyn. Roedd yr argraff honno'n canolbwyntio ar y negyddol yn hytrach nag ar y cadarnhaol. Cafodd yr 1930au yr enw 'y blynyddoedd du', 'degawd y diafol' a'r 'tridegau newynog'. Cafodd y degawd ei ddisgrifio hefyd fel degawd o ddiweithdra torfol, ciwiau dôl a gorymdeithiau newyn. Ond doedd effaith negyddol y Dirwasgiad ddim yr un fath ym mhob man. Yn ystod yr 1930au, roedd llawer o bobl yn mwynhau gwyliau hirach, oriau gwaith byrrach a chyflogau real uwch. Roedden nhw'n berchen ar geir modur, yn gwrando ar y radio ac yn mynd i'r sinema. Roedden nhw'n mynd i neuaddau dawnsio, caffis a bariau coctel. Mae'n bwysig deall y cyferbyniad hwn wrth ddod i farn am sut fath o fywyd oedd i'w gael yn ystod y Dirwasgiad, a sut roedd pobl yn ymdopi â heriau blynyddoedd y Dirwasgiad.

Y dôl a'r prawf modd

Yn 1920, cyflwynodd y llywodraeth Ddeddf Yswiriant Diweithdra 1920. Creodd y ddeddf hon system o daliadau i weithwyr di-waith. Y nod oedd rhoi ychydig o gymorth ariannol i weithwyr oedd wedi colli'u gwaith wrth iddyn nhw geisio dod o hyd i waith newydd. Roedd yn rhoi 39 wythnos o fudd-daliadau i'r rhai oedd wedi cael eu cofrestru'n ddi-waith. Dechreuodd pobl roi'r enw 'y dôl' ar y system (o'r Saesneg 'dole', sef cyfran neilltuol person), ac yn aml, roedd y rhai oedd yn ei gael 'ar y dôl'. Pan gafodd Prydain ei tharo gan y Dirwasgiad, roedd rhai economegwyr traddodiadol yn credu bod cost darparu'r budd-dal hwn yn rhy fawr, ac wrth i ddiweithdra gynyddu, byddai'r gost hyd yn oed yn uwch. Roedden nhw hefyd yn credu byddai'r budd-dal yn rhwystro'r economi rhag gwella'n iawn gan na fyddai gweithwyr yn dychwelyd i'r gwaith ar ôl dod i arfer â'r 'dôl'. Felly, awgrymon nhw dylai'r 'dôl' gael ei dorri o leiaf 10 y cant. Roedd rhai gweinidogion yn y llywodraeth Lafur yn gwrthwynebu'r toriad, ac ymddiswyddodd Ramsay MacDonald, y Prif Weinidog. Wedyn ymunodd ef â'r Ceidwadwyr a'r Rhyddfrydwyr mewn llywodraeth glymblaid. Cafodd y llywodraeth hon ei galw'n Llywodraeth Genedlaethol.

Cyflwyno'r prawf modd

Yn 1931, cyflwynodd y Llywodraeth Genedlaethol un o'r mesurau oedd yn cael ei gasáu fwyaf yn y cyfnod, sef y prawf modd. Bwriad hwn oedd rheoli a lleihau faint o ddôl fyddai'n cael ei dalu. Nid oedd y polisi yn dangos fawr ddim o ddealltwriaeth o dynged teuluoedd y bobl oedd wedi bod yn ddi-waith am yn hir, a'r rhai roedd y Dirwasgiad yn effeithio fwyfwy arnyn nhw. I'r teuluoedd hynny, yn enwedig yn yr ardaloedd lle roedd y dirwasgiad ar ei waethaf, roedd bywyd yn anodd iawn. Dirywiodd safonau byw yn syfrdanol. At hynny, roedd diweithdra tymor hir yn aml yn cael effeithiau seicolegol negyddol ar y di-waith.

Roedd y prawf modd yn golygu bod pobl, ar ôl chwe mis ar fudd-dal diweithdra, yn symud i gael budd-dal digyfamod – hynny yw, budd-dal nad oedden nhw wedi cyfrannu ato. Roedd hwn yn dal i gael ei alw'n 'dôl'. Ond cyn gallu cael y dôl, roedd rhaid i bobl gael eu tai, eu heiddo a'u cynilion wedi'u harchwilio – hynny yw, mynd drwy brawf modd. Archwilwyr o'r Pwyllgorau Cymorth Cyhoeddus lleol (*Public Assistance Committees: PACs*) lleol oedd yn gwneud y profion. Roedd y pwyllgorau hyn wedi cael eu sefydlu yn 1930. Gallai teuluoedd gael eu gorfodi i werthu eiddo, fel dodrefn, os oedden nhw eisiau cael y dôl. Os oedd gan deulu unrhyw ffynonellau incwm eraill, fel swydd ran amser, neu bensiwn perthynas oedrannus, roedd arian yn cael ei dynnu o'r taliadau wythnosol. Roedd y swm i'w dalu yn seiliedig ar incwm y teulu cyfan gyda'r uchafswm yn amrywio o ardal i ardal. Cafodd yr uchafswm cyfartalog i deulu o ddau oedolyn a thri phlentyn ei osod ar £1.46 yr wythnos, ond cafodd llawer o bobl lai na hyn oherwydd bod aelodau eraill o'r teulu'n ennill arian. Yn 1936, cododd yr uchafswm i £1.80 yr wythnos ond roedd yn dal i fod ymhell o dan y cyflog cyfartalog o £3.

Ymatebion i'r prawf modd

Roedd y prawf modd yn amhoblogaidd iawn am nifer o resymau:

- Roedd llawer yn honni bod gan y llywodraeth fwy o ddiddordeb mewn ceisio arbed arian na helpu'r di-waith.
- Roedd pobl yn casáu cael archwilydd yn mynd drwy eu heiddo i gyd ac yna'n eu gorfodi i werthu rhai ohonyn nhw.
- Doedd pobl ddim yn hoffi gorfodi eu perthnasau i fynd i fyw i rywle arall os oedden nhw eisiau cael y swm llawn bob wythnos.

- Roedd teuluoedd yn teimlo cywilydd wrth orfod dweud faint roedden nhw'n ei ennill, faint o gynilion oedd ganddyn nhw a beth oedd gwerth eu heiddo.
- Os oedd y swyddogion yn meddwl bod digon o arian yn y tŷ, bydden nhw'n atal y dôl.
- Roedd rhai awdurdodau lleol yn llym iawn wrth ddefnyddio'r prawf modd, ond gwrthododd eraill ei ddefnyddio, fel digwyddodd yn Swydd Durham.
- Roedd y prawf modd yn straen mawr ar fywyd teuluol, yn enwedig os oedd plentyn hŷn (oedd wedi dechrau gweithio) yn cael ei orfodi i dalu mwy tuag at arian y teulu.

Buodd llawer o bobl yn protestio yn erbyn y prawf modd, a'r gorymdeithiau newyn oedd y pwysicaf ohonyn nhw. Colofnau o ddynion di-waith oedd y rhain a bydden nhw'n gorymdeithio ledled y wlad yn ceisio tynnu sylw at eu sefyllfa druenus. Dechreuodd y gorymdeithiau yn hydref 1931. Erbyn diwedd 1931 roedd gorymdeithiau protest yn erbyn y prawf modd wedi cael eu cynnal mewn dros 30 o drefi. Ond doedd pob un o'r gorymdeithiau hyn ddim yn rhai heddychlon. Yn 1932, gwrthdarodd rhai protestwyr â'r heddlu yn Rochdale ac yn Belfast lle cafodd dau orymdeithiwr eu lladd. Cafodd Mudiad Cenedlaethol y Gweithwyr Di-Waith (*National Unemployed Workers' Movement: NUWM*) ei sefydlu er mwyn ceisio rhoi pwysau ar y llywodraeth. Trefnodd y mudiad orymdaith i Lundain ym mis Hydref 1932, gyda'r gorymdeithwyr yn ceisio cyflwyno deiseb i'r Senedd, ond cawson nhw eu hatal gan yr heddlu.

> **Ffynhonnell A:** O *The Road to Wigan Pier* gan George Orwell, gafodd ei gyhoeddi yn 1937
>
> *Mae'r prawf modd yn chwalu teuluoedd. Fel arfer byddai hen bensiynwr yn byw gydag un o'i blant. O dan y prawf modd, mae'n cyfrif fel 'lletywr' a bydd dôl ei blant yn cael ei dorri.*

> **Ffynhonnell B:** Dyn di-waith yn disgrifio effeithiau'r prawf modd ar ei fywyd yn 1933
>
> *Cafodd fy ngwraig waith yn gwerthu o ddrws i ddrws, ac roedd hi'n gallu ennill ychydig o sylltau ar ben yr incwm roedden ni'n ei gael gan y dôl. Rhoddodd hyn straen ar ein perthynas. Roedd yn faich arni hi ac yn creu ffraeo parhaus am arian. Fel arfer roedd hyn yn arwain at wneud i'r ddau ohonom fygwth gadael. Daeth yr ergyd olaf pan gafodd y prawf modd ei roi ar waith. Yn y pen draw, ar ôl cyfnod mwyaf torcalonnus fy mywyd, dywedodd fy ngwraig a'm mab – oedd newydd ddechrau ennill ychydig o sylltau – wrtha' i am fynd, gan fy mod yn byw oddi arnyn nhw ac yn mynd â'r bwyd roedd arnyn nhw'i angen.*

GWEITHGAREDDAU ?

1 Mewn grwpiau, penderfynwch ar y rheswm pwysicaf pam roedd cymaint o gasineb gan bobl at y prawf modd. Cyflwynwch eich syniadau i weddill y dosbarth.

2 Astudiwch Ffynonellau A a B. I ba raddau mae'r ffynonellau hyn yn cytuno am effeithiau'r prawf modd? Esboniwch eich ateb, gan gyfeirio at y ffynonellau.

3 Gweithiwch mewn parau. Dychmygwch fod rhaid i chi hysbysebu'r orymdaith sy'n cael ei dangos yn Ffynhonnell C i brotestio yn erbyn y prawf modd. Cynhyrchwch boster yn beirniadu'r prawf modd ac yn annog pobl i gymryd rhan yn yr orymdaith.

Cwestiynau ymarfer

1 I ba raddau mae Ffynhonnell B yn esbonio effeithiau'r prawf modd yn gywir? (*I gael arweiniad, gweler tudalennau 192–193.*)

2 Pam roedd cyflwyno'r prawf modd a'r dôl yn arwyddocaol yn ystod yr 1930au? (*I gael arweiniad, gweler tudalen 194.*)

◄ **Ffynhonnell C:** Ffotograff o filoedd o brotestwyr yn cyrraedd Hyde Park yn Llundain o bob rhan o Brydain i brotestio yn erbyn y prawf modd. Roedd hwn yn ddigwyddiad gafodd ei drefnu gan Fudiad Cenedlaethol y Gweithwyr Di-waith, 1932

Gorymdeithiau newyn

Erbyn cyfnod y Dirwasgiad ym Mhrydain, roedd 'gorymdeithiau newyn' wedi dod yn ffordd draddodiadol i weithwyr allu mynegi eu pryderon am eu hamodau byw i'r rhai oedd yn llywodraethu drostyn nhw. Digwyddodd yr orymdaith newyn gyntaf yn 1905. Tynnodd y math hwn o brotest sylw cyhoeddus ehangach at ddioddefaint y bobl hyn. Roedden nhw'n byw mewn ardaloedd oedd fel pe baen nhw'n cael eu hanwybyddu gan wleidyddion. Ond roedd Prif Weinidogion o'r Blaid Geidwadol, y Blaid Lafur a'r Llywodraeth Genedlaethol fel ei gilydd bob amser yn gwrthod cwrdd ag arweinwyr y gorymdeithiau newyn. Mae hyn wedi arwain rhai sylwebwyr a haneswyr i ofyn a gyflawnodd y math hwn o brotestio unrhyw beth mewn gwirionedd.

Gorymdaith Jarrow

Yn 1936, yn Jarrow yng Ngogledd Ddwyrain Lloegr, dechreuodd yr orymdaith newyn enwocaf gan deithio i Lundain. Cafodd yr enw 'Crwsâd Jarrow'. Helpodd yr orymdaith i danio dychymyg llawer o bobl ar y pryd ac mae wedi parhau i ddal dychymyg pobl ers hynny.

Rhesymau dros yr orymdaith newyn

Jarrow oedd y dref gafodd ei tharo galetaf yn ystod y Dirwasgiad. Roedd y rhan fwyaf o bobl yn y dref naill ai wedi'u cyflogi gan un cwmni, sef iard longau Palmers, neu'n dibynnu ar y cwmni am eu bywoliaeth. Dechreuodd yr iard longau ddirywio ar ôl y Rhyfel Byd Cyntaf. Erbyn dechrau'r 1930au, doedd dim archebion o gwbl ar ôl. Cododd diweithdra o 3,245 yn 1929 i 7,178 yn 1933.

Roedd gan gwmni Palmers broblem arall hefyd. Erbyn yr 1930au, roedd yr iard yn rhy fach i'r math o longau oedd yn cael eu hadeiladu bellach. Roedd y *Queen Elizabeth* a'r *Queen Mary*, gafodd eu lansio yn yr 1930au, yn pwyso dros 80,000 o dunelli. Allai Palmers ddim adeiladu unrhyw beth tebyg i hynny. Daeth y diwedd yn 1934, pan gafodd cwmni o'r enw 'National Shipbuilders' Securities' ei sefydlu gan grŵp o berchnogion iardiau llongau. Penderfynon nhw brynu iardiau llai, ac yna'u sgrapio. Palmers oedd un o'r iardiau cyntaf i fynd. Daeth cyhoeddiad yn dweud na fyddai llongau'n cael eu hadeiladu yno am 40 o flynyddoedd. Cafodd cau'r iard effaith ofnadwy ar Jarrow a chododd diweithdra i 80 y cant.

Daeth bywyd cyffredin i ben, bron, wrth i deuluoedd geisio dal ati i grafu byw mewn unrhyw ffordd bosibl. Cafodd cyfraddau marwolaethau a chyfraddau marwolaethau babanod eu monitro gan Bwyllgor Iechyd Cyhoeddus Jarrow a'u cyhoeddi. Roedd y ffigurau ar gyfer Jarrow yn uchel iawn, ac yn dangos bod diffyg maeth ac iechyd gwael i'w gael ymhobman yn y dref (gweler Tabl 2.1). Roedd teuluoedd yn dibynnu'n llwyr ar gymorth gan y gymuned leol neu'r llywodraeth. Ymatebodd rhai pobl drwy awgrymu bod angen camau cryfach er mwyn gwneud pobl yn llwyr ymwybodol o'r hyn oedd yn digwydd yn Jarrow (gweler Ffynhonnell D).

Ffynhonnell CH:
David Riley, trefnydd Gorymdaith Jarrow, yn siarad yn 1936

Rwy'n credu dylen ni fynd i Lundain gyda chwpwl o fomiau yn ein pocedi. Dydy'r bobl hyn ddim yn sylweddoli bod pobl yn byw yn Jarrow heddiw mewn amodau na fyddai ffermwr parchus yn cadw moch ynddyn nhw. Rhaid i ni wneud rhywbeth syfrdanol fydd yn gwneud i'r wlad godi ar ei heistedd.

Cyfradd marwolaethau fesul 1,000 o'r boblogaeth			
	1919	**1931**	**1936**
Jarrow	20	15	15
Cyfartaledd cenedlaethol	13	10	9
Cyfradd marwolaethau babanod – (0–1 mlwydd oed) fesul 1,000 o'r boblogaeth			
	1919	**1931**	**1936**
Jarrow	151	159	114
Cyfartaledd cenedlaethol	58	62	57

▲ Tabl 2.1: Cyfraddau marwolaethau a chyfraddau marwolaethau babanod 1919–36

Anfonodd trigolion Jarrow sawl dirprwyaeth i'r Bwrdd Masnach yn Llundain. Methon nhw â chyflawni unrhyw beth. Yn 1936, aeth y ddirprwyaeth olaf i gwrdd â Llywydd y Bwrdd Masnach. Dywedodd y gweinidog cabinet hwn bod angen iddyn nhw ddychwelyd i Jarrow a meddwl sut i'w hachub eu hunain. Yn 1936, gwnaeth Jarrow un ymdrech olaf. Trefnodd trigolion y dref orymdaith o Jarrow i Lundain. Y bwriad oedd denu sylw at helynt y dref drwy fynd â deiseb yr holl ffordd i'r Senedd.

Ond roedd y llywodraeth yn amheus iawn o orymdeithiau newyn fel yr un o Jarrow. Roedd hyn oherwydd mai comiwnydd oedd Will Hannington, un o arweinwyr y gorymdeithiau newyn blaenorol. Roedd hyn yn achosi braw i'r awdurdodau, ac roedd y gorymdeithiau'n aml wedi arwain at wrthdaro â'r heddlu. Yn benodol, doedd Stanley Baldwin, y Prif Weinidog, ddim yn dangos llawer o gydymdeimlad â'r gorymdeithiau newyn. At hynny, doedd Cyngres yr Undebau Llafur (Trades Union Congress: TUC) a'r Blaid Lafur ddim yn cefnogi'r gorymdeithiau hyn. Roedden nhw'n credu mai'r cyfan roedden nhw'n ei wneud oedd tynnu sylw negyddol at y mudiad Llafur ac at sefyllfa druenus y di-waith. Ar ben hyn oll, roedd Crwsâd Jarrow yn un o'r ychydig o orymdeithiau newyn yn yr 1930au oedd ddim yn cael eu rhedeg gan Fudiad Cenedlaethol y Gweithwyr Di-waith (NUWM). Roedd yr NUWM yn gwrthwynebu'r orymdaith am ddau reswm:

- Gwrthododd gorymdeithwyr Jarrow gydweithio â gorymdaith lawer mwy gafodd ei threfnu gan yr NUWM lle roedd nifer o grwpiau i fod i gyrraedd Llundain ar yr un pryd.
- Roedd yr NUWM yn gwrthwynebu natur amhleidiol Gorymdaith Jarrow. Doedd gorymdeithwyr Jarrow ddim yn ffafrio unrhyw un o'r pleidiau gwleidyddol ac roedd swyddogion o'r Blaid Lafur a'r Blaid Geidwadol fel ei gilydd wedi helpu i'w threfnu.

▲ Ffynhonnell DD: Cerflun maint llawn o'r enw *The Spirit of Jarrow*, wedi'i greu yn 2001 i goffáu 65 mlwyddiant Crwsâd Jarrow

Ffynhonnell D: O adroddiad gafodd ei ysgrifennu gan faer Jarrow yn 1936

Dechreuodd y Blaid Lafur ymgyrch i anfon deiseb. Yna penderfynodd rhai y bydden nhw'n gorymdeithio gyda'r ddeiseb. Roeddwn i yn erbyn y penderfyniad. Roedd gorymdeithiau newyn yn digwydd ym mhob man a doeddwn i ddim eisiau codi cywilydd ar y dynion a'u bychanu. Yn y pen draw roedd rhaid i mi gytuno, a gorymdeithiais i Darlington gyda rhai o'r dynion. Llwyddais i gael rhywfaint o amser rhydd gan Spiller's yn Newcastle. Roedd comiwnyddion eisiau ymuno â ni ar yr orymdaith, ond gwrthodon ni adael iddyn nhw wneud.

Beth ddigwyddodd yn ystod Gorymdaith Jarrow?

Cafodd Gorymdaith Jarrow ei chynllunio a'i pharatoi'n ofalus wrth i'r llwybr terfynol gael ei ddewis. Gorymdeithiodd dau gant o ddynion o Jarrow i Lundain, dan arweiniad y maer, yr Aelod Seneddol Ellen Wilkinson, a'r cynghorwyr tref. Roedden nhw'n cydgamu mewn rhythm gan wisgo'u dillad gorau, er mwyn cael yr effaith fwyaf posibl ar y bobl roedden nhw'n eu pasio. Roedd y dynion yn gwisgo mor smart â phosibl ac wedi eillio'u barf neu eu mwstas. Cymerodd hi wyth mis i'r gorymdeithwyr gyrraedd pen eu taith. Gorymdeithion nhw dros 450 cilometr mewn 22 cymal (gweler Ffigur 2.1).

Wrth i'r gorymdeithwyr wneud eu ffordd i'r de, cawson nhw eu synnu'n fawr gan y derbyniad gawson nhw. Cawson nhw gefnogaeth a chydymdeimlad mawr ym mhobman. Roedden nhw'n cael aros mewn neuaddau eglwys, roedd pobl yn rhoi prydau bwyd am ddim iddyn nhw, a chafodd eu hesgidiau eu trwsio'n rhad ac am ddim. Siaradodd Esgob Ripon yn gyhoeddus o'u plaid a chyhoeddodd y papurau newydd adroddiadau am eu taith. Ond pan gyrhaeddon nhw Lundain, doedd dim llawer o gefnogaeth na chydymdeimlad i'w gael gan aelodau'r llywodraeth.

> **Ffynhonnell E:** Ritchie Calder, newyddiadurwr a ysgrifennodd adroddiad am yr orymdaith
>
> *Mewn un teulu roedd pedwar gwirfoddolwr, a dim ond un ohonyn nhw oedd yn cael mynd. A rhoddodd y brodyr drowsus a siaced, a rhoddodd y tad esgidiau a rhoddodd yr ewythr gôt law … gorymdeithiodd y teulu gydag un dyn.*

> **Ffynhonnell F:** O femo gan Adran Arbennig yr Heddlu Metropolitan, 1936
>
> *Bellach mae hyrwyddwyr yr orymdaith o Jarrow i Lundain wedi gwneud trefniadau pendant i 200 gorymdeithiwr gychwyn ar y ffordd ar 5 Hydref. Miss Ellen Wilkinson AS, cyn-gomiwnydd, sy'n gweithredu'r cynlluniau.*

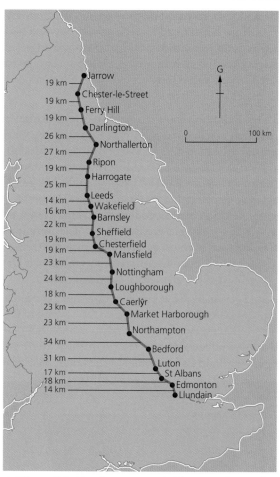

▲ **Ffigur 2.1:** Llwybr y gorymdeithwyr ar Grwsâd Jarrow

Cwestiwn ymarfer

Beth gallwch chi ei ddysgu gan Ffynonellau E ac F am y paratoadau at Orymdaith Jarrow? *(I gael arweiniad, gweler tudalennau 190–191.)*

▲ **Ffynhonnell FF:** Gorymdeithwyr Jarrow gydag Ellen Wilkinson ar y blaen

▲ **Ffynhonnell G:** Gorymdeithwyr Jarrow yn aros am bryd o fwyd ger Bedford

Beth gyflawnodd Gorymdaith Jarrow?

Mae llawer o drafod am yr hyn gafodd ei gyflawni gan Orymdaith Jarrow. Ar y naill law, mae pobl yn teimlo y rhoddodd y digwyddiad sylw i sefyllfa druenus y di-waith yn gyffredinol, a Jarrow yn benodol, pan oedd angen hynny arnyn nhw. Ar y llaw arall, mae rhai wedi dadlau mai ychydig gafodd ei gyflawni mewn gwirionedd. Caiff y llwyddiannau a'r cyfyngiadau eu crynhoi yn Ffigur 2.2.

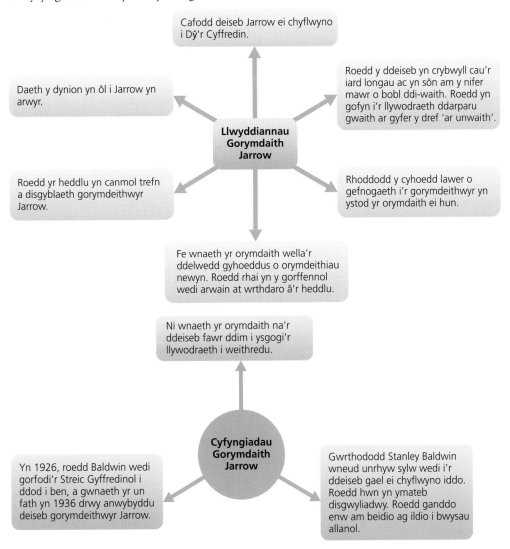

Cafodd deiseb Jarrow ei chyflwyno i Dŷ'r Cyffredin.

Roedd y ddeiseb yn crybwyll cau'r iard longau ac yn sôn am y nifer mawr o bobl ddi-waith. Roedd yn gofyn i'r llywodraeth ddarparu gwaith ar gyfer y dref 'ar unwaith'.

Daeth y dynion yn ôl i Jarrow yn arwyr.

Llwyddiannau Gorymdaith Jarrow

Roedd yr heddlu yn canmol trefn a disgyblaeth gorymdeithwyr Jarrow.

Rhoddodd y cyhoedd lawer o gefnogaeth i'r gorymdeithwyr yn ystod yr orymdaith ei hun.

Fe wnaeth yr orymdaith wella'r ddelwedd gyhoeddus o orymdeithiau newyn. Roedd rhai yn y gorffennol wedi arwain at wrthdaro â'r heddlu.

Ni wnaeth yr orymdaith na'r ddeiseb fawr ddim i ysgogi'r llywodraeth i weithredu.

Cyfyngiadau Gorymdaith Jarrow

Yn 1926, roedd Baldwin wedi gorfodi'r Streic Gyffredinol i ddod i ben, a gwnaeth yr un fath yn 1936 drwy anwybyddu deiseb gorymdeithwyr Jarrow.

Gwrthododd Stanley Baldwin wneud unrhyw sylw wedi i'r ddeiseb gael ei chyflwyno iddo. Roedd hwn yn ymateb disgwyliadwy. Roedd ganddo enw am beidio ag ildio i bwysau allanol.

▲ Ffigur 2.2: Llwyddiannau a chyfyngiadau Gorymdaith Jarrow

> **Dehongliad 1:** O atgofion am Orymdaith Jarrow gan Kathleen Haigh, gafodd ei chyfweld ar gyfer Radio Newcastle ym mis Hydref, 2008
>
> *Fy ewythr i, Jimmy McCauley, oedd yr olaf ond un o'r gorymdeithwyr i farw. Dywedodd ei fod wedi treulio sawl pâr o esgidiau ar yr orymdaith a bod y gorymdeithwyr i gyd yn edrych ymlaen at gael eu bwydo gan y bobl ym mha bynnag dref bydden nhw'n ei chyrraedd! O edrych yn ôl, roedd e'n credu bod yr orymdaith yn ofer ac wedi methu, oherwydd ddigwyddodd dim byd wedyn i ddod â swyddi i'r dref. Ond mae yna rywbeth wedi'i basio i lawr i ni, sef y ffaith fod Jarrow wedi cael ei lle yn y llyfrau hanes diolch i'w hymdrechion dewr nhw.*

Cwestiwn ymarfer

Darllenwch Ddehongliad 1. I ba raddau rydych chi'n cytuno â'r dehongliad hwn o ganlyniad gorymdaith newyn Jarrow? *(I gael arweiniad, gweler tudalennau 196–197.)*

Gorymdeithiau newyn o gwm Rhondda

Yn ogystal â phrotestiadau o Ogledd Ddwyrain Lloegr, roedd protestiadau hefyd o Dde Cymru, yn enwedig o'r Rhondda, ardal o 16 cymuned lofaol wedi'u lleoli o amgylch Afon Rhondda (gweler Ffigur 2.3). Hyd yn oed cyn i'r Dirwasgiad ddechrau, roedd problemau economaidd gan yr ardal hon.

Ddydd Sul 18 Medi 1927, yn ystod gwrthdystiad 'Dydd Sul Coch' yng nghwm Rhondda, dechreuodd pobl alw am gael trefnu gorymdaith. Byddai'r orymdaith hon yn mynd i Lundain, er mwyn codi ymwybyddiaeth o anawsterau economaidd ardal y Rhondda. Ond prin y cafodd y syniad unrhyw gefnogaeth, a wnaeth yr orymdaith ddim digwydd.

Wrth i'r Dirwasgiad waethygu, daeth diweithdra a'i ganlyniadau i Dde Cymru, a chwm Rhondda'n arbennig, mewn ffordd greulon. Dechreuodd pobl feddwl am brotestio a gorymdeithiau newyn unwaith eto fel ffordd o dynnu sylw'r llywodraeth at y materion.

Ar 14 Hydref 1932, dechreuodd gorymdeithiau newyn ledled Prydain gyda'r nod o gyrraedd Llundain ar yr un pryd. Cychwynnodd cyfanswm o 2,500 o orymdeithwyr o wahanol leoedd ym Mhrydain. O Dde Cymru, cychwynnodd 375 o orymdeithwyr o ardal y Rhondda. Y bwriad oedd cyflwyno deiseb i'r Senedd yn mynnu bod y prawf modd a'r Ddeddf Anomaleddau yn cael eu diddymu, bod toriadau i wasanaethau cyhoeddus yn dod i ben, a hefyd y gostyngiad o 10 y cant i fudd-daliadau diweithdra. Roedd y llywodraeth yn poeni cymaint am y gorymdeithiau hyn nes iddyn nhw ddechrau defnyddio ysbiwyr, hysbyswyr a'r Heddlu Metropolitan i gadw llygad barcud ar eu symudiadau. Roedden nhw'n defnyddio grym i gymryd y deisebau i ffwrdd hefyd, fel na allai'r gorymdeithwyr fynd â nhw i'r Senedd.

Yn 1935 ysgrifennodd W.H. Mainwaring, yr AS dros gwm Rhondda, lythyr at yr Ysgrifennydd Cartref (gweler Ffynhonnell NG).

Ffynhonnell NG: O lythyr gafodd ei ysgrifennu yn 1935 gan W. H. Mainwaring AS. Cafodd ei gyhoeddi yn *Wales between the Wars*, wedi'i olygu gan G. E. Jones a T. Herbert (1988)

Efallai y gall y Gweinidog wneud rhyw fath o ymgais i ddychmygu sut mae pobl yn y Rhondda yn teimlo, os dywedaf wrtho fod 100,000 o bobl – a dim ond poblogaeth o 140,000 sydd yno – wedi bod yn gwrthdystio yno wythnos i ddoe. Yr unig rai yn yr ardal oedd heb fod allan yn gwrthdystio oedd y bobl glaf yn yr ysbyty. Rwy'n gobeithio'n fawr y bydd yr un peth yn digwydd yn Llundain.

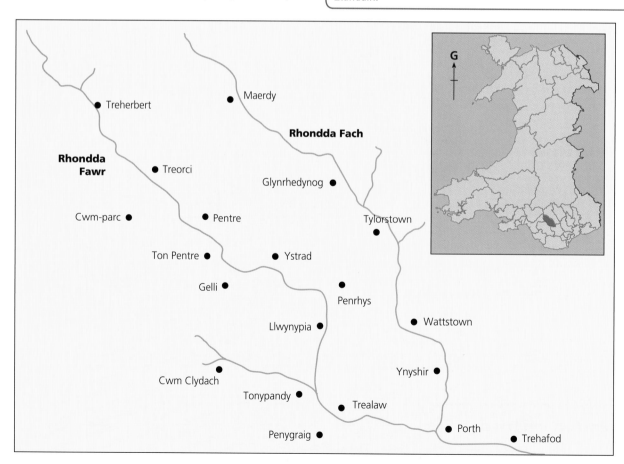

▲ **Ffigur 2.3** Cwm Rhondda

Ond, yn annisgwyl braidd, ymddangosodd pamffled yng nghylchgrawn *New Statesman and Nation* yn 1935 oedd ddim yn dangos llawer o gydymdeimlad â nhw (gweler Ffynhonnell H). Doedd y pamffled ddim yn uniaethu rhyw lawer â sefyllfa druenus y di-waith yn Ne Cymru a'r caledi economaidd roedden nhw'n ei ddioddef.

> **Ffynhonnell H: O'r pamffled 'What's Wrong with Wales' a ymddangosodd yng nghylchgrawn *New Statesman and Nation* yn 1935**
>
> *Rhoddwyd cynnig ar gynifer o atebion, heb lwyddiant. Mae De Cymru yn ein diflasu. Mae fel babi'n crio yn nwylo mam anwybodus. Mae un o adrannau'r llywodraeth yn ei tharo, ac un arall yn ei chusanu. Pam nad aiff hi i gysgu fel Swydd Dorset?*

Mae'n debyg i'r Brenin Edward VIII, y brenin newydd, ddweud bod 'rhaid gwneud rhywbeth' am yr amodau a welodd wrth siarad â glowyr di-waith a'u teuluoedd pan oedd ar daith yng Nghymru yn 1936. Cyhoeddodd y *Western Mail* – papur newydd oedd yn boblogaidd yn Ne Cymru yn bennaf – lythyr oddi wrth rai o drigolion Pont-y-pŵl at y Brenin (gweler Ffynhonnell I).

> **Ffynhonnell I: O lythyr gafodd ei gyhoeddi yn y *Western Mail* yn 1936**
>
> *Heddiw, byddwch chi'n ymweld â threfi a phentrefi ein cymoedd, a chwm sy'n marw oherwydd tlodi difrifol. Ymddiheurwn fod eich taith wedi'i chynllunio mewn ffordd sy'n golygu na fyddwch chi'n gweld effeithiau ofnadwy'r tlodi hwn.*

Yna o'r diwedd, ym mis Hydref 1936, cafodd gorymdaith newyn ei threfnu o Dde Cymru. Roedd 504 o orymdeithwyr ac roedd y Blaid Lafur yn ei chefnogi, rhywbeth oedd heb ddigwydd yn achos gorymdeithiau eraill tebyg. Eto fyth, cadwodd y llywodraeth lygad barcud ar yr orymdaith gan ddefnyddio ysbiwyr a hysbyswyr, ond chafodd yr Heddlu Metropolitan mo'i ddefnyddio y tro hwn. Mae rhai wedi awgrymu bod elfen gryfach o ddilysrwydd i'r orymdaith hon oherwydd i'r Blaid Lafur ei chefnogi, a doedd y llywodraeth ddim eisiau i'r heddlu ymwneud â hi. Ni chyflawnodd yr orymdaith fawr ddim o werth.

GWEITHGAREDD ❓

Mewn parau, defnyddiwch y wybodaeth a'r ffynonellau ar dudalennau 126–127 i baratoi dwy ddadl am orymdeithiau newyn De Cymru a'r Rhondda: un sy'n canolbwyntio ar yr hyn gafodd ei gyflawni, ac un ar y methiannau. Cymharwch eich dadleuon â dadleuon parau eraill yn y dosbarth.

Gweithgaredd ymarfer

Darllenwch Ddehongliad 2. I ba raddau rydych chi'n cytuno â'r dehongliad hwn o'r effaith gafodd y gorymdeithiau newyn yn yr 1930au? (I gael arweiniad, gweler 196–197.)

> **Dehongliad 2: O *English History 1914–45* gan A. J. P. Taylor gafodd ei gyhoeddi yn 1965**
>
> *Gorymdeithiodd criwiau dethol o bobl ddi-waith o ardaloedd y dirwasgiad i Lundain, ond heb fawr o lwyddiant yn eu bwriad. Roedd eu taith drwy'r wlad, fodd bynnag, yn propaganda hynod o effeithiol. Roedd y gorymdeithwyr newyn yn tynnu sylw at fethiannau cyfalafiaeth. Roedd cydwybod euog pobl y dosbarth canol yn cnoi. Sefydlon nhw geginau cawl ar gyfer y gorymdeithwyr a rhoi llety iddyn nhw mewn ysgolion lleol.*

◄ **Ffynhonnell J:** Gorymdeithwyr newyn cwm Rhondda yn dal baner Crwsâd Jarrow

'Cael deupen llinyn ynghyd' a 'hunangymorth'

Yn yr ardaloedd o Brydain lle roedd yr hen ddiwydiannau (gweler Pennod 1, tudalennau 116–117) wedi tyfu, fel Gogledd Ddwyrain Lloegr, De Cymru a Chanolbarth yr Alban, arweiniodd y Dirwasgiad at lefelau uchel iawn o ddiweithdra, weithiau dros 50 y cant, gan barhau am amser hir. Roedd y diweithdra tymor hir hwn yn aml yn arwain at gwymp yn safon byw ac iechyd teuluoedd y rhai oedd heb waith.

Tlodi a deiet

Aeth Seebohm Rowntree, ymchwilydd cymdeithasol a mab Joseph Rowntree, y gwneuthurwr siocled, ati i wneud arolwg yn ninas Efrog ar ddechrau'r ugeinfed ganrif. Gwelodd fod 30 y cant o bobl Efrog yn byw o dan y llinell dlodi. Yn 1936, gwnaeth Rowntree ail arolwg a gweld bod y ganran hon wedi aros yr un fath. At hynny, roedd ei ganfyddiadau'n dangos bod 72 y cant o weithwyr di-waith yn byw o dan y llinell dlodi. Mae arolwg o Stockton-on-Tees ar ddechrau'r 1930au yn dangos rhagor o dystiolaeth o galedi. Roedd yr arolwg yn cymharu incwm wythnosol cyfartalog teulu lle roedd yr enillydd cyflog heb waith gydag incwm teulu lle roedd yr enillydd cyflog mewn gwaith. £1.46 oedd incwm wythnosol cyfartalog teulu di-waith. I deulu cyflogedig, £2.57 oedd yr incwm cyfartalog.

Oherwydd hyn, roedd gan deuluoedd y di-waith lai o arian i'w wario ac roedd rhaid iddyn nhw wneud unrhyw arbedion posibl. Roedden nhw'n byw drwy 'gael deupen llinyn ynghyd': hynny yw, roedd teuluoedd yn gallu gwario faint bynnag o arian oedd ganddyn nhw ar y pryd, a dim mwy. Un ffordd oedd prynu bwyd rhatach, ond gallai bwyd rhatach olygu diffyg maeth. Dangosodd yr un arolwg yn Stockton-on-Tees fod teulu tlawd yn debygol o wario dim ond 3 swllt (15c) y pen ar fwyd bob wythnos, ond bod teulu mwy cyfoethog yn gwario o leiaf 6 swllt (30c).

Yn 1936, cyhoeddodd John Boyd Orr ganlyniadau arolwg i ddeiet ac iechyd pobl Prydain. Daeth i'r casgliad fod gan 4.5 miliwn o bobl ddeiet cwbl annigonol ym mhob ffordd. Roedd 5 miliwn o bobl wedyn yn dioddef o ryw fath o ddiffyg. At ei gilydd roedd yn credu bod un rhan o ddeg o'r boblogaeth yn dioddef o ddiffyg maeth difrifol. Roedd y ganran hon yn cynnwys un rhan o bump o'r holl blant. Roedd teuluoedd y di-waith yn bwyta llawer o fara, margarîn, tatws, siwgr a the, ond dim llawer o gig, ffrwythau ffres, llysiau na llaeth. Deiet gwragedd a mamau oedd fwyaf diffygiol wrth iddyn nhw beidio â bwyta llawer er mwyn i'w gwŷr a'u plant gael rhagor.

Eitem	Gwariant wythnosol
Rhent	43 swllt (s)
Glo	17.5s
Nwy	12.5s
Tanysgrifiad yr undeb a'r yswiriant	16s
Clwb cynilo	5s
Cig	10s
Llaeth	12.5s
Bara	23.5s
Margarîn	10s
Jam	4s
Haearn clocsiau (Metel wedi'i siapio a'i hoelio o dan sawdl esgid i wneud y gwadnau'n gryfach)	2.5s
Cyfanswm	£1.56.5

▲ Tabl 2.2: Gwariant wythnosol teulu gweithiwr tecstilau di-waith yn swydd Gaerhirfryn (Lancashire) yn 1931. £1.59 oedd eu taliad dôl wythnosol

Cwestiwn ymarfer

Pam roedd 'cael deupen llinyn ynghyd' yn arwyddocaol yn ystod yr 1930au? (I gael arweiniad, gweler tudalen 194.)

Dehongliad 3: O gyfweliad teledu â Frank Cousins, arweinydd undeb llafur, yn 1966

Roeddwn i'n digwydd bod mewn caffi pen ffordd ar Ffordd Fawr y Gogledd, pan ddaeth pâr ifanc i mewn gyda phlentyn mewn pram oedd bron â thorri. Roedden nhw'n cerdded o South Shields (ger Newcastle) i Lundain oherwydd bod y dyn yn credu gallai gael swydd yno. Eisteddon nhw, a bwydo'r baban â dŵr. Codon nhw ffrog y baban. Roedd hi'n gwisgo clwt wedi'i wneud o bapur newydd. Tynnon nhw'r clwt a cheisio sychu pen ôl y baban gyda'r clwt roedden nhw newydd ei dynnu. Yna, codon nhw bapur newydd arall a rhoi hwnnw amdani fel clwt arall. Meddyliais yn syth y dylai rhywun wneud rhywbeth am y sefyllfa hon.

GWEITHGAREDD

Ceisiwch drosi'r ffigurau gwariant wythnosol yn Nhabl 2.2 i arian heddiw. Gall y wefan http://gwydir.demon.co.uk/jo/units/money.htm eich helpu.

Menywod

Mae'n debyg bod gorfod 'cael deupen llinyn ynghyd' wedi cael yr effaith fwyaf ar y menywod mewn teuluoedd di-waith. Fel arfer, menywod oedd y cyntaf i gael eu diswyddo, yn enwedig yn y diwydiant cotwm. Ond tyfodd nifer y menywod oedd yn gweithio fel morynion yn ystod yr 1930au, wrth i fenywod chwilio am unrhyw gyfle i ddod o hyd i waith a 'chael deupen llinyn ynghyd'. Dim ond am y gweithiwr ei hun roedd Yswiriant Gwladol yn talu fel arfer, sef y dyn gan amlaf. Felly yn aml doedd gwragedd a phlant ddim yn gallu cael triniaeth feddygol am ddim. Byddai'n rhaid iddyn nhw dalu i weld meddyg ac am unrhyw feddyginiaeth. Roedd llawer o fenywod yn aberthu eu hunain i fwydo eu plant neu i dalu am eu triniaeth feddygol nhw yn lle'u triniaeth eu hunain. Dangosai ystadegau'r llywodraeth fod y gyfradd marwolaethau i fenywod 15 i 35 oed rhwng 1931 ac 1935 dros ddwywaith yn uwch mewn rhai ardaloedd o ddiweithdra uchel nag oedd mewn ardaloedd eraill.

Plant

Un o effeithiau mwyaf 'cael deupen llinyn ynghyd' oedd deiet gwael. Yn benodol, arweiniodd at gyfradd marwolaethau babanod uwch ac iechyd gwael ymysg plant mewn ardaloedd dirwasgedig. Yn Ne Ddwyrain Lloegr, yn 1935, 42 am bob 1,000 o enedigaethau byw oedd y gyfradd marwolaethau babanod. Yn Northumberland a Durham, roedd yn 76 am bob 1,000. Yn ogystal â'r gwahaniaeth hwn rhwng gwahanol ranbarthau, roedd gwahaniaeth rhwng y cyfoethog a'r tlawd hefyd. Er enghraifft, yn yr 1930au, am bob tri phlentyn o deuluoedd mwy cyfoethog oedd yn marw'n ifanc, roedd wyth plentyn o deuluoedd mwy tlawd yn marw. Roedd swyddogion iechyd meddygol lleol yn adrodd am iechyd gwael mewn rhannau o ardaloedd y dirwasgiad. Yn 1933, dangosodd ymchwiliad yn Newcastle nad oedd un o bob tri phlentyn ysgol yn ffit yn gorfforol oherwydd iechyd gwael. Gan gymharu â phlant o deuluoedd mwy cyfoethog, dangosodd fod y plant tlawd ddeg gwaith yn fwy tebygol o ddal broncitis, wyth gwaith yn fwy tebygol o ddal niwmonia a phum gwaith yn fwy tebygol o ddioddef o'r llech (*rickets*).

Hunangymorth

Ffordd arall o ddelio â chanlyniadau'r Dirwasgiad oedd drwy 'hunangymorth'. Roedd llawer o ffyrdd gan bobl ddi-waith o'u helpu eu hunain, helpu pobl eraill, a'u cymunedau. Gallai 'hunangymorth' fod yn rhywbeth anffurfiol, cymunedol neu deuluol.

- Byddai menywod yn defnyddio systemau credyd er mwyn cyfnewid nwyddau am arian, talu'r rhent, prynu bwyd a dillad, a chael benthyg arian.
- Byddai cymdogion yn dod i helpu mewn cyfnod o argyfwng, er enghraifft adeg geni plentyn, pan fyddai casglwyr rhent yn ymyrryd, neu'r heddlu'n dod i'r tŷ.
- Byddai cymunedau'n cosbi'r rhai oedd yn torri'r confensiynau anffurfiol hyn yn llym.

Cwestiwn ymarfer

Pam roedd 'cael deupen llinyn ynghyd' a 'hunangymorth' yn arwyddocaol yn ystod y Dirwasgiad? (*I gael arweiniad, gweler tudalen 194.*)

Roedd cyrff eraill hefyd yn ceisio rhoi 'help' i'r di-waith allu 'helpu' eu hunain. Mewn sawl rhan o'r wlad, cafodd clybiau i'r di-waith eu sefydlu, ac roedd y rhain yn aml wedi'u cychwyn gan arian cronfa'r Eglwys a'r Meiri (arian fyddai'n cael ei roi o'r neilltu gan faer awdurdod lleol i'w ddefnyddio i gefnogi pobl ddi-waith). Roedd y clybiau'n aml yn cael eu cynnal mewn neuadd eglwys a daethon nhw'n fannau cyfarfod poblogaidd. Yn 1930, cynhaliodd Cymdeithas Brydeinig Aneddiadau Preswyl a'r *YMCA* gynhadledd genedlaethol i hyrwyddo'r syniad o ddefnyddio amser 'hamdden' y di-waith yn effeithiol nes bydden nhw'n gallu dychwelyd i'r gwaith. Yn 1932, galwodd Sefydliad Prydeinig Addysg Oedolion gynhadledd, ac arweiniodd hynny at sefydlu'r Cyngor Ymgynghorol Canolog ar gyfer Gweithwyr Di-waith. Cafodd y Cyngor hwn arian gan y Comisiynwyr ar gyfer Ardaloedd Arbennig a hwythau newydd gael eu penodi (gweler tudalen 134). Arweiniodd hyn at dwf mewn rhaglenni addysgol i'r di-waith. Aeth y Llyfrgell Brydeinig ati hefyd i drefnu Apêl Lyfrau Genedlaethol i'r di-waith.

▲ **Ffynhonnell L:** Dynion yn darllen papurau newydd mewn clwb i'r di-waith, 1936

Ymfudo o Gymru

Cwestiwn ymarfer

Esboniwch y cysylltiadau rhwng unrhyw DRI o'r canlynol:
- y Dirwasgiad
- gorymdeithiau newyn
- 'cael deupen llinyn ynghyd'
- hunangymorth.

(I gael arweiniad, gweler tudalen 195.)

GWEITHGAREDDAU

1 Pam mae pobl yn mudo yn ystod cyfnodau o galedi economaidd?

2 Beth gallwch chi ei ddysgu gan Ffynhonnell LL am y gwaith gafodd ei wneud gan weithwyr o Gymru oedd wedi mudo?

Yn ystod y Chwyldro Diwydiannol, roedd Cymru wedi denu miloedd o fewnfudwyr wrth iddyn nhw ganfod gwaith yn y diwydiannau glo, haearn a dur. Ond, fyddai hyn ddim yn para'n hir. Yn y blynyddoedd ar ôl y Rhyfel Byd Cyntaf, dechreuodd niferoedd y mewnfudwyr ostwng. Erbyn i'r Dirwasgiad daro, roedd y gwrthwyneb yn digwydd; roedd niferoedd enfawr o bobl yn ymfudo o Gymru ac roedd effaith hyn yn arwyddocaol. Rhwng 1921 ac 1938, gadawodd tua 440,000 o bobl Gymru er mwyn dod o hyd i waith a bywyd gwell yn rhywle arall. Gwelodd cymoedd Morgannwg a Sir Fynwy yn Ne Cymru ymfudo ar raddfa enfawr. O'r holl bobl adawodd Gymru, roedd tua 85 y cant ohonyn nhw'n dod o'r ardaloedd hynny. Yn Noc Penfro roedd chwarter y boblogaeth (3,500) wedi gadael erbyn 1933. Cwympodd poblogaeth cwm Rhondda o tua 18 y cant yn ystod yr 1930au. Gwelodd Merthyr Tudful hefyd gwymp mawr yn y boblogaeth.

Trodd rhai o'r ymfudwyr hyn eu golygon tuag at wledydd eraill er mwyn cael dechrau o'r newydd. Doedd eraill ddim eisiau gadael Prydain, ond penderfynon nhw chwilio am waith mewn ardaloedd eraill o amgylch y byd allai fod yn fwy llewyrchus. Cafodd cymunedau Cymreig eu sefydlu yn UDA, Canada, Awstralia, Seland Newydd a De America. Roedd y cyfleoedd gwaith yn yr ardaloedd hyn yn fwy deniadol na'r rhai oedd ar ôl yng Nghymru, er bod dirwasgiad byd-eang wedi effeithio ar rai o'r mannau hyn hefyd.

Ym Mhrydain, sefydlodd y llywodraeth gynllun i helpu gweithwyr di-waith Cymru a'u teuluoedd drwy gyfrwng y Weinyddiaeth Lafur. Symudodd llawer o Gymry i'r ardaloedd yng nghanolbarth Lloegr lle roedd diwydiannau newydd peirianneg ysgafn a gweithgynhyrchu ceir wedi datblygu. Cawson nhw eu hannog i ymgartrefu mewn trefi fel Coventry. Yn yr un modd, symudodd mwy o fudwyr i ddinasoedd fel Rhydychen a threfi fel Slough. Daeth cwmni Morris Motors yn Cowley (swydd Rhydychen) yn un o'r cyflogwyr mwyaf i fudwyr o Gymru.

Un o sgil effeithiau'r mudo hwn oedd yr effaith arwyddocaol a gafodd ar y Gymraeg a'i diwylliant (gweler Dehongliad 4).

▲ **Ffynhonnell LL:** Ceir Morris Cowley ar y llinell gydosod yn ffatri Cowley, Rhydychen, 1930

Pwysigrwydd y radio a'r sinema

Roedd y radio a'r sinema'n cynnig cyfle i bobl ddianc oddi wrth eu bywydau bob dydd, dim ots os oedd y Dirwasgiad wedi effeithio'n wael arnyn nhw neu beidio.

Radio

Roedd y radio'n helpu pobl i anghofio am realiti caled bywyd yn ystod y Dirwasgiad, a hefyd yn gwneud i'r byd ymddangos yn llai. Erbyn 1939, roedd 9 miliwn o setiau radio wedi cael eu cofrestru ledled Prydain. Cost trwydded radio oedd 10s (50c). Roedd Currys, y siop adrannol ar gyfer nwyddau trydanol, yn gwerthu setiau radio gyda dwy neu dair falf, am bris rhwng £1 a £3. Gallai'r siop hyd yn oed gynnig cytundeb hurbwrcas i'r rhai oedd ddim yn gallu talu'r pris llawn am set radio, gan ofyn iddyn nhw dalu rhwng un a dau swllt yr wythnos. Erbyn 1939, roedd bron 75 y cant o deuluoedd Prydain yn berchen ar set radio. Roedd y BBC yn darlledu rhaglenni ysgolion, dramâu, cerddoriaeth boblogaidd a chomedi. Roedd adroddiadau rheolaidd o bob rhan o'r Ymerodraeth Brydeinig yn cyflwyno newyddion a gwybodaeth. Roedd sylw i chwaraeon ar y radio hefyd. Yn 1936, ar ŵyl San Steffan, daeth darllediad radio am y tro cyntaf o gêm bêl-droed Tref Abertawe, oedd yn cael ei chwarae yn erbyn Aston Villa.

▲ **Ffynhonnell M:** Menywod yn gweithio yn ffatri radio Perivale Philco, Middlesex, 20 Ebrill 1936

Cwestiwn ymarfer

Pam roedd y radio a'r sinema mor arwyddocaol yn ystod yr 1930au ym Mhrydain? *(I gael arweiniad, gweler tudalen 194.)*

Sinema

Er gwaethaf y Dirwasgiad, roedd mynd i'r sinema'n dal i fod mor boblogaidd yn yr 1930au ag oedd yn ystod yr 1920au. Yn 1927, roedd sain mewn ffilmiau am y tro cyntaf, ac fe glywodd pobl Al Jolson yn siarad yn y ffilm *The Jazz Singer*. O ganlyniad i hynny, daeth y sinema hyd yn oed yn fwy poblogaidd. Yn 1934, roedd dros 320 sinema yng Nghymru, gyda 20 yng Nghaerdydd ei hun. Gallai pobl fynd i wylio sêr fel Clark Gable, Greta Garbo ac Errol Flynn yn y ffilm fawr ddiweddaraf o Hollywood. Roedd plant yn cael mynd i wylio ffilmiau am geiniog mewn sesiynau arbennig ar brynhawn Sadwrn. Roedd pobl ifanc yn cwrdd yn y sinema a daeth yn lle i gariadon fynd gyda'i gilydd.

Yn 1935, cafodd y 'ffilm sain' (*talkie*) Gymraeg gyntaf, sef *Y Chwarelwr*, ei dangos. Roedd ffilmiau fel *How green was my valley* yn dangos golwg ramantaidd o fywyd mewn cymuned lofaol nodweddiadol yn Ne Cymru, ac roedd yr olwg hon yn wahanol iawn i fywyd go iawn. Erbyn 1936, roedd 1,000 miliwn o bobl yn mynd i'r sinema mewn blwyddyn yn y Deyrnas Unedig. Yn 1937, yn Lerpwl, roedd 40 y cant o boblogaeth y ddinas yn mynd i'r sinema o leiaf unwaith yr wythnos, yn ôl yr amcangyfrif. Yn ninas Efrog, yr amcangyfrif oedd fod bron hanner poblogaeth y ddinas yn mynd i'w saith sinema. Daeth y sinemâu eu hunain yn fwy moethus o ran eu décor, ac i lawer o bobl daethon nhw'n 'balasau breuddwydion'. Roedd enwau'r sinemâu hyd yn oed, er enghraifft, yr Empire, y Majestic, y Paramount, a'r Royal, yn cyfleu delwedd oedd yn wahanol iawn i brofiad dyddiol llawer o bobl.

▲ **Ffynhonnell N:** Bechgyn yn sefyll y tu allan i sinema *Ideal*, Lambeth, *c.* 1930. Y ffilm fud sy'n cael ei dangos yw *Don Q, Son of Zorro*

GWEITHGAREDD

Beth gallwch chi ei ddysgu gan Ffynhonnell N am rôl y sinema yn yr 1930au?

Teledu

Roedd darlledu teledu yn dechrau dod i'r amlwg yn yr 1930au, er mai newydd ddechrau roedd y diwydiant. Ond, hyd yn oed yn ardaloedd mwy llewyrchus De a De Ddwyrain Prydain, doedd dim llawer o bobl yn berchen ar deledu. Serch hynny, i'r ychydig bobl lwcus, roedd hi'n bosibl gwylio digwyddiadau chwaraeon byw o gysur eu cartrefi eu hunain (gweler Ffynhonnell O).

Cafodd y Dirwasgiad effaith ar fathau eraill o adloniant ac roedd y rheini'n gyfle i bobl ddianc o'u profiad bob dydd.

Rygbi

Erbyn yr 1930au, roedd rygbi wedi dod yn un o'r gemau mwyaf poblogaidd, yn enwedig yng Nghymru. Roedd timau gan y rhan fwyaf o bentrefi, yn enwedig pentrefi glofaol. Yn y timau rygbi amatur hyn, byddai glowyr yn cymysgu â phobl o'r proffesiynau 'uwch' fel meddygon, athrawon a chlerigwyr. Ond pan gyrhaeddodd y Dirwasgiad, aeth llawer o chwaraewyr talentog i ogledd Lloegr lle gallen nhw chwarae yn nhimau proffesiynol Rygbi'r Gynghrair ac ennill cyflog byw.

Pêl-droed

Erbyn yr 1920au, roedd pêl-droed yn cael ei chwarae'n helaeth ledled Cymru a Lloegr. Roedd llawer yn ei gweld yn gêm i'r dosbarth gweithiol, ac roedd hi'n cael ei galw'n 'gêm y bobl'. Roedd miloedd o gefnogwyr yn teithio'r wlad i wylio ac i gefnogi eu timau. Roedd llawer o'r cefnogwyr hyn yn teithio ar y trên. Pan ddaeth y Dirwasgiad, dechreuodd llai o gefnogwyr deithio i'r gemau. Wnaeth eu niferoedd nhw ddim codi'n llawn tan 1937. Ond yn ystod yr 1930au daeth rhai o'r niferoedd mwyaf erioed i wylio llawer o glybiau pêl-droed. Daeth torf o dros 80,000 o bobl i weld gêm rhwng Manchester City a Chelsea, ac roedd dros 30,000 o bobl yn mynd yn gyson i wylio clwb pêl-droed Tref Halifax.

Bocsio

Roedd bocsio'n gamp oedd yn denu cefnogwyr dosbarth gweithiol yn ogystal â chefnogwyr o'r dosbarthiadau mwy cyfoethog, ac roedd y rheini'n barod i fetio llawer iawn o arian ar ganlyniad gornest. Yn yr 1930au, Americanwyr oedd y bocswyr gorau ac roedd Joe Louis yn ennill popeth bron yn yr adran pwysau trwm. Yn 1937, aeth Tommy Farr, cyn-löwr o'r Rhondda, i focsio â Louis, a chafodd ei dalu £10,000 (sy'n cyfateb i tua £500,000 heddiw) am yr ornest. Er i Farr ymladd â Louis am ornest gyfan gan gyrraedd yr uchafswm o bymtheg rownd, collodd i Louis ar bwyntiau.

Cwestiwn ymarfer

Pam roedd 'adloniant poblogaidd' yn bwysig yn ystod yr 1930au? (I gael arweiniad, gweler tudalen 194.)

Ffynhonnell O: Darllediad ▶ cyntaf BBC TV o gêm bêl-droed – Arsenal yn erbyn ail dîm Arsenal ym mis Medi 1937

Twf diwydiant ysgafn mewn rhannau o Brydain

Ni chafodd y Dirwasgiad yr un effaith ar bob rhan o Brydain. I lawer o bobl roedd yr 1930au yn gyfnod oedd yn dod yn fwy llewyrchus. Yn aml roedd y rhai oedd wedi'u cyflogi mewn diwydiannau mwy newydd, fel ceir modur a nwyddau trydanol, yn enwedig yn Ne Ddwyrain a Chanolbarth Lloegr, yn mwynhau safon byw cymharol dda. Cafodd dulliau masgynhyrchu (ddaeth i'r amlwg gyntaf yn UDA yn yr 1920au) eu defnyddio yn y diwydiant ceir. Erbyn 1938, roedd nifer y ceir oedd yn cael eu gwerthu ym Mhrydain wedi codi i tua 2 filiwn. Roedd angen gweithwyr ar linellau masgynhyrchu i weithio ar agweddau ar gydosod ceir wrth i'r broses symud o'r dechrau i'r diwedd.

Roedd y math hwn o waith yn ddeniadol iawn i weithwyr oedd wedi colli eu swyddi yn ystod y Dirwasgiad. Ond roedd llawer gormod o bobl wedi colli eu gwaith i'r diwydiannau newydd allu rhoi swyddi iddyn nhw i gyd. Gyda thechnoleg newydd y llinell gynhyrchu, roedd angen ffynhonnell egni effeithiol – trydan. Roedd trydan yn lân, yn rhad ac yn effeithlon a dechreuodd gymryd lle glo fel prif gyflenwad tanwydd. Roedd trydan yn gwneud mwy na rhoi pŵer i'r diwydiannau newydd yn unig. Erbyn 1938, roedd nifer y defnyddwyr oedd â chyflenwad trydan yn eu tai wedi cyrraedd 9 miliwn. Ceisiodd y llywodraeth hybu'r diwydiannau newydd hyn drwy grantiau a thrwy adael i dir gael ei droi'n ystadau diwydiannol. Roedd ffatrïoedd y diwydiannau ysgafn newydd hyn yn llai o faint ac yn cyflogi llai o bobl, ac eithrio yn achos y diwydiant awyrennau a'r diwydiant cemegau. O hyd, erbyn 1939, roedd gwerthiant nwyddau traul Prydain yn cyfrif am 15 y cant yn unig o holl gyfanswm nwyddau allforio'r wlad.

GWEITHGAREDD ?

Beth gallwch chi ei ddysgu gan Ffynhonnell P am y defnydd o drydan yn yr 1930au?

▲ Ffynhonnell P: O lyfryn o'r 1930au am drydan yn y cartref

Deddfau'r Ardaloedd Arbennig

Cwestiwn ymarfer

Beth gallwch chi ei ddysgu gan Ffynonellau PH ac R am effaith Deddfau'r Ardaloedd Arbennig? (I gael arweiniad, gweler tudalennau 190–191.)

GWEITHGAREDDAU ?

1 Pa mor ddibynadwy yw Ffynhonnell PH fel tystiolaeth fod Deddf yr Ardaloedd Arbennig yn llwyddiant?

2 Astudiwch Ffynhonnell R. Beth oedd diben y ffotograff hwn? Defnyddiwch fanylion o'r ffotograff a'r hyn rydych chi'n ei wybod er mwyn esbonio eich ateb.

Roedd diweithdra wedi taro waethaf yn ardaloedd Gogledd Ddwyrain a Gogledd Orllewin Lloegr, Glannau Clud yn yr Alban, De Cymru a Gogledd Iwerddon. Daeth y rhain i gael eu galw'n 'ardaloedd arbennig'. Yn 1934, pasiodd y llywodraeth Ddeddf yr Ardaloedd Arbennig, oedd yn cynnig grantiau o £2 filiwn i gwmnïau fyddai'n symud i'r ardaloedd arbennig. Hefyd, cafodd 44,000 o weithwyr eu hannog i symud i drefi eraill, ac aeth 30,000 o ddynion di-waith ar gyrsiau ailhyfforddi iddyn nhw gael dysgu sgiliau newydd. Yn 1936, cafodd Deddf Ardaloedd Arbennig arall ei phasio. Roedd hon yn cynnig dileu hyd at 100 y cant o renti, tollau a threthi ffatrïoedd a busnesau.

Cafodd ystadau diwydiannol newydd eu creu. Y gyntaf yn Lloegr oedd Stad Fasnach Dyffryn Team yn Gateshead yn 1938 (gweler Ffynhonnell PH). Dim ond yn araf iawn y daeth niferoedd y di-waith i lawr yn yr ardaloedd hynny, fodd bynnag. Erbyn 1938, roedd tua £8,400,000 wedi cael eu gwario ond dim ond 121 o gwmnïau newydd oedd wedi'u sefydlu, gan greu 14,900 o swyddi. Doedd stadau diwydiannol bach ddim yn gallu cymryd lle'r diwydiannau glo neu adeiladu llongau. Yn ogystal, doedd llawer o gwmnïau'r diwydiannau mwy newydd ddim yn awyddus i symud i'r ardaloedd arbennig. Y farn gyffredinol am Ddeddfau'r Ardaloedd Arbennig oedd eu bod heb gyflawni llawer mewn gwirionedd, er bod y bwriad yn glodwiw. Honnodd gwrthwynebwyr y llywodraeth yn y Senedd mai 'gweithred wag' gan y llywodraeth oedd hon, i ddangos eu bod yn gwneud rhywbeth i helpu'r rhai oedd yn dioddef waethaf yn sgil y Dirwasgiad. Er bod diweithdra wedi gostwng yn yr ardaloedd hyn erbyn 1938, mae rhai wedi awgrymu mai beth gyflawnodd hynny oedd y ffaith bod gweithwyr yn mudo o'r ardaloedd hyn i ardaloedd mwy llewyrchus fel Canolbarth a De Ddwyrain Lloegr, yn hytrach na'r Deddfau eu hunain.

Ffynhonnell PH: O 'Drydydd Adroddiad y Comisiynwyr ar gyfer yr Ardaloedd Arbennig', 1936

Mae tystiolaeth fod y gwaith sydd wedi'i wneud a'r camau sydd wedi'u cymryd yn helpu'r Ardaloedd Arbennig, ac y bydd eu manteision yn cael eu teimlo'n gynyddol mewn llawer o achosion. Serch hynny, rhaid cyfaddef na fu lleihad sylweddol yn niferoedd y di-waith … Fy argymhelliad i yw y dylem wneud ymdrech benderfynol drwy ddefnyddio cymhellion gan y wladwriaeth er mwyn denu diwydianwyr i'r Ardaloedd Arbennig.

Ffynhonnell R: ▶ Ffotograff wedi'i dynnu gan y Bwrdd Ardaloedd Arbennig yn 1938 yn dangos Stad Fasnachu Dyffryn Team yn Gateshead

Stad Ddiwydiannol Trefforest

Cafodd Stad Ddiwydiannol Trefforest yn Ne Cymru ei sefydlu ym mis Mehefin 1936. Roedd yn gwmni nid-er-elw, a'i nod oedd cynnig mathau eraill o gyflogaeth yn lle'r diwydiannau glo a dur, oedd wedi cael eu taro galetaf gan y Dirwasgiad. Yn 1937, cafodd tair ffatri fach eu hagor ar y Stad, gan gyflogi 69 o bobl. Buddsoddodd y llywodraeth yn y Stad rhwng 1939 ac 1945. O ganlyniad i hyn, tyfodd nifer y bobl oedd yn gweithio ar y Stad Ddiwydiannol i 16,000.

▲ **Ffynhonnell RH:** Y safle cyn datblygu'r Stad Fasnach yn dangos natur wledig y dirwedd, ac yna yn ystod y gwaith datblygu

135

Gwrthgyferbynnu'r hen ranbarthau diwydiannol ag ardaloedd lle roedd mwy o gyflogaeth

Cafodd y Dirwasgiad effaith enfawr ar Brydain, weithiau'n negyddol a dro arall yn gadarnhaol, ond doedd yr effeithiau hynny ddim yn gyson ledled rhanbarthau Prydain. Mae rhai sylwebwyr ar y pryd, ac ers hynny, wedi awgrymu bod 'dwy Brydain: yr hen un a'r un newydd' yn ystod y Dirwasgiad. Gan ddibynnu ar ble roeddech chi'n byw, gallech chi brofi'r naill neu'r llall. Mae'n amlwg iawn fod ardaloedd fel Gogledd Ddwyrain Lloegr a De Cymru wedi cael profiad gwahanol iawn o'r Dirwasgiad o'i gymharu â Chanolbarth a De Ddwyrain Lloegr. Daeth buddsoddiad newydd, tai newydd, ffyrdd newydd a chysylltiadau rheilffordd i newid rhai rhannau o Brydain yn sylweddol, ond dioddefodd ardaloedd eraill dlodi mawr.

> **Dehongliad 5:** O *Rebirth of a Nation: Wales 1880–1980* gan yr hanesydd Kenneth O. Morgan, gafodd ei gyhoeddi yn 1981
>
> *Mae rhai haneswyr diweddar wedi tueddu i beintio darlun hapusach o'r tridegau na'r arfer gan haneswyr cynharach. I berchenogion tai yn Llundain, y Siroedd Cartref, a Dwyrain Canolbarth Lloegr, gyda'u ceir, eu stadau tai, a'u diwydiannau ysgafn newydd yn ffynnu ar nwyddau sy'n para, yn ogystal â hurbwrcas a'r technolegau newydd, does dim amheuaeth nad oedd y tridegau yn gyfnod mor wael â hynny i fyw ynddo. Ond yn Ne Cymru, mae'n gwbl amhosibl derbyn y casgliad hwn. Roedd y tridegau'n gyfnod pan gafodd cymdeithas gyfan ei llethu gan ddiweithdra bron hyd at newyn.*

Cwestiynau ymarfer

1 Darllenwch Ddehongliad 5. I ba raddau rydych chi'n cytuno â'r dehongliad hwn o effaith y Dirwasgiad ar bobl ym Mhrydain? *(I gael arweiniad, gweler tudalennau 196–197.)*

2 Esboniwch y cysylltiadau rhwng unrhyw DRI o'r canlynol:
- diwydiannau ysgafn newydd yn tyfu
- Deddfau'r Ardaloedd Arbennig
- Stad Ddiwydiannol Trefforest
- rhanbarthau'r hen ddiwydiannau trwm.

(I gael arweiniad, gweler tudalen 195.)

GWEITHGAREDDAU

1 Defnyddiwch y wybodaeth a'r ffynonellau o Bennod 2 i greu rhestr o effeithiau negyddol a chadarnhaol ar y ffordd o fyw yn ystod y Dirwasgiad yn yr 1930au.

2 Cymharwch eich rhestr â rhestri myfyrwyr eraill yn eich dosbarth.

Casgliad: Sut roedd pobl yn gallu ymdopi â sialensiau blynyddoedd y Dirwasgiad?

Mae dirwasgiad economaidd yr 1930au wedi cael ei gofnodi yn hanes Prydain fel un o'r dirwasgiadau economaidd gwaethaf erioed. Fel rydych chi wedi'i weld wrth ddarllen y wybodaeth a'r ffynonellau yn y bennod hon, roedd yn gyfnod anodd iawn i lawer o bobl, ac fe wnaethon nhw ymdopi nhw mewn amryw o ffyrdd – rhai'n fwy llwyddiannus na'i gilydd. Ond roedd hefyd yn gyfnod o newid cadarnhaol ac arloesi, ac felly newidiodd fywydau llawer o bobl. Mae pobl yn gallu dygymod yn dda iawn, ac mae'n cymryd llawer i'w rhwystro nhw neu wneud iddyn nhw roi'r ffidil yn y to'n llwyr. Rhoddodd dirwasgiad economaidd yr 1930au brawf ar y gallu hwnnw i ddal ati, a hynny i'r eithaf i rai pobl weithiau. Ond ni lwyddodd y dirwasgiad i atal pobl yn llwyr rhag bod eisiau bwrw ymlaen â'u bywydau. Roedd yr her fyddai'n dod ar ddiwedd yr 1930au, sef rhyfel byd arall, yn her hyd yn oed yn fwy, efallai. Mewn rhyw ffordd, cafodd pobl eu paratoi at yr hyn fyddai'n dod gan brofiad y dirwasgiad economaidd.

3 Dechreuad y rhyfel

Pan ddigwyddodd y Rhyfel Byd Cyntaf rhwng 1914 ac 1918, cafodd ei alw gan lawer o bobl yn 'rhyfel i roi terfyn ar bob rhyfel'. Allai pobl ddim dychmygu mynd drwy'r math hwnnw o brofiad dychrynllyd eto. Roedd llawer yn credu byddai Cynghrair y Cenhedloedd, y corff oedd newydd gael ei greu i gadw'r heddwch, yn sicrhau hyn. Roedd llawer yn credu bod telerau Cytundeb Versailles yn 1919 yn ddigon llym i atal gwledydd rhag ymddwyn yn ymosodol eto. Hwn oedd y prif gytundeb heddwch ddaeth â'r rhyfel i ben yn ffurfiol. Dioddefodd yr Almaen, yn enwedig, yn economaidd gan iddi gael ei beio am ddechrau'r rhyfel a'i gorfodi i dalu iawndal (cost y rhyfel) i wledydd eraill. Ond, erbyn 1934, roedd Adolf Hitler wedi dod yn Führer yr Almaen ac yn arweinydd Plaid Genedlaethol Sosialaidd Gweithwyr yr Almaen (y Blaid Natsïaidd). Ei brif nod oedd adfer yr Almaen yn un o bwerau mawrion Ewrop, os nad y byd. Wrth i uchelgais ac ymddygiad ymosodol Hitler dyfu, roedd rhai pobl yn credu bod rhaid gwneud popeth posibl i osgoi rhyfel ac osgoi gorfod paratoi at ryfel, dim ots beth fyddai'r canlyniadau. Roedd eraill yn credu bod ail ryfel byd yn sicr o ddigwydd.

Y bygythiad o'r Almaen

Mor fuan ag 1924, roedd Hitler wedi dangos beth oedd ei nod yn ei lyfr *Mein Kampf* ('Fy Mrwydr'). Byddai'n ailadrodd hyn mewn anerchiadau a ralïau yn yr 1920au a'r 1930au, pan oedd wedi ennill mwy o rym. Roedd y nodau hyn yn cynnwys:

- Uno'r holl bobl oedd yn siarad Almaeneg o dan ei reolaeth.
- Cael gafael ar *Lebensraum* (lle i fyw) i'r bobl Almaenig.
- Adfer yr Almaen yn un o'r Pwerau Mawrion (gwlad oedd â phŵer economaidd, gwleidyddol a milwrol).

Er mwyn cyflawni'r nodau hyn, byddai'n rhaid i Hitler gael gwared ar Gytundeb Versailles. Roedd llawer o delerau'r Cytundeb yn llym ar yr Almaen. I bob pwrpas roedd yr Almaen wedi cael ei diarfogi:

- Dim ond 100,000 o filwyr oedd yn cael bod yn ei byddin.
- Doedd dim hawl gan yr Almaen i orfodi consgripsiwn bellach.
- Doedd hi ddim yn gallu cael tanciau.
- Doedd hi ddim yn gallu cael llu awyr.
- Cafodd maint ei llynges ei leihau'n sylweddol, a doedd hi ddim yn gallu cael llongau tanfor.

▲ **Ffynhonnell A:** Cartŵn gan David Low, 'Just in case there's any mistake', gafodd ei gyhoeddi ym mhapur newydd yr *Evening Standard*, 3 Gorffennaf 1939

Yn ogystal, cafodd tir ei gymryd oddi ar yr Almaen a'i roi i wledydd eraill Ewrop fel Ffrainc, Gwlad Pwyl a Tsiecoslofacia, gwlad oedd newydd gael ei chreu. Felly roedd miliynau o Almaenwyr yn byw yn y gwledydd hyn bellach. Cafodd ardal sylweddol o'r Almaen, sef y Rheindir, ei dadfilwrio, felly roedd yr Almaen yn methu amddiffyn ei ffin â Ffrainc. Collodd yr Almaen ei hymerodraeth dramor a chafodd llawer ohoni ei rhoi i Brydain ac i Ffrainc. Roedden nhw'n eu rheoli fel 'mandadau'. Roedd Prydain yn rheoli Palesteina, a Ffrainc yn rheoli Syria.

GWEITHGAREDD

Beth mae'r cartwnydd yn Ffynhonnell A yn ei awgrymu am ba mor barod oedd Prydain i fynd i ryfel â'r Almaen yn 1939?

Wrth i chi weithio drwy'r bennod hon, edrychwch ar eich ymateb i'r gweithgaredd, a phenderfynwch a fyddech chi'n newid eich ymateb ac a oedd y cartwnydd yn gywir.

Polisi tramor o dan Hitler

Daeth Hitler yn arweinydd y Blaid Natsïaidd yn ystod yr 1920au, gan addo i'r Almaenwyr ei fod am adfer balchder yr Almaen (ar ôl cywilydd y Rhyfel Byd Cyntaf) a gwneud yr Almaen yn un o bwerau mawr y byd. Yn 1933, cafodd ei benodi'n Ganghellor yr Almaen (sy'n cyfateb i Brif Weinidog Prydain), ac ar ôl i'r Arlywydd Hindenburg farw ym mis Awst 1934, dechreuodd alw'i hun yn *Führer*. Roedd hyn yn golygu bod ganddo reolaeth lwyr dros yr Almaen.

Erbyn i Hitler ddod yn *Führer* yr Almaen yn 1934, roedd nifer o bethau wedi digwydd gan ddechrau'r broses o chwalu Cytundeb Versailles, a rhoi cyfleoedd eraill hefyd i Hitler gyflawni ei nodau ar yr un pryd. Er enghraifft, yn 1932, roedd taliadau iawndal yr Almaen wedi cael eu dileu yn llwyr. Roedd gwledydd fel Prydain a Ffrainc o'r farn nad oedd hi'n iawn codi arian ar yr Almaen am gost y Rhyfel Byd Cyntaf, ac nad oedd angen taliadau iawndal bellach. Yn 1933, tynnodd yr Almaen yn ôl o gynhadledd ddiarfogi a gadael Cynghrair y Cenhedloedd, oherwydd nad oedd Hitler eisiau gorfod dilyn ei reolau a'i reoliadau.

Ond llwyddodd rhai o weithredoedd cynnar Hitler i argyhoeddi rhai gwledydd fod ei nodau a'i fwriadau'n rhai heddychlon:

- Yn 1934, llofnododd yr Almaen a Gwlad Pwyl Gytundeb i Beidio ag Ymosod. Y bwriad oedd y byddai'n para am ddeng mlynedd. Roedd fel petai'n cadarnhau bod Hitler yn derbyn y ffin roedd Cytundeb Versailles wedi'i gosod rhwng yr Almaen a Gwlad Pwyl, ac na fyddai e'n ceisio cymryd y 'Coridor Pwylaidd' yn ôl. Rhoddodd hyn yr argraff i wledydd eraill, gan gynnwys Prydain, mai dyn heddychlon, nid rhyfelgar, oedd Hitler.
- Yn 1934, roedd Plaid Natsïaidd Awstria wedi methu sicrhau *Anschluss* (uno'r Almaen ac Awstria). Roedd hyn wedi ei wahardd yng Nghytundeb Versailles, ac edrychai fel rhwystr i Hitler – ond cymerodd gam yn ôl pan symudodd Mussolini ei fyddin i'r ffin ag Awstria.
- Yn 1935, llofnododd yr Almaen y Cytundeb Llyngesol rhwng Prydain a'r Almaen. Roedd y cytundeb yn cyfyngu llynges yr Almaen i 35 y cant o faint llynges Prydain. Roedd yn bodloni Prydain oherwydd byddai llynges Prydain bob amser yn fwy. Ond roedd Ffrainc a'r Eidal yn teimlo bod Prydain wedi rhoi cyfle i Hitler ehangu ei lynges ymhell tu hwnt i'r cyfyngiadau roedd Cytundeb Versailles wedi'u gosod.
- Yn 1935, pleidleisiodd ardal y Saar dros ddychwelyd i reolaeth yr Almaen. Yn sgil Cytundeb Versailles, roedd yr ardal wedi bod o dan reolaeth Cynghrair y Cenhedloedd am 15 mlynedd. Refferendwm y Saar oedd yr enw ar y bleidlais, a phleidleisiodd 90 y cant o boblogaeth y Saar dros ailuno â'r Almaen, 8 y cant dros aros o dan reolaeth Cynghrair y Cenhedloedd, a 2 y cant dros ymuno â Ffrainc. I Hitler a'r Blaid Natsïaidd roedd y digwyddiad hwn yn gyfle perffaith o ran propaganda. Roedd llawer o bobl y tu allan i'r Almaen yn ystyried bod dychwelyd rhanbarth y Saar i'r Almaen yn anghyfreithlon.

▲ Ffynhonnell B: Ffoaduriaid yn dianc rhag dial y Natsïaid ar ôl y refferendwm ynghylch y ffin â Ffrainc

Erbyn 1935, roedd Hitler wedi dechrau rhaglen ailarfogi o ddifrif. I ddechrau, roedd hyn wedi digwydd yn y dirgel. Yn 1933, gorchmynnodd Hitler i gadfridogion ei fyddin gynllunio i dreblu maint y fyddin i 300,000 o filwyr. Hefyd gorchymynnodd i'r Weinyddiaeth Awyr adeiladu 1,000 o awyrennau milwrol. Yn 1935, cyhoeddodd Hitler beth roedd wedi'i wneud yn barod a'r hyn oedd eto i gael ei wneud. Byddai'r fyddin yn cael ei chynyddu i 550,000 drwy gyflwyno consgripsiwn, a byddai nifer yr awyrennau milwrol yn tyfu'n gyflym i 2,500.

▲ Ffynhonnell C: Cafodd y set o bedwar stamp uchod ei chyhoeddi gan y Drydedd Reich ar 16 Ionawr 1935, ychydig ddyddiau ar ôl Refferendwm y Saar, i ddathlu dychwelyd y Saar i'r Almaen. Mae'r stampiau'n dangos y Saar (sef y plentyn) yn dychwelyd i freichiau'r famwlad, yr Almaen

Cwestiwn ymarfer

Beth oedd arwyddocâd Refferendwm y Saar i Hitler a'r Blaid Natsïaidd yn yr 1930au? *(I gael arweiniad, gweler tudalen 194.)*

GWEITHGAREDD

Mewn grwpiau, defnyddiwch y digwyddiadau rhwng 1933 ac 1935 (gweler tudalennau 137–139), a phenderfynwch faint o fygythiad oedd Hitler i heddwch yn Ewrop. Cyflwynwch eich barn i weddill y dosbarth.

Ailfilwrio'r Rheindir

Ar 7 Mawrth 1936, digwyddodd rhywbeth i rannu barn pobl ymhellach am fygythiad Hitler a'i fwriad: ailfilwrio'r Rheindir oedd hyn. Tir yr Almaen oedd y Rheindir ond roedd wedi cael ei ddadfilwrio o ganlyniad i Gytundeb Versailles. Mae digwyddiadau'r ailfilwrio wedi'u dangos yn Ffigur 3.1 isod.

Roedd ailfilwrio'r Rheindir yn groes i Gytundeb Versailles (1919) a Phact Locarno (1925).
Yn 1935, roedd Cytundeb Ffrainc a'r Sofietiaid yn gwneud i Hitler deimlo ei fod wedi'i 'amgylchynu' gan nad oedd yr Almaen yn gallu amddiffyn ei ffin â Ffrainc heb ailfilwrio.
Cyngor cadfridogion Hitler oedd anfon nifer bach o filwyr yn unig i'r Rheindir. Roedd 22,000 o filwyr a llond dwrn o awyrennau yn cymryd rhan yn yr ailfilwrio.
Pan ddaeth adroddiad fod milwyr Ffrainc ar y ffin â Ffrainc, y cyngor i Hitler gan ei gadfridogion oedd tynnu ei filwyr yn ôl. Ond gan na chroesodd milwyr Ffrainc y ffin, ni wrandawodd Hitler ar eu cyngor nhw.
Cynigiodd Hitler gytundeb i beidio ag ymosod am 25 mlynedd i Ffrainc a Phrydain, gan honni 'nad oedd gan yr Almaen unrhyw ofynion tiriogaethol i'w gwneud yn Ewrop'.
Condemniodd Prydain a Ffrainc yr ailfilwrio, gan ei fod yn torri telerau Cytundeb Versailles, ond ni chymerodd yr un o'r ddwy wlad gamau yn erbyn yr ailfilwrio, nac ystyried hyn yn weithred ryfelgar.

▲ Ffigur 3.1 Ailfilwrio'r Rheindir

◄ Ffynhonnell CH: 'The Goose-Step'. Cartŵn o Brydain am ailfilwrio'r Rheindir yn 1936.

THE GOOSE-STEP

"GOOSEY GOOSEY GANDER,
WHITHER DOST THOU WANDER?"
"ONLY THROUGH THE RHINELAND—
PRAY EXCUSE MY BLUNDER!"

GWEITHGAREDD

1 Edrychwch ar y wybodaeth uchod a dewch o hyd i dystiolaeth er mwyn llenwi copi o'r tabl isod.

Roedd ailfilwrio'r Rheindir yn weithred ymosodol	Doedd ailfilwrio'r Rheindir ddim yn weithred ymosodol

2 Beth yw'r neges yn Ffynhonnell CH am y Rheindir yn cael ei ailfilwrio gan yr Almaen ym mis Mawrth 1936?

Digwyddiadau 1938

Yr *Anschluss*, 1938

Er gwaethaf yr hyn oedd wedi digwydd yn 1934 o ran yr *Anschluss* ag Awstria (gweler tudalen 138), roedd y Blaid Natsïaidd yn dal yn benderfynol o uno'r Almaen ac Awstria (rhywbeth oedd wedi cael ei wahardd ers Cytundeb Versailles yn 1919). Ar 12 Mawrth, aeth sawl bataliwn o fyddin yr Almaen i mewn i Awstria. Cafodd y rhai oedd yn gwrthwynebu hyn naill ai eu dienyddio neu eu rhoi mewn gwersylloedd crynhoi. Cafodd tua 80,000 eu rhoi mewn gwersylloedd. Yn ystod yr wythnosau nesaf, daeth Hitler i reoli llywodraeth Awstria a chafodd yr *Anschluss* ei gyhoeddi. Ym mis Ebrill 1938, cynhaliwyd refferendwm lle cytunodd 99.75 y cant o'r boblogaeth â'r *Anschluss* (er ei fod, mewn gwirionedd, wedi digwydd yn barod). Nawr roedd Awstria'n rhan o'r Drydedd Reich a'r Almaen Fawr. Protestiodd Prydain a Ffrainc am yr hyn oedd wedi digwydd, ond wnaethon nhw ddim byd i'w atal.

Argyfwng Tsiecoslofacia

Nawr trodd Hitler ei sylw at Tsiecoslofacia. O ganlyniad i Gytundeb St Germain (un o'r cytundebau heddwch ddaeth â'r Rhyfel Byd Cyntaf i ben) roedd dros 3 miliwn o siaradwyr Almaeneg wedi bod yn byw yn ardal y Sudetenland yng ngorllewin Tsiecoslofacia. Roedd gan yr ardal hon ffiniau â'r Almaen ac Awstria. Nawr ceisiodd Hitler annog arweinydd Plaid Natsïaidd y Sudetenland, Henlein, i alw am annibyniaeth i'r Sudetenland. Roedd yr ardal hon yn gyfoethog mewn defnyddiau crai ac roedd wedi'i hamddiffyn yn drwm; felly roedd yn ardal na allai Tsiecoslofacia fforddio ei cholli. Penderfynodd Neville Chamberlain, Prif Weinidog Prydain, y gallai helpu i ddatrys y sefyllfa hon. Cafodd Chamberlain gyfarfod â Hitler yn Berchtesgaden ar 15 Medi 1938. Yno, deallodd fod Hitler eisiau i'r Sudetenland ddod yn rhan o'r Almaen gan fod siaradwyr Almaeneg yn byw yno. Aeth Chamberlain ati, gyda chefnogaeth Ffrainc, i orfodi Edvard Beneš, arweinydd Tsiecoslofacia, i gytuno â hyn. Roedd Chamberlain yn gobeithio byddai hyn yn sicrhau bod rhyfel yn cael ei osgoi. Pan glywodd Hitler fod y fargen wedi cael ei derbyn, mynnodd gael rhagor. Dychwelodd Chamberlain i Brydain, yn sicr fod rhyfel ar y ffordd gan fod Hitler yn mynnu gormod erbyn hyn.

Ond, galwodd Hitler gynhadledd rhwng pedwar pŵer, sef yr Almaen, Prydain, yr Eidal a Ffrainc, i gytuno'n ffurfiol ar fargen. Chafodd Tsiecoslofacia ddim gwahoddiad. Ar 30 Medi, llofnododd y pedwar pŵer Gytundeb München. Dyma oedd y telerau:

- Byddai'r Sudetenland yn dod yn rhan o'r Almaen.
- Byddai Prydain a Ffrainc yn gwarantu annibyniaeth gweddill Tsiecoslofacia.
- Petai'r Tsieciaid yn penderfynu ymladd yn erbyn hyn, bydden nhw ar eu pen eu hunain.
- Byddai Hitler a Chamberlain yn llofnodi datganiad yn dweud na fyddai Prydain a'r Almaen fyth yn mynd i ryfel.

Cafodd Beneš ei orfodi i dderbyn Cytundeb München, a dychwelodd Chamberlain i Lundain gyda'r datganiad wedi'i lofnodi (gweler Ffynhonnell DD). Er ei fod yntau'n gobeithio bod ei weithredoedd wedi atal rhyfel y tro hwnnw ac at y dyfodol, doedd eraill fel Winston Churchill, oedd yn wleidydd amlwg, ddim mor siŵr.

GWEITHGAREDDAU   **?**

1. Pam byddai Hitler yn cynnal refferendwm ar yr *Anschluss* ar ôl i'r *Anschluss* ddigwydd?

2. Mewn grwpiau, defnyddiwch y digwyddiadau rhwng 1936 ac 1938 (gweler tudalennau 139–140), a phenderfynwch faint o fygythiad oedd Hitler i heddwch yn Ewrop. Cyflwynwch eich barn i weddill y dosbarth.

Polisi dyhuddo Prydain

Drwy gydol yr 1930au roedd hi'n ymddangos bod gan Brydain ffordd benodol o ddelio â phroblemau oedd yn codi yn Ewrop: dyhuddo, neu ildio i ofynion er mwyn cadw'r heddwch. Mae rhai'n credu, os ydych chi'n 'dyhuddo' mewn sefyllfa anodd, y bydd hyn yn datrys y broblem a hefyd yn sicrhau na fydd yn digwydd eto. Ond mae eraill yn credu, os ydych chi'n 'dyhuddo' pan fydd problem, eich bod chi'n ildio i ofynion rhywun arall yn y bôn. Er bod dyhuddo'n gallu datrys y broblem ar y pryd, efallai na fydd yn atal y broblem rhag digwydd eto, ac mewn gwirionedd fe allai ei hannog i ddigwydd eto ar raddfa fwy. Er bod tystiolaeth i awgrymu bod Prydain wedi defnyddio polisi dyhuddo tuag at yr Almaen o 1933 ymlaen, mae'r polisi'n cael ei gysylltu'n bennaf â gweithredoedd Neville Chamberlain, Prif Weinidog Prydain o 1937–40.

Wrth ddyhuddo, roedd Prydain yn gamblo bod Hitler yn rhesymol o ran ei uchelgais ar gyfer yr Almaen. Pe gallai Hitler gael ei ffordd ar rai materion, a bod gwledydd eraill yn ei gwneud hi'n amlwg eu bod yn gwrando ar gwynion yr Almaen, yna efallai byddai hyn yn bodloni Hitler ac yn adfer grym economaidd a gwleidyddol yr Almaen.

▲ Neville Chamberlain

GYRFA WLEIDYDDOL NEVILLE CHAMBERLAIN

1924	Cafodd ei benodi'n Weinidog Iechyd
1931	Cafodd ei benodi'n Ganghellor y Trysorlys
1937	Cafodd ei ethol yn Brif Weinidog
1939	Cyhoeddodd ryfel ar yr Almaen
1940	Ymddiswyddodd fel Prif Weinidog (gan gael ei olynu gan Winston Churchill)

Dadleuon o blaid ac yn erbyn dyhuddo

Mae'r dadleuon o blaid ac yn erbyn dyhuddo wedi'u crynhoi yn Nhabl 3.1 isod.

Dadleuon o blaid dyhuddo	Dadleuon yn erbyn dyhuddo
• Roedd yn gwneud i'r Almaen deimlo bod gwledydd yn gwrando arni a'i chwynion am Gytundeb Versailles (cael ei diarfogi, colli tir, talu iawndal, y ffaith fod miliynau o Almaenwyr yn byw mewn gwledydd eraill, methu uno ag Awstria). • Byddai'n bosibl osgoi rhyfel drwy drafod yn hytrach na gweithredu. • Roedd pobl yn dal i gofio am erchyllterau'r Rhyfel Byd Cyntaf – byddai'n syniad da dilyn unrhyw beth allai osgoi hyn rhag digwydd eto. • Roedd Dirwasgiad dechrau'r 1930au yn golygu bod economi Prydain yn dal heb adfer yn iawn eto, ac roedd mynd i ryfel yn ddrud. • Roedd dyhuddo'n ymddangos yn well dewis na dibynnu ar Gynghrair y Cenhedloedd. • Roedd rhai'n ystyried bod comiwnyddiaeth, oedd wedi bwrw gwreiddiau yn yr Undeb Sofietaidd o dan Joseph Stalin erbyn hyn, yn fwy o fygythiad na Hitler. Byddai cadw Hitler yn 'hapus' yn helpu i gadw'r Almaen fel gwahanfur rhwng yr Undeb Sofietaidd a gwledydd fel Prydain a Ffrainc.	• Roedd yn gwneud i Brydain edrych yn wan, gan mai Prydain oedd yn edrych fel petai'n ildio bob tro. Yn ei dro roedd hyn yn rhoi mwy o hyder i Hitler ddal ati i fynnu cael rhagor gan gredu byddai'n cael ei ddymuniad bob amser. • Roedd yn awgrymu bod Prydain yn barod i fradychu gwledydd eraill, neu i newid penderfyniadau oedd wedi cael eu cytuno o'r blaen, er mwyn cadw Hitler yn hapus. • Roedd fel petai'n tanseilio rôl allweddol Prydain fel aelod parhaol o Gynghrair y Cenhedloedd. • Roedd pob gweithred o ddyhuddo (y Rheindir, Awstria, Tsiecoslofacia) yn cryfhau Hitler yn wleidyddol, yn economaidd ac yn diriogaethol – a gallai hyn gael ei weld fel rhywbeth oedd yn annog rhyfel.

GWEITHGAREDD ?

Mewn grwpiau, defnyddiwch y wybodaeth am ddigwyddiadau 1933–38 (tudalennau 137–142) a'r pwyntiau bwled ar y dudalen hon i ddatblygu dadl, a hynny o blaid ac yn erbyn dyhuddo fel y ffordd orau o ddelio â Hitler.

▲ Tabl 3.1 Dadleuon o blaid ac yn erbyn dyhuddo

Ffynhonnell D: Winston Churchill, AS Ceidwadol, yn siarad yn y Senedd ar 5 Hydref 1938, mewn dadl ar Gytundeb München

Dechreuaf drwy ddweud y peth mwyaf amhoblogaidd a mwyaf digroeso, sef dweud ein bod ni wedi cael ein trechu'n llwyr ac yn gyflawn. Rwy'n credu na fydd Gwladwriaeth Tsiecoslofacia yn gallu aros yn annibynnol yn y dyfodol. Cewch chi weld ymhen amser – gallai hyn fod yn flynyddoedd, ond gallai fod yn fisoedd yn unig – y bydd y gyfundrefn Natsïaidd yn cymryd rheolaeth o Tsiecoslofacia.

Dechreuad y rhyfel

Er iddo gael ei alw'n 'broffwyd gwae' yn ystod yr 1930au, gwelodd pobl fod rhybudd Churchill yn Ffynhonnell D (chwith) yn gywir. Erbyn mis Mawrth 1939, roedd gweddill Tsiecoslofacia wedi cael ei rhannu rhwng Gwlad Pwyl, Hwngari a'r Almaen. Cafodd Hacha, arweinydd y Tsieciaid, ei orfodi gan Hitler i drosglwyddo rheolaeth, a chafodd milwyr yr Almaen eu hanfon i mewn i adfer trefn yn yr ardaloedd oedd nawr o dan reolaeth y Drydedd Reich. Roedd hyn fel petai'n cadarnhau bod dyhuddo wedi methu.

Roedd y polisi dyhuddo wedi gwneud yr Undeb Sofietaidd a Stalin yn amheus o Brydain a Ffrainc. Oherwydd bod yr Undeb Sofietaidd yn ofni na allai ddibynnu ar Brydain a Ffrainc, penderfynodd y byddai cytundeb â'r Almaen yn well na bod heb gytundeb â Phrydain a Ffrainc. Ym mis Awst 1939, cafodd Pact y Natsïaid a'r Sofietiaid ei lofnodi. Dyma roedd yn ei ddatgan:

- ni fyddai'r Almaen a'r Undeb Sofietaidd yn ymyrryd yn erbyn ei gilydd yn achos rhyfel.
- byddai Gwlad Pwyl yn cael ei rhannu rhyngddyn nhw, gyda'r Undeb Sofietaidd yn adennill tir a gollodd yn ystod y Rhyfel Byd Cyntaf, a'r Almaen yn adennill gorllewin Gwlad Pwyl, Danzig a'r 'Coridor Pwylaidd'.

Gan fod gan Brydain gytundeb gwarant â Gwlad Pwyl i'w hamddiffyn hi, roedd Hitler yn gwybod gallai'r cytundeb â'r Undeb Sofietaidd arwain at ryfel. Ond roedd yn barod i fentro, fel oedd wedi digwydd yng Nghynhadledd München, y byddai Prydain yn sefyll o'r neilltu, heb ei rwystro. Ar 1 Medi 1939, aeth milwyr yr Almaen i mewn i Wlad Pwyl i hawlio'r ardaloedd roedd Pact y Natsïaid a'r Sofietiaid wedi cytuno arnyn nhw. Cyhoeddodd Prydain wltimatwm: tynnu'r milwyr hyn yn ôl neu fynd i ryfel. Anwybyddodd Hitler hyn. Ar 3 Medi 1939, cyhoeddodd Prydain a Ffrainc ryfel yn erbyn yr Almaen.

Cwestiynau ymarfer

1 Beth gallwch chi ei ddysgu gan Ffynonellau D a DD am y polisi dyhuddo? *(I gael arweiniad, gweler tudalennau 190–191.)*

2 Esboniwch y cysylltiadau rhwng unrhyw DRI o'r canlynol:
- Cyflwyno consgripsiwn yn yr Almaen yn 1935
- Ailfilwrio'r Rheindir, 1936
- Argyfwng München, 1938
- Polisi dyhuddo Prydain yn ystod yr 1930au.

(I gael arweiniad, gweler tudalen 195.)

> We, the German Führer and Chancellor and the British Prime Minister, have had a further meeting today and are agreed in recognising that the question of Anglo-German relations is of the first importance for the two countries and for Europe.
>
> We regard the agreement signed last night and the Anglo-German Naval Agreement as symbolic of the desire of our two peoples never to go to war with one another again.
>
> We are resolved that the method of consultation shall be the method adopted to deal with any other questions that may concern our two countries, and we are determined to continue our efforts to remove possible sources of difference and thus to contribute to assure the peace of Europe.
>
> *Neville Chamberlain*
>
> September 30. 1938.

▲ **Ffynhonnell DD:** Y Cytundeb rhwng Prydain a'r Almaen yn addo 'heddwch yn ein hoes ni', wedi'i lofnodi gan Neville Chamberlain ac Adolf Hitler, ar 30 Medi 1938

Paratoadau at ryfel

Roedd rhywfaint o baratoi at ryfel wedi dechrau erbyn 1938 gan barhau yn ystod misoedd cyntaf 1939. Roedd Prydain mewn safle gwell i ymladd rhyfel erbyn hydref 1939 nag oedd yn ystod argyfwng München. Erbyn i Brydain gyhoeddi rhyfel ar yr Almaen, roedd y canlynol yn eu lle:

- Roedd y llywodraeth wedi creu a dechrau gweithredu cynllun ar gyfer rhyfel allai fynd yn ei flaen o bosibl am dair blynedd.
- Roedd y llywodraeth wedi dechrau rhaglen i adeiladu llongau rhyfel newydd ar gyfer y llynges.
- Roedd pobl wedi cael eu hannog i dorri unrhyw fetel a'i roi i gael ei doddi er mwyn gweithgynhyrchu peirianwaith ac arfau rhyfel.
- Cafodd pobl eu hannog i blannu llysiau ar unrhyw dir sbâr er mwyn ychwanegu at y dognau bwyd.
- Gwariodd y llywodraeth arian ar greu gwybodaeth i addysgu pobl am beryglon ymosodiadau nwy posibl, sut i ddefnyddio eu dognau bwyd, a sut i gadw'n iach.
- Ym mis Gorffennaf 1939, cafodd y Weinyddiaeth Gyflenwi ei sefydlu gan y llywodraeth i gadw golwg ar y paratoadau at ryfel.
- Roedd y llywodraeth wedi cwrdd ag undebau llafur a thrwy drafodaeth roedden nhw wedi cytuno ar reoliadau gweithio a chyflogau ar adeg rhyfel.
- Mynnodd y llywodraeth fod 'blacowt' (gorchuddion dros ffenestri i atal golau rhag cael ei weld o'r tu allan) yn cael ei ddefnyddio ym mhob cartref.
- Mynnodd y llywodraeth fod pawb yn cario mwgwd nwy

Er i Brydain gyhoeddi rhyfel yn erbyn yr Almaen ar 3 Medi 1939, fuodd dim gweithgaredd milwrol tan ddiwedd gwanwyn 1940. Yn ystod y cyfnod hwn roedd Hitler wrthi'n brysur yn goresgyn y rhan fwyaf o ogledd Ewrop. I Brydain, y 'rhyfel ffug' yw'r enw gaiff ei roi yn aml ar y cyfnod hwn. Ond wnaeth hyn ddim atal rhagor o baratoi at ryfel.

Dehongliad 1: *Welsh Journals* Cyf. 28 1984 'Preparations for Air Raid Precautions in Swansea, 1935–9'

Os oedd llawer o weithgarwch ARP wedi bod yn Abertawe yn 1938, bu mwy eto yn 1939, oherwydd, o fis Mawrth y flwyddyn honno ymlaen, dechreuodd yr Adran ARP baratoi at ryfel. Yn wir, ym mis Ebrill, dywedodd y llywodraeth wrth y Gorfforaeth i roi blaenoriaeth i ARP dros ei holl weithgareddau eraill. Er mwyn ymateb i hyn, ar 20 Ebrill, cafodd H. L. Lang-Coath, Clerc y Dref, ei benodi yn Rheolwr ARP dros y Fwrdeistref Sirol pe bai rhyfel yn dechrau. Swydd wirfoddol, ddi-dâl oedd hon, a fyddai hi ddim yn dod i rym nes câi rhyfel ei gyhoeddi. Ar ôl hynny, y Rheolwr fyddai'n gyfrifol am gydlynu holl wasanaethau'r ARP pryd bynnag byddai ymosodiadau'n digwydd. Roedd ei rôl yn wahanol i rôl y Swyddog ARP. Roedd yntau'n swyddog gweithredol gyda chyflog, yn gyfrifol am redeg yr Adran ARP o ddydd i ddydd. Yn ystod yr un mis cafodd Pwyllgor Argyfwng ei ffurfio, tra cafodd ystafell rheoli cyrchoedd awyr ei sefydlu yn yr Ystafell Werdd yn Neuadd y Dref. Oddi yma byddai adnoddau'r ARP yn cael eu cyfeirio pe bai ymosodiadau'n digwydd.

GWEITHGAREDD

Mewn grwpiau, gan ddefnyddio'r wybodaeth ar y dudalen hon ac ymchwil arall rydych chi wedi'i wneud, rhowch gyflwyniad am y ffordd yr aeth pobl yng Nghymru ati i baratoi at ryfel.

Cwestiwn ymarfer

I ba raddau rydych chi'n cytuno â Dehongliad 1 am y ffyrdd oedd gan bobl o ymdopi ag effaith y rhyfel? *(I gael arweiniad, gweler tudalennau 196–197.)*

Wardeiniaid a llochesau

Roedd y llywodraeth yn awyddus i recriwtio pobl i fod yn wardeiniaid cyrchoedd awyr. Roedd wedi dechrau gwneud hynny yn ystod 1937 drwy greu'r Gwasanaeth Wardeiniaid Cyrchoedd Awyr (*Air Raid Wardens' Service*). Erbyn 1938, roedd 200,000 o bobl wedi ymuno â'r Gwasanaeth. Yn ystod argyfwng Tsiecoslofacia, ymunodd 500,000 o bobl eraill. Erbyn mis Medi 1939, roedd 1.5 miliwn o bobl bellach yn rhan o'r Rhagofalon Cyrchoedd Awyr (*Air Raid Precautions* neu *ARP*), gafodd eu galw wedyn yn Amddiffyn Sifil (*Civil Defence*). Menywod oedd un o bob chwe warden. Dyma oedd eu gwaith nhw:

■ Gweithio o gartref, neu o siop neu swyddfa.
■ Cofrestru'r holl bobl yn eu sector.
■ Sicrhau bod pobl yn cadw at y 'blacowt' (oherwydd hyn roedd rhai Wardeiniaid yn cael eu hystyried yn 'fusneslyd').
■ Seinio seirenau yn ystod cyrch awyr.
■ Helpu i symud pobl i lochesau cymunedol, a chadw llygad ar bobl oedd â'u lloches eu hunain.
■ Rhoi cymorth cyntaf, diffodd tanau bach a chydlynu gwasanaethau brys eraill ar ôl i gyrch bomio orffen.

Gwirfoddolwyr oedd y rhan fwyaf o'r wardeiniaid ac felly doedden nhw ddim yn cael tâl. Mewn rhai ardaloedd roedd rhai o'r wardeiniaid yn gweithio amser llawn ac yn cael cyflog. Doedd ganddyn nhw ddim iwnifform, ond cawson nhw helmed ddur, pâr o esgidiau glaw a rhwymyn braich fel bod pawb yn gweld pwy oedden nhw.

LORD WARDEN OF THE EMPIRE

▲ **Ffynhonnell E:** Cartŵn gafodd ei gyhoeddi yng nghylchgrawn *Punch*. Mae'n dangos Winston Churchill yn sefyll ar ganon ac wedi'i wisgo fel warden cyrch awyr ar y traeth yn Dover yn ystod yr Ail Ryfel Byd wrth i awyrennau'r llu awyr (*RAF*) hedfan uwchben

Cwestiwn ymarfer

Pam roedd wardeiniaid cyrch awyr mor arwyddocaol yn ystod yr Ail Ryfel Byd? *(I gael arweiniad, gweler tudalen 194.)*

Llochesau cyrch awyr

Rhoddodd y llywodraeth lochesau cyrch awyr i drigolion ledled Prydain, yn enwedig yn y dinasoedd mawr. Cafodd y llochesau cyntaf, o'r enw llochesau Anderson, eu dosbarthu ym mis Chwefror 1939. Cafodd cyfanswm o 400,000 o lochesau cyrch awyr Anderson eu dosbarthu i gyd. Roedd angen i bobl balu twll yn eu gardd a rhoi'r lloches ynddo, cyn gorchuddio'r cyfan â phridd. Roedden nhw wedi cael eu dylunio i amddiffyn pobl rhag unrhyw frics fyddai'n cwympo pe bai'r tai yn cael eu bomio. Mewn ardaloedd lle roedd hi'n amhosibl defnyddio llochesau Anderson, cafodd llochesau concrit mawr eu codi gyda thoeon crwm.

Ond doedd llochesau Anderson ddim yn boblogaidd, gan fod rhaid cysgu y tu allan wrth eu defnyddio. Roedd rhai pobl yn defnyddio llochesau Morrison, gafodd eu dosbarthu yn 1941. Caetsys dur oedd y rhain, ac roedden nhw'n ffitio o dan y bwrdd bwyd, gyda digon o le i ddau oedolyn a dau blentyn bach.

Ond roedd nifer o bobl heb loches o gwbl, yn enwedig y rhai oedd yn byw yng nghanol dinasoedd neu mewn fflatiau. Byddai rhai pobl yn symud at ffrindiau neu berthnasau yn ystod cyrchoedd awyr a byddai eraill yn symud i'r llawr gwaelod. Yno, neu weithiau mewn seler, bydden nhw'n adeiladu ystafell ddiogel. Daeth cyrchoedd mwy difrifol yn ystod ail wythnos mis Medi 1940, ac felly dechreuodd pobl geisio gwthio eu ffordd i mewn i orsafoedd trenau tanddaearol yn Llundain. I ddechrau, wnaeth y llywodraeth ddim gadael i'r gorsafoedd hyn gael eu defnyddio fel llochesau. Roedd eisiau sicrhau y gallai'r trenau gael eu defnyddio ar gyfer cludiant. Ond roedd yr ymosodiadau cyntaf mor ddifrifol ac mor ddinistriol i ysbryd pobl nes i'r llywodraeth newid ei meddwl. Bethnal Green yn ardal Dwyrain Llundain (neu'r 'East End') oedd un o'r gorsafoedd cyntaf i gael ei hagor. Roedd y llochesau'n aml yn llawn i'r ymylon. Byddai plant yn ciwio yn y prynhawn er mwyn hawlio darn o blatfform i'r teulu cyfan. Byddai llinell wen yn cael ei thynnu 2.5 metr oddi wrth ymyl y platfform. Roedd hyn er mwyn gadael i deithwyr gyrraedd y trên. Am 7.30 p.m. byddai'r llinell yn cael ei symud i 1.2 metr o'r ymyl. Dyma'r cyfle olaf i ddod o hyd i le i gysgu. Os oedd pobl yn cyrraedd yn hwyr, byddai'n rhaid iddyn nhw gysgu yn y coridorau neu ar y grisiau. Byddai'r cyflenwad trydan i'r llinellau'n cael ei ddiffodd am 10.30 p.m. a byddai oedolion yn cysgu yn y bumed gilfach rhwng llinellau'r rheilffordd. Roedd hi'n well gan bobl fynd i'r gorsafoedd tanddaearol i gael lloches oherwydd roedden nhw'n gallu cymdeithasu â theuluoedd eraill a rhannu eu profiad o fygythiad cyffredin. Hefyd, dechreuodd y gwasanaethau gwirfoddol roi diodydd poeth i bobl yno. Er gwaetha'r rhagofalon hyn i gyd, yr amcangyfrif o hyd oedd fod 60 y cant o bobl Llundain wedi aros yn eu cartrefi eu hunain drwy gydol y Blitz.

> **Ffynhonnell FF:** Cyfweliad â rhywun o Lundain sy'n cofio'r Blitz
>
> *Byddai pobl yn rhuthro i gyrraedd y gorsafoedd tanddaearol, bron yn eich bwrw chi i'r llawr er mwyn mynd at y grisiau symudol. Roedden ni'n byw fel llygod mawr o dan ddaear. Byddai pobl yn lledaenu papurau newydd ar y llawr i ddangos eu tiriogaeth nhw. Weithiau byddai pobl yn herio'i gilydd ac yn ymladd.*

GWEITHGAREDD ?

Gan ddefnyddio'r wybodaeth a'r ffynonellau ar dudalennau 143–145, ydych chi'n meddwl bod y llywodraeth wedi gwneud digon i roi lloches i bobl yn ystod cyrchoedd awyr yn ystod yr Ail Ryfel Byd?

Cwestiwn ymarfer

Beth gallwch chi ei ddysgu gan Ffynonellau FF a G am y defnydd o Reilffordd Danddaearol Llundain yn ystod cyrch awyr? *(I gael arweiniad, gweler tudalennau 190–191.)*

▲ Ffynhonnell F: Lloches Anderson

▲ Ffynhonnell G: Ffotograff o blant yn cysgu mewn gorsaf danddaearol yn Llundain

Radar, balwnau amddiffyn a gynnau gwrthawyrennol

Radar

Erbyn canol yr 1930au, roedd Prydain wedi datblygu system amddiffyn soffistigedig, o'r enw radar, yn erbyn cyrchoedd bomio'r gelyn. Roedd gorsafoedd radar yn gallu dilyn awyrennau'r Almaen gan helpu i ganolbwyntio'r amddiffyn yn union lle roedd ei angen. Roedd gan Brydain orsafoedd sector oedd yn ganolfannau pwysig i gasglu'r wybodaeth o'r radar, cyn anfon yr awyrennau ymladd i gyfarfod awyrennau'r Almaen ar eu ffordd draw.

▲ Ffynhonnell NG: Y tu mewn i orsaf radar yn 1940. Roedd gweithwyr gorsafoedd radar yn gallu canfod safle a chyfeiriad awyrennau'r Almaen gan ddefnyddio signalau o donnau radio oedd yn cael eu dangos ar sgrin

Balwnau amddiffyn

Roedd balwnau amddiffyn wedi cael eu defnyddio am y tro cyntaf yn ystod y Rhyfel Byd Cyntaf. Balwnau mawr wedi'u llenwi â nwy ysgafnach nag aer oedd y rhain, ac roedden nhw'n sownd wrth raff dur. Roedden nhw wedi'u dylunio i 'hofran' yn uchel yn yr awyr gan atal awyrennau ymladd y gelyn rhag hedfan ar lefel isel wrth ymosod. Felly byddai'n rhaid i'r awyrennau hedfan yn uwch ac efallai na fyddai eu bomiau yn glanio mor gywir.

Yn 1936 penderfynodd Pwyllgor Amddiffyn yr Ymerodraeth drefnu i 450 balŵn amddiffyn gael eu hadeiladu, er mwyn amddiffyn Llundain rhag ofn byddai ymosodiad yn y dyfodol. Roedden nhw wedi rhagweld beth fyddai'n digwydd yn gywir dros ben. Ar ôl i'r rhyfel dorri ym mis Medi 1939, roedd angen y math yma o amddiffyn ar fwy o leoedd na Llundain yn unig. Roedd ei angen ar ddinasoedd diwydiannol mawr eraill, porthladdoedd llyngesol a meysydd awyr hefyd. Erbyn mis Awst 1940, roedd 2,368 o falwnau amddiffyn yn hedfan dros safleoedd strategol pwysig ledled Prydain. Byddai'r rhain yn werthfawr dros ben yn ystod y Blitz.

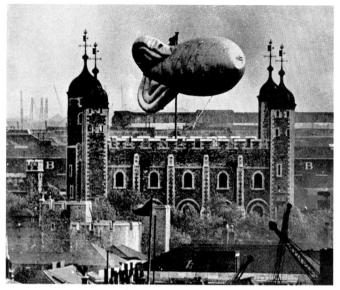

▲ Ffynhonnell H: Ffotograff o falŵn amddiffyn dros Lundain

Gynnau gwrthawyrennol

Roedd gynnau gwrthawyrennol yn gallu tanio'n gyflym iawn a saethu ar onglau uchel. Roedd gwn gwrthawyrennol 40 mm Bofors wedi cael ei ddatblygu gan wneuthurwr o Sweden yn yr 1930au, ac roedd llywodraeth Prydain wedi cael trwydded i adeiladu'r gynnau hyn a'u defnyddio mewn brwydrau. Roedden nhw'n gallu saethu 120 rownd y funud, a saethu rownd (ffrwydryn dau bwys) i uchder o ddwy filltir uwchben y ddaear.

▲ Ffynhonnell I: Ffotograff o wn gwrthawyrennol a'i griw ym mis Medi 1940

GWEITHGAREDD

Yn eich barn chi, pa mor effeithiol fyddai gynnau gwrthawyrennol yn erbyn llu awyr wrth i'r awyrennau ymosod?

Consgripsiwn a gyrfaoedd neilltuedig

Cyflwynodd y llywodraeth gonsgripsiwn i'r lluoedd arfog ym mis Ebrill 1939. Roedd y Ddeddf Hyfforddiant Milwrol yn ei gwneud hi'n orfodol i ddynion sengl rhwng 20 a 22 oed ymuno â'r lluoedd arfog. Ym mis Medi 1939, roedd y Ddeddf Gwasanaeth Gwladol (Lluoedd Arfog) yn ei gwneud hi'n orfodol i ddynion sengl rhwng 18 a 41 oed ymuno â'r lluoedd arfog. Yn y ddau achos, gallai dynion wneud cais i gael eu hesgusodi rhag hyn (gweler isod).

Cafodd nifer o wersi eu dysgu ar ôl y Rhyfel Byd Cyntaf. Un o'r rhain oedd y byddai ymladd rhyfel yn anodd pe bai pobl yn cael eu galw i'r fyddin heb ystyried eu sgiliau gwaith, neu heb ystyried sut gallai fod yn well iddyn nhw weithio gartref, yn hytrach na bod ar flaen y gad. Yn 1938 cafodd 'Rhestr o Yrfaoedd Neilltuedig' ei chreu gan y llywodraeth a'i chyhoeddi gan y Weinyddiaeth Lafur. Roedd yn esgusodi gweithwyr medrus mewn meysydd gwaith allweddol rhag cael eu galw i'r fyddin.

Roedd y system yn eithaf cymhleth, ond dros gyfnod y rhyfel, golygodd fod tua 5 miliwn o ddynion wedi aros gartref i weithio er eu bod o fewn oed consgripsiwn. Roedd hyn yn cynnwys gweithwyr rheilffordd a dociau, ffermwyr a gweithwyr amaethyddol eraill. Roedd athrawon ysgol a meddygon wedi'u cynnwys hefyd. Cafodd gweithwyr mewn diwydiannau peirianneg eu hesgusodi hefyd, a'r rhai oedd yn gweithio fel wardeiniaid *ARP* (gweler tudalen 144). Byddai'r llywodraeth yn aml yn adolygu'r Rhestr er mwyn ymateb i'r ymdrech ryfel. Ar ddechrau'r rhyfel, doedd gweithio mewn pwll glo ddim yn yrfa neilltuedig, ond cafodd hynny ei ychwanegu yn ddiweddarach. Er gwaethaf hyn, ym mis Rhagfyr 1943, roedd cymaint o brinder glowyr nes i un o bob deg dyn oedd wedi'u consgriptio gael ei ddewis ar hap i weithio yn y pyllau glo. Cafodd y glowyr hyn yr enw 'Bechgyn Bevin', ar ôl Ernest Bevin, y Gweinidog dros Lafur a Gwasanaeth Gwladol, gan mai ef oedd wedi creu'r cynllun. Hefyd, wrth i'r rhyfel fynd yn ei flaen, dechreuodd llawer o fenywod weithio mewn gyrfaoedd neilltuedig. Roedd llawer o weithwyr mewn gyrfaoedd neilltuedig yn cael eu beirniadu gan rai pobl. Roedd y rheini'n meddwl eu bod nhw'n cuddio yn hytrach na chymryd rhan yn yr ymladd ei hun.

▲ Ffynhonnell J: Poster propaganda o'r Ail Ryfel Byd. 'Adeiladwyr! Mae cyflymder yn hanfodol: Arbed munudau – Arbed bywydau'

1 Astudiwch Ffynhonnell J. Yn eich barn chi, pam gwnaeth y llywodraeth gomisiynu'r mathau hyn o baentiadau a phosteri?

2 Ydych chi'n meddwl bod digon o baratoi at ryfel wedi'i wneud ym Mhrydain erbyn mis Medi 1939?

Casgliad: Pa mor effeithiol oedd Prydain wrth baratoi am y rhyfel?

Buodd Prydain yn paratoi at ryfel yn bennaf yn ystod misoedd olaf 1938 a dechrau 1939. Roedd rhywfaint o'r gwaith paratoi wedi'i seilio ar wersi gafodd eu dysgu yn ystod y Rhyfel Byd Cyntaf. Pe bai rhyfel yn y dyfodol, roedd disgwyl y byddai'r wlad yn cael ei bomio o'r awyr yn ogystal â'r ymosodiad dros dir, felly roedd llawer o'r gwaith paratoi'n adlewyrchu hyn. Roedd pobl hefyd yn tybio byddai nwy (gafodd ei ddefnyddio yn y Rhyfel Byd Cyntaf) yn cael ei ddefnyddio eto, gyda mwy ohono y tro hwn. Roedd y llywodraeth yn teimlo mai'r flaenoriaeth wrth baratoi at ryfel oedd casglu'r lluoedd arfog ynghyd a threfnu'r boblogaeth sifil, yn ogystal ag amddiffyn pobl ifanc neu fregus. Pan ddaeth y rhyfel, roedd rhai o'r paratoadau wedi rhoi Prydain mewn safle cryf i ymdopi â'r caledi posibl, ond doedd hynny ddim yn golygu bod pobl wedi dod drwy'r rhyfel heb gael profiad o'i erchyllterau.

Cwestiwn allweddol: Sut gwnaeth pobl ym Mhrydain ymdopi â phrofiadau'r rhyfel?

Mae ffordd pobl o ymdopi â phrofiad rhyfel wedi bod o ddiddordeb i bobl ers canrifoedd. Gallwn ni ddysgu am eu profiadau drwy amrywiaeth o ffynonellau. Dyma rai enghreifftiau: dogfennau swyddogol gan lywodraeth y cyfnod, posteri propaganda, ffotograffau, cartwnau ac atgofion personol unigolion. Mae haneswyr yn defnyddio'r mathau hyn o ffynonellau i greu eu dehongliadau ac i lunio'u barn eu hunain am sut maen nhw'n meddwl roedd pobl yn ymdopi â phrofiad rhyfel. Mae'n rhy hawdd dweud 'bod pawb yn y gymdeithas wedi ymdopi'n dda â phrofiad rhyfel', neu fod 'profiad rhyfel yn ofnadwy i bawb.' Wrth i chi symud drwy'r bennod hon, bydd cyfle ichi ystyried profiad pobl Prydain o'r Ail Ryfel Byd drwy amrywiaeth o ddigwyddiadau, cyd-destunau a phrofiadau. Wedyn byddwch chi'n gallu llunio barn ynghylch sut gwnaeth pobl ym Mhrydain ymdopi â phrofiad rhyfel.

Ffynhonnell A: Siop barbwr ▶ Wally's, St Martin's Street. Mae arwyddion herfeiddiol ar wal y siop ar ôl iddi golli'i ffenestri yn ystod blitz Llundain, Tachwedd 1940.

GWEITHGAREDD ?

Trafodwch mewn parau sut mae Ffynhonnell A yn dangos sut gwnaeth pobl ymdopi â phrofiadau'r rhyfel. Pan fyddwch chi wedi gweithio drwy'r bennod hon, dewch yn ôl a phenderfynu pa mor gywir oedd portread y ffotograff hwn.

Bomio dinasoedd Prydain

Ar ôl i Hitler roi'r gorau i geisio goresgyn Prydain, rhoddodd strategaeth newydd ar waith. O fis Medi 1940 ymlaen, penderfynodd Hitler fomio Prydain nes byddai hi'n ildio. Y Blitz oedd yr enw ar hyn. Yn ystod y cyfnod rhwng mis Medi 1940 a mis Mai 1941, buodd y *Luftwaffe* (llu awyr yr Almaen) yn bomio prif drefi a dinasoedd Prydain. Cyflwynodd llywodraeth Prydain amryw o fesurau i ddelio â'r bomio o'r awyr, gan gynnwys y blacowt, llochesau cyrch awyr a'r Gwarchodlu Cartref. Ar ôl byw drwy'r Blitz cyntaf hwn, ymosododd Hitler eto ar Brydain yn 1944 ac 1945, gyda'r arfau dial, sef bomiau V-1 a V-2. Nodau Hitler oedd y canlynol:

- Gorfodi Prydain i ildio.
- Torri ysbryd pobl Prydain.
- Dinistrio cartrefi a bywydau'r boblogaeth sifil er mwyn i'r llywodraeth gytuno ar delerau gydag ef.
- Dinistrio diwydiant, iardiau llongau a rheilffyrdd fyddai'n cefnogi ymdrech ryfel Prydain.

I ddechrau, Llundain oedd prif darged bomio'r Almaen, yn enwedig ardal y dwyrain neu'r 'East End' gyda'i dociau a'i ffatrïoedd. Rhwng 2 Medi a 2 Tachwedd 1940, cafodd Llundain ei bomio bob nos. Cafodd adeilad Tŷ'r Cyffredin ei ddinistrio, a gwnaeth y bomiau niwed i Balas Buckingham hefyd. Roedd y Brenin Siôr VI a'r Frenhines Elisabeth (y ddiweddar Fam Frenhines) yn aml yn ymweld â'r lleoedd oedd wedi cael eu bomio yn fuan ar ôl cyrch difrifol, er mwyn annog pobl a chodi'u calonnau wrth iddyn nhw ymdrechu i achub y rhai oedd wedi cael eu dal o dan y rwbel. Cafodd dros 15,000 o bobl eu lladd, a chollodd 250,000 eu cartrefi. Parhaodd y cyrchoedd hyn drwy gydol 1941, a daeth y gwaethaf ar 10 Mai pan gafodd miloedd eu gadael heb drydan, nwy a dŵr.

Lledaenodd ffocws ymgyrch fomio'r Almaen i ganolbwyntio ar ardaloedd a dinasoedd eraill poblog iawn. Daeth yr ymosodiad gwaethaf ar Coventry ar noson 14 Tachwedd 1940. Cafodd dros 30,000 o fomiau tân eu gollwng ar y ffatrïoedd awyrennau yno. Dinistriwyd llawer o'r ddinas, gan gynnwys Eglwys Gadeiriol Coventry. Roedd pobl wedi dychryn cymaint nes bydden nhw'n ffoi o'r ddinas bob nos, gan gysgu gyda pherthnasau neu yn ysguboriau ffermwyr, neu wersylla ar gaeau agored. Ond er gwaethaf y cyrch creulon hwn, roedd ffatrïoedd Coventry yn cynhyrchu cymaint ag o'r blaen unwaith eto cyn pen pum diwrnod.

Buodd y cyrchoedd yn ymosod yn benodol ar Ogledd Orllewin Lloegr a Manceinion ym mis Rhagfyr 1940. Daeth ymosodiadau rheolaidd ar Lerpwl hefyd, ac yno, ar 3 Mai 1941, cymerodd 600 o awyrennau bomio ran yn y cyrch unigol mwyaf ar un o ddinasoedd y tir mawr. Collodd y ddinas rai o'i hadeiladau mwyaf mawreddog, gyda thanau'n llosgi'n wyllt oherwydd bod y prif gyflenwadau dŵr wedi cael eu taro. Cafodd llong nwyddau, yr SS *Malakand*, ei tharo'n uniongyrchol. Roedd hi'n cario 1,000 o dunelli o ffrwydron. Dinistriwyd y dociau o gwmpas y llong a'r cartrefi teras gerllaw, a'r rheini'n llawn pobl.

Ffynhonnell B: Adroddiad ar radio'r Almaen, 18 Medi 1940

Mae hunanreolaeth a phwyll chwedlonol y Prydeinwyr yng ngwres y frwydr yn cael eu dinistrio. Mae pob adroddiad o Lundain yn gytûn wrth ddatgan bod ofn wedi meddiannu'r bobl – ofn sy'n ddigon i godi gwallt eu pennau. Mae'r 7 miliwn sy'n byw yn Llundain wedi colli'u hunanreolaeth yn llwyr. Maen nhw'n rhedeg yn ddiamcan o gwmpas y strydoedd ac yn cael eu taro gan fomiau a sieliau'n ffrwydro.

Cwestiwn ymarfer

Beth gallwch chi ei ddysgu gan Ffynonellau B ac C am effaith y Blitz ar Lundain? *(I gael arweiniad, gweler tudalennau 190–191.)*

◀ **Ffynhonnell C:** Stondin farchnad yn dal i gynnal busnes yn Llundain ar ôl cyrch bomio

Abertawe

Mor gynnar ag 1937, roedd pobl yn meddwl byddai Abertawe yn darged ar gyfer cyrchoedd bomio o'r awyr pe bai rhyfel yn digwydd. Roedd gan y dref borthladd a dociau, ac roedd yn hanfodol er mwyn mewnforio ac allforio glo. Byddai hyn yn hanfodol ar adeg rhyfel. Roedd Cyngor Abertawe yn sylweddoli bod bomio'n debygol, ac aeth ati i gynllunio a gweithredu strategaethau i sicrhau bod y dref yn barod.

- Yn 1937, roedd Heddlu a Gwasanaeth Tân Abertawe wedi cael hyfforddiant gwrth-nwy rhag ofn i'r dref gael ei bomio gyda sieliau nwy.
- Yn ystod 1938, trefnodd y dref adran *ARP* (gweler tudalen 144), wardeiniaid gwirfoddol, tîm o yrwyr ambiwlans a dynion tân, corffdai arbennig a mannau cymorth cyntaf allweddol o gwmpas y dref.
- Roedd cynlluniau wedi'u gwneud hefyd i gloddio ffosydd.
- Cododd y Cyngor 500 o lochesau cyrch awyr cymunedol a meddiannu seleri i'w defnyddio fel 'llochesau' yn ystod ymosodiad.
- Ym mis Mawrth 1939, cafodd 6,549 o lochesau Anderson (gweler tudalen 145) eu dosbarthu i dai preifat yn y dref.
- Y gobaith oedd y byddai digon o loches i holl boblogaeth y dref, sef 167,000 o bobl.

Roedd hi'n dda bod pobl wedi rhagweld byddai Abertawe'n darged i fomio o'r awyr gan yr Almaenwyr ar ryw adeg, a bod y camau hyn wedi cael eu cymryd. Cafodd Abertawe ei bomio o'r awyr cyn i Lundain ddioddef y Blitz (sef 57 noson o gyrchoedd awyr ar ôl ei gilydd) a dioddefodd llawer o ddinasoedd mawr eraill Prydain fomio helaeth.

Bomio Abertawe

Ar 27 Mehefin 1940, am 3.30 a.m., cafodd trigolion ardal Dan-y-graig yn Abertawe eu deffro gan sŵn ffrwydron ffyrnig yn cael eu gollwng o un o awyrennau *Luftwaffe* yr Almaen. Drwy lwc, dim ond ychydig o bobl gafodd niwed y tro hwnnw. Ond roedd rhaid i'r gwasanaethau brys ddelio â bomiau oedd wedi'u gollwng ar ardal Mynydd Cilfái ond heb ffrwydro.

Byddai hi'n wyth mis arall cyn i'r *Luftwaffe* ddychwelyd, ond pan ddaeth, roedd hynny am fwy nag un noson. Mae nosweithiau 19, 20, a 21 Chwefror 1941 wedi cael eu cofnodi mewn hanes lleol ac yn hanes Cymru fel 'Blitz y Tair Noson'. Yn eu sgil daeth marwolaeth, niwed a dinistr sylweddol i adeiladau o bob math a swyddogaeth. Cafodd rhannau mawr o Frynhyfryd, Townhill a Threfansel eu dinistrio. Dros y tair noson cafodd cyfanswm o 1,273 o ffrwydron ffyrnig a 56,000 o fomiau tân eu gollwng. Lladdwyd 230 o bobl, anafwyd 397 o bobl a chafodd 7,000 o gartrefi eu dinistrio. Roedd mathau eraill o ddifrod hefyd:

- Cafodd adeilad yr ysgol ramadeg o'r ail ganrif ar bymtheg yn Mount Pleasant ei daro'n uniongyrchol.
- Cafodd ffyrdd eu llenwi â rwbel, ac roedd hi'n amhosibl teithio arnyn nhw oherwydd tyllau mawr.
- Cafodd carthffosydd eu torri a'u codi i'r wyneb.

- Roedd gwifrau trydan i lawr.
- Cafodd cyflenwadau nwy a dŵr eu torri.
- Arferai'r farchnad ganolog fod yn fywiog, gyda llawer o stondinau bwyd, ond nawr roedd yn deilchion.

Sefydlodd y Cyngor orsafoedd bwydo cymunedol ac aeth lorïau dŵr i'r ardaloedd oedd wedi cael eu dinistrio er mwyn i bobl lenwi unrhyw lestri oedd ganddyn nhw â dŵr ffres.

Amrywio mae'r adroddiadau sy'n sôn sut gwnaeth pobl Abertawe ymdopi â'r tair noson hyn. Sicrhaodd y llywodraeth fod y newyddion yn cael ei sensro, a dim ond fesul camau y cafodd ffotograffau o'r difrod eu rhyddhau. Pan adroddodd y BBC fod pobl Abertawe yn dal i wenu, ymatebodd rhai pobl yn chwyrn. Adroddodd papur newydd *The Times* fod 'y dynion yn edrych yn flinedig ac yn ddiobaith, ac roedd y rhan fwyaf o'r menywod fel petaen nhw ar fin crio. Mae'n bosibl teimlo eu tristwch a'u hanobaith'. Roedd sôn hefyd fod rhywun yn ystod y blitz tair noson wedi gofyn i fenyw o Abertawe ble roedd ei gŵr hi. Ei hateb hithau oedd: 'Mae e yn y fyddin, y llwfrgi iddo'.

Rhwng 1940 ac 1943 cafodd Abertawe ei bomio o'r awyr 44 gwaith, gan ladd 340 o bobl ac anafu miloedd. Er nad oedd hyn ar yr un raddfa â 'Blitz' Llundain o ran maint a dwyster, roedd y profiad yr un fath.

Dydd Iau, 2 Ionawr 1941	Cwympodd dau fom ffrwydrol ar gae gwag yn Ynystawe ychydig cyn hanner nos. Dim difrod.
Dydd Sul, 5 Ionawr 1941	Cwympodd 12 bom ffrwydrol a 200 o fomiau tân yn ardal St Thomas, canol tref Abertawe, Sgeti, Derwen Fawr a'r Glais ychydig ar ôl hanner nos. Daeth adroddiadau am nifer o danau bach ond roedd hi'n hawdd diffodd pob un. Yn ôl yr adroddiadau, cafodd 20 eu hanafu.
Dydd Llun, 13 Ionawr 1941	Cafodd dau fom ffrwydrol eu gollwng ar King's Dock Road gan un awyren yn fuan ar ôl 10.00 p.m. Cafodd pump o bobl fân anafiadau. Dim ond ychydig o ddifrod i adeiladau.
Dydd Gwener, 17 Ionawr 1941	Difrod helaeth wrth i 178 o fomiau ffrwydrol a 7,000 o fomiau tân lanio ar Abertawe o dan eira yn ystod y cyrch trymaf hyd yma. Ardal St Thomas a deimlodd yr effaith fwyaf o bell ffordd, gyda difrod sylweddol hefyd yn cael ei gofnodi yn yr Hafod a Bon-y-maen. Yn ôl yr adroddiadau, cafodd 97 o bobl eu hanafu a bu farw 55.
Dydd Mercher 19 Chwefror, dydd Iau 20 Chwefror, dydd Gwener 21 Chwefror, 1941	Y 'Blitz Tair Noson'. Dros dair noson o fomio dwys, cafodd canol tref Abertawe ei dinistrio bron yn llwyr gan 896 o fomiau ffrwydrol y *Luftwaffe*. Parhaodd y cyrch am gyfanswm o 13 awr a 48 munud. Yn ôl yr adroddiadau, cafodd 397 o bobl eu hanafu a bu farw 230.

▲ **Ffynhonnell CH:** Llinell amser Blitz Abertawe

▲ **Ffynhonnell D:** Cartŵn wedi'i gyhoeddi yn *The Echo*, papur newydd yn Abertawe, 22 Chwefror 1941

Dehongliad 1: David Roberts, hanesydd, yn ysgrifennu yn *Swansea's Burning*, gafodd ei gyhoeddi yn 2011

Wrth i'r fflamau ddiffodd a'r mwg glirio i ddangos gwir faint y difrod, roedd pawb yn dweud na fyddai pethau byth yr un fath eto yn Abertawe. Prin bod unrhyw agwedd ar fywyd yn y dref heb gael ei heffeithio mewn rhyw ffordd neu'i gilydd.

Cwestiwn ymarfer

Darllenwch Ddehongliad 1. I ba raddau rydych chi'n cytuno â'r dehongliad hwn o effaith y bomio ar Abertawe yn 1940 ac 1941 yn ystod yr Ail Ryfel Byd? *(I gael arweiniad, gweler tudalennau 196–197.)*

GWEITHGAREDD

Defnyddiwch y wybodaeth a'r ffynonellau ar dudalennau 149–151 ac atebwch y cwestiwn canlynol. Ydych chi'n meddwl bod Abertawe wedi paratoi ddigon at ddechrau'r rhyfel?

▲ **Ffynhonnell DD:** Ffotograff o deulu o Abertawe yn 1941 ar ôl 'Blitz Abertawe'

Belfast

Cafodd Belfast ei dinistrio mewn pedwar cyrch bomio gan yr Almaen yn ystod mis Ebrill a mis Mai 1941. Lladdwyd dros 1,000 o bobl, anafwyd 1,500 o bobl a chafodd 150,000 eu gwneud yn ddigartref. Roedd y ffatrïoedd a'r iardiau llongau wedi bod yn paratoi at ryfel drwy chwarae rhan hanfodol yn darparu llongau llyngesol, awyrennau ac arfau. Ond roedd y gwaith o baratoi'r boblogaeth o sifiliaid wedi cael ei anwybyddu i ryw raddau. Roedd tua 4,000 o fenywod a phlant wedi cael eu symud o'r ddinas, ond roedd 80,000 yn dal i fod yn eu cartrefi.

▲ Ffynhonnell E: Gweithwyr achub yn chwilio drwy rwbel ar ôl cyrch awyr ar Belfast yn 1941

Glasgow

Cafodd iardiau llongau Glasgow a Clyde eu taro'n galed yng ngwanwyn 1941. Yn ystod 13 ac 14 Mawrth bomiodd yr Almaenwyr ardal adeiladu llongau Glasgow. Cafodd hyn ei alw'n 'Blitz Clydebank'.

Dehongliad 2: O clydewaterfront.com, gwefan ar gyfer partneriaeth rhwng Menter yr Alban, Llywodraeth yr Alban a dinas Glasgow, er mwyn hyrwyddo adfywio economaidd a chymdeithasol.

Er bod y 260 awyren i fod i dargedu'r iardiau llongau a'r lleoliadau diwydiannol yn ardal Clydebank ar y ddwy noson honno ym mis Mawrth, roedd y difrod mwyaf yn siŵr o ddigwydd i'r tai. Roedd y boblogaeth wedi tyfu'n ddiweddar ac o ganlyniad roedd y tai yn orlawn. Dinistriwyd dros 16,000 o dai yn llwyr a chafodd 35,000 o bobl eu gwneud yn ddigartref. Cafodd cannoedd o siopau a 5 allan o 11 ysgol eu chwalu. Roedd y difrod wedi cael effaith ar ysbytai ac eglwysi hefyd, yn ogystal ag ar gyflenwadau pŵer a dŵr, ffyrdd a rheilffyrdd. Anafwyd tua 1,083 o bobl. Roedd hwn yn nifer eithaf isel gan fod y llochesau oedd ar gael yn rhai cryf. Dros yr ychydig ddyddiau nesaf, cafodd y rhan fwyaf o'r bobl oedd ar ôl eu symud i ardaloedd cyfagos Renfrew, Lanark a Dumbarton. Yn rhyfeddol, daliodd llawer o'r diwydiant i fynd a pharhaodd Clydebank i gyflenwi'r wlad â gweithgynhyrchu angenrheidiol yn ystod y rhyfel.

GWEITHGAREDD

Cymharwch y bomio yn Abertawe, Belfast a Glasgow. Beth yw'r pethau sy'n debyg ac yn wahanol o ran y canlynol?

- Rhesymau'r Almaenwyr dros fomio'r dinasoedd hyn
- Effeithiau'r bomio
- Canlyniad y bomio

Faciwîs a'u cymunedau newydd yng Nghymru

Roedd y llywodraeth yn disgwyl i'r Almaenwyr ymosod ar Brydain o'r awyr, felly cymerodd gamau i ddiogelu ei sifiliaid rhag y bomio. Byddai plant yn cael eu diogelu drwy eu symud o'r dinasoedd, sef y targedau mwyaf tebygol, i'r wlad lle roedden nhw'n fwy tebygol o fod yn ddiogel.

Trefnu

Cafodd y gwaith o symud faciwîs ei ddechrau ar 1 Medi 1939, sef y diwrnod y goresgynnodd Hitler Wlad Pwyl. Yn y don gyntaf yn ystod 1939 ac 1940, cafodd 1.5 miliwn o blant, menywod beichiog a menywod oedd yn magu babanod eu symud o'r dinasoedd. Doedd llawer o rieni ddim eisiau cael eu gwahanu oddi wrth eu plant, ond roedden nhw'n derbyn bydden nhw'n fwy diogel yn y wlad. Cafodd y rhieni wybod beth roedd angen i'r plant ei gymryd gyda nhw a ble roedden nhw i fod i ymgasglu er mwyn cael eu cludo i ffwrdd. Cafodd llawer o ysgolion y dinasoedd eu cau, ac aeth yr athrawon gyda'r plant er mwyn parhau i'w haddysgu nhw. Ar ôl cyrraedd pen eu taith, byddai'r faciwîs yn ymgasglu mewn neuaddau pentref neu ysgol lle byddai teulu maeth yn eu dewis i fynd i fyw atyn nhw. Ond oherwydd eu bod nhw'n hiraethu am eu cartref, a gan nad oedd llawer o ymladd yn

ystod y 'Rhyfel Ffug' na chyrchoedd bomio gan y gelyn, aeth llawer o blant yn ôl i'r dinasoedd erbyn Nadolig 1939. Pan ddechreuodd awyrennau'r Almaen fomio Llundain yn 1940, digwyddodd ail don o symud faciwîs o'r dinasoedd. Daeth ton arall o faciwîs yn 1944, pan ddefnyddiodd yr Almaenwyr eu bomiau hedfan V-1 a'u taflegrau V-2 i fomio Prydain.

▲ **Ffynhonnell F:** Criw o blant yn cyrraedd Pont-y-pŵl o Birmingham yn 1939. Dyma'r faciwîs cyntaf i gyrraedd Cymru

---

GWEITHGAREDD ?

Lluniwch eich fersiwn eich hun o'r tabl isod a defnyddiwch y blychau i'w llenwi. Ydych chi'n meddwl bod symud faciwîs o'r dinasoedd i'r wlad yn llwyddiant neu beidio? Rhannwch eich barn â'r dosbarth.

Llwyddiannau symud faciwîs	Gwendidau symud faciwîs

- Cafodd llawer o fywydau eu harbed drwy anfon plant yn faciwîs.
- Mae tystiolaeth fod rhai pobl wedi ceisio osgoi cymryd faciwîs.
- Cafodd y gwaith trefnu ei feirniadu gan fod plant yn cyrraedd neuaddau pentref ac yn cael eu 'dewis' gan y teuluoedd fyddai'n rhoi llety.
- Weithiau roedd y gwaith trefnu'n wael, yn enwedig y ffordd byddai'r faciwîs yn cael eu gosod mewn llinell mewn neuaddau pentref ac yn cael eu harchwilio gan y teuluoedd. Roedd plant oedd ddim yn edrych yn lân neu'n ddeniadol yn cael eu gadael tan y diwedd.
- Doedd faciwîs ddim yn gyfarwydd â bywyd gwledig ac roedd gwrthdaro rhwng gwerthoedd y wlad a'r ddinas. Yn aml roedd faciwîs yn canfod eu bod mewn cartrefi llawer mwy cyfoethog. Roedd yn rhaid i'r teuluoedd oedd yn rhoi llety ymdopi â safonau ymddygiad gwahanol. Roedd rhai'n mynd i'r toiled ar bapurau newydd, ac yn defnyddio eu bysedd yn hytrach na chyllyll a ffyrc i fwyta eu bwyd. Cyrhaeddodd rhai gyda chlefydau a llau a bydden nhw'n gwlychu eu gwelyau.
- Roedd hiraeth ar nifer o faciwîs. Roedden nhw'n gweld eisiau eu teuluoedd eu hunain, ymhell i ffwrdd yn y dinasoedd, ac yn teimlo bod cefn gwlad yn ddiflas. Wrth gael eu hanfon yn faciwîs, weithiau roedd plant yn cael eu gwahanu oddi wrth eu brodyr a'u chwiorydd.
- Roedd rhai plant o ardaloedd tlawd canol dinasoedd yn gweld cefn gwlad am y tro cyntaf.
- Arhosodd llawer o faciwîs gyda phobl oedd â mwy o arian ac felly cawson nhw brofi safon byw uwch gan gynnwys deiet mwy iach, awyr iach a chyfle i fynd am dro yng nghefn gwlad.
- Wrth weld y faciwîs, roedd pobl fwy cyfoethog cefn gwlad yn gweld problemau cymdeithasol teuluoedd o ardaloedd canol dinasoedd. Yn sgil hyn daeth mwy o alw am newid.
- Cafodd rhai faciwîs eu bwlio gan blant oedd yn byw yng nghefn gwlad yn barod, a'r rheini'n flin â'r plant hyn o'r dinasoedd am eu bod nhw'n gorlenwi'r ysgolion.

Faciwîs a Chymru

Fel rydych chi wedi'i ddysgu'n barod, doedd Abertawe ddim yn debygol o fod yn lle diogel gan i'r dref ddod yn darged bomio strategol i *Luftwaffe* yr Almaen yn fuan. Ar ôl y cyrch cyntaf ym mis Mehefin 1940, gwnaeth rhai teuluoedd eu trefniadau eu hunain fel bod eu plant yn gallu cael eu symud i'r wlad gerllaw. Ond roedd difrod sylweddol wedi'i wneud o fewn radiws o 30 cilometr o ganol Abertawe, ac roedd yn rhaid i deuluoedd chwilio ymhellach i ffwrdd am lety posibl. Ar ôl y Blitz Tair Noson (gweler tudalen 150), penderfynodd rhai teuluoedd ddianc o'r dref drwy gerdded er mwyn dod o hyd i hafan ddiogel. Nid yr awdurdodau oedd wedi trefnu'r math hwn o symud. Roedd yn anhrefn llwyr a throdd rhai pobl yn ffoaduriaid i bob pwrpas. Roedd cefn gwlad penrhyn Gŵyr – lle oer ac yn anghysbell yn y gaeaf – yn ddewis arall deniadol, o gofio'r amgylchiadau. Ceisiodd rhai ragweld pa rannau o Abertawe fyddai'n llai tebygol o gael eu bomio, a mentro ceisio cael llety yno gan obeithio byddai'n 'fwy diogel'. Roedd Sgeti, ar ochr orllewinol Abertawe, yn un o'r ardaloedd hynny.

Mae hanesion y faciwîs yn Nehongliad 3 a 4 yn dod o *Swansea's Frontline Kids 1939–45* gan Jim Owen, gafodd ei gyhoeddi gan Amberley yn 2014.

Dehongliad 3: Mae Peggy O'Neil Davies yn cofio am ei bywyd fel faciwî

Roeddwn i bron yn ddeng mlwydd oed pan ddechreuodd yr Ail Ryfel Byd a doeddwn i wir ddim yn meddwl y byddai'n gwneud gwahaniaeth i mi. Yr oedolion oedd yn siarad am y peth. Ond newidiodd bywyd yn syfrdanol i ni'r plant. Penderfynodd Mam a Dad y dylwn i gael fy anfon i ffwrdd yn faciwî. Siaradon nhw ddim â mi am y peth: ces i wybod fy mod i'n mynd, a dyna ni. Daeth Mam gyda mi i wneud yn siŵr fy mod i'n setlo ac i weld lle roeddwn i'n mynd i fyw. Aethon ni ar y trên i'r dref agosaf, ac yna i fyny'r cwm mewn bws. Roeddwn i wastad wedi byw mewn tref, a nawr dyma fi'n mynd drwy'r mynyddoedd a'r caeau gwyrdd yma. Roedd dau blentyn yn y tŷ lle'r es i i fyw, bachgen a merch. Gwnaeth eu mam nhw ei gorau i wneud i mi deimlo'n gartrefol cyn i fy mam innau fy ngadael i gyda'r dieithriaid hyn. Ond roedden nhw mor dda, wnes i ddim teimlo'n hiraethus, wir. Ar y dechrau, ni oedd 'y faciwîs', ond cyn hir cawson ni ein derbyn yn y pentref ac yn yr ysgol (yn y pentref nesaf) lle roedden ni'n gorfod cerdded bob dydd.

Dehongliad 4: Faciwî ar ei ben ei hun oedd John Lewis. Yma mae Maureen, ei wraig, yn siarad am ei brofiad.

Roedd John yn gwisgo label ar ei got gyda'i enw arno'n glir. Aeth ei fam ag ef i'r ysgol leol. Yno fe gwrddodd e â phlant eraill oedd wedi cael eu labelu yn yr un ffordd. Cawson nhw eu rhoi ar fws. Wynebau bach, a dagrau'n rhedeg i lawr eu bochau. Teithiodd y bws ryw ugain milltir i ysgol yn Llangennech, sir Gaerfyrddin. Roedd John yn poeni ac yn ofnus. Cafodd y plant eu rhoi i bobl oedd wedi gwirfoddoli i 'gymryd' plentyn a rhoi llety iddo. Gwelodd John y fenyw fwyaf hyll iddo'i gweld erioed. Roedd yn sicr mai gwrach oedd hi. Cuddiodd yn gyflym o dan ddesg yr athro. Yna clywodd lais menyw yn cwyno nad oedd plant ar ôl, a bod arni hi eisiau bachgen. Daeth ar ei bedwar allan o dan y ddesg; roedd yn gwybod pan welodd hi y byddai'n hoffi Mrs Ebsworth. Mae gan John atgofion melys o hyd am y fenyw hon.

GWEITHGAREDD ❓

Cymharwch Ddehongliadau 3, 4 a 5 o'r profiad o fod yn faciwî o Abertawe yn ystod y rhyfel.

- Beth yw'r pethau sy'n debyg ac yn wahanol?
- Beth gallwch chi ei gasglu o'u hatgofion am eu profiad?
- Pam mai gwraig John Lewis sy'n adrodd ei stori, yn eich barn chi?
- Pa mor ddibynadwy, fel darnau o dystiolaeth hanesyddol, yw'r atgofion hyn yn eich barn chi?

Dehongliad 5: Faciwî ar ei phen ei hun oedd Brenda Roberts (*née* Cox). Cafodd ei geni yn Abertawe yn 1931 ac mae'n dal i fyw yno. Ym mis Ionawr 2017, buodd hi'n hel atgofion am ei chyfnod fel faciwî

Cefais fy anfon yn faciwî ym mis Mai 1940, pan oeddwn i'n 8 oed. Daeth Muriel fy chwaer, oedd yn 15 oed, adref o'r ysgol gyda nodyn yn dweud wrth rieni bod plant yn mynd i gael eu hanfon yn faciwîs o Abertawe. Dywedodd hi ei bod hi'n gwrthod mynd. Ond, dywedodd fy rhieni y byddwn i'n cael fy anfon i ffwrdd. Cwrddodd y rhieni yn fy ysgol, ac fe gymerodd fy nhad ddiwrnod i ffwrdd o'r gwaith hyd yn oed i ddod gyda ni. Roeddwn i a'r plant eraill yn mynd i gael ein hanfon i Ystradgynlais, ac roedd pawb yn crio. Pan gyrhaeddon ni yno, cawson ni ein gollwng yn y sinema lle roedd oedolion yn aros i gynnig llety i ni. Cefais i lety gyda theulu oedd yn berchen ar siop bapur wal, a chafodd fy ffrind gorau lety drws nesaf gyda hen wraig. Ond doedd yr hen wraig ddim yn gallu ymdopi, a daeth fy ffrind i fyw gyda ni. Roedden ni'n byw uwchben y siop bapur wal ac roedd y toiled ar waelod yr ardd. Dim ond sied gyda thwll a bwced oedd e. Doeddwn i ddim eisiau bod yno, ac weithiau roeddwn i'n dal y bws i Abertawe ar fy mhen fy hun i weld fy rhieni. Roedd rhaid i fy mam roi arian i mi er mwyn gwneud i mi fynd yn ôl i Ystradgynlais. Daeth fy chwaer i ymweld â mi unwaith pan oeddwn i yno. Roedden ni'n mynd i'r ysgol leol bob dydd. Roedden ni'r faciwîs yn cael gwersi yn y bore, a'r plant lleol yn cael gwersi yn y prynhawn. A bod yn onest, roeddwn i'n casáu bod yno. Roeddwn i mor ifanc a'r cyfan roeddwn i eisiau ei wneud oedd bod gartref gyda fy rhieni.

Yr angen am ddogni

Er iddo fod ar y gorwel ers sawl blwyddyn, pan dorrodd y rhyfel yn 1939, roedd yn sioc i bobl Prydain. Gallai'r rhan fwyaf o drigolion gofio erchyllterau'r Rhyfel Byd Cyntaf a sut newidiodd hwnnw eu bywydau bob dydd. Roedden nhw'n gwybod bod y llywodraeth wedi cymryd rheolaeth fwy llym ar bethau fel diwydiant, cludiant ac, erbyn diwedd y rhyfel, dosbarthu bwyd. Yn wahanol i'r Rhyfel Byd Cyntaf, dechreuodd y llywodraeth gyflwyno dogni bron yn syth yn yr Ail Ryfel Byd. Cafodd gweinyddiaeth newydd ei sefydlu i ofalu am bropaganda a sensoriaeth a daeth hi bron yn amhosibl dianc rhag llaw'r llywodraeth. Y peth mwyaf allweddol oedd cyflwyno dogni bwyd a dillad, rhywbeth oedd yn effeithio ar bawb. Bu hyn yn boendod drwy gydol y rhyfel ac wedi hynny.

Yn 1938, mewnforiodd Prydain 55 miliwn tunnell o fwyd, sef bron tri chwarter yr holl fwyd oedd yn cael ei fwyta. Roedd dros hanner y cig yn cael ei fewnforio ac roedd mwyafrif y caws, y ffrwythau, y grawnfwydydd a'r brasterau'n dod o dramor. Roedd y llywodraeth wedi bod yn gwneud cynlluniau ers 1936 i ymladd prinder bwyd pe bai rhyfel yn digwydd, ac yn raddol dechreuodd gyflwyno dogni bwyd. Roedd ofnau'r llywodraeth am ymosodiadau ar longau masnach Prydain yn gywir, ac erbyn Nadolig 1939 roedd yr Almaenwyr wedi suddo 96 o longau. Gwaethygodd y sefyllfa ac mewn un mis yn unig, sef mis Mawrth 1942, suddodd yr Almaenwyr 275 o longau masnach Prydain. Wrth i Frwydr yr Iwerydd ddatblygu, lleihaodd y stociau bwyd ac roedd rhaid i Brydain gymryd camau eithafol i sicrhau bod digon o fwyd i bawb, a bod pawb hefyd yn cael dogn teg a chyfartal.

◄ **Ffynhonnell FF:** Ffotograff o ffos Tŵr Llundain, gafodd ei gyhoeddi yn 1940 gyda'r pennawd 'Cafodd ffos Tŵr Llundain hyd yn oed ei throi'n ardd lysiau'

Cwestiwn ymarfer

Beth gallwch chi ei ddysgu gan Ffynonellau FF a G am bwysigrwydd bwyd yn ystod yr Ail Ryfel Byd? *(I gael arweiniad, gweler tudalennau 190–191.)*

Dogni

Cam cyntaf y broses ddogni oedd y Diwrnod Cofrestru Cenedlaethol, ar 29 Medi 1939, pan oedd yn rhaid i ddeiliad pob tŷ lenwi ffurflen gyda manylion y bobl oedd yn byw yn eu tŷ. Yna aeth y llywodraeth ati i gydgasglu'r data cyn rhoi cerdyn adnabod a llyfr dogni i bawb. Roedd y llyfrau hyn yn cynnwys cwponau i'w rhoi i siopwr neu i'w llofnodi ganddo bob tro roedd nwyddau wedi'u dogni'n cael eu prynu. Felly doedd neb yn gallu prynu mwy na'i ddogn.

Cafodd yr Arglwydd Woolton ei benodi'n Weinidog Bwyd a bu'n goruchwylio'r gwaith o gyflwyno'r rhaglen ddogni. Gyda'r rhaglen daeth ymgyrch bropaganda ledled Prydain er mwyn sicrhau nad oedd pobl yn gwastraffu bwyd a'u bod nhw'n tyfu cymaint o'u bwyd eu hunain ag oedd yn bosibl. Roedd y llywodraeth yn gwybod bod perygl i brisiau bwyd godi'n gyflym wrth i rai bwydydd fynd yn brin. Felly roedden nhw'n ymyrryd i reoli prisiau a dogni, a drwy hynny doedd pobl gyffredin ddim mewn unrhyw berygl o fethu fforddio hanfodion bywyd. Yn 1941, cyflwynodd y llywodraeth system bwyntiau ar gyfer nwyddau wedi'u dogni (gyda gwerth pwyntiau penodol i bob un) a bob mis gallai person wario'r lwfans o 20 pwynt ar y nwyddau hynny oedd ar gael. Cafodd ymgyrchoedd fel 'Dig for Victory' eu cyflwyno hefyd (gweler Pennod 5, tudalen 165).

Eitem	Dogni'n dechrau
Petrol	Mawrth 1939
Bacwn, menyn a siwgr	Ionawr 1940
Cig	Mawrth 1940
Te a margarîn	Gorffennaf 1940
Jam	Mawrth 1941
Caws	Mai 1941
Dillad	Mehefin 1941
Wyau	Mehefin 1941
Glo	Gorffennaf 1941
Reis a ffrwythau sych	Ionawr 1942
Sebon	Chwefror 1942
Tomatos tun a phys tun	Chwefror 1942
Nwy a thrydan	Mawrth 1942
Melysion a siocled	Gorffennaf 1942

▲ Tabl 4.1: Llinell amser dogni Prydain yn ystod yr Ail Ryfel Byd

Eitem	Lwfans
Cig	350–430 gram
Llaeth	1.6 litr (3 pheint)
Wyau	1 ffres (neu 1 pecyn o wyau sych y mis)
Caws	85–112 gram
Bacwn a ham	112 gram
Te	56 gram
Siwgr	224 gram
Menyn	56 gram
Braster coginio	56 gram
Bwydydd eraill wedi'u dogni (yn dibynnu ar beth oedd ar gael)	20 pwynt

▲ Tabl 4.2: Dogn bwyd wythnosol oedolion yn 1943

Cwestiwn ymarfer

Pam roedd dogni'n arwyddocaol yn ystod yr Ail Ryfel Byd? (I gael arweiniad, gweler tudalen 194.)

Cyfraniad menywod at yr ymdrech ryfel

Ar ddechrau'r rhyfel yn 1939, cofrestrodd llawer o fenywod i wneud gwaith gwirfoddol gyda mudiadau fel Gwasanaeth Gwirfoddol y Menywod (*Women's Voluntary Service* neu *WVS*), ond mynnodd eraill gael gwaith rhan amser mewn diwydiant. Ymateb y llywodraeth oedd gofyn i fenywod aros yn eu swyddi presennol neu aros gartref. Wnaeth y llywodraeth ddim trefnu gwaith menywod yn iawn tan fis Ebrill 1941. Erbyn hynny roedd prinder llafur wrth i ragor o ddynion gael eu galw i'r lluoedd arfog. Cafodd pob menyw ei gorfodi i gofrestru i weithio. Ym mis Hydref yr un flwyddyn, cyhoeddodd y Weinyddiaeth Lafur adroddiad oedd yn dangos bod angen 2 filiwn yn rhagor o weithwyr yn y lluoedd arfog a'r diwydiannau rhyfel. Ym mis Rhagfyr 1941, dechreuodd consgripsiwn i fenywod rhwng 19 a 30 oed i wneud gwaith rhyfel. O hynny ymlaen, cynyddodd nifer y menywod mewn gwaith yn raddol. Erbyn 1943, roedd 17 miliwn o fenywod rhwng 14 a 64 oed naill ai yn y lluoedd arfog neu'n gwneud gwaith rhyfel hanfodol. Roedd hynny'n cynnwys 90 y cant o fenywod sengl ac 80 y cant o fenywod priod oedd â phlant dros 14 oed.

Lluoedd arfog y menywod

Roedd gwasanaethau arfog y menywod yn cynnwys y *WRNS* (Gwasanaethau Llyngesol Brenhinol y Menywod neu *Women's Royal Naval Services*), y *WAAF* (Llu Awyr Ategol y Menywod neu *Women's Auxiliary Air Force*) a'r *ATS* (Gwasanaeth Tiriogaethol Ategol neu *Auxiliary Territorial Service*). Y *WRNS* oedd y gwasanaeth mwyaf poblogaidd, gyda'r *WAAF* yn dilyn. Erbyn 1944, roedd 450,000 o fenywod yn y gwasanaethau hyn, gyda 212,000 yn yr *ATS*. Byddai menywod yn cyflawni dyletswyddau swyddfa, gyrru a gwaith domestig bob dydd, felly cafodd dynion eu rhyddhau ar gyfer dyletswyddau ymladd. Er nad oedd menywod yn rhan o'r ymladd, roedden nhw'n gwneud gwaith anodd a pheryglus yn aml serch hynny. Roedden nhw'n gweithio fel mecanics, weldwyr, peilotiaid, seiri a hyd yn oed yn trin gynnau gwrthawyrennol – er nad oedden nhw'n cael tanio'r gynnau. Lladdwyd tua 335 o fenywod yn yr *ATS* ac anafwyd 300 o rai eraill. Yn y llynges roedden nhw'n atgyweirio'r torpidos a'r ffrwydron tanddwr ac yn eu cynnal a'u cadw, ac yn atgyweirio llongau hefyd. Yn ogystal â gwneud tasgau gweinyddol yn y fyddin, roedden nhw hefyd yn gyrru confois, yn dosbarthu nwyddau ac yn gweithio ym maes cudd-wybodaeth. Menywod oedd llawer o'r rhai fu'n torri codau yn Bletchley Park. Stad yn swydd Buckingham yw Bletchley Park. Cafodd y stad ei defnyddio yn bencadlys torri codau'r llywodraeth yn ystod yr Ail Ryfel Byd.

Yn debyg i ddynion, aeth llawer o fenywod i weithio i'r gwasanaethau gwirfoddol yn ogystal â gwneud gwaith amser llawn neu ran amser. Erbyn 1943, roedd 180,000 o wirfoddolwyr yn rhan o'r amddiffyn sifil a 47,000 arall yn y gwasanaethau tân. Gwirfoddolodd tua 130,000 o fenywod i fod yn negeswyr a gyrwyr dosbarthu i Swyddfa'r Post.

Gweithiodd llawer o fenywod eraill mewn canolfannau meddygol, gorsafoedd cymorth cyntaf, ffreuturau symudol a chanolfannau gorffwys.

> **Ffynhonnell NG:** Datganiad gan un o weinidogion y llywodraeth yn ystod darllediad radio ym mis Mai 1941
>
> *Heddiw rydyn ni'n galw ar bob menyw. Mae angen i bob menyw yn y wlad dynnu ei phwysau i'r eithaf – dylai hi ystyried yn ofalus ymhle byddai hi'n gallu rhoi'r gwasanaeth mwyaf gwerthfawr, cyn sicrhau ei bod hi'n gallu rhoi'r gwasanaeth hwnnw. Fel hithau, mae llawer o fenywod wedi aberthu'n barod ac maen nhw'n gwneud eu gorau glas i ennill y rhyfel. Ond i'r miloedd hynny sydd heb gynnig eu hunain eto, byddwn i'n dweud yn y fan a'r lle fod angen pob un ohonon ni.*

▲ **Ffynhonnell H:** Poster y llywodraeth o 1941

> ## Cwestiwn ymarfer
>
> Beth gallwch chi ei ddysgu gan Ffynonellau NG a H am gyfraniad menywod i'r ymdrech ryfel? (*I gael arweiniad, gweler tudalennau 190–191.*)

Diwydiant trwm a chludiant

Roedd menywod yn gweithio mewn pob math o ddiwydiannau. Mewn ffatrïoedd awyrennau roedden nhw'n gweithio 16 awr y dydd, saith diwrnod yr wythnos, heb wyliau banc. Roedd llawer yn gweithio mewn ffatrïoedd arfau. Roedd eraill yn gweithio fel peirianwyr, mecanyddion a gyrwyr lori, trên a bws. Erbyn 1943, roedd menywod wedi profi pa mor werthfawr oedden nhw yn yr ymdrech ryfel. Nhw oedd yn gwneud 57 y cant o'r swyddi mewn ffatrïoedd, a phan oedden nhw'n cystadlu'n uniongyrchol â dynion, roedden nhw'n dangos yn aml eu bod nhw'n gallu gwneud yn well na nhw. Cyhoeddodd y Weinyddiaeth Wybodaeth fanylion am yr hyn roedd menywod wedi'i gyflawni. Roedd weldiwr o fenyw yn cynhyrchu '30 troedfedd [9 metr] yn fwy na dyn yn gwneud gwaith tebyg'. Roedd menyw mewn ffatri arfau yn cynhyrchu 120 darn o offer y dydd, o'i gymharu â 100 gan ei chydweithwyr gwrywaidd. Ond roedd y tâl a'r amodau'n aml yn wael. Roedd llawer o'r menywod oedd yn gweithio mewn ffatrïoedd yn gweithio am ddeuddeg awr y dydd mewn mannau ymhell oddi cartref. Er mwyn osgoi perygl bomio, roedd y ffatrïoedd arfau newydd yn aml wedi'u codi mewn ardaloedd oedd yn bell o bob man, felly roedd teithio i'r ffatrïoedd yn aml yn anodd. Roedd tâl menywod yn is na'r tâl i ddynion: fel arfer roedd menywod yn derbyn tua 75 y cant o gyflog dyn, hyd yn oed wrth wneud yr un gwaith. Ym maes peirianneg, roedd menywod yn dechrau ar gyflog o 43 swllt (£2.15) yr wythnos, o'i gymharu â thâl dyn, sef 65 swllt a chwe cheiniog (£3.28).

Cwestiwn ymarfer

Darllenwch Ddehongliad 6. I ba raddau rydych chi'n cytuno â'r dehongliad hwn o effaith cyfraniad menywod i'r ymdrech ryfel yn yr Ail Ryfel Byd? (I gael arweiniad, gweler tudalennau 196–197.)

> **Ffynhonnell I: Menyw ifanc yn disgrifio ei diwrnod gwaith mewn ffatri yn 1943**
>
> *Mae'r ystafell tua 40 llath o hyd wrth 20 o led [37 metr wrth 18 metr]. Mae tair mainc o beiriannau bach ac ychydig o beiriannau drilio mawr ar y llawr. Gyda'i gilydd mae tua 40 o fenywod a rhyw ddwsin o ddynion. Peiriant drilio yw fy mheiriant i, ac rwy'n cael pentwr o blatiau bach pres i ddrilio tyllau ynddyn nhw. Mae hi'n eithaf tywyll pan fyddwn ni'n dod allan – sy'n taro rhywun â sioc ryfedd a syndod, oherwydd dyw rhywun ddim yn teimlo blinder yn gymaint â theimlo eich bod wedi colli'r diwrnod yn llwyr.*

> **Ffynhonnell J: Gan reolwr personél ffatri ryfel, 1942**
>
> *Roedden nhw wedi clywed straeon am ffatrïoedd glân braf gyda phopeth yn newydd a'r holl gyfleusterau modern. Mae'n wir ddrwg gen i dros y merched hyn sy'n rhestru'r cyfleusterau ddylai gael eu darparu ar eu cyfer nhw. Dydy ein ffreutur ni ddim yn dda iawn. Bydd y toiledau'n troi stumog y merched hyn.*

> **Dehongliad 6: Steve Waugh a John Wright, yn ysgrifennu yn *GCSE Modern World History for Edexcel: War and the Transformation of British Society 1931–1951*, gafodd ei gyhoeddi yn 2010**
>
> *Chwaraeodd menywod ran bwysig yn yr Ail Ryfel Byd, yn enwedig o ran eu cyfraniad i'r lluoedd arfog, a'u gwaith mewn diwydiant trwm, gwaith fferm a chludiant. Ond wnaeth hyn ddim llawer o wahaniaeth i statws menywod yn y gymdeithas yn y blynyddoedd ar ôl y rhyfel.*

JUST A GOOD
AFTERNOON'S
WORK

▲ Ffynhonnell L: Poster propaganda'r llywodraeth yn annog menywod i weithio

Casgliad: Sut gwnaeth pobl ym Mhrydain ymdopi â phrofiadau'r rhyfel?

Roedd y profiad o ryfel yn amrywio, yn dibynnu ar ble roeddech chi'n byw ym Mhrydain, pwy oeddech chi a'r rhan roeddech chi'n ei chwarae, neu'n peidio â'i chwarae, yn y rhyfel. Gwelodd rhai pobl fod y rhyfel wedi agor cyfleoedd newydd ac wedi newid eu bywydau er gwell, tra gwelodd eraill fod eu bywydau nhw wedi newid mewn ffyrdd oedd yn anodd dygymod â nhw a'u deall. I lawer o bobl, roedd y rhyfel yn eu gwahanu oddi wrth eu teuluoedd, eu ffrindiau a'u cydweithwyr, ac roedd yn rhaid iddyn nhw ddod i arfer â chael y llywodraeth yn dweud wrthyn nhw sut i ymddwyn, sut i feddwl a sut i fyw eu bywydau. Mae pobl yn aml yn defnyddio'r ymadrodd 'ysbryd y Blitz' wrth gyfeirio at sut rydyn ni'n tybio gwnaeth pobl Prydain ymdopi â phrofiad y rhyfel. Er bod rhywfaint o wirionedd yn hynny, mae hefyd yn cuddio llawer o brofiadau eraill – pethau nad yw pobl gafodd eu geni ar ôl y rhyfel erioed wedi gorfod eu profi.

5 Cynnal yr ysbryd

Ar adeg rhyfel, mae cynnal ysbryd yr un mor bwysig â chynnal llu ymladd effeithiol. Pan dorrodd y rhyfel ym mis Medi 1939, gallai'r rhan fwyaf o ddinasyddion gofio erchyllterau'r Rhyfel Byd Cyntaf a sut newidiodd eu bywydau bob dydd. Roedden nhw'n gwybod sut roedd y llywodraeth wedi cymryd rhagor o reolaeth dros bethau fel diwydiant, cludiant ac, erbyn diwedd y rhyfel, dosbarthu bwyd. Yn yr Ail Ryfel Byd, dechreuodd y llywodraeth ymyrryd o'r dechrau, yn hytrach na thua'r diwedd. Mewn gwirionedd, roedd rhywfaint o ymyrryd wedi dechrau hyd yn oed cyn i'r rhyfel gychwyn (gweler consgripsiwn, tudalen 147). Cafodd Gweinyddiaeth newydd ei chreu i ofalu am wybodaeth, propaganda a sensoriaeth. Dechreuodd dogni'n syth, gan reoli dosbarthu bwyd a dillad yn llym. Cafodd ymgyrchoedd eu creu er mwyn cynnwys dinasyddion mewn ffordd weithredol yn yr ymdrech ryfel. Wrth i'r rhyfel fynd rhagddo, effeithiodd y rheoliadau hyn ar bawb, mewn rhyw ffordd. Roedd llawer o bobl yn derbyn hyn fel rhywbeth angenrheidiol ar adeg rhyfel, ond dechreuodd rhai pobl ddigio wrtho a'i weld yn boendod. Ond pan ddaeth y rhyfel i ben, roedd llawer o bobl yn disgwyl i'r llywodraeth barhau i ymyrryd a rheoli agweddau ar eu bywydau bob dydd, fel oedd wedi dod yn arferol yn ystod y rhyfel.

Wrth i fygythiad rhyfel ddod yn nes yn haf 1939, cyflwynodd llywodraeth Prydain Ddeddf Pwerau Argyfwng (Amddiffyn) 1939. Cafodd hon ei phasio ar 24 Awst ac roedd hi'n gadael i lywodraeth Prydain ddefnyddio pwerau argyfwng i wneud y canlynol:

- sicrhau diogelwch y cyhoedd
- amddiffyn y deyrnas
- cynnal cyflenwadau a gwasanaethau oedd yn hanfodol i fywyd y wlad
- gweithredu'r rhyfel yn effeithiol.

Rhoddodd y Ddeddf bŵer i'r llywodraeth greu rheoliadau, heb ymgynghori â'r Senedd, oedd yn cwmpasu bron pob agwedd ar fywyd dyddiol yn y wlad. Er mwyn gweithredu'r pwerau hyn, creodd Neville Chamberlain, y Prif Weinidog, bum Gweinyddiaeth newydd:

- Diogelwch Cartref (yn rhan o'r Swyddfa Gartref)
- Gwybodaeth
- Llongau
- Rhyfel economaidd
- Bwyd

Yn ogystal, cymerodd y llywodraeth reolaeth dros lawer o ddiwydiant a chludiant Prydain. Rydych chi wedi gweld yn barod fod y llywodraeth wedi dechrau anfon dros 1 filiwn o blant yn faciwîs cyn i'r rhyfel ddechrau'n swyddogol (gweler tudalen 153). Unwaith dechreuodd yr ymladd, daeth yn eglur yn fuan y byddai'r llywodraeth yn defnyddio'r Ddeddf yn helaeth, a thrwy hynny yn newid y berthynas rhwng y bobl a'r llywodraeth yn sylweddol.

GWEITHGAREDD

Pam roedd hi mor bwysig i'r llywodraeth gymryd rheolaeth dros fywydau pobl pan ddechreuodd yr Ail Ryfel Byd?

Rôl y radio a'r sinema yn ystod y rhyfel

Daeth y radio a'r sinema yn ffyrdd cyffredin o roi gwybodaeth ac o gynnal ysbryd yn ystod y rhyfel.

Radio

Ar 1 Medi 1939, daeth darllediadau teledu'r BBC i ben a wnaethon nhw ddim dechrau eto tan 1946. Ond daliodd y BBC ati i ddarlledu rhaglenni radio i gynulleidfa enfawr. Roedd bron 9 miliwn o bobl yn dal trwydded, felly roedd gan bob teulu, bron, fynediad at radio. Daeth y radio'n ffordd bwysig o gynnwys y boblogaeth gyfan gan roi'r wybodaeth ddiweddaraf i bobl. Y Weinyddiaeth Wybodaeth oedd yn rheoli'r BBC ond anaml iawn byddai'n ymyrryd. Daeth y BBC yn gyfarwydd â hunansensoriaeth. Daeth darllenwyr newyddion y BBC yn boblogaidd iawn ledled Prydain. Ar ddechrau'r rhyfel, penderfynodd rhywun y dylen nhw roi eu henwau ar ddechrau pob darllediad, fel byddai'r gwrandawyr yn dod yn gyfarwydd â'u lleisiau nhw, ac yn gallu sylwi bod y gelyn yn ceisio'u dynwared pe bai goresgyniad yn digwydd.

Roedd pobl fel Richard Dimbleby a Frank Gillard yn ohebwyr rhyfel i'r BBC. Roedden nhw'n anfon adroddiadau byw am luoedd Prydain yn ymladd y rhyfel gan ddenu cynulleidfaoedd enfawr. Unwaith, fe recordiodd Dimbleby adroddiad o gyrch bomio gan Brydain dros Berlin, i gael ei ddarlledu y diwrnod wedyn. Daeth rhaglenni radio fel 'It's That Man Again' a 'Music while you work' yn ffefrynnau mawr gan lwyddo i gynnal ysbryd pobl:

- rhaglen gomedi oedd 'It's That Man Again', ac roedd hi'n gwneud hwyl am ben Hitler a'r Almaenwyr, a hefyd am ben ffordd pobl Prydain o ddelio â'r rhyfel.
- cafodd rhaglen 'Music while you work' ei chyflwyno ar ôl i'r llywodraeth awgrymu byddai ysbryd gweithwyr mewn diwydiant yn gwella pe bai cerddoriaeth hapus yn cael ei darlledu'n ddyddiol yn y ffatrïoedd. Daeth yn rhaglen hynod o lwyddiannus.

▲ Ffynhonnell A: Teulu'n gwrando ar y radio

Sinema

Cyn y rhyfel roedd y sinema'n fath rhad o adloniant, ac felly'n boblogaidd. Yn 1938, cafodd tua 980 miliwn o docynnau sinema eu gwerthu, ac erbyn 1945 roedd hyn wedi cyrraedd dros 1,500 miliwn. Cynhyrchodd y Weinyddiaeth Wybodaeth nifer o ffilmiau byr yn trafod sut i ymdopi â'r problemau roedd y rhyfel yn eu creu; roedd ffilmiau dogfen fel *Fires were started* yn trafod ymladd tanau yn Llundain. Daliodd diwydiant sinema Prydain ati i wneud ffilmiau yn ystod y rhyfel hefyd. Roedd y ffilmiau'n rhai gwladgarol. Roedden nhw'n delio â realiti'r rhyfel, ond yn dangos tuedd hefyd – ffilmiau fel *In Which We Serve* a *Went the Day Well?* Un o ffilmiau enwocaf y rhyfel oedd *Henry V* gyda Laurence Olivier yn y brif ran. Cafodd y ffilm ei gwneud yn 1943 a'i rhyddhau ychydig cyn goresgyniad D-Day.

▲ Ffynhonnell B: Llun llonydd o'r ffilm *Went the Day Well?* Cafodd y ffilm ei gwneud yn 1942 ac roedd yn stori am awyrfilwyr o'r Almaen yn cipio pentref ym Mhrydain. Yn y pen draw, mae'r pentrefwyr a'r Gwarchodlu Cartref yn trechu'r Almaenwyr

GWEITHGAREDDAU

1 Mewn grwpiau, lluniwch ddarllediad radio 3 munud o hyd er mwyn cynnal ysbryd trigolion sifil.

2 Beth mae Ffynhonnell A yn ei ddangos am arwyddocâd y radio yn ystod y rhyfel?

Posteri propaganda a sensoriaeth

Roedd y llywodraeth yn ymwybodol fod rhaid iddi sicrhau bod pobl yn cefnogi'r rhyfel ar bob cyfrif. Gobeithiai byddai perswâd ac awgrymiadau cyson yn cael dylanwad cadarnhaol ar agweddau pobl. Ceisiodd y llywodraeth gyflawni hyn drwy ddefnyddio propaganda. Yn ogystal, roedd y llywodraeth eisiau sicrhau na fyddai gwybodaeth yn cael ei rhoi i'r gelyn, nac yn cael ei rhoi i bobl Prydain os gallai amharu ar eu hysbryd. Roedd hyn yn golygu cyflwyno sensoriaeth. Roedd post o dramor yn cael ei sensro (gweler Ffynhonnell C) ac roedd y llywodraeth yn archwilio pob llythyr oedd yn mynd dramor. Os oedd unrhyw ddeunydd sensitif yn y llythyr, gallai gael ei dorri allan, cael llinell ddu drwyddo, neu gael ei ddychwelyd at y person wnaeth ei anfon. Roedd llythyrau milwyr adref yn cael eu sensro er mwyn sicrhau bod cyfrinachau milwrol

ddim yn cael eu datgelu'n anfwriadol. Roedd galwadau ffôn hefyd yn cael eu sensro (ac roedd hyn yn digwydd i'r Brenin Siôr a Winston Churchill, hyd yn oed).

Fyddai rhai eitemau o newyddion ddim yn cael eu darlledu neu eu cyhoeddi oherwydd bod y Weinyddiaeth Wybodaeth yn meddwl bydden nhw'n amharu ar ysbryd y bobl. Weithiau doedd ffotograffau ddim yn cael eu cyhoeddi oherwydd gallen nhw achosi gofid a lleihau brwdfrydedd pobl dros yr ymdrech ryfel. Byddai papurau newydd yn cael eu monitro'n ofalus, ond dim ond unwaith y cafodd gwasg ei chau. Roedd hyn ym mis Ionawr 1941, pan gafodd papur comiwnyddol *The Daily Worker* ei wahardd oherwydd ei fod yn cefnogi Stalin ac yn ymosod o hyd ar lywodraeth Prydain a'i harweinwyr, heb feirniadu Hitler o gwbl, bron.

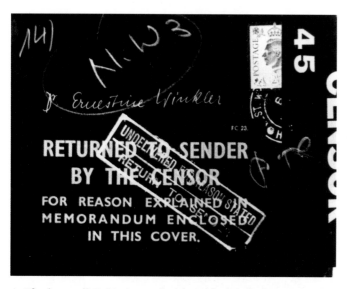

▲ Ffynhonnell C: Llythyr gafodd ei ddychwelyd at yr anfonwr gan y sensor

▲ Ffynhonnell CH: Swyddfa'r sensor, Lerpwl, mis Tachwedd 1939. Roedd llawer o'r gweithwyr yn gallu siarad nifer o ieithoedd

Cwestiwn ymarfer

Beth gallwch chi ei ddysgu gan Ffynonellau C ac CH am sensoriaeth yn ystod yr Ail Ryfel Byd? *(I gael arweiniad, gweler tudalennau 190–191.)*

GWEITHGAREDD ?

Pa mor ddibynadwy yw Ffynonellau C ac CH fel tystiolaeth o sensoriaeth yn ystod yr Ail Ryfel Byd?

Gwaith y Weinyddiaeth Wybodaeth

Er mwyn gwneud yn siŵr bod propaganda a sensoriaeth yn cael eu gweithredu'n effeithiol, cafodd y Weinyddiaeth Wybodaeth ei sefydlu o fewn oriau i ddechrau'r rhyfel. Erbyn diwedd y rhyfel roedd dros 3,000 o bobl yn gweithio yn y weinyddiaeth. Ar y dechrau, doedd y Weinyddiaeth Wybodaeth ddim yn llwyddiannus iawn a methodd rhai o'i hymgyrchoedd posteri â chael llawer o gefnogaeth. Nod y posteri propaganda oedd:

- annog pobl i gefnogi'r rhyfel
- gwerthu syniadau
- perswadio pobl i ymddwyn ac i feddwl mewn ffordd arbennig
- apelio at wladgarwch pobl
- addysgu pobl am faterion allweddol yn ystod y rhyfel.

▲ **Ffynhonnell D:** Un o bosteri cyntaf y Weinyddiaeth Wybodaeth. Methodd ddwyn perswâd ar bobl

---

GWEITHGAREDD

Doedd Ffynhonnell D ddim mor llwyddiannus â phosteri propaganda eraill. Mewn parau, gan ddefnyddio'r pwyntiau bwled am nod propaganda, pam methodd y poster hwn ddwyn perswâd ar sifiliaid, yn eich barn chi? Cymharwch eich syniadau â rhai gweddill y dosbarth.

Ymgyrchoedd ac apeliadau

Roedd y Weinyddiaeth Wybodaeth yn ceisio dweud wrth bobl Prydain beth i'w wneud dros yr ymdrech ryfel, ac weithiau roedd yn golygu dweud beth doedden nhw ddim yn cael ei wneud. Mae Ffynhonnell DD yn disgrifio amrywiaeth o ymgyrchoedd, a'r cyfarwyddiadau gafodd pobl. Cyhoeddodd y Weinyddiaeth nifer enfawr o bamffledi, llyfrau, ffilmiau gwybodaeth byr a ffilmiau newyddion i sicrhau na fyddai ysbryd y bobl yn gwanhau.

> **Ffynhonnell DD:** Cyfweliad ag aelod o'r cyhoedd gan y project Arsylwi Torfol. (Dechreuodd y project hwn yn 1937 ac roedd yn edrych ar fywyd ym Mhrydain gan ddefnyddio arsylwyr gwirfoddol heb eu hyfforddi. Roedden nhw'n cadw dyddiadur, yn ateb holiaduron ac yn cyfweld ag aelodau o'r cyhoedd)
>
> *Dim ond wrth fynd am dro am gyfnod byr, fe gyfrais 48 poster swyddogol ... ar hysbysfyrddau, llochesau, adeiladau: rhai i ddweud wrthoch chi am fwyta Bara Cyflawn Gwladol, am beidio â gwastraffu bwyd, am gadw eich plant yng nghefn gwlad, am wybod ble mae'r ganolfan orffwys, sut i ymddwyn mewn lloches cyrch awyr, cadw llygad yn y blacowt, cadw golwg am nwy gwenwynig, cario eich masg nwy bob amser, ymuno â'r ATS, ymuno â'r ymladdwyr bomiau tân, cofrestru am ddyletswyddau Amddiffyn Sifil, helpu i adeiladu awyren, recriwtio i'r Corfflu Hyfforddi Awyr, cynilo er mwyn ennill Buddugoliaeth.*

Y polisi dogni

Cafodd dogni ei gyflwyno fel mesur dros dro, ond mewn gwirionedd fe barhaodd tan 1955, ddeng mlynedd ar ôl i'r rhyfel ddod i ben. Cam cyntaf y broses ddogni oedd y Diwrnod Cofrestru Cenedlaethol, ar 29 Medi 1939, pan oedd yn rhaid i ddeiliad pob tŷ lenwi ffurflen gyda manylion y bobl oedd yn byw yn eu tŷ. Yna aeth y llywodraeth ati i gydgasglu'r data cyn rhoi cerdyn adnabod a llyfr dogni i bawb. Roedd y llyfrau hyn yn cynnwys cwponau i'w rhoi i siopwr neu i'w llofnodi ganddo bob tro roedd nwyddau wedi'u dogni'n cael eu prynu. Felly doedd neb yn gallu prynu mwy na'i ddogn.

Cafodd yr Arglwydd Woolton ei benodi'n Weinidog Bwyd a bu'n goruchwylio'r gwaith o gyflwyno'r rhaglen ddogni. Gyda'r rhaglen daeth ymgyrch bropaganda ledled Prydain er mwyn sicrhau nad oedd pobl yn gwastraffu bwyd a'u bod nhw'n tyfu cymaint o'u bwyd eu hunain ag oedd yn bosibl. Roedd y llywodraeth yn gwybod bod perygl i brisiau bwyd godi'n gyflym wrth i rai bwydydd fynd yn brin. Felly roedden nhw'n ymyrryd i reoli prisiau a dogni, a drwy hynny doedd pobl gyffredin ddim mewn unrhyw berygl o fethu fforddio hanfodion bywyd. Yn 1941, cyflwynodd y llywodraeth system bwyntiau ar gyfer nwyddau wedi'u dogni (gyda gwerth pwyntiau penodol i bob un) a bob mis gallai person wario'r lwfans o 20 pwynt ar y nwyddau hynny oedd ar gael.

Er gwaethaf y caledi gafodd ei achosi gan ddogni, roedd pobl Prydain yn fwy iach nag oedden nhw cyn y rhyfel – roedd

ganddyn nhw ddeiet mwy cytbwys, er ei fod braidd yn ddiflas. Bu farw llai o famau beichiog nag oedd yn marw cyn y rhyfel, ac roedd plant ifanc yn fwy heini, oherwydd eu bod nhw'n cael llaeth a sudd oren i wella eu hiechyd. Roedd rhai posteri yn canolbwyntio ar iechyd plant.

Cafodd bwydydd sylfaenol eu dogni i gyd – bwydydd fel wyau, siwgr, menyn, cig, te a ffrwythau – a chafodd pobl eu rhybuddio rhag gwastraffu bwyd. Defnyddiodd y llywodraeth faethegwyr i sicrhau bod deiet cytbwys i'w gael o fewn dogn pawb yn ôl rheoliadau cyfreithiol. Cafodd plant, mamau beichiog a mamau oedd yn magu plant sylw arbennig drwy'r Cynllun Lles Fitaminau. Newidiodd y mathau o brydau bwyd oherwydd prinder cynhwysion, a daeth cawl, hash cornbiff, cacen foron, a phastai tatws yn brydau bwyd arferol. Roedd y Cynllun 'Utility' yn sicrhau bod arwydd 'Utility' ar eitemau fel esgidiau, dillad a charpedi. Roedd yr arwydd yn dangos eu bod nhw'n eitemau angenrheidiol ar adeg rhyfel, ac yn fforddiadwy. Cafodd sebon a defnyddiau ymolchi eraill eu dogni hefyd.

Ond roedd masnachu anghyfreithlon (marchnad ddu) mewn nwyddau wedi'u dogni lle roedd pobl ag arian yn talu prisiau uwch am ddognau ychwanegol. Ceisiodd y llywodraeth atal masnachu fel hyn a phasiodd y Senedd ddeddfau eithaf llym. Gallai'r llysoedd roi dirwyon o hyd at £500 a charcharu'r person euog am hyd at ddwy flynedd. Cyflogodd y Weinyddiaeth Fwyd tua 900 o archwilwyr i geisio cael gwared ar y farchnad ddu.

▲ Ffynhonnell E: Poster y llywodraeth, dyddiad anhysbys

Cwestiwn ymarfer

I ba raddau mae Ffynhonnell DD yn esbonio'n gywir sut cafodd propaganda ei ddefnyddio gan y llywodraeth yn ystod yr Ail Ryfel Byd? *(I gael arweiniad, gweler tudalennau 192–193).*

Ymgyrch 'Dig for Victory'

Cafodd ymgyrch 'Dig for Victory' ei sefydlu gan Weinyddiaeth Amaeth Prydain. Roedd yn annog dynion a menywod ledled Prydain i dyfu eu bwyd eu hunain er mwyn ychwanegu at y bwyd oedd ar gael drwy ddogni. Trodd pobl eu lawntiau'n erddi llysiau, a chafodd lleoedd agored eu troi'n rhandiroedd (ac mae nifer ohonyn nhw'n dal i fod yno heddiw). Daeth y lawntiau nesaf at Dŵr Llundain yn ardd lysiau; gweler tudalen 155. Dechreuodd llawer o bobl mewn trefi gadw ieir, cwningod a moch hyd yn oed, er mwyn ychwanegu at eu dognau bwyd. Yn 1939, roedd ychydig dros 800,000 rhandir ym Mhrydain ac roedd y ffigur hwn bron wedi dyblu erbyn 1943. Roedd yr ymgyrch yn cynnwys llawer o bosteri a thaflenni er mwyn addysgu pobl am ddefnyddio bwyd yn effeithlon. Yn ogystal â phosteri a thaflenni, roedd gan ymgyrch 'Dig for Victory' ei hanthem ei hun hefyd.

> Dig! Dig! Dig! And your muscles will grow big
> Keep on pushing the spade
> Don't mind the worms
> Just ignore their squirms
> And when your back aches laugh with glee
> And keep on diggin'
> Till we give our foes a Wiggin'
> Dig! Dig! Dig! to Victory

Cafodd sylw mawr ei roi i ddefnyddio moron, gan gyflwyno'r syniad i gyhoedd Prydain trwy gymeriad o'r enw 'Doctor Carrot' mewn posteri a thaflenni. Roedd y 'Doctor' yn annog pobl i wneud cyri moron, jam moron, a diod o'r enw Carrolade (wedi'i gwneud o sudd moron ac erfin/rwden).

Cafodd tatws sylw tebyg drwy gymeriad o'r enw 'Potato Pete'. Roedd ganddo ei gân ei hun fyddai'n cael ei chwarae yn aml ar y radio:

> Here's the man who ploughs the fields.
> Here's the girl who lifts up the yield.
> Here's the man who deals with the clamp, so that millions of jaws can chew and champ.
> That's the story and here's the star,
> Potato Pete
> Eat up,
> Ta ta!

Cwestiwn ymarfer

Pam roedd ymgyrch 'Dig for Victory' yn arwyddocaol yn ystod y rhyfel? *(I gael arweiniad, gweler tudalen 194.)*

Ffynhonnell F: Poster 'Dig for Victory' ▶

Y 'Spitfire Fund'

Yn 1940, lledaenodd y cynllun hwn drwy Brydain. Roedd wedi'i gefnogi gan y llywodraeth a'i arwain gan Arglwydd Beaverbrook, pennaeth yr Adran Cynhyrchu Awyrennau (gweler Ffynhonnell FF). Os oedd unigolyn neu fusnes yn codi £5,000, gallen nhw gael awyren ymladd Spitfire wedi'i henwi ar eu hôl. Byddai eich enw'n cael ei beintio'n felyn ar gorff yr awyren. Cost lawn adeiladu Spitfire oedd rhwng £8,000 a £12,000 (bron i hanner miliwn o bunnoedd heddiw), ond roedd £5,000 yn talu am gost adeiladu'r ffrâm. Roedd y symiau arian fyddai'n cael eu casglu yn amrywio o geiniogau i filoedd o bunnoedd. Cynhaliodd cymunedau lleol ddigwyddiadau 'Spitfire' er mwyn i bobl gyfrannu unrhyw beth roedden nhw'n gallu'i fforddio (gweler Ffynhonnell G). Yn Brighton, llwyddodd ras gŵn 'Spitfire' arbennig i godi £400.

Roedd Hyderabad yn dalaith yn India, ac felly'n rhan o'r Ymerodraeth Brydeinig. Rhoddodd *Nazim*, neu dywysog, y dalaith gymaint o arian nes cafodd Sgwadron Spitfire 152 (Hyderabad) ei hadeiladu a'i henwi er anrhydedd iddo. Rhoddodd Garfield Weston, AS Macclesfield, £100,000 o'i arian personol. Cododd y Traeth Aur (rhanbarth yn Awstralia) £25,000 gan dalu am 5 awyren Spitfire.

▲ **Ffynhonnell G:** Menyw yn cyfrannu i'r *Spitfire Fund* wrth siopa ym marchnad Lambeth Walk yn Llundain ym mis Ionawr 1940

The elegant Spitfire became a symbol for the national effort to win the Battle of D...

By the end of April 1941, more than £13 million had been donated ...

An individual, organisation or place could d... were much less popular.

In 1940 ...

Top. A Spi...

Above. By...

▲ **Ffynhonnell FF:** Posteri'r llywodraeth am y *Spitfire Fund*

Cwestiynau ymarfer

1 Beth gallwch chi ei ddysgu gan Ffynonellau FF a G am bwysigrwydd y Spitfire yn ystod yr Ail Ryfel Byd? *(I gael arweiniad, gweler tudalennau 190–191.)*

2 Esboniwch y cysylltiadau rhwng unrhyw DRI o'r canlynol:
   ● Rôl y radio
   ● Posteri propaganda
   ● Ymgyrch 'Dig for Victory'
   ● Y *Spitfire Fund*
   (I gael arweiniad, gweler tudalen 195.)

GWEITHGAREDD ?

Gan ddefnyddio'r wybodaeth a'r ffynonellau ar dudalennau 165–166, pa mor bwysig oedd ymgyrchoedd 'Dig for Victory' a'r *Spitfire Fund* wrth helpu i gynnal ysbryd pobl Prydain yn ystod y rhyfel?

Pwysigrwydd Churchill fel arweinydd rhyfel

Ar ôl dechrau'r rhyfel, collodd y Prif Weinidog Neville Chamberlain fwy a mwy o gefnogaeth, wrth iddi ddod yn amlwg nad oedd dyhuddo wedi gweithio. Ymddiswyddodd ef ar 10 Mai 1940, yn union wrth i Hitler gychwyn ar ei *Blitzkrieg* ar yr Iseldiroedd a Gwlad Belg. (Y gair Almaeneg am 'ryfel mellt' yw *Blitzkrieg*. Roedd yn cynnwys defnyddio awyrennau, tanciau a milwyr ar foduron er mwyn symud yn gyflym a syfrdanu'r gelyn.) Nawr roedd dwy broblem enfawr gan Brydain – roedd y rhyfel wedi dechrau yn y Gorllewin ac roedd ei Phrif Weinidog wedi ymddiswyddo.

Esgyniad Winston Churchill i rym

Fel gallwch chi weld yn y llinell amser, roedd Winston Churchill yn berson pwysig yn y Senedd yn barod. Roedd yn casáu Hitler a Natsïaeth ac wedi codi ei lais yn erbyn yr Almaen drwy gydol yr 1930au. Ar 10 Mai 1940, cafodd Winston Churchill ei benodi yn Brif Weinidog Prydain, mewn llywodraeth glymblaid. Roedd hyn yn golygu ei bod yn cynnwys ASau o'r prif bleidiau gwleidyddol gwahanol, a'i nod oedd llywodraethu Prydain yn ystod y rhyfel.

WINSTON CHURCHILL

Cafodd ei eni yn 1874

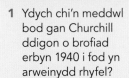

1893	Dechreuodd ei yrfa filwrol
1900	Cafodd ei ethol yn AS Ceidwadol ac Unoliaethol dros Oldham
1904	Croesodd y Tŷ ac ymuno â'r Blaid Ryddfrydol
1908	Llywydd y Bwrdd Masnach
1910	Ysgrifennydd Cartref
1911	Prif Arglwydd y Morlys
1916	Cadlywydd ym myddin Prydain yn ystod y Rhyfel Byd Cyntaf
1921	Ysgrifennydd Gwladol i'r Trefedigaethau
1924	Canghellor y Trysorlys
1935	Dadleuodd o blaid gwario rhagor ar amddiffyn
1939	Dadleuodd yn erbyn Dyhuddo

▲ **Ffynhonnell NG:** Cartŵn gafodd ei gyhoeddi yn yr *Evening Standard* ar 14 Mai 1940 gyda'r pennawd 'All behind you, Winston' – 'Mae pawb y tu cefn i ti, Winston'

> **GWEITHGAREDDAU** ?
>
> 1 Ydych chi'n meddwl bod gan Churchill ddigon o brofiad erbyn 1940 i fod yn arweinydd rhyfel?
>
> 2 Mewn parau, trafodwch beth mae'r cartwnydd yn ceisio'i ddweud am Winston Churchill fel arweinydd rhyfel yn Ffynhonnell NG. Edrychwch i weld ydych chi'n adnabod rhai o'r cymeriadau eraill sydd 'y tu cefn i Winston'.
>
> 3 Wrth i chi ddysgu rhagor am Winston Churchill fel arweinydd rhyfel, penderfynwch ydych chi'n cytuno â phortread y cartwnydd o Churchill fel arweinydd.

> **Ffynhonnell H: Rhan o araith Winston Churchill i Dŷ'r Cyffredin, 13 Mai 1940**
>
> *Byddwn i'n dweud wrth y Tŷ, fel dywedais i wrth y rhai sydd wedi ymuno â'r llywodraeth hon: 'Does gen i ddim i'w gynnig ond gwaed, ymdrech, dagrau a chwys.' O'n blaenau mae gennym lawer iawn o fisoedd hir o frwydro ac o ddioddef. Beth yw ein polisi, meddech chi? Ein polisi yw ymladd rhyfel, ar fôr, ar dir ac yn yr awyr, gyda'n holl gryfder a'r holl nerth gall Duw ei roi i ni; rhyfela yn erbyn gormes ffiaidd, na welwyd ei debyg yn holl hanes truenus, tywyll trosedd ddynol. Dyna yw ein polisi. Gofynnwch wedyn, beth yw ein nod? Gallaf ateb mewn un gair: Buddugoliaeth, buddugoliaeth waeth beth yw'r gost, buddugoliaeth er gwaethaf pob ofn, buddugoliaeth dim ots pa mor hir a chaled yw'r daith; oherwydd heb fuddugoliaeth, does dim goroesi. Ar yr adeg hon rwy'n teimlo bod gennyf hawl i fynnu cymorth pawb,ac meddaf, 'Dewch felly, gadewch i ni fynd ymlaen gyda'n gilydd â'n nerth unedig.'*

Pam cafodd Churchill ei benodi yn Brif Weinidog ar 10 Mai 1940?

Mae chwe phrif reswm pam cafodd Churchill ei benodi yn Brif Weinidog ym mis Mai ac maen nhw'n cael eu crynhoi yn Ffigur 5.1 isod.

Rheswm 1 Roedd Churchill wedi bod yn erbyn polisi Dyhuddo ac yn y pen draw gwelodd pobl mai ef oedd yn iawn. Ef oedd y person cywir i arwain Prydain yn y frwydr yn erbyn Hitler.

Rheswm 2 Roedd Churchill wedi gwella'r berthynas â'r Blaid Lafur, gan fod y blaid honno hefyd wedi ymosod ar y polisi Dyhuddo. Felly roedd pobl yn meddwl byddai e'n gallu creu llywodraeth gydlynol ar adeg rhyfel.

Rheswm 3 Roedd gan Churchill enw da fel arweinydd oherwydd ei swyddi gwleidyddol gwahanol yn ystod ei yrfa, yn enwedig fel Prif Arglwydd y Morlys. Roedd pobl yn edmygu ei areithiau ac roedd yn boblogaidd gyda'r wasg.

Rheswm 4 Roedd arolygon barn yn awgrymu bod y cyhoedd yn ei hoffi ac yn ei gefnogi.

Rheswm 5 Roedd Churchill yn eglur ei farn fod rhaid trechu Hitler a Natsïaeth, yn hytrach na byw gyda nhw fel roedd polisi Dyhuddo Chamberlain i'w weld yn ei awgrymu.

Rheswm 6 Oherwydd bod y Natsïaid wedi meddiannu Denmarc (8 Ebrill 1940) ac wedi goresgyn Norwy (9 Ebrill 1940), roedd hynny'n golygu bod Prydain wedi'i hamgylchynu ar yr ochr ddwyreiniol, ac roedd hi'n ymddangos mai Churchill oedd yr unig wleidydd oedd yn barod i wneud safiad ac ymladd.

▲ Ffigur 5.1: Pam cafodd Churchill ei benodi yn Brif Weinidog ar 10 Mai 1940

Pwysigrwydd Churchill fel arweinydd rhyfel

GWEITHGAREDDAU ❓

1 Mewn grwpiau, trafodwch y rhesymau yn Ffigur 5.1 uchod a'u rhoi nhw yn nhrefn pwysigrwydd. Cymharwch eich trefn â grwpiau eraill yn y dosbarth.

2 Gwnewch ymchwil i'r ymgilio o Dunkerque. Oedd y digwyddiad yn 'fuddugoliaeth' neu'n 'drychineb'?

Pan gafodd Churchill ei benodi yn Brif Weinidog ym mis Mai 1940, roedd yn wynebu sefyllfa anodd. Roedd byddin a llu awyr yr Almaen wedi symud yn ddwfn i ogledd Ffrainc, ac roedd Byddin Ymgyrchol Prydain (oedd wedi cael ei hanfon i helpu'r Ffrancwyr i drechu Hitler) wedi cael ei gwthio'n ôl i borthladd Dunkerque yn Ffrainc ar y Sianel. Wrth ymgilio o Dunkerque, daeth 300,000 o filwyr Prydain yn ôl o Ffrainc. Ond mae'r digwyddiad wedi cael ei weld naill ai fel 'buddugoliaeth' neu fel 'trychineb'.

Yn fuan ar ôl yr ymgilio o Dunkerque, cafodd Ffrainc ei cholli i'r Almaen. Nawr roedd Hitler yn rheoli'r rhan fwyaf o Ewrop ac roedd hi'n ymddangos byddai'n gallu goresgyn Prydain yn fuan iawn. Gyda chwymp Ffrainc, a heb help ar ei ffordd i Brydain o UDA, roedd llawer o wleidyddion yn teimlo mai'r ffordd orau ymlaen oedd dechrau trafod â Hitler. Ond doedd Churchill ddim yn credu hyn.

Er bod llawer o bobl yn gweld areithiau Churchill yn llawn emosiwn a dim byd arall, roedd gan Churchill yr hunanhyder i berswadio cabinet y Glymblaid a'r boblogaeth fod Prydain yn gallu herio Hitler. Yn lle ceisio trafod heddwch â Hitler, aeth Churchill ati i wneud y pethau canlynol:

- trefnu'r lluoedd arfog
- sicrhau bod y llu awyr yn gallu rheoli'r awyr
- trefnu economi'r rhyfel
- creu cadwyn awdurdod rhwng y fyddin, y llynges a'r llu awyr
- sicrhau perthynas agos ag UDA, a sicrhau'r Cynllun Les–Fenthyg, oedd yn golygu bod Prydain yn cael cymorth i ymladd y rhyfel.

Yn y bôn, cynigiai Churchill yr arweiniad cryf angenrheidiol yn ystod y cyfnod anodd hwn. Llwyddodd i gynnal ysbryd pobl Prydain ac i wneud iddyn nhw gredu bydden nhw'n ennill yn y pen draw, drwy areithio a theithio o amgylch y wlad. Roedd ei areithiau mor bwerus nes dywedai pobl ei fod wedi troi'r iaith Saesneg ei hun yn arf grymus yn yr ymdrech i ennill y rhyfel. Doedd dim sôn am ildio a gwrthododd ystyried heddwch. Iddo ef, trechu Natsïaeth oedd yr unig beth pwysig.

Ffynhonnell I: Darn o araith Churchill, 18 Mehefin 1940. Wedi'i ddyfynnu yn llyfr Roy Jenkins, *Churchill*, gafodd ei gyhoeddi yn 2001

Rwy'n disgwyl bod Brwydr Prydain ar fin dechrau. Mae'r holl wareiddiad Cristnogol yn dibynnu ar y frwydr hon i oroesi. Mae ein bywyd ni ym Mhrydain, a pharhad hir ein sefydliadau a'n Hymerodraeth, yn dibynnu ar y frwydr hon. Rhaid y bydd holl ffyrnigrwydd a grym y gelyn ar fin cael eu troi arnom ni yn fuan iawn.

Mae Hitler yn gwybod y bydd yn rhaid iddo ein torri ni yn yr ynys hon neu golli'r rhyfel. Os gallwn ni ei herio, gall Ewrop gyfan fod yn rhydd a gall holl fywyd y byd symud ymlaen tuag at ucheldiroedd eang, heulog.

Ond os methwn ni, yna bydd y byd i gyd, gan gynnwys yr Unol Daleithiau, yn suddo i ddyfnderoedd oes dywyll newydd. Felly gadewch inni ymwroli i wneud ein dyletswyddau, ac ymddwyn yn y fath fodd fel y bydd dynion, os bydd yr Ymerodraeth Brydeinig a'r Gymanwlad yn para mil o flynyddoedd, yn dweud 'hon oedd eu Hawr Orau'.

Cwestiynau ymarfer

I ba raddau mae Ffynhonnell I yn rhoi esboniad cywir o rôl Churchill fel arweinydd rhyfel Prydain? *(I gael arweiniad, gweler tudalennau 192–193.)*

Casgliad: Pa mor bwysig oedd cynnal ysbryd pobl yn ystod y rhyfel?

Yn y bennod flaenorol buoch chi'n ystyried sut gwnaeth pobl ym Mhrydain ymdopi â phrofiad y rhyfel. P'un a oeddech chi'n meddwl eu bod nhw wedi ymdopi'n dda neu beidio, does dim dwywaith fod rhaid cynnal ysbryd yn ystod rhyfel. Os nad yw ysbryd pobl yn cael ei gynnal, mae llawer o haneswyr yn dadlau bod hynny'n dod yn ffactor arwyddocaol o ran canlyniad rhyfel. Llwyddodd Winston Churchill i argyhoeddi llawer o bobl ym Mhrydain ei bod hi'n bosibl ennill pe bai pobl yn dod at ei gilydd er mwyn trechu'r gelyn ar y cyd. Roedd ysbryd pobl Prydain yn gyfuniad o ddau beth. Agwedd wirioneddol llawer o bobl oedd gwrthod ildio, dim ots pa mor anodd oedd eu bywydau oherwydd y rhyfel. Roedd gan y llywodraeth rôl bwysig hefyd wrth wneud yr hyn oedd ei angen i gynnal ysbryd pobl wrth gefnogi'r ymdrech ryfel.

6 Bywyd ar ôl rhyfel

Cwestiwn allweddol: Pa mor anodd oedd yr amodau yng Nghymru a Lloegr yn 1945?

Ar 8 Mai 1945, bu dathlu mawr wrth i Brydain ac Ewrop gyhoeddi Diwrnod VE, Buddugoliaeth yn Ewrop neu 'Victory in Europe'. Nawr roedd grym yr Almaen wedi'i drechu ac roedd y rhyfel yn Ewrop ar ben. Yn ystod hanner cyntaf yr ugeinfed ganrif, roedd Prydain wedi bod yn rhan o ddau ryfel byd ac wedi bod ar yr ochr fuddugol yn y ddau. Roedd yr Ail Ryfel Byd wedi para bron i chwe blynedd, a thu ôl i ddathlu'r fuddugoliaeth roedd gwlad oedd yn wynebu llawer o broblemau. Mae ymladd rhyfel yn gostus, a chafodd yr Ail Ryfel Byd ei ymladd ar gost enfawr, yn ariannol yn ogystal ag o ran bywydau pobl a'r niwed iddyn nhw. Roedd angen dadfyddino'r personél milwrol, asesu difrod y rhyfel ac ailadeiladu, a chreu llywodraeth newydd. Mae delio â'r cyfnod yn sgil rhyfel yn gallu bod mor heriol â delio â'r rhyfel ei hun.

> **Dehongliad 1: Rhan o *Diwylliant poblogaidd yng Nghymru ar ôl yr Ail Ryfel Byd (1945–1995)*, gan yr hanesydd Gareth Elwyn Jones, wedi'i gyhoeddi ar wefan y Brifysgol Agored**
>
> *Yn 1945 rhagwelai pobl Cymru y byddai adferiad economaidd a'r wladwriaeth les yn creu hyder cymdeithasol newydd, a fyddai yn ei dro yn ysgogi adfywiad o ddiwylliant traddodiadol a nodedig. Roedd gwleidyddion Llafur a oedd newydd gael eu grymuso yn disgrifio eu gwaith fel 'adeiladu Jerwsalem newydd'. Roedd hon yn genhedlaeth a oedd wedi profi Hanes: roedd atgofion personol, teuluol a thorfol o streiciau, cau allan, diweithdra, esgeulustod, ac yna, yn fwy diweddar, gofynion rhyfel cyffredinol. Roedden nhw'n bobl a oedd yn ddiamynedd wrth feddwl am ddiosg eu cyflwr difreintiedig ac ymrwymo i adnewyddu.*

GWEITHGAREDDAU ?

1 Beth gallwch chi ei ddysgu gan Ffynhonnell A am ddisgwyliadau pobl Cymru ar ddiwedd y rhyfel?

2 Ydy Ffynhonnell A yn cefnogi Dehongliad 1?

▲ Ffynhonnell A: Parti stryd VE, 1 Medi 1945

Y sefyllfa economaidd ym Mhrydain yn 1945

Gwelodd Prydain ei bod mewn sefyllfa economaidd anodd erbyn diwedd yr Ail Ryfel Byd. Mewn rhai ffyrdd, yn 1945 roedd mewn sefyllfa debyg i ddechrau'r Dirwasgiad Mawr. Awgrymodd rhai economegwyr fod Prydain mewn sefyllfa economaidd hyd yn oed yn waeth na hynny.

- Roedd dyled wladol Prydain (cyfanswm yr arian roedd y llywodraeth wedi'i fenthyg) yn £3,500 miliwn.
- Roedd rhywfaint o gyfoeth gwladol Prydain ar ffurf aur, ac yn cael ei storio ym Manc Lloegr. Pan fydd gwlad yn gwerthu ei chronfeydd aur wrth gefn, mae'n arwydd fod y wlad mewn dyled. Yn 1945, syrthiodd cronfeydd aur wrth gefn Prydain o £864 miliwn i £3 miliwn.
- Roedd Prydain wedi colli 30 y cant o gyfanswm ei chyfoeth.
- Daeth UDA â'r cytundeb Les-Fenthyg i ben (gweler tudalen 168) ac roedd y wlad ar fin mynd yn fethdalwr.
- Roedd traean o stoc tai Prydain wedi cael ei ddinistrio.
- Roedd hanner ffatrïoedd a siopau Prydain wedi cael eu dinistrio.
- Roedd dwy ran o dair (3,500 llong) o longau masnach Prydain wedi cael eu suddo (rhwng mis Medi 1939 a mis Mai 1940, suddwyd 177 o longau masnach Prydain).
- Cyfanswm y marwolaethau milwrol oedd 264,433.
- Cyfanswm marwolaethau'r sifiliaid oedd 60,595.
- Roedd dogni'n digwydd o hyd gan nad oedd Prydain yn gallu fforddio prynu bwyd o dramor.
- Cafodd cyfradd sylfaenol treth incwm ei chodi i 50 y cant, er mwyn helpu'r llywodraeth i godi rhagor o arian i dalu am yr ailadeiladu roedd ei angen ar ôl y rhyfel; roedd rhai pobl gyfoethog, fodd bynnag, yn teimlo eu bod nhw'n bersonol yn cael eu gorfodi i dalu am y rhyfel.

Ond roedd effaith y rhyfel ar wahanol ranbarthau Prydain yn amrywio. Roedd llawer yng Nghymru wedi cael profiad o erchyllterau rhyfel: bomio, dinistr, marwolaeth ac anafiadau. Lladdwyd tua 15,000 o Gymry yn y rhyfel. Daeth llawer o rai eraill yn ôl wedi'u chwalu'n gorfforol neu'n feddyliol gan eu profiadau yn y rhyfel. Roedd byw o ddydd i ddydd wedi bod yn anodd ond roedd addasu o'r newydd i gyfnod o heddwch a bywyd teuluol yn mynd i fod yn anodd yn ogystal. Serch hynny, yn 1945 roedd optimistiaeth hefyd. Awgrymodd rhai fod y rhyfel wedi gwneud i bobl sylweddoli bod gan Gymru hunaniaeth ar wahân, a bod pobl o bob rhan o Brydain yn fwy ymwybodol o hynny. Roedd gweithwyr a milwyr wedi cael eu symud i Gymru pan gafodd rhannau eraill o Brydain eu bomio, ac roedd pobl wedi cael profiad o draddodiadau a diwylliant Cymru drwy hyn.

▲ Poster gafodd ei greu gan y Pwyllgor Cynilo Gwladol yn 1945, i annog pobl i gynilo ar ddiwedd yr Ail Ryfel Byd

GWEITHGAREDDAU

1 Edrychwch yn ôl ar Bennod 1 am Brydain yn ystod y Dirwasgiad Mawr. I ba raddau roedd Prydain mewn sefyllfa debyg neu wahanol yn 1945 i'r sefyllfa yn yr 1930au?

2 Mewn grwpiau, trafodwch a chynlluniwch sut byddech chi'n mynd ati i wella sefyllfa economaidd Prydain yn 1945. Ystyriwch sut byddech chi'n mynd i'r afael â dwy o'r problemau gaiff eu rhestru yn y pwyntiau bwled ar y dudalen hon.

- Beth byddai angen i chi ei wneud er mwyn delio â'r broblem?
- Pwy byddech chi'n troi atyn nhw er mwyn delio â'r broblem?
- Pa mor hir gallai hi ei gymryd i ddelio â'r broblem?

Cyflwynwch eich syniadau i weddill y dosbarth.

Partïon a pharedau 'Buddugoliaeth'

Buodd pobl yn dathlu buddugoliaeth yn yr Ail Ryfel Byd mewn llawer o ffyrdd ledled y wlad. Roedd rhai o'r digwyddiadau hyn wedi digwydd yn naturiol, ond cafodd rhai eu hannog ac eraill eu trefnu. Digwyddodd llawer o 'bartïon Buddugoliaeth' ar ddiwrnod VE ei hun; digwyddodd rhai eraill yn diweddarach ond roedden nhw'n dal i gael eu galw'n 'bartïon buddugoliaeth VE'. Mewn llawer o leoedd roedd paredau 'buddugoliaeth', lle roedd personél milwrol yn gorymdeithio. Roedd pobl yn edrych ymlaen yn fawr at weld aelodau'r lluoedd arfog yn dod adref, er bod llawer o fenywod yn disgwyl colli eu gwaith (fel roedden nhw wedi'i wneud ar ddiwedd y Rhyfel Byd Cyntaf) ar ôl i'r dynion ddychwelyd.

> **Dehongliad 2:** O wefan 'Join me in the 1900s'. Yma mae Peter Johnson yn cofio'r digwyddiadau yn Edmonton (Gogledd Llundain) yn ystod mis Mehefin 1945
>
> *Buodd parêd milwrol drwy Edmonton. Digwyddodd yn Fore Street, gan ddechrau ym Mharc Noel gyda'r maer yn rhoi saliwt iddo y tu allan i Neuadd y Dref. Roedd fy ewythr, oedd yn y Gwarchodlu Cartref, yn rhan o hyn. Rwy'n cofio dringo i mewn i Bren Gun Carrier, sef tanc bach, gyda llawer o blant eraill y tu allan i neuadd y dref a gwibio i dafarn yr Angel ac yn ôl.*
>
> *Cawson ni bartïon stryd hefyd. Daeth pobl â'u byrddau a'u cadeiriau allan i'r stryd. Yn ein stryd ni roedd y rhain yn ymestyn dros hanner hyd y stryd, bron. Cafodd llwyfan ei godi yng nghanol y stryd ac roedd cerddoriaeth, goleuadau a phobl yn canu, yn falch eu bod nhw'n fyw.*
>
> *Gyda'r nos aethon ni i ginio a dawns yn y neuadd ddawnsio uwchben Sinema'r Regal. Roedd yr holl oleuadau stryd oedd yn dal i weithio wedi'u cynnau, ac fe gerddon ni adref a gweld y goleuadau llachar ym mhob tŷ'n disgleirio. Roedd yn brofiad hudolus ar ôl yr holl flynyddoedd hir hynny o ryfel. Roedd goleuadau rhai o'r siopau'n disgleirio yn y ffenestri.*
>
> *Cawson ni goelcerth hefyd. Roedd bywyd yn mynd i wella o hyn allan.*
>
> *... Ond eto, roedd rhai tai â'u llenni ynghau, a'r trigolion wedi'u cau i ffwrdd y tu mewn. Pan fyddai'r bobl hyn yn dod allan i wylio, bydden nhw'n crio. Dywedodd rhywun wrthon ni fod y teuluoedd hyn wedi colli gŵr y tŷ neu un o'r plant hŷn wrth iddyn nhw wasanaethu yn y lluoedd arfog.*

▲ **Ffynhonnell B:** Parêd Buddugoliaeth gan fintai o'r Gwarchodlu Cartref yng nghanol dinas Caerdydd, ym mis Mehefin 1945

Dadfyddino

Er mwyn paratoi at yr hyn fyddai'n digwydd i'r holl bersonél milwrol oedd wedi cael eu galw i'r fyddin ar ôl i'r rhyfel orffen, cafodd cynllun dadfyddino ei lunio gan Ernest Bevin, y Gweinidog dros Lafur a Gwasanaeth Gwladol, ym mis Medi 1944. Roedd hyn er mwyn i ddynion a menywod allu dychwelyd i'r bywydau oedd ganddyn nhw cyn cael eu galw i'r lluoedd arfog. Roedd rhai o'r bobl hyn wedi'u lleoli ym Mhrydain, ond roedd llawer dramor hefyd mewn mannau lle roedd brwydrau allweddol wedi digwydd.

Y cynllun oedd rhyddhau menywod a dynion o'r lluoedd mewn ffordd drefnus:

- Byddai aelodau'r lluoedd arfog yn cael eu rhyddhau o'r fyddin, y llynges a'r llu awyr yn ôl oed a rhif gwasanaeth. Drwy gyfrifo eu hoed a nifer y misoedd roedden nhw wedi bod yn gwasanaethu, roedd pob person yn cael rhif rhyddhau. Y rhif hwn oedd yn penderfynu pryd bydden nhw'n cael eu 'dadfyddino' neu eu rhyddhau.
- Roedd rhai dynion yn cael eu hystyried yn 'ddynion allweddol'. Roedd hyn oherwydd bod ganddyn nhw sgìl oedd yn hanfodol i ailadeiladu'r wlad ar ôl y rhyfel. O ganlyniad, cafodd y dynion hyn eu rhyddhau cyn eu tro.
- Cafodd blaenoriaeth ei roi i fenywod priod yn ogystal, ac i ddynion 50 oed neu drosodd, gan ryddhau'r rhain cyn eu tro hefyd.

Daeth y cynllun i rym ar 18 Mehefin 1945. Dros yr 18 mis nesaf, cafodd 4.3 miliwn o ddynion a menywod eu rhyddhau o wasanaeth milwrol gan ddychwelyd i'r bywydau oedd ganddyn nhw cyn y rhyfel – yr enw ar hyn oedd '*civvy street*' neu fynd yn ôl i wisgo'ch siwt bob dydd.

Roedd y bobl gafodd eu dadfyddino wrth eu boddau ac yn methu aros i gael cyrraedd adref. Serch hynny, roedd nifer o heriau'n eu hwynebu nhw ar ôl dychwelyd. Roedd y wlad, y dinasoedd, y trefi a'r pentrefi i gyd yn wahanol iawn i'r mannau roedden nhw wedi'u gadael wrth ymuno â'r rhyfel.

- Roedd bwyd yn dal i gael ei ddogni.
- Roedd cartrefi a lleoedd gwaith wedi cael eu difrodi, yn aml yn rhy wael i gael eu trwsio.
- Roedd yn rhaid i wŷr a gwragedd ddysgu o'r newydd sut roedd byw gyda'i gilydd eto: roedd rhai heb weld ei gilydd ers chwe blynedd.
- Daeth rhai dynion a menywod yn ôl i weld bod eu perthynas neu eu priodas wedi torri tra buon nhw i ffwrdd, a chododd cyfraddau ysgaru'n sylweddol.
- Er bod rhai, ar ôl dychwelyd, yn edrych yn iach yn gorfforol, roedden nhw wedi cael eu heffeithio'n seicolegol gan y rhyfel. Felly roedd hi'n anodd iddyn nhw ymdopi â bywyd arferol ac addasu iddo.

Cafodd y cynllun ei roi ar waith yn llwyddiannus ond roedd rhai problemau. Roedd llawer o aelodau'r lluoedd arfog yn teimlo bod y broses yn rhy araf, ac arweiniodd hyn at brotestio a chwynion.

Dehongliad 3: O flog gan yr hanesydd Alan Allport. Roedd yn ymchwilio ac yn casglu tystiolaeth i'w lyfr *Demobbed: Coming Home after World War Two* gafodd ei gyhoeddi yn 2009

Mae Gary Allighan o'r Daily Mail yn adrodd bod: 'hanesion annymunol am rai fuodd yn y lluoedd arfog' yn cyrraedd ei ddesg cymorth dadfyddino, a'u bod nhw 'yn cael eu trin mewn ffordd gas yn y gwaith'. 'Rwyf wedi clywed am ambell fforman ifanc yn gwneud i gyn-filwyr edrych yn dwp o flaen gweddill y gweithwyr oherwydd nad oedden nhw mor fedrus gyda'u hoffer … mae'r math hwn o agwedd yn warthus. Mae'n ddigon caled dod yn ôl o'r Lluoedd Arfog a gweld bod y rhai a oedd oddi tanoch chi cyn y rhyfel wedi dod yn fformyn, heb orfod cael eich bychanu.' Mae gan Allighan air o gyngor i'r rhai sydd wedi cael eu dadfyddino: 'Er mwyn bod yn dawel eich meddwl, peidiwch â dod yn ôl i fywyd arferol gyda rhyw syniadau delfrydol. Byd caled yw hwn o hyd. Byddai wedi bod yn llawer mwy caled pe bai Hitler wedi ennill.'

Cwestiwn ymarfer

I ba raddau mae Dehongliad 3 yn rhoi esboniad cywir o brofiad dadfyddino? *(I gael arweiniad, gweler tudalennau 192–193.)*

GWEITHGAREDD

Yn eich barn chi, pam roedd pobl yn dweud 'mynd yn ôl i *civvy street*' wrth gyfeirio at ddadfyddino?

Difrod rhyfel

Erbyn 1945, roedd cyrchoedd bomio'r Almaen wedi effeithio ar y rhan fwyaf o brif drefi a dinasoedd Prydain. Gwnaeth yr Almaenwyr gynlluniau newydd yn 1943 i geisio ailddechrau'r Blitz. Ym mis Ionawr 1944, o dan orchymyn Cadfridog Peltz, digwyddodd cyfres o gyrchoedd awyr, o'r enw 'Ymgyrch Steinbock', yn erbyn Llundain a dinasoedd eraill. Oherwydd hyfforddiant a sgiliau cyfeirio gwael, diffyg awyrennau ac amddiffynfeydd gwrthawyrennol effeithiol, buodd y 'Baby Blitz' – fel cafodd ei alw gan y Prydeinwyr – yn gymharol aneffeithiol. Erbyn mis Mehefin, roedd yr Almaenwyr wedi rhoi'r gorau iddi. Serch hynny, parhaodd cyrchoedd awyr yn ystod 1945, gan achosi rhagor o ddifrod, niwed a marwolaethau, ond doedd y cyrchoedd hyn ddim yn arbennig o strategol. Gorchymyn personol Hitler oedd y dylai taflegrau gael eu defnyddio (rhai o'r enw 'arfau dial', neu *Vergeltungswaffe*', sef *'Vengeance weapons'* yn Saesneg). Roedden nhw i fod i gael eu tanio'n ddi-baid at dde-ddwyrain Lloegr. Yn y rhan fwyaf o achosion, fodd bynnag, doedd yr arfau ddim yn taro'u targedau yn gywir. O'r 10,492 o fomiau hedegog, dim ond 2,419 gyrhaeddodd Lundain. Digwyddodd cyrchoedd awyr bach o hyd tan ddiwedd mis Mawrth 1945, pan gafodd targedau ym Mhrydain eu taro am y tro olaf gan roced, un bom hedegog olaf a chych awyr confensiynol. Roedd difrod helaeth yng Nghymru hefyd (gweler Pennod 4, tudalennau 150–151).

Ffynhonnell C: Tunelledd y bomiau ar dargedi ym Mhrydain 1940–1945 (*yn cynnwys arfau-V)

1940	1941	1942	1943	1944	1945*
36,844	21,858	3,260	2,298	9,151	761

▲ **Ffynhonnell CH:** Fflatiau wedi'u dinistrio yn Whitechapel, Dwyrain Llundain; ffotograff gafodd ei dynnu ym mis Mawrth 1945

Cwestiwn ymarfer

Beth gallwch chi ei ddysgu gan Ffynonellau C a CH am effaith cyrchoedd awyr ar Brydain hyd at 1945? (*I gael arweiniad, gweler tudalennau 190–191.*)

Y rhesymau dros fuddugoliaeth y Blaid Lafur yn etholiad cyffredinol 1945

Yr etholiad cyffredinol yn 1945 oedd y cyntaf i gael ei gynnal ym Mhrydain ers 1935 ac roedd sawl miliwn o bobl yn pleidleisio am y tro cyntaf. Tua 33 miliwn oedd maint yr etholaeth, ac fe bleidleisiodd tua 24 miliwn o bobl. Doedd y Blaid Lafur ddim wedi bod mewn grym ers 1931 ac roedd gwahaniaethau gwleidyddol wedi creu rhaniadau enfawr yn y blaid yn ystod y Dirwasgiad. Roedd pethau wedi gwella'n raddol yn ystod yr 1930au, ond dim ond 154 sedd enillodd y blaid yn etholiad 1935 (enillodd y Ceidwadwyr 432). Roedd pobl yn dal i ofni polisïau sosialaidd Llafur. Roedd llawer o bobl yn dal i godi bwganod gan boeni byddai gwladwriaeth gomiwnyddol yn cael ei chreu pe bai'r blaid Lafur yn ennill etholiad ac yn ffurfio llywodraeth.

Yn 1945, cyhoeddodd y ddwy brif blaid **faniffesto** oedd yn dangos pa bolisïau bydden nhw'n eu dilyn pe baen nhw'n cael eu hethol. Roedd llawer o'r polisïau'n debyg ond cafodd Adroddiad Beveridge groeso gan y blaid Lafur. Dywedon nhw bydden nhw'n gweithredu ei argymhellion yn syth. Roedd y Ceidwadwyr yn fwy gofalus am osod terfynau amser. Roedd gan y Ceidwadwyr ymgyrch etholiadol ymosodol oedd yn ceisio pardduo'r Blaid Lafur, ond gweithiodd hyn yn eu herbyn nhw yn y pen draw. Pan ddechreuodd yr ymgyrch, roedd pawb yn rhagweld mai'r Ceidwadwyr fyddai'n ennill. Eu prif arf oedd Churchill ac roedd llawer o bobl yn meddwl byddai ei statws ef fel arweinydd rhyfel yn ddigon i sicrhau buddugoliaeth hawdd i'r Ceidwadwyr yn yr etholiad.

Darlledodd y pleidiau ar y radio gan ddenu cynulleidfaoedd enfawr, ac aeth cynulleidfaoedd da i'r cyfarfodydd cyhoeddus. Yn ystod y rhyfel roedd gan y cyhoedd fwy a mwy o ddiddordeb mewn gwleidyddiaeth a digwyddiadau rhyngwladol, ac roedd yr etholaeth yn ymwybodol o'r materion allweddol ym Mhrydain. Dechreuodd y pleidleisio ar 5 Gorffennaf a gorffen ar 19 Gorffennaf – roedd hyn er mwyn rhoi cyfle i filwyr dramor gael pleidleisio.

▲ **Ffynhonnell D:** Poster ymgyrchu'r Blaid Lafur, 1945

	Y Blaid Geidwadol	Y Blaid Lafur
Teitl y maniffesto	*Datganiad polisi Mr Churchill i'r etholwyr*	*Gadewch i ni wynebu'r dyfodol*
Prif bolisïau	Cynllun yswiriant cynhwysfawr Gwasanaeth Iechyd Gwladol Cyflogaeth lawn Gwelliannau i addysg Gwelliannau i dai	Cynllun yswiriant cynhwysfawr Gwasanaeth Iechyd Gwladol i gael ei sefydlu'n syth Cyflogaeth lawn Gwelliannau i addysg Gwelliannau i dai Gwladoli Banc Lloegr, glo ac egni, trafnidiaeth, haearn a dur, a hynny i ddigwydd yn syth. Byddai'r polisi hwn yn sicrhau llawer o swyddi.
Sylwadau	Roedd maniffesto'r Ceidwadwyr yn pwysleisio bod angen parhad o dan Churchill. Roedd posteri'r Ceidwadwyr hefyd yn dangos eu dibyniaeth nhw ar Churchill. Er bod Churchill yn sôn am gynllun eglur, roedd llawer o'r polisïau'n teimlo fel gobeithion amhendant.	Roedd maniffesto Llafur yn pwysleisio cynllunio, ailadeiladu a chydraddoldeb. Roedd pob un o'r rhain yn bolisïau oedd wedi dod yn gyfarwydd i bobl yn ystod y rhyfel. Doedd ymgyrch y blaid Lafur ddim yn sôn am unrhyw gymeriadau neu unigolion. Roedd maniffesto Llafur yn dangos byddai'n gweithredu Adroddiad Beveridge yn gynt na'r Ceidwadwyr. Roedd yn cyflwyno'r syniad 'Byth eto' – ymadrodd allai gael ei ddehongli mewn sawl ffordd wahanol – nid yn unig gan gyfeirio at y rhyfel ond hefyd at dlodi a diweithdra'r 1930au.

▲ Tabl 6.1: Maniffestos y Blaid Lafur a'r Blaid Geidwadol

Canlyniadau

Cafodd canlyniadau'r etholiad eu cyhoeddi ar 26 Gorffennaf 1945. Roedd Llafur wedi ennill buddugoliaeth ysgubol (gweler Tabl 6.2). Doedd rhai o arweinwyr Llafur ddim wedi disgwyl hyn ac roedden nhw wedi trefnu eu gwyliau haf, felly roedd yn rhaid canslo'r rhain.

Plaid	Seddi	Canran y seddi yn y Senedd	Canran y pleidleisiau	Canran y cynnydd / gostyngiad ers etholiad 1935
Llafur	395	61.7	48.1	+10.4
Ceidwadwyr ac Unoliaethwyr Ulster	215	33.6	40.1	−13.9
Rhyddfrydwyr	12	1.9	9.0	+0.8
Eraill	18	3.4	2.8	

▲ Tabl 6.2: Tabl canlyniadau etholiad cyffredinol 1945

Rhesymau pam enillodd Llafur

Mae haneswyr wedi cynnig nifer o resymau pam enillodd y Blaid Lafur etholiad cyffredinol 1945:

- Roedd y Blaid Lafur wedi bod yn ennill seddau seneddol cyn i'r rhyfel ddechrau, ac roedd hynny'n arwydd eu bod yn dod yn fwy poblogaidd.
- Roedd arolygon barn gafodd eu cynnal yn ystod blynyddoedd y rhyfel yn dangos bod mwy o gefnogaeth gan y Blaid Lafur na'r Ceidwadwyr, ac erbyn 1943 roedden nhw 10–20 y cant ar y blaen.
- Roedd undebau llafur wedi chwarae rhan allweddol yn ystod y rhyfel ac wrth wneud hynny roedden nhw wedi hyrwyddo rôl a safle'r Blaid Lafur.
- Doedd sosialaeth ddim yn cael ei gweld yn gymaint o fygythiad ag oedd yn yr 1920au ar ôl Chwyldro Rwsia. Roedd llywodraeth glymblaid y rhyfel wedi ymyrryd â bywydau pobl a'u rheoli ac roedd pobl wedi dod i arfer â hyn. Doedd pobl ddim yn ofni 'cynllunio gan y wladwriaeth' erbyn hyn.
- Hefyd roedd pobl yn gweld sosialaeth mewn ffordd fwy ffafriol oherwydd rôl yr Undeb Sofietaidd wrth drechu Hitler.
- Roedd llawer o bobl yn beio'r Ceidwadwyr am broblemau'r 1930au, ac yn cysylltu diweithdra ac amddifadedd cymdeithasol â pholisïau'r Ceidwadwyr. Doedd y bobl hyn ddim eisiau llywodraeth Geidwadol yn ei hôl.
- Roedd llawer o bobl yn ystyried Churchill yn arweinydd rhyfel gwych, ond doedden nhw ddim yn ei weld yn arweinydd adeg heddwch. Roedd rhai pobl yn meddwl ei fod yn rhy hen. Hefyd roedden nhw'n cysylltu ei areithiau ef â digwyddiadau'r rhyfel, yn hytrach nag â heddwch ac ailadeiladu.
- Newidiodd y rhyfel agweddau pobl tuag at y system ddosbarth, symudedd cymdeithasol a chyfle. Roedd y Blaid Lafur fel pe bai'n sefyll dros synnwyr cryfach o roi cyfleoedd i bobl er gwaethaf eu cefndir.
- Yn llywodraeth glymblaid y rhyfel o dan arweiniad Winston Churchill, roedd gwleidyddion Llafur wedi gwneud swyddi allweddol ac roedd pobl o'r farn bydden nhw'n parhau â'r gwaith wnaethon nhw yn ystod rhyfel a hithau bellach yn gyfnod o heddwch. Roedd Attlee wedi bod yn Ddirprwy Brif Weinidog, Bevin yn Weinidog dros Lafur a Herbert Morrison yn Ysgrifennydd Cartref. Yn yr etholiad roedd pobl yn uniaethu â'r gwleidyddion Llafur hyn ac roedden nhw eisiau iddyn nhw arwain llywodraeth Lafur.

Dehongliad 4: Gan yr hanesydd Kenneth O. Morgan, yn *The Oxford History of Britain*, gafodd ei gyhoeddi yn 2010

Roedd canlyniad etholiad 1945, er mawr syndod i bawb, yn fuddugoliaeth wleidyddol ysgubol. Roedd yn ffordd syfrdanol o ddangos cymaint roedd awyrgylch blynyddoedd y rhyfel wedi newid. Does dim dwywaith chwaith fod hyn yn ffordd hwyr o feirniadu chwerwder y tridegau, gyda'i atgofion am München, Jarrow, a'r gorymdeithwyr newyn. Roedd yn gwneud i bobl deimlo'n orfoleddus ac yn ddryslyd ar yr un pryd.

Cwestiwn ymarfer

Darllenwch Ddehongliad 4. I ba raddau rydych chi'n cytuno â'r dehongliad hwn o fuddugoliaeth y Blaid Lafur yn etholiad 1945? (*I gael arweiniad, gweler tudalennau 196–197.*)

GWEITHGAREDD

Gan ddefnyddio'r ffynonellau a'r wybodaeth, beth yn eich barn chi oedd y rheswm pwysicaf dros fuddugoliaeth y Blaid Lafur yn etholiad 1945?

Casgliad: Pa mor anodd oedd yr amodau yng Nghymru a Lloegr yn 1945?

Er bod Prydain yn wlad 'fuddugol', roedd hi'n wynebu llawer o broblemau yn 1945. Doedd hi ddim yn bosibl datrys y rhan fwyaf o'r rhain yn syth. Rhoddodd llawer o bobl eu ffydd yn y Blaid Lafur i ailadeiladu gwlad oedd wedi cael ei difrodi'n ddifrifol gan y rhyfel. Roedd hyn yn golygu bod pris i'w dalu am fuddugoliaeth. Roedd cartrefi pobl wedi'u dinistrio neu'u difrodi, roedd teuluoedd wedi colli pobl neu daethon nhw adref wedi'u hanafu ac angen gofal arnyn nhw. Ar ôl i bobl gymryd rhan yn y rhyfel, roedd rhaid iddyn nhw ddychwelyd i fywyd fel sifiliaid, ac roedd yn rhaid i'r wlad gyfrif y gost ac adfer.

Adroddiad Beveridge

Roedd buddugoliaeth ysgubol y Blaid Lafur yn 1945 wedi'i seilio ar y syniad y gallen nhw ailadeiladu Prydain ar ôl effeithiau dinistriol y rhyfel. Ond doedd yr awydd i adeiladu Prydain 'newydd' ddim yn syniad roedd pobl wedi'i gael ar ddiwedd y rhyfel yn unig. Yn 1941, fe wnaeth llywodraeth glymblaid y rhyfel sefydlu Comisiwn Brenhinol o dan Syr William Beveridge i edrych ar ffyrdd o ailadeiladu Prydain ar ôl y rhyfel. Yn 1942, cyhoeddodd Beveridge ei adroddiad, ac roedd yn cynnwys cyfres o argymhellion. Mabwysiadodd y Blaid Lafur yr argymhellion hynny a'u cynnwys nhw yn eu maniffesto yn 1945. Wrth i chi weithio drwy'r bennod hon, byddwch chi'n gallu gofyn a lwyddodd y llywodraeth Lafur i ail-lunio ac ailadeiladu Prydain ar ôl chwe blynedd o ryfel. Gallwch chi farnu a wnaethon nhw gyflawni argymhellion Beveridge a'r addewidion roedd y Blaid Lafur ei hun wedi'u gwneud i bobl Prydain yn 1945.

Aeth llywodraeth glymblaid y rhyfel ati i bortreadu'r gwrthdaro fel 'rhyfel y bobl'. Felly, pan oedd y rhyfel drosodd, roedd pobl yn disgwyl byddai manteision eglur iddyn nhw ar ôl yr holl aberth gafodd ei wneud. Roedd llawer o bobl yn gobeithio byddai'r llywodraeth yn y dyfodol yn gwneud y canlynol:

- diwygio'r system nawdd cymdeithasol bresennol fel ei bod yn cynnwys mwy o'r boblogaeth
- diwygio'r system gofal iechyd, lle roedd yn rhaid i bobl dalu am driniaeth a lle roedden nhw'n aml yn methu fforddio gwneud hynny
- parhau gyda'r polisi o roi llaeth am ddim i bob plentyn – roedd hyn wedi cael ei gyflwyno yn 1940
- diwygio triniaeth ysbyty (doedd hi ddim yn realistig disgwyl i bobl dalu am driniaeth os oedd eu tai wedi cael eu bomio).

'Cawr' i'w drechu	Am beth roedd Beveridge eisiau ymladd
Angen	Yr angen am incwm digonol i bawb
Afiechyd	Yr angen am fynediad at ofal iechyd
Anwybodaeth	Yr angen am fynediad at gyfle addysgol
Aflendid	Yr angen am dai digonol
Segurdod	Yr angen am waith gyda chyflog

▲ Tabl 7.1: Crynodeb o 'Bum Cawr' Beveridge

Cafodd disgwyliadau fel y rhain ddylanwad ar syniadau Beveridge, gan effeithio ar strwythur ei adroddiad. Roedd Beveridge yn cydnabod bod yr hyn roedd ef a'i bwyllgor wedi'i ragweld ar gyfer y dyfodol yn digwydd yn barod. Hynny yw, roedd y llywodraeth yn cymryd mwy o ran ym mywydau pobl gyffredin er mwyn sicrhau bodolaeth ddiogel. Roedd yn rhaid i Beveridge berswadio gwleidyddion i adael i'r llywodraeth gymryd mwy o ran ym mywydau pobl ar adeg heddwch. Cafodd yr adroddiad, o'r enw 'Social Insurance and Allied Services', ei gyhoeddi ar 1 Rhagfyr 1942 ac o fewn rhai wythnosau roedd wedi gwerthu 635,000 o gopïau. Cyn pen pythefnos ar ôl iddo gael ei gyhoeddi, roedd arolwg o farn y cyhoedd yn dweud bod 19 allan o 20 o bobl wedi clywed am yr adroddiad a bod 9 allan o bob 10 eisiau i'w gynigion gael eu gweithredu. Rhoddodd gwasg Prydain, ac eithrio'r *Daily Telegraph*, groeso i'r adroddiad.

GWEITHGAREDD ?

Mewn parau, trafodwch pam rhoddodd Beveridge yr enw 'Pum Cawr' ar broblemau Prydain yn 1940

Yn 1939:

- roedd 21 miliwn o bobl yn gymwys i gael pensiwn i'r henoed.
- roedd 15.5 miliwn wedi'u hyswirio gan yswiriant diweithdra'r llywodraeth.
- roedd 20 miliwn wedi'u hyswirio gan yswiriant iechyd gwladol (ychydig yn llai na hanner y boblogaeth).

Roedd Adroddiad Beveridge yn cynnig estyn pensiynau ac yswiriant diweithdra i fwy o bobl, a chyflwyno system iechyd i bawb. Y ddelfryd allweddol oedd y dylai 'budd-daliadau' gan y wladwriaeth fod yn 'gyffredinol' (ar gael i bawb), a daeth hyn yn sail i'r system oedd bellach yn cael ei galw'n 'wladwriaeth les'.

Roedd yr adroddiad yn argymell cynllun yswiriant gorfodol i ddileu tlodi, lle byddai pob gweithiwr yn gwneud cyfraniadau. Yn ychwanegol at y rhain byddai cyfraniadau gan gyflogwyr a'r llywodraeth hefyd. Byddai'r cyfraniadau hyn yn helpu i greu cronfa fyddai'n talu budd-daliadau wythnosol i bobl sâl neu ddi-waith neu rai oedd wedi cael anaf diwydiannol. Yn ogystal, byddai'r cynllun yn talu pensiynau i'r henoed. Byddai'r cynllun yn cefnogi'r gweithiwr ac yn ei helpu ef a'i deulu i fyw mewn cyfnod o galedi. Byddai budd-daliadau i weddwon hefyd.

Roedd yr adroddiad hefyd yn cynnig y canlynol:

- lwfans teulu ar gyfer yr ail blentyn a phob plentyn wedi hynny
- grant priodas
- grant a budd-daliadau mamolaeth
- grant marwolaeth.

Roedd pobl yn gymwys i dderbyn y budd-daliadau a'r grantiau hyn oherwydd eu bod nhw i gyd wedi cyfrannu: dyna oedd y nodwedd allweddol. Y peth pwysicaf oedd y byddai'r system yn cael gwared ar brawf modd amhoblogaidd yr 1930au (gweler tudalennau 120–121) pe bai'n dod i rym.

Roedd argymhellion yr adroddiad yn golygu byddai'r wladwriaeth yn gofalu am yr unigolyn o'r 'crud i'r bedd' (roedd eraill yn dweud yn goeglyd yn Saesneg 'from the womb to the tomb'). Pe bai'r adroddiad yn cael ei roi ar waith, byddai'n creu gwladwriaeth les. Roedd Beveridge yn dadlau y byddai'r adroddiad yn darparu isafswm safon byw, ac 'na ddylai neb gael syrthio o dan' y safon hon, pe bai ei adroddiad yn cael ei gyflwyno.

▲ **Ffynhonnell A:** Cartŵn o fis Rhagfyr 1942, yn fuan ar ôl cyhoeddi Adroddiad Beveridge. Mae'r wyneb ar y jwg yn llaw'r milwr yn cynrychioli William Beveridge, awdur yr adroddiad

GWEITHGAREDDAU

1 Pam roedd rhai pobl yn poeni am gyflwyno Adroddiad Beveridge?

2 Edrychwch ar Ffynhonnell A. Pa bwynt mae'r cartwnydd yn ei wneud am Adroddiad Beveridge?

Mynd i'r afael â'r Pum Cawr

Digwyddodd rhai diwygiadau cyn diwedd y rhyfel. Yr un pwysicaf oedd Deddf Addysg 1944, oedd nawr yn sicrhau addysg am ddim yn ystod y blynyddoedd gorfodol. Yn ogystal â hynny, pasiodd y Senedd y Ddeddf Lwfans Teulu ym mis Ebrill 1945, er na chafodd y taliadau cyntaf eu gwneud tan fis Awst 1946. Daeth y diwygiadau allweddol ar ôl i'r llywodraeth Lafur ddod i rym ym mis Gorffennaf 1945 ac ymosod yn uniongyrchol ar y 'Pum Cawr'. Mewn cyfnod o ychydig dros dair blynedd, llwyddodd diwygiadau cymdeithasol y llywodraeth Lafur i greu gwladwriaeth les oedd yn ceisio gofalu am bob dinesydd, y cyfoethog a'r tlawd.

Wrth 'fynd i'r afael ag angen', cyflwynodd y llywodraeth Lafur y Ddeddf Yswiriant Gwladol. Yn ôl y ddeddf hon, byddai pob gweithiwr yn talu cyfraniad wythnosol (4s 11d) a byddai'r cyflogwr a'r llywodraeth hefyd yn cyfrannu i'r gronfa. Wedyn byddai'r gronfa'n cael ei defnyddio i dalu budd-daliadau yn ystod cyfnodau o salwch neu ddiweithdra (gweler Ffigur 7.1). Roedd pob plaid a'r cyhoedd yn croesawu'r ddeddf oherwydd ei bod yn cael gwared ar lawer o'r anghyfiawnderau oedd yn y system cyn y rhyfel. Byddai'n sicrhau nad oedd unrhyw fylchau yn y wladwriaeth les, ac felly byddai sicrwydd o isafswm incwm sylfaenol i bawb. Cafodd y Ddeddf Cymorth Gwladol ei phasio yn 1948. Cafodd Bwrdd Cymorth Gwladol newydd ei sefydlu i roi budd-daliadau i'r rhai oedd mewn angen. Yn ôl y ddeddf, roedd yn rhaid i bob awdurdod lleol gynnig llety preswyl i'r henoed ac i bobl ag anableddau, a sicrhau bod llety dros dro o leiaf i'r digartref. Dywedodd *The Times* mai'r 'Bwrdd Cymorth Gwladol oedd amddiffyniad olaf y dinesydd yn erbyn tlodi.'

Dehongliad 1: O *Britain Since 1945* gan P. J. Madgwick, 1982

O dan y ddeddfwriaeth Lafur newydd, y bwriad oedd y byddai'r dinesydd wedi'i ddiogelu'n ddigonol yn erbyn henaint, salwch a diweithdra gan system wedi'i seilio ar yswiriant. Fyddai dim angen y prawf modd roedd pawb yn ei gasáu. Chafodd tlodi mo'i ddileu, ond roedd gostyngiad sylweddol yn nifer y bobl ag angen difrifol o ran bwyd, dillad, lloches a gwres, o'i gymharu â'r 1930au.

Cwestiwn ymarfer

I ba raddau rydych chi'n cytuno â Dehongliad 1 am effaith y ffordd yr aeth y llywodraeth Lafur ati i roi Adroddiad Beveridge ar waith? *(I gael arweiniad, gweler tudalennau 196–197.)*

Anwybodaeth

Deddf Addysg 1944
- Creu'r Weinyddiaeth Addysg
- Rhannu addysg yn addysg gynradd, addysg uwchradd ac addysg bellach
- Rhannu addysg uwchradd yn addysg ramadegol, technegol a modern, yn dilyn asesiad yn 11 oed
- Addysg am ddim nes cyrraedd oedran gadael ysgol, sef 14 (cafodd hwn ei godi i 15 yn 1947)

Angen

Deddf Lwfans Teulu 1945
- 5 swllt (25c) yr wythnos ar gyfer pob plentyn ar ôl yr un cyntaf
- Lwfans yn cael ei dalu i'r fam
- Byddai'n cael ei dalu hyd nes bod y plentyn yn 15 neu'n 16 os oedd y plentyn mewn addysg amser llawn

Deddf Yswiriant Gwladol 1946
- Sefydlu Gweinyddiaeth Yswiriant Gwladol
- Budd-dal diweithdra
- Budd-dal salwch
- Budd-dal mamolaeth – un taliad yn cael ei roi i fam ar enedigaeth plentyn
- Grant marwolaeth i dalu costau angladd
- Budd-dal gweddwon
- Plant amddifad – gwarcheidwaid yn cael lwfans
- Pensiynau i'r henoed – dynion dros 65 oed a menywod dros 60 oed – unigolyn sengl 25 swllt (£1.25) a chwpl priod 42 swllt (£2.10) yr wythnos

Deddf Cymorth Gwladol 1948
- Wedi'i llunio i helpu'r rhai oedd wedi 'llithro drwy rwyd' y system newydd
- Diddymu system Cyfraith y Tlodion
- Roedd y rhai oedd â salwch cronig a'r rhai oedd heb ddigon o fudd-daliadau yn gallu defnyddio'r Bwrdd Cymorth Gwladol (cafodd y Bwrdd hwn ei greu i gynorthwyo pobl oedd heb adnoddau digonol)
- Roedd y Ddeddf yn rhoi sylw i bobl ddigartref, pobl anabl a phobl â salwch meddwl

Aflendid

1946 sefydlu'r Weithrediaeth Cynhyrchu Tai
- Cafodd miliwn o dai eu codi yn y blynyddoedd 1945–51
- Cafodd miloedd o dai parod (*prefabs*) eu codi

Deddf Trefi Newydd 1946
- 17 yn Lloegr, 5 yn yr Alban, 1 yng Nghymru. Cafodd Peterborough, Crawley, Northampton a Warrington eu ehangu

Mynd i'r afael â'r Pum Cawr

Afiechyd

Deddf Gwasanaeth Iechyd Gwladol 1946
(daeth i rym yn 1948)
- Gwasanaeth cynhwysfawr, gyda phob dinesydd yn cael yr holl gyngor, yr holl driniaeth a'r holl ofal roedd eu hangen arnyn nhw, gyda'r cyfleusterau meddygol a'r cyfleusterau eraill gorau oedd ar gael
- Gwasanaeth am ddim i'r cyhoedd pan oedden nhw'n ei ddefnyddio

Segurdod
- Roedd clymblaid y rhyfel wedi derbyn ei bod yn ddyletswydd ar y llywodraeth i gynnal lefel uchel a sefydlog o gyflogaeth ar adeg heddwch. Wrth wladoli sawl diwydiant, dangosodd y Blaid Lafur ei bod hi'n bwriadu rheoli'r economi a chyflawni'r gobaith hwnnw o gyfnod y rhyfel. At hynny, roedd cynlluniau adeiladu yn sicrhau byddai lefel uchel o gyflogaeth am nifer o flynyddoedd ar ôl diwedd yr ymladd

◄ Ffigur 7.1: Manylion Adroddiad Beveridge

Aneurin Bevan a'r GIG

Aneurin Bevan, sosialydd pybyr, oedd yn gyfrifol am sefydlu'r GIG. Ef oedd y prif ffigur wrth ddatblygu'r Gwasanaeth Iechyd Gwladol (y GIG) ond roedd y proffesiwn meddygol yn ei wrthwynebu'n chwyrn, gan eu bod yn poeni am annibyniaeth broffesiynol, y costau posibl a cholli statws.

Erbyn 1945, roedd hanner y boblogaeth – sef y rhai oedd yn ennill cyflog – yn cael triniaeth feddygol am ddim o dan y cynllun Yswiriant Gwladol. Roedd teuluoedd yn cael triniaeth, ond dim ond os oedd ganddyn nhw yswiriant preifat. Doedd gan lawer ohonyn nhw ddim digon o arian i brynu yswiriant. Yn aml, dewis olaf oedd galw am feddyg neu fynd i ysbyty. O ganlyniad, roedd salwch neu anafiadau'n cael eu gadael heb eu trin, neu'n mynd yn fwy difrifol nag oedd rhaid iddyn nhw fod. Yn ystod y rhyfel, roedd gwasanaeth meddygol brys wedi cael ei sefydlu. Ar ôl pedwar mis cyntaf y rhyfel, roedd y llywodraeth wedi creu 1,000 o theatrau llawdriniaeth newydd, miliynau o rwymynnau a degau o filoedd o welyau ychwanegol. Cafodd gwasanaeth trallwyso gwaed cenedlaethol ei sefydlu, a rhoddwyd triniaeth ysbyty am ddim i'r rhai oedd wedi cael eu hanafu fel rhan uniongyrchol o'r rhyfel. Erbyn diwedd y rhyfel, roedd hi'n amlwg yn bosibl rhedeg gwasanaeth iechyd gwladol yn effeithlon ac yn effeithiol.

Roedd Adroddiad Beveridge wedi rhagweld gwasanaeth iechyd gwladol, a chafodd y Ddeddf Iechyd Gwladol ei phasio yn 1946.

Deddf Iechyd Gwladol 1946

- Roedd y gwasanaeth am ddim i'r cyhoedd pan oedden nhw'n ei ddefnyddio.
- Roedd y gwasanaeth yn gynhwysfawr, gyda phob dinesydd yn cael yr holl gyngor, yr holl driniaeth a'r holl ofal roedd eu hangen arnyn nhw, yn ogystal â'r cyfleusterau meddygol a'r cyfleusterau eraill gorau oedd ar gael.
- Roedd presgripsiwn ar gyfer cyffuriau, gofal deintyddol a gofal optegol i gyd yn rhan o'r gwasanaeth.
- Cafodd ysbytai gwirfoddol a lleol eu cydlynu mewn un system wladol fyddai'n cael ei rheoli ar lefel leol gan Fyrddau Iechyd penodol. Cymerodd y Ddeddf 1,771 o ysbytai awdurdodau lleol a 1,334 o ysbytai gwirfoddol i feddiant cyhoeddus gwladol.
- Cyfrifoldeb y Gweinidog Iechyd oedd gweinyddu'r system yn gyffredinol.
- Byddai'r GIG yn rheoli gwasanaethau arbenigol ac ysbytai, gwasanaethau ymarferwyr cyffredinol (meddygol, deintyddol, llygaid a fferyllol), gwasanaethau ambiwlans a gwasanaethau iechyd cymunedol.

ANEURIN BEVAN

1897	Cafodd ei eni yn Nhredegar, De Cymru, yn un o ddeg o blant
1910	Gadawodd yr ysgol a mynd yn löwr
1919	Enillodd ysgoloriaeth i'r Coleg Llafur Canolog
1926	Daeth yn arweinydd glowyr yn Nhredegar yn ystod y Streic Gyffredinol
1929	AS dros Lyn Ebwy
1945–51	Gweinidog dros Iechyd
1951	Gweinidog dros Lafur
1951	Ymddiswyddodd dros fater codi ffi yn y GIG
1959	Cafodd ei ethol yn Ddirprwy Arweinydd y Blaid Lafur

◀ **Ffynhonnell B:** Aneurin Bevan, Y Gweinidog dros Iechyd, yn cwrdd â Sylvia Diggory (née Beckingham), claf cyntaf y Gwasanaeth Iechyd Gwladol yn Ysbyty Park, Manceinion, ar 5 Gorffennaf 1948, sef y diwrnod pan ddechreuodd y GIG. Mewn cyfweliad 50 mlynedd yn ddiweddarach, meddai Sylvia: 'Gofynnodd Mr Bevan i mi a oeddwn i'n deall arwyddocâd yr achlysur, gan ddweud wrtha i fod hon yn garreg filltir mewn hanes – hwn oedd y cam mwyaf gwâr roedd unrhyw wlad wedi'i gymryd erioed, ac roedd hwn yn ddiwrnod byddwn i'n ei gofio am weddill fy mywyd – wrth gwrs, roedd e'n iawn.'

Gwrthwynebiad i'r Gwasanaeth Iechyd Gwladol

Roedd y Gymdeithas Feddygol Brydeinig (*British Medical Association*: *BMA*), sef corff proffesiynol y meddygon, yn gwrthwynebu cyflwyno'r GIG. Roedd aelodau'r gymdeithas yn credu bydden nhw'n colli arian o ganlyniad i'r GIG, oherwydd roedden nhw'n ofni na fyddai unrhyw gleifion preifat ar ôl. Roedden nhw wedi gwrthwynebu ymyrraeth gan y llywodraeth ers dechrau'r cynllun Yswiriant Gwladol yn 1911. Doedd y *BMA* ddim eisiau i'w haelodau ddod yn weithwyr i'r llywodraeth yn unig ac ymladdon nhw i gadw eu hannibyniaeth. Doedden nhw ddim eisiau dod yn weithwyr oedd yn cael eu cyflog gan y llywodraeth – roedden nhw'n credu bydden nhw'n weision sifil a dim mwy na hynny.

Ym mis Ionawr 1948, cynhaliodd y *BMA* bleidlais i'w meddygon i gyd i weld oedden nhw'n cytuno ag ymuno â'r GIG neu beidio. Pleidleisiodd 84 y cant o'r holl feddygon. Yn ôl y canlyniad, roedd 40,814 yn erbyn ymuno, a 4,735 o blaid. Er gwaethaf hyn, dywedodd Bevan y byddai'r system newydd yn dechrau ar 5 Gorffennaf y flwyddyn honno. Serch hynny, daeth rhagor o drafod wedyn, a phenderfynodd Bevan y byddai meddygon ymgynghorol yn cael gweithio yn y gwasanaeth iechyd a pharhau i drin cleifion preifat ar yr un pryd, gan ennill ffioedd uchel. Addawodd Bevan y byddai'n addasu'r Ddeddf i ganiatáu hyn, gan roi taw ar ofnau'r meddygon y bydden nhw'n dod yn weision sifil cyflogedig. Ar ôl cynnig pleidlais arall i'w haelodau, argymhelliad y *BMA* oedd y dylai ei haelodau gymryd rhan yn y system newydd. Dywedodd Bevan ei fod wedi sicrhau dechrau y gwasanaeth drwy 'stwffio cegau'r meddygon ag aur'.

MORITURI TE SALUTANT.

Ffynhonnell CH: Alfred Cox, cyn-Gadeirydd y *BMA*, yn siarad am y Ddeddf Gwasanaeth Iechyd Gwladol, 1946

Rwyf wedi edrych ar y mesur ac i mi mae'n edrych yn hynod o debyg i gam cyntaf, a cham mawr, tuag at Sosialaeth Genedlaethol fel oedd i'w gael yn yr Almaen. Yno, cafodd y gwasanaeth meddygol ei roi yn gynnar o dan unbennaeth 'Führer meddygol'. Bydd y mesur hwn yn golygu mai swydd debyg i honno fydd gan y Gweinidog dros Iechyd.

OPERATION SABOTAGE

▲ **Ffynhonnell D:** Cartŵn gafodd ei gyhoeddi yn yr *Evening Standard* ym mis Ionawr 1948

Ffynhonnell DD: Darn o erthygl yn *The Daily Sketch*, papur newydd poblogaidd o Brydain, ym mis Chwefror 1948, yn ystod y trafodaethau rhwng Bevan a'r *BMA*

Mae'r gwasanaeth meddygol gwladol yn rhan o'r cynllwyn sosialaidd i droi Prydain Fawr yn economi Sosialaidd Genedlaethol. Safiad y meddygon yw chwyldro effeithiol cyntaf y dosbarthiadau proffesiynol yn erbyn gormes sosialaidd. Does dim byd y gall Bevan neu unrhyw sosialydd arall ei wneud am y peth heblaw gorfodi pobl fel roedd Hitler yn ei wneud.

GWEITHGAREDDAU

1 Sut mae Ffynhonnell C yn portreadu'r gwrthwynebiad i gyflwyno'r Gwasanaeth Iechyd Gwladol?

2 Mewn parau, defnyddiwch y wybodaeth a'r ffynonellau ar dudalennau 181–182 i greu dadleuon o blaid ac yn erbyn cyflwyno'r GIG. Rhannwch eich syniadau â pharau eraill yn y dosbarth.

◄ **Ffynhonnell C:** Cartŵn gafodd ei gyhoeddi ar gyfer y Gymdeithas Feddygol Brydeinig yn 1946 ar ôl pasio'r Ddeddf Iechyd Gwladol. Mae tri meddyg yn rhoi saliwt i'r ymerawdwr (Aneurin Bevan). O'u cyfieithu, mae'r geiriau ar waelod y cartŵn yn dweud 'Mae'r rhai sydd ar fin marw yn eich saliwtio chi.'

Effaith y GIG

Erbyn 5 Gorffennaf 1948, roedd tri chwarter y boblogaeth wedi cofrestru gyda meddygon o dan y cynllun iechyd newydd. Ddau fis yn ddiweddarach, roedd 39,500,000 o bobl, neu 93 y cant o'r boblogaeth, wedi'u cofrestru ac roedd dros 20,000 o feddygon teulu, tua 90 y cant, yn cymryd rhan. Roedd y gwasanaeth newydd wedi dod yn boblogaidd yn syth gyda mwyafrif helaeth poblogaeth Prydain. Ond cyn hir, roedd y llywodraeth yn wynebu problemau wrth ariannu'r system:

■ Yn ei flwyddyn gyntaf, costiodd y GIG £248 miliwn i'w redeg, bron i £140 miliwn yn fwy na'r amcangyfrif gwreiddiol. Roedd symiau blynyddol wedi'u cadw ar gyfer triniaethau fel llawfeddygaeth ddeintyddol a sbectolau. Ond cafodd y rhain eu defnyddio'n gynt na hynny.

■ I ddechrau, roedd swm o £2 filiwn wedi'i roi heibio i dalu am sbectolau am ddim dros naw mis cyntaf y GIG, ond cafodd y swm hwn ei wario mewn mater o wythnosau.

■ Cafodd dros 5 miliwn o bobl sbectolau gan y GIG yn y flwyddyn gyntaf, ac aeth miliynau o bobl at y deintydd er mwyn cael eu dannedd wedi'u tynnu i gyd a chael dannedd gosod yn eu lle.

■ Roedd y Weinyddiaeth Iechyd yn tybio byddai tua 140 miliwn presgripsiwn yn cael eu rhoi am ddim yn flynyddol, ond roedd hwn yn amcangyfrif rhy isel o lawer. Cynyddodd nifer y presgripsiynau bob blwyddyn nes iddo gyrraedd 229 miliwn yn 1951.

■ Dechreuodd pobl ofyn am gael cyflenwad am ddim o feddyginiaethau roedden nhw wedi arfer talu amdanyn nhw. Roedd rhain yn cynnwys asbirin, carthyddion (*laxatives*), gorchuddion cymorth cyntaf a gwlân cotwm.

■ Roedd y llywodraeth wedi amcangyfrif byddai'r GIG yn costio £140 miliwn y flwyddyn erbyn 1950. Ond erbyn dechrau 1949, roedd y gost wedi gwneud mwy na dyblu, ac wedi cyrraedd tua £400 miliwn. Erbyn i'r blaid Lafur adael y llywodraeth yn 1951, roedd y costau blynyddol bron yn £500 miliwn.

■ Yn 1951, cyflwynodd y llywodraeth Lafur ffi am rai triniaethau deintyddol ac am bresgripsiynau am feddyginiaethau. Ymddiswyddodd Bevan oherwydd hyn.

■ Pan enillodd y Ceidwadwyr yr etholiad cyffredinol yn 1951, dywedon nhw bydden nhw'n cadw'r GIG, ar ôl gwrthwynebu'r bil yn gryf yn 1946 a gwrthwynebu sefydlu'r GIG yn 1948. Roedd poblogrwydd y GIG yn golygu nad oedd unrhyw blaid yn barod i fentro cael gwared arno nawr.

GWEITHGAREDD

'Roedd cyflwyno'r Gwasanaeth Iechyd Gwladol yn rhy ddrud ac yn afrealistig.' I ba raddau byddech chi'n cytuno â'r gosodiad hwn?

Cwestiwn ymarfer

Mae'r cwestiwn hwn am y llywodraeth Lafur yn 1945. Esboniwch y cysylltiadau rhwng unrhyw DRI o'r canlynol:

● Adroddiad Beveridge 1942
● Buddugoliaeth y Blaid Lafur yn Etholiad Cyffredinol 1945
● Methiant y Blaid Geidwadol yn Etholiad Cyffredinol 1945
● 'Y Pum Cawr'.
(I gael arweiniad, gweler tudalen 195.)

Cyfleoedd addysgol yn dilyn Deddf 1944

Mewn gwirionedd, llywodraeth glymblaid y rhyfel, o dan arweiniad Churchill, wnaeth y gwaith o basio Deddf Addysg 1944 a'i gweithredu. Cafodd Gweinyddiaeth Addysg ei chreu gan y ddeddf hon er mwyn darparu system addysg gyfun, genedlaethol.

Byddai addysg plant yn cael ei rhannu'n dri cham: addysg gynradd, addysg uwchradd ac addysg bellach.

Yr Awdurdodau Lleol fyddai'n darparu'r camau hyn, ac yn sefydlu Awdurdodau Addysg Lleol (AALlau). Byddai addysg ar bob cam yn cael ei darparu am ddim i'r myfyriwr, ond byddai'r wladwriaeth yn talu amdani. Cafodd yr oed gadael ysgol ei godi i 15 yn 1947. Hefyd, o dan y Ddeddf, roedd addoliad crefyddol dyddiol yn orfodol mewn ysgolion.

Byddai addysg Uwchradd yn cael ei chynnig mewn tri math gwahanol o ysgolion: ysgolion gramadeg, ysgolion technegol ac ysgolion modern.

Byddai'r myfyriwr yn sefyll arholiad o'r enw '11 *plus*'. Dyna fyddai'n penderfynu pa fath o ysgol Uwchradd y byddai'n ei mynychu. Os oedd y myfyriwr yn pasio'r arholiad ar lefel uwch, byddai'n mynd i ysgol ramadeg. Roedd lefelau eraill o basio wedyn i benderfynu a fyddai myfyriwr yn mynd i ysgol dechnegol neu fodern. Roedd y lefel pasio is yn golygu bod myfyriwr yn mynd i ysgol uwchradd fodern.

Prawf deallusrwydd syml fyddai'n cael ei sefyll ar ddiwedd yr ysgol gynradd oedd yr '11 *plus*'. Er gwaethaf bwriad y Ddeddf, roedd yr arholiad yn ymddangos fel pe bai'n rhoi mantais i'r rhai oedd yn pasio ar y lefel uchaf ac yn mynd i ysgol ramadeg. Y fantais hon oedd bod llawer o fyfyrwyr ysgolion gramadeg yn mynd i brifysgol ac yn cael swyddi gyda thâl gwell, wrth i'r rhai oedd yn mynychu ysgolion uwchradd modern adael yr ysgol a mynd i weithio'n syth. Yn ogystal â hyn, ychydig iawn o ysgolion technegol gafodd eu hagor.

GWEITHGAREDD ?

Mewn grwpiau, trafodwch beth gallwch chi ei ddysgu gan Ffynhonnell E am addysg ar ôl y rhyfel.

▲ Ffynhonnell E: Plant Ysgol Llansamlet yn cael gwers gelf yn 1944, sef y flwyddyn pan ddaeth y ddeddf addysg newydd i rym

Polisi Cartrefi i Bawb

Roedd cyflwr tai Prydain ar ddiwedd y rhyfel yn wael iawn ac roedd angen eu trwsio'n fawr iawn. Roedd difrod sylweddol wedi'i wneud i lawer o drefi a dinasoedd, ac roedd llawer o dai yn amhosibl eu trwsio. Ymateb y llywodraeth yn syth oedd adeiladu tai parod (roedd pobl yn eu galw'n '*prefab*', ffurf fyr o '*prefabricated*'), ac roedd y rhain i fod i bara deg mlynedd.

Amcangyfrifodd Pwyllgor Burt (oedd wedi cael ei ffurfio yn 1942) y byddai angen tua 200,000 o dai parod pan fyddai'r rhyfel yn dod i ben. Y nod oedd adeiladu 500,000 o'r math hwn o gartref er mwyn rhagweld popeth allai ddigwydd. Cytunodd y llywodraeth Lafur ar ôl y rhyfel i gyflenwi 300,000 o unedau cyn pen deg mlynedd, gyda chyllideb o £150 miliwn. Yn y pen draw, cafodd 1.2 miliwn o dai newydd eu codi rhwng 1945 ac 1951. Ond pan ddaeth y rhaglen i ben yn swyddogol, dim ond 156,623 o'r rhain oedd yn dai parod.

Cafodd y ddarpariaeth o ran tai cyngor ei llunio gan Ddeddf Trefi Newydd 1946, a Deddf Cynllunio Gwlad a Thref 1947. Aeth Bevan, y Gweinidog dros Iechyd a Thai, ati i hyrwyddo'i weledigaeth o ystadau newydd lle 'bydd y dyn sy'n gweithio, y meddyg a'r clerigwr yn byw'n agos at ei gilydd.'

▲ **Ffynhonnell F:** Stad o dai cyngor yn cael ei chodi ar ôl y rhyfel

▲ **Ffynhonnell FF:** Tŷ parod ar ôl y rhyfel, oedd wedi cael ei godi mewn ffatri awyrennau segur

Gwladoli diwydiannau allweddol

Yn ystod y rhyfel, i bob pwrpas roedd y llywodraeth glymblaid wedi cymryd rheolaeth dros gynhyrchiant diwydiannol er mwyn sicrhau bod yr hanfodion yn cael eu cynhyrchu. Roedd rhai diwydiannau heb adfer yn llawn ar ôl effeithiau'r Dirwasgiad yn yr 1930au, ond roedd effaith y rhyfel a rheolaeth y llywodraeth wedi bod o fantais iddyn nhw. Pan ddaeth y rhyfel i ben, sylweddolodd pobl fod rhai o'r diwydiannau hyn yn hanfodol i adferiad ac ailadeiladu Prydain, felly roedd y llywodraeth Lafur yn awyddus i'w gwladoli nhw. Roedd hyn yn golygu mai'r wladwriaeth fyddai'n berchen ar y diwydiannau hyn, yn hytrach nag unigolion preifat. I lawer o bobl, roedd hyn yn edrych fel ffurf ar reolaeth sosialaidd, ond roedd eraill yn sylweddoli bod rheoli'r diwydiannau hyn yn weithred bragmatig oedd yn angenrheidiol er mwyn ailadeiladu'r wlad. Roedd y llywodraeth Lafur wedi ymrwymo i raglen o wladoli yn ei maniffesto yn 1945. Addawodd roi iawndal ariannol hefyd i berchnogion y diwydiannau fyddai'n cael eu gwladoli, gan warchod statws a swyddi'r gweithwyr presennol yn y diwydiannau hynny. Yn y pen draw cafodd cyfanswm o £2,700 miliwn ei dalu fel iawndal.

Cafodd gwladoli ei gyfiawnhau ar sail y canlynol:

- Effeithlonrwydd diwydiannol
- Creu swyddi i gynnal cyflogaeth lawn
- Prisiau is i'r defnyddiwr.

Nawr cafodd y diwydiannau canlynol eu cymryd i 'berchnogaeth gyhoeddus' – cawson nhw eu 'gwladoli'.

Glo

O ganlyniad i Ddeddf Gwladoli'r Diwydiant Glo 1946, cafodd y diwydiant glo ei wladoli ym mis Ionawr 1947. Roedd hyd yn oed y Blaid Geidwadol yn derbyn bod angen gwladoli'r diwydiant hwn gan ei fod yn dirywio ers tipyn o amser. Cafodd Bwrdd Glo Cenedlaethol ei sefydlu o dan y Gweinidog dros Danwydd a Phŵer. I 850 o berchnogion y pyllau glo, cafodd iawndal o £164 miliwn ei dalu.

▲ **Ffynhonnell G:** Ffotograff o'r hyn ddigwyddodd i byllau glo ledled Prydain ym mis Ionawr 1947

Cludiant

Ym mis Ionawr 1948, prynodd y llywodraeth 52,000 milltir o draciau rheilffordd oedd eisoes yn bodoli, gan roi cychwyn i gwmni *British Rail*. I bob pwrpas, roedd y penderfyniad hwn i wladoli'r rhwydwaith rheilffyrdd yn golygu bod y rhan fwyaf o reilffyrdd Prydain o dan berchnogaeth gyhoeddus. Cafodd hyn ei wneud fel bod cludiant ar drên o amgylch Prydain yn fwy effeithlon, o ran diwydiant ac i deithwyr.

Roedd cludiant ar y ffyrdd yn fwy o broblem. Roedd cwmnïau cludiant oedd yn cario'u nwyddau eu hunain wedi'u heithrio o wladoli, a gwasanaethau bws lleol hefyd. Ond daeth cwmnïau cludiant pellter hir o dan reolaeth a pherchnogaeth y Gwasanaethau Ffyrdd Prydeinig.

Trydan

Yn 1947, cafodd y diwydiant trydan ei wladoli. Cafodd y diwydiant nwy ei wladoli hefyd, flwyddyn yn ddiweddarach yn 1948. Roedd gwladoli'r ddau ddiwydiant hyn yn fater dadleuol ac roedd gwrthwynebiad yn y Senedd a thu hwnt. Serch hynny, gwrthododd y llywodraeth ag ildio.

▲ **Ffigur 7.2:** Roedd y diwydiant trydan wedi cael ei wladoli a'i weithredu drwy rannu Prydain yn fyrddau trydan fesul ardal

Ymateb i ddiwygiadau'r llywodraethau Llafur ar ôl y rhyfel

Roedd dwy farn bendant o ran yr ymateb i'r diwygiadau a gyflwynodd y llywodraethau Llafur ar ôl y rhyfel rhwng 1945 ac 1951, ac mae hynny'n parhau hyd heddiw.

Y wladwriaeth les

Er bod diweithdra'n is rhwng 1946 ac 1950 (1.6 y cant) nag oedd yn ystod y blynyddoedd cyn y rhyfel, roedd yr ymateb i'r wladwriaeth les yn negyddol ar y cyfan:

- Daliodd cost y wladwriaeth les i godi'n uwch na'r swm oedd wedi'i gynllunio.
- Dechreuodd pobl ddisgwyl i'r wladwriaeth les gyflawni pethau y tu hwnt i'w nodau cychwynnol, gan godi gobeithion afrealistig ym marn llawer.
- Roedd y wladwriaeth les yn wladwriaeth oedd yn ymyrryd, yn 'wladwriaeth faldodus, neu *nanny state*', gan arwain at ddibyniaeth ac, yn ôl rhai, segurdod. Roedd y system fudd-daliadau'n golygu bod pobl yn cael cymorth o'r 'crud i'r bedd'.

Y GIG

Roedd gan y boblogaeth barch mawr at y Gwasanaeth Iechyd Gwladol (GIG), ac mewn dim o dro roedd pobl o bob rhan o'r byd yn sylwi arno ac yn ei ystyried yn arloesol. Ond, erbyn 1951, roedd llawer o'r farn fod y GIG wedi mynd yn rhy ddrud, a bod gan bobl ddisgwyliadau afrealistig am yr hyn y gallai ei wneud.

Y Ddeddf Addysg

Roedd llawer o bobl yn credu bod cyfle tecach o ran addysg erbyn hyn, a'i bod ar gael i bawb. Bellach roedd yn rhoi cymorth i oedolion oedd heb gael llawer o addysg o'r blaen. Fodd bynnag, roedd rhai o'r farn fod y Ddeddf yn cyflwyno system oedd yn cryfhau'r teimlad o wahaniaeth rhwng dosbarthiadau cymdeithasol ac yn cyfyngu ar gyfleoedd drwy roi pobl mewn categorïau, ar sail pasio neu fethu arholiad pan oedden nhw'n un ar ddeg oed.

THE UNIVERSAL UNCLES

◀ **Ffynhonnell NG:** 'The Universal Uncles'. Cartŵn yn y cylchgrawn *Punch* gafodd ei gyhoeddi yn 1946 am waith y llywodraeth Lafur

GWEITHGAREDD ?

Beth mae'r cartwnydd a dynnodd Ffynhonnell NG yn ei ddweud am y llywodraeth Lafur ar ôl y rhyfel?

Cartrefi i Bawb

Yn raddol, cafodd tai newydd eu codi yn lle'r rhai oedd wedi'u difrodi neu eu dinistrio, a chafodd pobl dai mwy modern. Nawr roedd y rhai oedd yn methu fforddio prynu eu tai eu hunain yn gallu rhentu tŷ gan y cyngor lleol. Tai dros dro oedd y rhain i bobl ar ôl i'w heiddo gael ei ddinistrio neu ei ddifrodi. Ond arhosodd llawer o bobl yn hirach yn y tai parod na'r bwriad gwreiddiol, a wnaeth pob cyngor ddim codi digon o dai.

Gwladoli (glo, trydan a chludiant)

Ar y cyfan roedd ymateb cadarnhaol i wladoli:

- Erbyn 1951 roedd y rhaglen wladoli'n gyflawn. Roedd diwydiannau allweddol yn darparu gwasanaethau i bawb, ac ar ben hynny roedd tua un o bob deg dyn a menyw yn gweithio yn y diwydiannau hyn oedd newydd gael eu gwladoli.
- Roedd y wladwriaeth yn berchen ar sector o tua 20 y cant o'r economi gyfan.
- Llwyddodd gwladoli i achub diwydiannau oedd wedi bod yn 'methu' cyn hynny. Cododd lefelau cynhyrchu glo yn sylweddol yn ystod 1946–51.
- Gyda gwladoli, daeth y syniad o greu 'safonau' a lefelau diogelwch cywir ym myd gwaith.
- Roedd manteision i ardaloedd gwledig hefyd oherwydd y grid cenedlaethol, wrth i drydan gyrraedd ardaloedd oedd heb eu cyrraedd erioed o'r blaen.

Roedd rhai'n beirniadu hefyd, gan ddadlau mai'r cyfan wnaeth gwladoli oedd achub diwydiannau methedig ar gost y trethdalwyr, ac mai monopolïau oedd diwydiannau wedi'u gwladoli, a'u bod, o ganlyniad, wedi mynd yn aneffeithlon.

> **Dehongliad 2:** O *The Labour Party and the Struggle for Socialism*, gan yr hanesydd D. Coates gafodd ei gyhoeddi yn 1975
>
> *Roedd effaith Llywodraeth Lafur 1945–51, gyda'i holl addewid a'i chorff enfawr o ddeddfwriaeth, yn hynod o amwys. Doedd dim dwywaith fod diwygiadau cymdeithasol pwysig wedi bod, ond doedd grym ddim wedi symud rhwng y dosbarthiadau. Y cyfan gafodd ei wneud oedd creu economi cymysg, a wnaeth hyn ddim ond newid mymryn ar ddosbarthiad grym cymdeithasol, braint, cyfoeth, incwm, cyfle a diogelwch.*

Cwestiwn ymarfer

Darllenwch Ddehongliad 2. I ba raddau byddech chi'n cytuno â'r dehongliad hwn o effaith y llywodraeth Lafur ar ôl y rhyfel yn y blynyddoedd 1945–51? (I gael arweiniad, gweler tudalennau 196–197.)

Casgliad: Sut gwnaeth y Llywodraeth Lafur ddelio â phroblemau'r cyfnod?

Pleidleisiodd pobl Prydain i gael llywodraeth Lafur yn 1945 oherwydd eu bod nhw eisiau newid. Roedd y rhyfel, er gwaethaf ei holl effeithiau dinistriol, wedi gwneud i bobl sylweddoli gallai Prydain fod yn wlad well pe bai pobl yn cydweithio i newid pethau. Aeth y llywodraeth Lafur i'r afael â'r her drwy weithredu rhaglen llawn newidiadau er mwyn helpu i wella bywydau pawb. Cafodd yr hyn oedd wedi'i wneud yn ystod y rhyfel ei wneud eto ar adeg heddwch. Daeth iechyd y wlad, ei gwaith a'i diwydiannau, a gofal pobl mewn angen i gyd o dan reolaeth y llywodraeth.

Arweiniad ar Arholiadau CBAC

Bydd yr adran hon yn rhoi arweiniad cam wrth gam i chi ar y ffordd orau o fynd ati i ateb y mathau o gwestiynau fydd yn yr arholiad. Isod mae papur arholiad enghreifftiol gyda set o gwestiynau mewn arddull arholiad (heb y ffynonellau).

Uned un: Astudiaethau Manwl

Cymru a'r persbectif ehangach
1C Dirwasgiad, Rhyfel ac Adferiad, 1930–1951
Amser a ganiateir: 1 awr

1 Beth gallwn ni ei ddysgu o Ffynonellau A a B am rôl menywod yn ystod yr Ail Ryfel Byd?
[4 marc]

2 I ba raddau mae'r ffynhonnell hon yn rhoi esboniad cywir o brofiad faciwîs gafodd eu hanfon i Gymru yn ystod yr Ail Ryfel Byd?

[Yn eich ateb dylech gyfeirio at gryfderau a gwendidau'r ffynhonnell a defnyddio'r hyn rydych yn ei wybod a'i ddeall am y cyd-destun hanesyddol]
[6 marc]

3 Mae'r cwestiwn hwn am fywyd yn ystod yr Ail Ryfel Byd.

Pam roedd y defnydd o bropaganda gan Lywodraeth Prydain yn arwyddocaol yn ystod yr Ail Ryfel Byd?
[12 marc]

4 Esboniwch y cysylltiadau rhwng unrhyw DRI o'r canlynol:

- Adroddiad Beveridge 1942
- Buddugoliaeth y blaid Lafur yn etholiad 1945
- Sefydlu'r Gwasanaeth Iechyd Gwladol
- Gwladoli'r diwydiannau allweddol
  [12 marc]

5 I ba raddau rydych chi'n cytuno â'r dehongliad hwn am effaith y Dirwasgiad ar bobl gyffredin ym Mhrydain?
[16 marc]

[Yn eich ateb dylech gyfeirio at sut a pham mae dehongliadau am y mater hwn yn amrywio. Defnyddiwch yr hyn rydych yn ei wybod a'i ddeall am y drafodaeth hanesyddol ehangach ar y mater hwn i lunio barn â sail gadarn.]

Mae marciau am sillafu, atalnodi a defnyddio gramadeg ac iaith arbenigol yn gywir yn cael eu rhoi am y cwestiwn hwn.
[3 marc]

Cyfanswm y marciau am y papur: 53

Yng Nghwestiwn 1 mae'n rhaid i chi ddadansoddi a nodi manylion allweddol o ddwy ffynhonnell sy'n gysylltiedig â thema'r cwestiwn

Yng Nghwestiwn 2 mae'n rhaid i chi ddadansoddi a gwerthuso pa mor gywir yw ffynhonnell, gan ddefnyddio'r hyn rydych chi'n ei wybod i nodi cryfderau a gwendidau

Yng Nghwestiwn 3 mae'n rhaid i chi ddangos gwybodaeth a dealltwriaeth er mwyn helpu i lunio barn gytbwys am arwyddocâd mater gaiff ei nodi

Yng Nghwestiwn 4 mae'n rhaid i chi ddangos gwybodaeth a dealltwriaeth er mwyn esbonio'r cysylltiadau perthnasol rhwng tair nodwedd sydd wedi'u dewis

Yng Nghwestiwn 5 mae angen i chi ddangos gwybodaeth a dealltwriaeth am fater allweddol, gan ddadansoddi a gwerthuso pam a sut mae dehongliadau o fater yn wahanol i'w gilydd, cyn llunio barn am ba mor gywir yw'r dehongliad, yn seiliedig ar yr hyn rydych chi'n ei wybod am yr awdur

Arweiniad ar arholiadau

Arweiniad ar Arholiadau ar gyfer Cwestiwn 1

Mae'r adran hon yn rhoi arweiniad ar sut i ateb y cwestiwn sy'n gofyn beth gallwch chi ei ddysgu gan ddwy ffynhonnell. Edrychwch ar y cwestiwn canlynol:

> Beth gallwn ni ei ddysgu o Ffynonellau B ac C am effaith y Dirwasgiad ar Brydain?

Ffynhonnell A: O *The Road to Wigan Pier* gan George Orwell, gafodd ei gyhoeddi yn 1937

Pan welwch chi fod y ffigurau diweithdra'n ddwy filiwn, mae'n enbyd o hawdd cymryd bod hyn yn golygu bod dwy filiwn o bobl heb waith a bod gweddill y boblogaeth yn gymharol gyfforddus. Rwy'n cyfaddef mai dyna roeddwn innau'n arfer ei gredu tan yn ddiweddar. Fel hyn roeddwn i'n arfer cyfrifo: petaech chi'n dweud bod y rhai sydd wedi'u cofrestru'n ddi-waith yn rhyw ddwy filiwn ac yn ychwanegu'r tlawd a'r rhai oedd heb eu cofrestru am ryw reswm neu'i gilydd, gallech chi gymryd bod nifer y bobl yn Lloegr sy'n mynd heb fwyd yn bum miliwn, ar y mwyaf. Mae hwn yn amcangyfrif rhy isel o lawer. Rwy'n credu ei fod yn nes at chwe miliwn.

Ffynhonnell B: O *Brynmawr* gan H. Jennings. Cafodd ei gyhoeddi yn 1934.

Er bod rhai o effeithiau diweithdra yn rhai cyffredinol, mae dynion unigol a'u teuluoedd yn ymateb mewn ffyrdd gwahanol, wrth gwrs. Allan o ryw chwe chant o deuluoedd sydd fel arfer yn dibynnu ar fudd-dal diweithdra, mae'n debyg mai prin yw'r rhai sydd â'r un agwedd â'i gilydd yn union at fywyd ac amgylchiadau. Bydd un dyn yn dod at y Swyddfa Gyflogi gyda diffyg amynedd a chwerwedd oherwydd ei fod yn ddibynnol ac yn methu â helpu ei hun; bydd un yn teimlo mwy a mwy o apathi; bydd un yn teimlo fwyfwy fod angen newid y system economaidd a chymdeithasol.

Sut i ateb

- Lluniwch frawddeg agoriadol sy'n dweud bod y ddwy ffynhonnell yn rhoi gwybodaeth ddefnyddiol am y pwnc.
- Nodwch nifer o ffeithiau/pwyntiau allweddol o Ffynhonnell B, gan eu cysylltu nhw â'r cwestiwn.
- Nodwch nifer o ffeithiau/pwyntiau allweddol o Ffynhonnell C, gan eu cysylltu nhw â'r cwestiwn.
- Ceisiwch ysgrifennu'r un faint o bwyntiau o'r ddwy ffynhonnell er mwyn sicrhau bod eich ateb yn gytbwys.
- Gwnewch yn siŵr fod eich ateb yn dangos defnydd cytbwys o'r ddwy ffynhonnell. Fydd ateb anghytbwys ddim yn sgorio'r marciau uchaf ichi os yw'n canolbwyntio gormod ar un ffynhonnell.

Ateb enghreifftiol

Cam 1: *Gosodiad agoriadol sy'n cysylltu â'r cwestiwn.*

> Mae'r ddwy ffynhonnell yn rhoi gwybodaeth ddefnyddiol am effaith y Dirwasgiad ar Brydain.

Cam 2: Nodwch ddwy neu ragor o ffeithiau o Ffynhonnell B.

> Mae Ffynhonnell B yn dweud mai effaith y Dirwasgiad oedd gwneud miliynau o bobl yn ddi-waith, ond dydy'r union ffigur o ran faint o filiynau aeth yn ddi-waith ddim yn glir. Mae'n dweud hefyd ei bod hi'n hawdd credu bod pobl yn eithaf cyfforddus os nad oedden nhw'n ddi-waith, a bod y Dirwasgiad heb effeithio arnyn nhw. Effeithiodd y Dirwasgiad yn ogystal ar bobl oedd yn dlawd a llwglyd yn barod.

Cam 3: Nodwch ddwy neu ragor o ffeithiau o Ffynhonnell C.

> Mae Ffynhonnell C yn awgrymu, er bod effaith y Dirwasgiad wedi achosi diweithdra, fod pobl wedi ymateb mewn ffyrdd gwahanol i'r profiad hwnnw. Mae'n dweud bod rhai pobl ddi-waith o bosibl yn teimlo'n chwerw ac yn ddiamynedd, ond gallai eraill dderbyn y peth gydag apathi, gan gredu nad oedden nhw'n gallu gwneud dim am y peth. Hefyd mae'n dweud gallai effaith y Dirwasgiad wneud i rai pobl fod eisiau newid y system gymdeithasol ac economaidd sydd wedi arwain at y fath ddiweithdra.

Nawr rhowch gynnig ar ateb y cwestiwn canlynol:

Beth gallwch chi ei ddysgu gan Ffynonellau A a B am ddefnydd y llywodraeth o bropaganda yn ystod yr Ail Ryfel Byd?

Ffynhonnell C: Datganiad gan un o weinidogion y llywodraeth yn ystod darllediad radio ym mis Mai 1941

Heddiw rydym yn galw ar bob menyw. Mae angen i bob menyw yn y wlad dynnu ei phwysau i'r eithaf – dylai hi ystyried yn ofalus ymhle byddai hi'n gallu rhoi'r gwasanaeth mwyaf gwerthfawr, cyn sicrhau ei bod hi'n gallu rhoi'r gwasanaeth hwnnw. Fel hithau, mae llawer o fenywod wedi aberthu'n barod ac maen nhw'n gwneud eu gorau glas i ennill y rhyfel. Ond i'r miloedd hynny sydd heb gynnig eu hunain eto, byddwn i'n dweud yn y fan a'r lle fod angen pob un ohonon ni.

▲ **Ffynhonnell CH:** Poster propaganda'r llywodraeth yn annog menywod i weithio

Arweiniad ar Arholiadau ar gyfer Cwestiwn 2

Mae'r adran hon yn rhoi arweiniad ar sut i ateb y cwestiwn sy'n gofyn pa mor gywir yw ffynhonnell. Edrychwch ar y cwestiwn canlynol:

> I ba raddau mae'r ffynhonnell hon yn rhoi esboniad cywir o effeithiau'r prawf modd?
>
> Yn eich ateb dylech gyfeirio at gryfderau a gwendidau'r ffynhonnell a defnyddio'r hyn rydych yn ei wybod a'i ddeall am y cyd-destun hanesyddol.

> **Ffynhonnell D:** Dyn di-waith yn disgrifio effeithiau'r prawf modd ar ei fywyd yn yr 1930au
>
> *Cafodd fy ngwraig waith yn gwerthu o ddrws i ddrws, ac roedd hi'n gallu ennill ychydig o sylltau ar ben yr incwm roedden ni'n ei gael gan y dôl. Rhoddodd hyn straen ar ein perthynas. Roedd yn faich arni hi ac yn creu ffraeo parhaus am arian. Fel arfer roedd hyn yn arwain at wneud i'r ddau ohonom fygwth gadael. Daeth yr ergyd olaf pan gafodd y prawf modd ei roi ar waith. Yn y pen draw, ar ôl cyfnod mwyaf torcalonnus fy mywyd, dywedodd fy ngwraig a'm mab – oedd newydd ddechrau ennill ychydig o sylltau – wrtha i am fynd, gan fy mod yn byw oddi arnyn nhw ac yn mynd â'r bwyd roedd arnyn nhw'i angen.*

Sut i ateb

- Nodwch y pwyntiau neu'r materion allweddol mae'r ffynhonnell yn eu codi – gallwch chi wneud hyn drwy danlinellu neu uwcholeuo'r pwyntiau pwysicaf.
- Defnyddiwch yr hyn rydych chi'n ei wybod am y maes testun hwn i roi'r ffynhonnell yn ei chyd-destun hanesyddol – mae angen i chi roi prawf ar ba mor gywir yw'r hyn mae'r ffynhonnell yn ei ddweud drwy ei gymharu â'r hyn rydych chi'n ei wybod am y maes testun.
- Ystyriwch briodoliad y ffynhonnell er mwyn nodi cryfderau a chyfyngiadau:
  - Pwy ysgrifennodd y ffynhonnell?
  - Pryd roedd hyn?
  - Pam cafodd y ffynhonnell ei hysgrifennu?
  - Beth oedd ei phwrpas?
- Sut mae hyn yn effeithio ar ba mor ddibynadwy a chywir yw'r wybodaeth?
- Lluniwch farn gytbwys am ba mor gywir yw'r ffynhonnell, gan wneud y cysylltiad â'r cwestiwn yn eglur.

Ateb enghreifftiol

Cam 1: Nodi a thrafod y pwyntiau allweddol sy'n cael eu codi yn y ffynhonnell.

> Mae'r ffynonellau'n dangos effeithiau'r prawf modd ar y dyn hwn a'i deulu. Mae'n esbonio nifer o faterion penodol. Roedd y prawf modd yn effeithio ar ei berthynas â'i wraig oherwydd iddo beri iddyn nhw ddadlau am arian, ac arweiniodd hyn wedyn at fygwth bod eu priodas ar ben. Mae'n esbonio bod enillion ei wraig a'i fab wedi cael eu hystyried pan aethon nhw drwy'r prawf modd, a gan ei fod yn ddi-waith roedd felly'n byw oddi arnyn nhw. Roedd y prawf modd yn golygu bod ganddyn nhw lai o arian, felly dywedodd ei wraig a'i fab wrtho am adael cartref.

Cam 2: Defnyddio'r hyn rydych chi'n ei wybod i roi'r cyd-destun hanesyddol, er mwyn rhoi prawf ar ba mor gywir yw'r ffynhonnell.

> Mae'r ffynhonnell hon yn amlygu'r broblem gyda'r prawf modd. O ganlyniad i'r prawf modd, roedd faint o arian (dôl) roedd person di-waith yn ei gael yn dibynnu ar ei amgylchiadau. Os oedd gan ddyn di-waith wraig a phlant oedd yn ennill arian, gallai hynny effeithio ar faint o ddôl byddai'n ei gael. Mae'r dyn yn y ffynhonnell yn esbonio hyn wrth iddo ddweud bod y prawf modd wedi gwneud i'w wraig a'i fab honni ei fod yn byw oddi ar eu henillion nhw. O ganlyniad i'r prawf modd, gallai enillion rhai eraill yn y teulu hefyd olygu nad oedd unrhyw ddôl yn cael ei dalu i'r dyn di-waith. Mae'r ffynhonnell, felly, yn disgrifio ac yn esbonio'r mater hwn yn gywir iawn.

Ond mae'r ffynhonnell yn dweud mai'r prawf modd roddodd straen ar ei briodas ac mai dyna'r rheswm pam dywedodd ei wraig a'i fab wrtho am adael yn y pen draw. Efallai fod hyn yn wahanol i'r effaith arferol roedd y prawf modd yn ei gael ar bob teulu, felly dim ond un person di-waith yn sôn am ei brofiad ei hun sydd gennym ni. Achosodd y prawf modd ymatebion eraill hefyd, a dyw'r hanes ddim yn sôn amdanyn nhw, felly mae'r olwg a gawn ar yr effaith wedi'i chyfyngu. Yn yr hanes personol hwn mae gennym rywun sydd o bosibl yn ceisio dod o hyd i reswm pam daeth ei briodas i ben. Mae'n beio'r prawf modd, ond efallai fod ffactorau a rhesymau eraill hefyd. Felly, er bod y ffynhonnell yn esbonio rhai o effeithiau'r prawf modd yn gywir – yn enwedig effaith enillion eraill y teulu ar faint o ddôl gallai person di-waith ei gael – mae'n gyfyngedig o ran esbonio effeithiau eraill. Efallai nad yw'n nodweddiadol o'r effaith gafodd y prawf modd ar bob person di-waith.

> **Cam 3:** Dod i farn wedi'i chyfiawnhau am ba mor gywir yw'r gosodiad yn y cwestiwn.

Nawr rhowch gynnig ar ateb y cwestiwn canlynol:

I ba raddau mae Ffynhonnell C yn rhoi esboniad cywir o'r cyfraniad wnaeth menywod yn ystod yr Ail Ryfel Byd?

Ffynhonnell DD: Menyw ifanc yn disgrifio ei diwrnod gwaith mewn ffatri yn 1943

Mae'r ystafell tua 40 llath o hyd wrth 20 o led [37 metr wrth 18 metr]. Mae tair mainc o beiriannau bach ac ychydig o beiriannau drilio mawr ar y llawr. Gyda'i gilydd mae tua 40 o fenywod a rhyw ddwsin o ddynion. Peiriant drilio yw fy mheiriant i, ac rwy'n cael pentwr o blatiau bach pres i ddrilio tyllau ynddyn nhw. Mae hi'n eithaf tywyll pan fyddwn ni'n dod allan – sy'n taro rhywun â sioc ryfedd o syndod, oherwydd dyw rhywun ddim yn teimlo blinder yn gymaint â theimlo eich bod wedi colli'r diwrnod yn llwyr.

Arweiniad ar Arholiadau ar gyfer Cwestiwn 3

Mae'r adran hon yn rhoi arweiniad ar sut i ateb y cwestiwn ar arwyddocâd. Edrychwch ar y cwestiwn canlynol:

> Pam roedd dogni'n arwyddocaol yn ystod yr Ail Ryfel Byd?

Sut i ateb

- Defnyddiwch yr hyn rydych chi'n ei wybod i roi'r mater allweddol yn ei gyd-destun.
- Esboniwch beth oedd yn digwydd yn y cyfnod hwnnw.
- Ceisiwch gynnwys manylion ffeithiol penodol i'ch helpu i lunio dadl.
- Dangoswch y cysylltiadau â'r mater allweddol yn rheolaidd, gan fynegi rhywfaint o farn.
- I gloi, lluniwch farn gytbwys sydd wedi'i rhesymu a'i chefnogi'n dda.

Ateb enghreifftiol

Cam 1: Dechreuwch drwy roi'r mater allweddol yn ei gyd-destun, gan roi ychydig o fanylion y cefndir.

> Hyd yn oed ar ddiwedd yr 1930au, roedd pobl Prydain yn dal i gofio am y Rhyfel Byd Cyntaf a'r caledi roedd hwnnw wedi'i achosi. Yn ystod y rhyfel roedd bwyd wedi mynd yn brin ac roedd y llywodraeth wedi bod yn hwyr yn cyflwyno dogni. Gan ei bod hi'n ymddangos bod rhyfel ar ei ffordd yn ystod 1939, cymerodd y llywodraeth gamau cyflym i gyflwyno dogni.

Cam 2: Daliwch ati i ddatblygu'r cyd-destun, rhowch fanylion penodol a gwnewch gysylltiadau â'r mater allweddol, gan geisio llunio rhyw fath o farn.

> Roedd cyflwyno dogni yn arwyddocaol yn ystod yr Ail Ryfel Byd gan fod Prydain yn mewnforio 55 miliwn tunnell o'i bwyd o dramor. Roedd y llywodraeth yn gwybod byddai'r gelyn yn ceisio amharu ar y cyflenwad hwn o fwyd drwy ddinistrio'r llongau oedd yn cario'r cyflenwadau hyn i borthladdoedd Prydain. Wrth i'r rhyfel fynd yn ei flaen, aeth y cyflenwadau bwyd yn beryglus o isel, yn enwedig yn 1942, pan ddinistriodd yr Almaenwyr 275 o longau masnach yng Nghefnfor Iwerydd. Felly, er mwyn llenwi'r bwlch hwn o 55 miliwn tunnell, roedd angen i'r llywodraeth sicrhau bod bwyd oedd yn cael ei dyfu gartref yn cael ei ddefnyddio'n ofalus. Felly cyflwynodd system o ddogni eitemau bwyd hanfodol. Roedd dogni hefyd yn arwyddocaol gan ei fod yn ffordd i'r llywodraeth sicrhau bod y boblogaeth i gyd yn cael cyfran deg o fwyd, gan helpu i gynnal iechyd sylfaenol sifiliaid. Drwy ddogni, roedden nhw hefyd yn annog pobl i dyfu eu bwyd eu hunain ar randiroedd, yn eu gerddi ac ar unrhyw dir sbâr oedd ar gael i'w ddefnyddio. Roedd dogni'n arwyddocaol hefyd oherwydd iddo gyflwyno llawer o bobl i fathau o fwydydd nad oedd fel arfer yn gyfarwydd iddyn nhw. Cafodd y foronen ei defnyddio mewn llawer o ffyrdd gan gynnwys mewn diodydd ac wrth bobi.

Cam 3: Gorffennwch gyda barn am y mater allweddol sy'n gytbwys ac sydd â sail gadarn.

> Roedd dogni'n arwyddocaol yn ystod yr Ail Ryfel Byd oherwydd pe bai heb gael ei gyflwyno, byddai perygl o newyn. Byddai hynny wedi cael effaith ddifrifol ar ysbryd pobl. Roedd hefyd yn dangos bod pobl yn barod i wneud fel roedd y llywodraeth ei eisiau, sef dod at ei gilydd a gwneud yn siŵr fod Prydain yn gryf.

Nawr rhowch gynnig ar ateb y cwestiwn canlynol:

Pam roedd cyflwyno'r prawf modd mor arwyddocaol yn ystod yr 1930au?

Arweiniad ar arholiadau ar gyfer Cwestiwn 4

Mae'r adran hon yn rhoi arweiniad ar sut i ateb y cwestiwn am gysylltiadau rhwng tair nodwedd. Edrychwch ar y cwestiwn canlynol:

> Esboniwch y cysylltiadau rhwng unrhyw DRI o'r canlynol:
> - Cyflwyno consgripsiwn yn yr Almaen yn 1935
> - Ailfilwrio'r Rheindir, 1936
> - Argyfwng München, 1938
> - Polisi dyhuddo Prydain yn yr 1930au.

Sut i ateb

- Dewiswch dri ffactor sy'n dangos cysylltiadau eglur yn eich barn chi.
- Defnyddiwch yr hyn rydych chi'n ei wybod i esbonio'r tri ffactor hyn, gan wneud cysylltiadau rhyngddyn nhw.
- Ceisiwch gynnwys nifer o bwyntiau er mwyn esbonio sut mae'r ffactorau wedi'u cysylltu.
- I gloi rhowch frawddeg olaf sy'n dangos beth yw'r cysylltiadau perthnasol.

Ateb enghreifftiol

Materion gafodd eu dewis: Cyflwyno consgripsiwn yn yr Almaen yn 1935, ailfilwrio'r Rheindir, 1936, a pholisi dyhuddo Prydain yn yr 1930au.

> Gan fod Cytundeb Versailles (1919) wedi cyfyngu'r Almaen i fyddin fach, teimlai Hitler fod angen byddin fwy. Roedd yn barod i dorri'r Cytundeb a chyflwyno consgripsiwn. Rhoddodd hyn fyddin iddo i ailfilwrio'r Rheindir. Er y dylai Prydain fod wedi stopio hyn, wnaeth hi ddim. Gadawodd i Hitler wneud fel dymunai drwy ddilyn polisi dyhuddo.

Cam 1: Dewiswch dri ffactor a chyflwynwch nhw, gan nodi cysylltiad rhyngddyn nhw.

> Roedd bod â byddin o 100,000 o ddynion yn gwneud i'r Almaen deimlo'n wan, a'i bod yn methu'i hamddiffyn ei hun, a doedd hynny ddim yn rhan o gynlluniau Hitler. Gan ei fod eisiau torri Cytundeb Versailles, a gwneud yr Almaen yn un o'r pwerau mawrion eto, roedd angen byddin lawer mwy arno. Hefyd, gan fod Hitler eisiau i bob Almaenwr weithio, ar ôl effaith y Dirwasgiad, roedd y fyddin yn rhoi swydd iddyn nhw. Gyda byddin fwy a chryfach, llwyddodd i ailfilwrio'r Rheindir. Roedd y darn hwn o dir o amgylch Afon Rhein, rhwng yr Almaen a Ffrainc, yn hanfodol i ddiogelu'r Almaen rhag cael ei goresgyn. Nawr roedd Hitler yn gallu anfon milwyr i mewn i'r ardal i wneud yn siŵr fod yr Almaen yn gallu amddiffyn ei ffin. Ond dylai Prydain a Ffrainc fod wedi atal y cam hwn. Roedd Prydain yn meddwl, pe bai Hitler yn cael dadwneud rhai rhannau o Gytundeb Versailles, y byddai e'n fodlon â hynny cyn hir, ac na fyddai'n achosi rhyfel yn Ewrop. Roedd Prydain yn dal i ddod dros y Dirwasgiad a doedd hi ddim eisiau cymryd rhan mewn rhyfel. Felly dyhuddo Hitler wnaeth Prydain a Ffrainc. Ildion nhw iddo a gadael iddo ddod yn fwy pwerus. Mae cysylltiad rhwng y tri gan mai neges pob un i Hitler, pe bai'n torri Cytundeb Versailles, oedd y gallai gymryd cam arall fyddai'n cael ei ddyhuddo gan Brydain eto. Hynny yw, gallai wneud fel dymunai, a fyddai neb yn ei atal.

Cam 2: Defnyddiwch yr hyn rydych chi'n ei wybod i esbonio a datblygu'r cysylltiadau ymhellach.

> Pe bai Hitler heb gonsgriptio byddin, ni fyddai wedi gallu ailfilwrio'r Rheindir a fyddai Prydain ddim wedi ei ddyhuddo. Roedd y cysylltiad rhwng y tri pheth yn golygu bod Hitler wedi dod yn fwy pwerus.

Cam 3: Gorffennwch gyda rhai brawddegau i gloi sy'n dangos cysylltiadau eglur.

> **Nawr rhowch gynnig ar ateb y cwestiwn canlynol:**
>
> Esboniwch y cysylltiadau rhwng unrhyw DRI o'r canlynol:
> - Cystadleuaeth o dramor yn yr 1920au
> - Marchnadoedd newydd
> - Hen ddulliau
> - Cwymp Wall Street.

195

Arweiniad ar arholiadau ar gyfer Cwestiwn 5

Mae'r adran hon yn rhoi arweiniad ar sut i ateb y cwestiwn dehongli. Edrychwch ar y cwestiwn canlynol:

> Darllenwch Ddehongliad 1. I ba raddau rydych chi'n cytuno â'r dehongliad hwn am ganlyniad gorymdaith newyn Jarrow?

> **Dehongliad 1:** O atgofion am Orymdaith Jarrow gan Kathleen Haigh, gafodd ei chyfweld ar gyfer Radio Newcastle yn 2008.
>
> *Fy ewythr i, Jimmy McCauley, oedd yr olaf ond un o'r gorymdeithwyr i farw. Dywedodd ei fod wedi treulio cymaint o barau o esgidiau ar yr orymdaith a bod y gorymdeithwyr i gyd yn edrych ymlaen at gael eu bwydo gan y bobl ym mha bynnag dref roedden nhw'n ei chyrraedd! O edrych yn ôl, roedd e'n credu bod yr orymdaith yn ofer ac wedi methu, oherwydd ddigwyddodd dim byd wedyn i ddod â swyddi i'r dref. Ond mae yna rywbeth wedi'i basio i lawr i ni, sef y ffaith fod Jarrow wedi cael ei lle yn y llyfrau hanes diolch i'w hymdrechion dewr nhw.*

Sut i ateb

- Amlinellwch y dehongliad gaiff ei roi yn y darn.
- Rhowch rywfaint o gyd-destun:
  - ☐ Trafodwch gynnwys y darn drwy ei gysylltu â'r hyn rydych chi'n ei wybod am y digwyddiadau.
  - ☐ Pa dystiolaeth gallwch chi ei chynnig er mwyn cefnogi prif neges y darn?
- Ystyriwch yr awdur:
  - ☐ Sut mae'r hyn sy'n cael ei ddweud am yr awdur yn effeithio ar ba mor ddibynadwy a chywir yw'r wybodaeth yn y darn?
  - ☐ Pam cafodd y darn ei gynhyrchu?
  - ☐ Pwy oedd y gynulleidfa i fod? Sut mae hyn yn effeithio ar y dehongliad?
- Nodwch ddehongliadau eraill:
  - ☐ Awgrymwch y gallai haneswyr eraill fod â safbwyntiau gwahanol.
  - ☐ Nodwch rai o'r dadleuon am ddehongliadau eraill, gan esbonio sut maen nhw'n wahanol i'w gilydd.
  - ☐ Esboniwch pam mae'r dehongliadau hyn yn wahanol i'w gilydd.
- I gloi:
  - ☐ Rhowch farn wedi'i chyfiawnhau sy'n rhoi sylw i sut a pham mae'r dehongliadau ar y mater hwn yn wahanol i'w gilydd.

Ateb enghreifftiol

> Mae'r dehongliad yn dweud yn eglur fod gorymdeithwyr Jarrow wedi gorymdeithio'n bell iawn gan fod eu hesgidiau wedi treulio. Mae hyn yn awgrymu iddyn nhw orymdeithio am amser hir hefyd. Yn ogystal mae'n dweud eu bod nhw'n edrych ymlaen at y bwyd roedden nhw'n ei gael gan bobl ar hyd yr orymdaith. Gallai hyn awgrymu bod pobl yn barod i gefnogi'r gorymdeithwyr a'u bod eisiau cwrdd â nhw. Mae'r dehongliad yn dweud hefyd fod y gorymdeithiwr yn credu mai ofer oedd yr orymdaith, ac nad oedd felly wedi cyflawni ei nod. Ond, gadawodd rywbeth ar ei hôl.

Cam 1: Amlinellwch y dehongliad gaiff ei roi yn y darn.

> Mae hi'n wir fod yr orymdaith wedi cymryd amser hir a'i bod wedi teithio'n bell iawn. Roedd yr orymdaith wedi mynd o Jarrow i Lundain, gan gymryd wyth mis, ac roedd hi'n 450 cilometr o hyd. Roedd hi hefyd yn wir fod llawer o'r gorymdeithwyr wedi treulio eu hesgidiau. Mae hi'n wir hefyd fod pobl ar hyd llwybr yr orymdaith wedi dod allan o'u tai i ddangos eu cefnogaeth iddyn nhw, a rhoi bwyd iddyn nhw. Mae hi'n wir fod rhai pobl yn meddwl bod yr orymdaith wedi methu oherwydd pan gyrhaeddon nhw Lundain, dywedodd gweinidog y llywodraeth wrthyn nhw am fynd yn ôl i Jarrow a datrys eu problemau eu hunain. Mae hi'n wir hefyd fod yr orymdaith wedi gadael ei hôl ar bobl yr ardal, ac iddi gael ei chofnodi yn rhan o hanes fel ymgais gan bobl i newid rhywbeth.

Cam 2: Rhowch rywfaint o gyd-destun – defnyddiwch yr hyn rydych chi'n ei wybod i ymhelaethu ar gynnwys y ffynhonnell ac i'w ddatblygu.

Cam 3: Awduraeth – datblygwch yr hyn wyddoch chi am yr awdur er mwyn llunio barn am ba mor ddibynadwy a chywir yw'r dehongliad, yn seiliedig ar hynny.

Roedd awdur y dehongliad yn perthyn i un o'r gorymdeithwyr ac mae'n ailadrodd beth ddywedodd yntau am yr orymdaith. Cafodd hyn ei wneud ar gyfer cyfweliad radio yn Newcastle, dinas sydd yn agos iawn at Jarrow, a man lle mae Gorymdaith Jarrow yn dal i gael ei chofio'n dda ac yn cael ei gweld yn rhan o'r diwylliant a'r dreftadaeth. Mae hi'n cofio beth ddywedodd ei hewythr wrthi, wrth sgwrsio siŵr o fod, rywbryd yn ystod eu perthynas deuluol.

Cam 4: Dehongliadau eraill – awgrymwch ddehongliadau eraill, gan roi sylwadau ynghylch sut a pham maen nhw'n wahanol i'r dehongliad sydd wedi'i roi.

Ond mae dehongliadau eraill i'w cael o ganlyniad Gorymdaith Jarrow. Mae rhai wedi awgrymu iddi gyflawni rhai o'i hamcanion ac nad oedd hi'n ofer. Cyflwynodd y gorymdeithwyr ddeiseb i'r Senedd gan ddangos bod pobl yn barod i dynnu sylw pobl eraill at yr anawsterau roedden nhw'n eu hwynebu. Cododd yr orymdaith broffil y brotest, ac annog eraill i weithredu i ddangos i'r llywodraeth pa mor anodd oedd bywyd yn ystod y Dirwasgiad. Cafodd rhai o'r awdurdodau, fel yr heddlu, eu synnu gan y gorymdeithwyr. Roedden nhw'n amheus i ddechrau fod y gorymdeithwyr eisiau creu helynt a tharfu a dim byd arall. Mewn gwirionedd, canmolodd yr heddlu ddisgyblaeth y gorymdeithwyr. Er bod rhai pobl yn meddwl na chyflawnodd yr orymdaith ddim o werth, dychwelodd y gorymdeithwyr i Jarrow yn arwyr, ac roedd parch mawr iddyn nhw am iddyn nhw wneud eu gorau i godi ymwybyddiaeth y bobl a'r llywodraeth o ba mor anodd oedd bywyd yn ystod y Dirwasgiad. Mae'r mathau hyn o ddehongliad ychydig yn wahanol i atgof Kathleen Haigh o'r hyn ddywedodd ei hewythr.

Cam 5: Clo – rhowch farn gytbwys am ba mor ddilys yw'r dehongliad sydd wedi'i roi, gan ei bwyso a'i fesur yn erbyn dehongliadau eraill.

Mae'r dehongliad gaiff ei roi gan Kathleen Haigh o farn ei hewythr am Orymdaith Jarrow yn adrodd yn gywir beth ddywedodd ei hewythr wrthi, ond mae'n seiliedig ar farn un person am yr orymdaith. Mae'r dehongliad yn cefnogi safbwyntiau am yr orymdaith, ond dydy e ddim yn adlewyrchu rhai dehongliadau eraill sy'n teimlo bod yr orymdaith wedi cael rhywfaint o lwyddiant, gan fod y dehongliad yn gweld yr orymdaith yn un ofer. Felly, dylai dehongliad Kathleen Haigh gael ei weld yn rhan ddilys a gwerthfawr o hanes Gorymdaith Jarrow, ond nid yr unig farn amdani a'r pethau a gyflawnodd yr orymdaith, na'r farn gyflawn chwaith.

Nawr rhowch gynnig ar ateb y cwestiwn canlynol:

Darllenwch Ddehongliad 1. I ba raddau rydych chi'n cytuno â'r dehongliad hwn am brofiad bod yn faciwî yn ystod yr Ail Ryfel Byd?

Dehongliad 2: Mae Peggy O'Neil Davies yn cofio am ei bywyd fel faciwî

Roeddwn i bron yn ddeng mlwydd oed pan ddechreuodd yr Ail Ryfel Byd a doeddwn i wir ddim yn meddwl y byddai'n gwneud gwahaniaeth i mi. Yr oedolion oedd yn siarad am y peth. Ond newidiodd bywyd yn syfrdanol i ni'r plant. Penderfynodd fy mam a fy nhad y dylwn i gael fy anfon i ffwrdd yn faciwî. Siaradon nhw ddim â mi am y peth: ces i wybod fy mod i'n mynd, a dyna ni. Daeth fy mam gyda mi i wneud yn siŵr fy mod i'n setlo ac i weld lle roeddwn i'n mynd i fyw. Aethon ni ar y trên i'r dref agosaf, ac yna i fyny'r cwm mewn bws. Roeddwn i wastad wedi byw mewn tref, a nawr dyma fi'n mynd drwy'r mynyddoedd a'r caeau gwyrdd yma. Roedd dau blentyn yn y tŷ lle'r es i i fyw, bachgen a merch. Gwnaeth eu mam nhw ei gorau i wneud i mi deimlo'n gartrefol cyn i fy mam innau fy ngadael i gyda'r dieithriaid hyn. Ond roedden nhw mor dda, wnes i ddim teimlo'n hiraethus, wir. Ar y dechrau, ni oedd 'y faciwîs', ond cyn hir cawson ni ein derbyn yn y pentref ac yn yr ysgol (yn y pentref nesaf) lle roedden ni'n gorfod cerdded bob dydd.

Geirfa

Oes Elisabeth, 1558–1603

Anghyfreithlon   plentyn wedi'i eni i rieni oedd ddim yn briod adeg yr enedigaeth

Alltudion Mari   y Protestaniaid benderfynodd ddianc dramor i ddinasoedd Protestannaidd fel Genefa a Frankfurt ar ôl i'r frenhines Gatholig, Mari I, ddod i'r orsedd yn 1553

Anterliwt   drama wedi'i pherfformio gan actorion crwydrol mewn ffeiriau a thafarnau yng Nghymru

Arglwydd Siambrlen   person oedd yn rhedeg Tŷ a Gosgordd y Brenin neu'r Frenhines

Armada   gair Sbaeneg am lynges o longau rhyfel

Athrawiaeth   egwyddorion cred grefyddol – hynny yw, esboniad o'r hyn maen nhw'n ei gredu

Brad   cynllwynio yn erbyn y brenin neu'r llywodraeth

Brownydd   un o ddilynwyr Robert Browne, ymwahanwr, *gweler* Ymwahanwr

Bwla'r Pab   dogfen yn cynnwys cyfarwyddiadau gan y Pab – roedd yn rhaid i bob Catholig ufuddhau iddyn nhw

Calan Mai   diwrnod cyntaf mis Mai, oedd yn cael ei ddathlu fel gwyliau

Calfinydd   un o ddilynwyr John Calvin, sef y diwinydd o Ffrainc a arweiniodd Ddiwygiad Protestannaidd yng Ngenefa o 1541 ymlaen. Roedd yn credu mewn strwythur eglwysig oedd heb esgobion

Crwydryn   person di-waith a digartref

Cyfarfodydd Proffwydo   *gweler* Proffwydo, Cyfarfodydd

Cyfrin Gyngor   pwyllgor o weinidogion wedi'u penodi gan Elisabeth i'w chynghori

Cyngor y Gogledd   roedd hwn yn gweithredu awdurdod a pholisïau'r llywodraeth yng ngogledd Lloegr

Cymorth y tlodion   gweithredoedd gan y llywodraeth, yr eglwys neu unigolion preifat i helpu'r tlodion

Cymun   gwasanaeth crefyddol oedd yn cynnwys rhoi bara a gwin i'r gynulleidfa

Chwilys Sbaen   cafodd ei sefydlu yn Sbaen yn 1479 i ganfod heresi a chael gwared arno; weithiau roedd rhai yn cael eu harteithio ar ôl eu harestio, ac os oedden nhw'n euog, bydden nhw'n cael eu llosgi wrth y stanc

Chwyddiant   cynnydd mewn nifer o brisiau a gwasanaethau gwahanol

Diddymu'r mynachlogydd   cau pob mynachlog yn swyddogol rhwng 1536 ac 1539 ar orchymyn Harri VIII

Diwinyddiaeth   astudio'r ffydd Gristnogol drwy ddysgeidiaeth y Beibl

Dyled Mari   roedd y Frenhines Mari wedi gwario mwy o arian i redeg y wlad nag roedd hi wedi'i dderbyn drwy drethi, felly roedd hi wedi gorfod cael benthyg arian

Elusendy   tŷ i'r tlodion, gydag arian elusen yn talu amdano

Erledigaeth Mari   erledigaeth y rhai oedd ddim yn Gatholigion yn ystod teyrnasiad Mari I

Esgymuno   diarddel rhywun o'r Eglwys Gatholig Rufeinig, gan wrthod yr hawl i'r unigolyn fynd i mewn i'r nefoedd

Frech Wen, Y   afiechyd heintus gyda gwres uchel a phothelli yn ymddangos ar y croen

Gororau, Y   yr enw ar y tir ar y ffin rhwng Cymru a Lloegr

Gwaddol   arian neu eiddo roedd tad y briodferch yn ei dalu wrth iddi briodi

Gwasanaeth cudd   adran y llywodraeth sy'n gyfrifol am weithredoedd cudd wybodaeth, fel ysbïo

Gŵr Llys   person sy'n mynychu'r Llys Brenhinol

Heboga   camp lle mae hebogau'n hedfan yn ôl at eu hyfforddwyr ac yn hela yn ôl cyfarwyddiadau'r hyfforddwr

Jeswit   aelod o Gymdeithas Iesu gafodd ei sefydlu yn 1540 i gefnogi'r Pab yn y frwydr yn erbyn hereticiaid, ac i wneud gwaith cenhadu

Llyfr Gweddi   llyfr oedd yn cynnwys gweddïau i gael eu defnyddio yn rhan o wasanaethau'r eglwys

Llyfr Gweddi Gyffredin   roedd hwn yn cynnwys trefn gwasanaethau'r eglwys, gan gynnwys y boreol a'r hwyrol weddi, y Cymun, priodas, bedydd a chladdedigaeth

Llysgennad   cynrychiolydd swyddogol llywodraethwr tramor

Milisia lleol   lluoedd rhan amser oedd yn cael eu codi ym mhob sir, adeg argyfwng, i helpu i roi taw ar wrthryfeloedd ac i gynnal heddwch

Môr Sbaenaidd   term oedd yn cael ei ddefnyddio i ddisgrifio'r rhannau o ganolbarth a de America roedd Sbaen yn eu rheoli, a'r moroedd o dan eu rheolaeth o'u hamgylch

Mwliwn   carreg fertigol neu far pren rhwng cwarelau ffenestri, yn aml wedi'u cerfio neu'n gain

Nawdd   pan oedd y brenin neu'r frenhines yn rhoi ffafrau arbennig fel tir neu swyddi yn y llys i bobl er mwyn cadw eu cefnogaeth

Offeiriaid colegau   offeiriaid wedi'u hyfforddi yng ngholegau'r Eglwys Gatholig Rufeinig

Offeren   prif wasanaeth yr Eglwys Gatholig Rufeinig lle mae corff a gwaed Crist, ar ffurf bara a gwin, yn cael eu bwyta a'u hyfed

Olyniaeth   yr hawl sydd gan un person i ddilyn person arall mewn swydd

Piwritan   Protestant eithafol oedd eisiau i eglwysi fod yn blaen iawn, heb addurniadau, ac eisiau gwasanaethau syml heb gerddoriaeth, *gweler hefyd* Piwritan Cymedrol, Presbyteriad *ac* Ymwahanwr

Piwritan Cymedrol   Piwritan a dderbyniodd Gytundeb Crefyddol 1559 yn anfoddog, ond oedd yn dal i alw am ddiwygiadau pellach *gweler hefyd* Piwritan

Plethwaith a chlai   y darnau sy'n llenwi'r rhan rhwng prennau tŷ fframwaith pren, wedi'u creu o rwyd o bolion a brigau wedi'u plethu gyda'i gilydd, a haen o glai neu blastr drostyn nhw

Preifatir   llong mewn eiddo preifat oedd yn cael ei chomisiynu gan lywodraeth i wasanaethu mewn rhyfel

Presbyteriad   Piwritan oedd eisiau diwygio'r eglwys ymhellach (*gweler* Piwritan Cymedrol). Roedden nhw'n galw am gael gwared ar esgobion ac i bob eglwys gael ei rhedeg gan bwyllgor o Bresbyteriaid (blaenoriaid neu athrawon) wedi'i ethol gan y gynulleidfa. Fe sefydlon nhw'n dda yn yr Alban, *gweler hefyd* Piwritan

Proffwydo, Cyfarfodydd   cyfarfodydd o weinidogion a phobl eraill oedd â diddordeb lle roedd gweinidogion yn ymarfer eu sgiliau pregethu

Propaganda   deunydd wedi'i gyhoeddi, fel arfer gan lywodraethau, i berswadio pobl i feddwl neu i ymddwyn mewn ffordd arbennig

Protestant   aelod o'r Eglwys Gristnogol a wahanodd oddi wrth yr Eglwys Gatholig Rufeinig yn yr unfed ganrif ar bymtheg

Reciwsant   person oedd yn gwrthod mynychu gwasanaethau Eglwys Loegr

Rhaglyw   person sy'n llywodraethu tra bydd y brenin neu'r frenhines o dan oed

Rhyfeloedd y Rhosynnod   y frwydr rhwng teuluoedd Efrog a Lancaster am frenhiniaeth Lloegr rhwng 1455 ac 1485

Urddwisgoedd   y gwisgoedd swyddogol roedd clerigwyr yr eglwys yn eu gwisgo

Via media   y 'ffordd ganol' rhwng Catholigiaeth a Phrotestaniaeth

Ymwahanwr   aelod o'r grŵp Piwritanaidd mwyaf radical, oedd eisiau torri'n rhydd o'r eglwys wladol ac eisiau i bob eglwys fod yn annibynnol, gan gael eu rhedeg fesul plwyf gan bwyllgorau wedi'u dewis o'r gynulleidfa. Weithiau roedden nhw'n cael eu galw'n 'Brownyddion', *gweler hefyd* Piwritan

Ynad Heddwch   swyddog wedi'i benodi gan y llywodraeth i gynnal cyfraith a threfn ac i brofi mân achosion llys

Dirwasgiad, Rhyfel ac Adferiad, 1930–1951

Allforion   nwyddau neu wasanaethau sy'n cael eu hanfon i'w gwerthu mewn gwledydd eraill

Bom tân   bom wedi'i ddylunio i ddechrau tanau pan fydd yn ffrwydro

Comiwnydd   rhywun sy'n credu yn y system economaidd a chymdeithasol oedd yn rhan o weledigaeth Karl Marx, yr ysgolhaig o'r Almaen yn y bedwaredd ganrif ar bymtheg

Consgripsiwn   gorfodi pobl i ymrestru i wasanaethu'r wladwriaeth, fel arfer i'r lluoedd arfog

Coridor Pwylaidd, Y   neu Goridor Danzig (Gdańsk), tiriogaeth yn rhanbarth Pomerelia, oedd yn arfer bod yn rhan o Orllewin Prwsia

Cyfnewidfa Stoc   marchnad lle mae cyfranddaliadau'n cael eu prynu a'u gwerthu

Cynghrair y Cenhedloedd   corff rhyngwladol gafodd ei sefydlu ar ôl y Rhyfel Byd Cyntaf i atal rhyfel rhwng y gwledydd oedd yn aelodau ohoni, ac i annog cydweithredu

Dadfilwrio   symud yr holl luoedd milwrol o ardal benodol

Dadfyddino   y broses o dynnu lluoedd arfog gwlad yn ôl o'r cyflwr o fod yn barod i ymladd, fel arfer ar ôl ennill rhyfel

Dirprwyaeth   grŵp o bobl wedi'u penodi i gyflawni tasg neu i gymryd rhan mewn proses ffurfiol ar ran grŵp mwy

Dirwasgiad   cyfnod o ddirywiad hir a pharhaus mewn gweithgarwch economaidd

Dognau   cyfran benodol o fwyd neu gynnyrch roedd gan bob person hawl swyddogol iddo pan oedd prinder, fel amser rhyfel

Führer   arweinydd gormesol

Gorymdaith newyn   gorymdaith gan grŵp o bobl i brotestio yn erbyn diweithdra neu dlodi, yn enwedig unrhyw un o'r rhai gan weithwyr di-waith ym Mhrydain yn ystod yr 1920au a'r 1930au

Iawndal   arian mae'n rhaid ei dalu'n ôl am ddifrod rhyfel gan y wladwriaeth gafodd ei threchu

Les–Fenthyg   gwasanaethau ddarparodd UDA i'r cynghreiriaid yn ystod yr Ail Ryfel Byd o dan ddeddf y Gyngres (Deddf Les-Fenthyg) gafodd ei phasio yn 1941

Llywodraeth Genedlaethol   llywodraeth sy'n rheoli gwlad

Llywodraeth Glymblaid   llywodraeth seneddol lle mae nifer o bleidiau gwleidyddol yn cydweithio

Mandad   tiriogaeth sydd i gael ei neilltuo i wlad arall o dan Gynghrair y Cenhedloedd

Maniffesto   datganiad cyhoeddus o bolisi a nodau, yn enwedig cyn etholiad gan blaid neu ymgeisydd gwleidyddol

Marchnad Ddu   mynd ati'n anghyfreithlon i brynu neu werthu nwyddau prin neu rai wedi'u rheoli'n swyddogol

Masgynhyrchu   cynhyrchu niferoedd mawr o un cynnyrch

Mewnforion   nwyddau neu wasanaethau sy'n dod i mewn i un wlad o wlad arall

Prawf Modd   ffordd o benderfynu a yw unigolyn neu deulu'n gymwys i gael help gan y llywodraeth

Radar   system ar gyfer canfod presenoldeb, cyfeiriad, pellter a chyflymder awyrennau, llongau, a gwrthrychau eraill

Refferendwm   pleidlais uniongyrchol gan holl aelodau etholaeth ar gwestiwn neu fater pwysig

Safon byw   faint o gyfoeth a chysur materol sydd ar gael i berson

Sosialydd   rhywun sy'n credu dylai dulliau cynhyrchu a dosbarthu nwyddau fod yn eiddo i bawb neu i'r llywodraeth

Mynegai

Cydnabyddiaeth

Hoffai'r Cyhoeddwyr ddiolch i'r canlynol am ganiatâd i atgynhyrchu deunyddiau o dan hawlfraint.

t.3 © Morphart Creation – Shutterstock; **t.5** *ch* © Archif Hanes y Byd/Ffotograff Stoc Alamy; **t.5** *c* © Archif Hanes y Byd/Ffotograff Stoc Alamy; **t.5** *d* © Active MUSEUM/Ffotograff Stoc Alamy; **t.6** © Archif Hanes y Byd/Ffotograff Stoc Alamy; **t.7** *ch* © Archif Lluniau Hanesyddol Granger/Ffotograff Stoc Alamy; **t.7**, **12** a **13** *d* © Archif Hanes y Byd/Ffotograff Stoc Alamy; **t.8** © PAINTING/Ffotograff Stoc Alamy; **t.9** © DeAgostini/Delweddau Getty; **t.12** *b* © The Print Collector/Delweddau Getty; **t.12** *c* © Active MUSEUM/Ffotograff Stoc Alamy; **t.12** *g* © Granger, NYC/Ffotograff Stoc Alamy; **t.13** *b* © Archif Hanes Gyffredinol/Delweddau Getty; **t.13** *c* © Heritage Image Partnership Ltd/Ffotograff Stoc Alamy; **t.13** *g* © SPUTNIK/Ffotograff Stoc Alamy; **t.19** © FALKENSTEINFOTO/Ffotograff Stoc Alamy; **t.20** *ch* yn y parth cyhoeddus; **t.20** *d* © christopher jones/Ffotograff Stoc Alamy; **t.21** *d* © Amgueddfa Genedlaethol Cymru/HIP/TopFoto; **t.21** *ch* © dyfrlliw gan Moses Griffith, Llyfrgell Genedlaethol Cymru; **t.26** *g* © Granger, NYC/Ffotograff Stoc Alamy; **t.26** *g* © Delweddau Arcaid/Ffotograff Stoc Alamy; **t.27** © Corbis. Cedwir pob hawl; **t.29** © Granger, NYC/Ffotograff Stoc Alamy; **t.30** © Immanuel Giel drwy Wikipedia Commons (https://en.wikipedia.org/wiki/Public_domain); **t.31** *b* © Rob Farrow drwy Wikipedia Commons (https://creative commons.org/licenses/by-sa/2.0/deed.en); **t.31** *g* © David Lyons/Ffotograff Stoc Alamy; **t.33** © dibrova/123RF; **t.34** © Andy Harmsworth; **t.35** © Peter Horree/Ffotograff Stoc Alamy; **t.36** © A Rich Man Spurns a Ragged Beggar, o 'A Christall Glass of Christian Reformation' gan Stephen Bateman, 1569 (torlun pren) (ffotograff d/g), Ysgol Seisnig, (16eg ganrif)/Casgliad Preifat/Delweddau Bridgeman; **t.42** © Fotosearch/Delweddau Getty; **t.44** © Yr Archif Gelf/Ffotograff Stoc Alamy; **t.45** © SOTK2011/Ffotograff Stoc Alamy; **t.46** © Pictorial Press Ltd/Ffotograff Stoc Alamy; **t.50** © Classic Image/Ffotograff Stoc Alamy; **t.58** © TopFoto; **t.61** © Pictorial Press Stoc Alamy; **t.62** © Llyfrgell Genedlaethol Cymru; **t.63** *b* © Llyfrgell Genedlaethol Cymru; **t.63** *g* © Llyfrgell Genedlaethol Cymru; **t.68** *ch* © Archif Hanes y Byd/Ffotograff Stoc Alamy; **t.68** *d* © Prawf Edmund Campion, darlun o 'Ecclesiae Anglicane Trophea', 1584 (ysgythriad), Cavalieri, (Cavalleriis) Giovanni Battista de' (c.1525–1601)/Drwy ganiatâd Llywodraethwyr Coleg Stonyhurst /Delweddau Bridgeman; **t.69** *ch* © Pictorial Press Ltd/Ffotograff Stoc Alamy; **t.69** *d* © casgliad liszt /Ffotograff Stoc Alamy; **t.72** © Bwla'r Pab yn erbyn y Frenhines yn 1570 (ysgythriad) (ffotograff du a gwyn), Hulsen, Friedrich van (c.1580-1660)/Casgliad Preifat/Delweddau Bridgeman; **t.74** © Chronicle/Ffotograff Stoc Alamy; **t.76** © Yr Archifau Cenedlaethol, Llundain. Lloegr/Mary Evans; **t.77** © Archif Hanes y Byd/Ffotograff Stoc Alamy; **t.78** a **108** © 2003 Topham Picturepoint; **t.80** © Llyfrgell Genedlaethol Cymru; **t.82** © Heritage Images/Delweddau Getty; **t.83** © PAINTING/Ffotograff Stoc Alamy; **t.84** © Portread o Philip II (ar gefn buwch), Dug Alencon, Dug Alba, Gwilym o Orange a'r Frenhines Elisabeth I, Moro, Philip (m.1578)/Casgliad Preifat/Delweddau Bridgeman; **t.85** *d* © Archif GL/Ffotograff Stoc Alamy; **t.85** *ch* © Llyfrgell Lluniau Mary Evans; **t.87** © Granger, NYC/Ffotograff Stoc Alamy; **t.88** © Granger, NYC/Ffotograff Stoc Alamy; **t.89** a **107** © Archif Hulton /Delweddau Getty; **t.90** © Archif Hulton/Stringer; **t.91** © Granger, NYC/Ffotograff Stoc Alamy; **t.92** © Archif Hulton/Delweddau Getty; **t.93** © Archivart/Ffotograff Stoc Alamy; **t.95** © age fotostock/Ffotograff Stoc Alamy; **t.96** *ch* © Granger, NYC/Ffotograff Stoc Alamy; **t.98** © Chronicle/Ffotograff Stoc Alamy; **t.101** © Archif Hulton/Delweddau Getty 2008; **t.102** © The Print Collector/Ffotograff Stoc Alamy; **t.115** © Archif Hanes y Byd/Ffotograff Stoc Alamy; **t.118** © Karl Wimer/The Denver Business Journal; **t.121** © Archif Hulton/Delweddau Getty; **t.123** © Travel Ink/Delweddau Getty; **t.124** *ch* © Fox Photos/Stringer; **t.124** *d* © Archif Hulton/Delweddau Getty; **t.127** © Chronicle/Ffotograff Stoc Alamy; **t.129** © Popperfoto/Delweddau Getty; **t.130** © Pictorial Press Ltd/Ffotograff Stoc Alamy; **t.131** *ch* © Archif y Daily Herald/SSPL/Delweddau Getty;